著作权作者中心主义哲学批判

刘文献 著

图书在版编目（CIP）数据

著作权作者中心主义哲学批判 = Philosophical Critique on Author-centrism of Authorship / 刘文献著. -- 厦门：厦门大学出版社，2024.1
ISBN 978-7-5615-6703-6

Ⅰ. ①著… Ⅱ. ①刘… Ⅲ. ①著作权-研究 Ⅳ. ①D913.04

中国版本图书馆CIP数据核字(2018)第112732号

责任编辑 李　宁
美术编辑 李夏凌
技术编辑 许克华

出版发行 厦门大学出版社
社　　址 厦门市软件园二期望海路 39 号
邮政编码 361008
总　　机 0592-2181111　0592-2181406(传真)
营销中心 0592-2184458　0592-2181365
网　　址 http://www.xmupress.com
邮　　箱 xmup@xmupress.com
印　　刷 厦门集大印刷有限公司

开本 720 mm×1 020 mm　1/16
印张 24.5
字数 426 千字
版次 2024 年 1 月第 1 版
印次 2024 年 1 月第 1 次印刷
定价 88.00 元

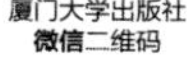
厦门大学出版社
微信二维码

厦门大学出版社
微博二维码

国家社科基金后期资助项目
出版说明

后期资助项目是国家社科基金设立的一类重要项目，旨在鼓励广大社科研究者潜心治学，支持基础研究多出优秀成果。它是经过严格评审，从接近完成的科研成果中遴选立项的。为扩大后期资助项目的影响，更好地推动学术发展，促进成果转化，全国哲学社会科学工作办公室按照“统一设计、统一标识、统一版式、形成系列”的总体要求，组织出版国家社科基金后期资助项目成果。

全国哲学社会科学工作办公室

目录

导　论

一、研究的意义

（一）对一个著作权案例的追问

琼瑶（原名陈喆）诉于正（原名余征）电视剧本著作权侵权案一审，北京市第三中级人民法院判定抄袭成立；[①] 二审法院北京市高级人民法院维持了一审判决。[②] 法院判决于正的《宫锁连城》（以下简称《宫》）在人物设置、人物关系、剧情设计与琼瑶的《梅花烙》（以下简称《梅》）有 9 个情节有高度相似之处，二审法院在判决书后附有相似情节：偷龙转凤、女婴被拾、英雄救美、次子告状、恶霸强抢、代女葬亲、私订终身、皇上赐婚、弃女入府；而且故事推动在整体上也构成相似。《梅花烙》有王爷夫人倩柔为保住夫人位置，不惜将亲生女儿遗弃，而偷换成男婴，而《宫锁连城》中将军夫人映月为保住夫人位置也将亲生女儿遗弃而偷换成男婴；《梅》与《宫》的家族中的“第一夫人”都已生了三个女孩，且都有一个怀孕在身的竞争者；《梅》中女婴身体有标记“梅花烙”，而《宫》中女婴有朱砂印；《梅》中女婴（白吟霜）被人收养，长大成人后被恶少（多隆）调戏，而《宫》中女婴（连城）也是被人收养，长大后也是被恶少（佟家麟）调戏；《梅》与《宫》对调的男女婴儿在长大后都偶遇并产生恋情；《梅》中偷换来的男婴皓祯与《宫》偷换来的男婴恒泰长大后都被皇帝赐婚成为驸马；《梅》与《宫》中偷换来的男孩都有同父异母的弟弟；《梅》最后结局是女方（吟霜）死、男方（皓祯）落寞失意，《宫》也是女方（连城）死、男方（恒泰）出家，两者都是悲剧收场。

但关键问题是，当于正被认定抄袭了琼瑶作品时，我们发现在琼瑶小说《梅花烙》中，有很多“似曾相识”的东西。如《梅》中的“偷龙换凤”与中国传统小说《三侠五义》中的“狸猫换太子”相似；[③]《梅》女婴身体有“梅花烙”，而《红楼梦》中香菱在眉心处有“胭脂痣”、[④] 金庸小说《天龙八部》中虚竹的背部、臀部有他母亲叶二娘将他遗弃时烙下的印

① 参见北京市第三中级人民法院（2014）三中民初字第 07916 号民事判决书。

② 参见北京市高级人民法院（2015）高民（知）终字第 1039 号民事判决书。

③《三侠五义》第一回。石玉昆 . 三侠五义［M］. 北京：中华书局，1959：2-5.

④《红楼梦》第四回。曹雪芹 . 红楼梦［M］. 北京：人民文学出版社，2008：61.

记；[①]《梅》有恶少多隆调戏良家妇女，而《水浒传》里也有高俅之子调戏林冲的妻子；[②]《梅》是女主角死亡、男主角留下悲伤背影的爱情悲剧，而《红楼梦》也是林黛玉死、贾宝玉遁入空门的爱情悲剧；《梅》中有吟霜在其养父死后，静守在父亲遗体旁的情景，而中国民间故事《天仙配》里也有董永卖身葬父、守候在父亲遗体旁边的情景；[③]《梅》中有皓祯被皇帝招为驸马的故事情节，而我国民间传统文学作品《铡美案》中，也有新科状元陈世美被招为驸马的故事情节。琼瑶对中国传统故事的借鉴算是抄袭或剽窃吗？琼瑶在故事《梅》中的独创性在哪里？她是否只是对"狸猫换太子""香菱的胭脂痣""高俅之子调戏林冲的妻子""董永卖身葬父"这些经典的故事情节做了一次全新的排列组合？她是否只是对这些传统素材进行了一次巧妙的拼接，而她最多只能算作一个优秀的"装配工"呢？如果琼瑶也是一个剽窃者与抄袭者、琼瑶作品也是抄袭与模仿之结果的话，那么，琼瑶作品的独创性何以体现？其文学财产权的合法性基础是什么？

如果于正抄袭了琼瑶，而琼瑶抄袭了经典的话，对于同样性质的抄袭，何以法律对琼瑶作品要认定为受著作权保护的权利客体，而对于正的作品要认定为侵权作品呢？著作权区别对待同种性质行为的目的何在？何以琼瑶可以抄袭传统而于正却不能抄袭琼瑶的作品呢？如果说琼瑶只是抄袭了法律认为可以抄袭的领域，而于正有"越界"行为，那么，这个"边界"又在哪里？尽管著作权法宣称只保护表达、不保护思想的原则，但实际上，被作者裹挟在作品中的思想俨然成为作者的"势力范围"，没有人愿意冒着被诉讼的风险，去贸然触碰那些被作品所涵摄的思想。

如果于正并没有接触琼瑶的《梅花烙》——他跟琼瑶一样，是因为受中国传统文学之熏陶而创作了《宫锁连城》，是否琼瑶因为创作在先就获得了对这些经典故事的垄断权，而于正就丧失了利用传统元素进行创作的权利呢？或者琼瑶与于正都没有受到传统文化的影响，是否是因为人类的思维结构导致他们作品之间的实质相似？俗话说，画鬼容易画人难，人类共同思维中的底层结构决定了"鬼"的形象是"大同小异"的。人类因为拥有共同的思维就难免创作出高度相似的故事情节。比方说，描写皇帝的故事就很容易这样构思：难道皇帝不应当有女儿吗？皇帝女儿不

① 《天龙八部》第42章。金庸．天龙八部：伍［M］．广州：广州出版社，2002：1483.

② 《水浒传》第七回。施耐庵．水浒传［M］．武汉：长江文艺出版社，2000：62.

③ 胡玉庭．天仙配：黄梅戏［M］．北京：中国戏剧出版社，1959：1-28.

应当嫁人吗？皇帝女儿不应当找一个优秀青年作为丈夫吗？这个优秀青年曾经有一个女朋友或妻子不也很正常吗？既然被皇帝看上了，之前的感情纠葛需要处理一下，不也是很合情理的吗？琼瑶这样想的，而于正也是这样想的，或者还有更多的人也是这样想的，因为大家都属于“人类”。如果文学作品源于共同的传统经典与人类思维中共通的深层结构，则作品相互之间会呈现出“家族相似性”。在创作相同题材、相同时代背景、相同主题的通俗小说时发生巧合的概率是非常高的。这是所谓的“真理只有一个，而哲人以不同的名字说出”[①]。

根据著作权只保护表达、不保护思想的原则，在表达层面上如果存在实质相似，就有可能遭受法律的审视。法官在对涉案作品进行相似性比对时，仅仅是对表面相似部分进行脱离整体的肢解式比对吗？如果相同的表达隶属于不同的语境、不同的结构之中，其意义也将不同。例如，有一个面部表情凝重的年轻女子的电影镜头，孤立地看这个镜头是没有确定性意义的，只有放在一定语境中才有意义。如果在婚礼中，代表她婚姻幸福之情；如果在葬礼中，代表悲伤之情；如果在考场，代表她在焦虑；如果在车站出口，代表她在焦急地等待某人的出现；等等。如果于正从琼瑶作品中所“借用”故事情节归属于不同的语境，他将这些情节消解在一个更大的故事结构之中，赋予了它们不同的意味，那么，于正是否还应当被确认为抄袭呢？或者说，如果于正的作品比琼瑶的作品更具有独创性品质，是否于正可以就他所创作的“侵权作品”获得文学财产权呢？

在当下的著作权视野下，有很多毋庸置疑的假设前提：文学作品的作者是天才，他（她）所创作的作品是全新的构思物；文学作品由作者完全所有，任何人不得对该作品再予以擅自再创作（或改编），哪怕是用不同的表达方式；只要作者的作品发表在前，法律就直接推定读者实际接触过作品，读者们承担了“举证责任倒置”的不利结果。因此，在这个案例中，法院不会追问琼瑶作品的合法性基础；不会将涉案作品放在一个更宏观的背景下来探讨独创性问题；也不会采信于正所谓是基于公有领域的思想资源进行创作的托词。没有人质疑作者的“元叙事”。这种著作权模式的根源在哪里？作者为何受到如此重视而被人仰视，而读者（使用人）却被压制？作者的创作过程究竟是如何运作的？其独创性到底存在吗？这个明显存在着利益失衡的权利格局，是我们所需要建构的法律制

① 坎贝尔．千面英雄［M］．朱侃如，译．北京：金城出版社，2012：14（序言）．

度吗？如果这个权利模式需要重构，那么一个什么样的法律制度可以满足我们的制度需求？而重构后的著作权法律制度的哲学基础又是什么？本书将以哲学为视角，来揭开当前著作权制度模式背后的深层原因与文化基础，试图回答上述著作权领域的基础理论问题。

（二）作者中心主义理论思考

作者权体系的著作权制度是一种作者中心主义（author-centrism）的文化传统，作者中心主义主导下的著作权制度是近现代历史演变的产物，它与近现代以来的哲学思想相对应。但随着时代的更迭、哲学思潮的变迁，作者中心主义面临合法性危机，主要体现在以下方面：

1. 作者权扩张的理论思考

从某种意义来说，著作权的发展史就是著作权扩张的历史。作者在著作权法框架中处于中心位置，作者权是著作权体系得以运转的最初动力。著作权扩张表现在：从作者权利种类来看，从单一的复制权发展到包含精神权利和财产权利的权利束；从保护的权利对象来看，从文学作品发展到包含音乐作品、美术作品、戏剧作品、电影作品、建筑作品，甚至计算机软件；从保护的期限来看，从最初的《安妮女王法》的十四年保护期限发展到德国的作者生前加死后七十年的保护期限（美国的公司版权期限为九十五年）。而作者权利扩张的同时却是读者（公众）的权利被压缩，使用者（读者）的权利呈现缩减的态势，如演绎权从由读者（公众）控制转移到由作者控制；在采取技术保护措施的情况下，读者接触作品的权利受到日益严重的侵蚀；甚至在没有接触到任何作品的情况下，用户即使购买了空白录音带、录像带或录音录像设备也要缴纳一定税款，以弥补作者可能被侵权的损失（美国家庭录制法案）。从《安妮女王法》至今仅几百年的历史，作者的权利就发展到了登峰造极的地步，其背后原因一定是多方面的，包括技术进步、政治民主、经济繁荣发展。但这些只是外部原因，一定还有内在的原因使作者权利扩张几百年不懈怠。这个原因就是著作权制度底下的哲学思想与文化理念。作者权体系的作者中心主义是著作权得以扩张的内在原因，它给作者披上了神圣的外衣、夸大作者与作品之间内在关联性、将作者视为作品的神圣创造者、将作品予以人格化而视作者权为自然权利。然而，作者的创作真有那么神圣吗？作者凭借创作行为值得在对作品拥有财产权之外，还拥有精神权利吗？本书试图对作者创作进行内部探究、对作品进行解构，以此揭开作者创作的神秘面纱、剖析其哲学根源。本书对著作权扩张的内在依据予以解构，进而对著作权之扩张进行反思与批判。

2. 等级化制度的理论思考

当前著作权作者中心主义立法模式是一种集权式与等级化的立法模式，采用将作者置于权利的中心，以价值判断代替事实判断的立法理念。作者中心主义在著作权立法上的表现为：（1）区分著作权与邻接权，以著作权和邻接权为基本的权利结构；（2）以作者为中心、以作者权为原动力与始发站，只有作者的权利是原始性的，而其他权利人的权利都是由作者权所派生出来的权利；（3）作者拥有最充分、最全面的权利，它包括财产权利、精神权利。在作者被置于权利中心的同时，公众的权利则被放在了边缘化的位置：对作品的使用要经得起“三步检验法”的检验；对作品的合理使用要有规范完整的引用与注解；对作品的改编、翻译、表演要经作者的许可并支付相应的对价；在即使是没有阅读过作者作品的情况下，其他人对同一个主题、相同历史人物、传统的文学素材所进行的创作都可能陷入剽窃、抄袭的“温柔陷阱”之中。作者拥有可以无限延伸的领地，而读者的“公有领域”却可以被作者任意切割、侵蚀。这种以作者为中心、将读者边缘化的格局最终使得著作权法定格为一部作者权利扩张的法律，使用者的公有领域不断被蚕食，作者与公众之间的利益平衡成为泡影。所以，有必要对作者中心主义所主导的立法模式予以反思，对这种立法模式底下的哲学基础进行批判。

3. 著作权基本架构与原则的理论思考

著作权法的基本理论都是以作者为中心来展开的，是为作者权之有效使用建构的制度体系。独创性理论是与作者权利正当性相勾连的，它是作者权的最重要的合法性基础。思想与表达二分法表面上好像是强调不保护思想，而实际上却是为了保护作者的独创性表达；而剽窃、三步检验法的概念建构则是为了直接保护作者的利益不受侵犯，为作者权保驾护航。但是，如果放在后现代哲学的背景中看其中的一些概念，则会发现很多问题。在结构主义视野下，所谓的独创性始终只是一种有限的创造，就算作者试图标新立异、独树一帜，也始终处在“结构”“模式”的包围之中。思想与表达二分法试图在作者与公众之间划分界线，但最终发现这个界线属于“物自体”的范畴而实际上是不可求的，它更多的是一个隐喻，即只表明思想是属于公众的，而表达是属于作者的。这些基础理论在某种意义上说，都成了为作者中心主义辩护的工具，被“工具化”了，成为以价值判断替代事实判断的牺牲品。因此，有必要对著作权的基础理论重新进行审视并深度解构，以看清作者中心主义的内在价值观。

二、国内外文献综述

（一）国内文献综述

国内对“作者中心主义”予以直接研究的理论成果比较少见。国内对“作者中心主义”间接性理论研究成果不太缺乏，例如，对作者中心地位的阐述、后现代哲学思潮对著作权的影响与启示、对著作权扩张的批判与反思、对精神权利的批判与反思等方面的成果并不少见，这为本书的进一步研究奠定了基础。本书充分利用了厦门大学图书馆的图书资源，通过馆际互借的方式充分利用了国内其他重点高校的图书资源，也查阅了国家图书馆的相关图书资源，这些宝贵资源为写作奠定了良好的物质基础。下面对国内有关文献综述如下。

1. 对作者处于权利格局之中心位置的理论

我国较早对作者在著作权法中地位予以研究的为费安玲，她认为，作者为著作权的第一主体，著作权呈放射状，而作者处于放射源的位置。[①] 刘春茂认为，作者在著作权法中权利是第一位的，其他著作权主体的权利是通过转继承而来的，是第二位的。[②] 冯晓青认为，著作权法是保护作者的知识产权法律，作者是最直接、最重要的著作权主体，也是原始完整的著作权主体。[③] 这些文章主要是对作者处于著作权法的权利中心位置之事实予以了描述，只是对“作者中心主义”的外在表现予以了表达，都没有对作者处在权利中心位置的原因进行深刻的剖析。国内只有学者熊文聪发表过比较接近“作者中心主义”的言论，他认为，作者身份及财产权神圣是近代启蒙思想的产物，作者权力中心是权力建构的结果。[④]

2. 对著作权扩张的反思与批判

对著作权扩张予以批判与反思的理论成果主要有：李雨峰的《版权扩张：一种合法性的反思》，其通过对美国外交版权政策，中国法律文化传统、版权文化功能，国外版权扩张的态度进行梳理，认为中国无须跟随版权扩张的潮流。[⑤] 程艳的《版权扩张及版权正当性的反思》认为，著作

---

① 费安玲 . 论作者在著作权法中的地位［J］. 政法论坛，1987（4）：43-48.

② 刘春茂 . 论我国著作权的主体［J］. 中国法学，1990（5）：46-52.

③ 冯晓青 . 试论作者在著作权中的法律地位［J］. 知识产权，1995（4）：16-18.

④ 熊文聪 . 后现代主义视角下的著作权的正当性及其边界：从个体权利到基于商谈的共识［J］. 政治与法律，2010（6）：70-79.

⑤ 李雨峰 . 版权扩张：一种合法性的反思［J］. 现代法学，2001（5）：57-65.

权经历了从作者为中心到投资人为中心的扩张，著作权的哲学基础倍受质疑；著作权扩张不仅使公共领域遭受侵蚀，而且直接威胁到版权制度自身的生存。[①] 唐毅的《著作权扩张的自然法思考》认为，当前著作权扩张有自然权利的哲学背景，而著作权也带来了道德困境和伦理危机，他试图用自然法理论实现著作权法自然法的价值回归。[②] 杨利华与冯晓青的《著作权扩张及其法律和经济学探讨》认为，著作权保护在几百年的发展历史中具有扩张的趋向。这种扩张总体上表现为保护客体的类型增加、保护期限的延长、保护范围的扩大、对个人性质使用限制的增强等方面。从著作权法的利益平衡理论来分析，在著作权扩张的同时应注重著作权人与公众利益之间的利益平衡。[③] 饶明辉的《当代西方知识产权的哲学反思》认为，对知识产权扩张进行哲学上的分析与反思，知识产权在知识产权哲学理论的支撑下不可避免地走上扩张之路。知识产权存在内在的、结构性的矛盾，希望通过利益平衡走上知识产权和谐之路。[④] 这些文章或著作都指出了著作权领域存在扩张的现实，都对扩张背后的理由与根据进行了分析，但是没有从哲学根源上、没有从文学理论的视角来解构其合法性基础，并以此分析其扩张的原因。

3. 后现代主义思潮对著作权的启示

刘洁对福柯的作者观进行了阐述。福柯认为，作者话语是权力规范机制的产物，任何话语都不是作者自我想象的创造，而是权利的产物。福柯主张重新考虑作者创作主体地位，探究它的功能以及它对话语的介入，揭示出作者如何隐匿于作品之中。福柯认为不在于作者如何将意义赋予文本、作者如何从内部调动话语的规则来完成构思，而是在于话语中作者主体应当在何种条件下以何种形式出现。作者功能是法律和惯例体系的产物，在作品理解为占有的客体时，作者就被纳入支配文化财产的话语秩序之中，发挥着确认财产利益的话语功能。在新的美学观念的背景下，作品并不必然体现作者的人格，著作权中的人格权应当受到质疑，其以此主张著作权为纯粹的财产权。[⑤] 郑媛媛认为，罗兰·巴特（又译罗兰·巴尔特）的“作者之死”认为作者不能先于作品而存在，反对为了探究作者的意图而去解读文本，福柯则认为作者是权力建构的主体。

① 程艳．版权扩张及版权正当性的反思［J］. 北京化工大学学报，2010（2）：13-18.
② 唐毅．著作权扩张的自然法思考［J］. 理论界，2012（11）：94-97.
③ 杨利华，冯晓青．著作权扩张及其法律和经济学探讨［J］. 法学论坛，2005（3）：39-44.
④ 饶明辉．当代西方知识产权的哲学反思［M］. 北京：科学出版社，2008：183-204.
⑤ 刘洁．论福柯的作者观：兼谈著作权的纯粹财产权属性［J］. 理论界，2010（4）：76-78.

郑媛媛认为，著作权中的作者与后现代主义思潮中的作者概念并无必然的联系，法律与文学是独立发展的。作者只是著作权法学理论的逻辑起点，后现代主义思潮中的作者概念只是用来反对著作权中的人格权，后现代主义理论对完善著作权从方法论上来讲也是不科学的。[①]李雨峰认为，著作权制度的产生是与18世纪政治语境分不开的，从写者到作者的过程是一个对写作者合法建构的过程，经过建立写者的灵感、独创性、原创性、天才概念与写作者之间的联系，逐渐使写者对作品的著作权得到认知。然而，尽管著作权有笛卡儿（又译笛卡尔）的哲学思想作为基础，而在上帝死了、主体死了、作者死了的语境下，著作权的生存基础则成了一个悬而未决的疑问。[②]熊文聪认为，在版权法中居于核心地位的作者身份、私权神圣及进步观念都是欧洲近代启蒙思想的产物，而在后现代主义看来，所谓进步只是一个近代的概念、是一个虚假的概念。将作品视为独立的财产权予以保护与欧洲近代的私权神圣及个人自由紧密相关联，而后现代主义自由是一种幻觉，在某种意义上说，我们是财富的奴隶，没有多少自由可言。[③]这些文章将后现代主义的哲学观念与著作权理论联系起来，对作者的主体建构、作品与作者的关联予以了后现代的剖析，进而引发一些对著作权的思考，对本书也具有十分重要的借鉴作用。但这些论述过于零碎且流于表面，并没有对后现代主义思想与著作权理论之间的关联性进行较为系统的研究，因此，还存在巨大的研究空间。

4. 对作者人格权的理论研究

有关作者人格权理论的代表性成果主要有：李琛认为，知识产权人格权的产生是一个历史的偶然。作品的精神本质遭遇了来自现代美学的挑战，知识产权人格权丧失了社会认同，她建议还原知识产权财产权本性。[④]曹博认为，著作权人格权是浪漫主义偶然与法学相遇的产物，著作权人格权与民法人格权并无内在的相同本质。作者在强大的利益集团游说下，其人格反而为财产所湮没。在当前数字化时代，著作权人格权危机与机遇并存。[⑤]熊文聪则用事实与价值的方法分析了作者人格权是一种功能性建构，它服务于特定的目标。哲学意义上的作者正当性观念只是

① 郑媛媛．作者死了，著作权何在?：再论后现代主义思潮对作者法学概念的冲击［J］．理论界，2011（4）：64-65.

② 李雨峰．从写者到作者：对著作权制度的一种功能性解释［J］．政法论坛，2006（6）：89-100.

③ 熊文聪．版权制度的后现代反思［J］．电子知识产权，2010（4）：48-51.

④ 李琛．质疑知识产权“人格财产一体性”［J］．中国社会科学，2004（2）：68-80.

⑤ 曹博．著作权人格权的兴起与衰落［J］．西南政法大学学报，2013（2）：96-103.

说服他人接受的一种修辞而已。因此，法律上的概念与现实生活中的概念并非完全保持一致。[①] 他们对人格权的历史起因有相似的看法，都认为人格权是 18 世纪浪漫主义文学与法学偶遇的结果。杨延超在《作品精神权利论》中对精神权利的起源进行了分析，认为精神权利的起源与浪漫主义文学相勾连。他认为，精神权利遭到了后现代主义哲学思潮的冲击，后现代主义观割裂了作者与文本之间的关联性、无视作者的存在和地位。这不仅是作者的死亡，更是所谓作者人格的死亡，这种思潮深深淡化了作品反映人格这一传统。[②] 梁志文认为，版权法系与作者权体系的主要区别是人格权制度，但两者的区别在于保护的依据不同，两者依据不同的法律工具却对人格权保护达到大体上一致的法律效果。[③] 对人格权的论述还有冯晓青在著作《知识产权哲学》中对康德、黑格尔的人格权理论予以的阐述。[④] 饶明辉在《当代西方知识产权的哲学反思》中也对人格权理论予以了分析，从康德到黑格尔，再到胡夫斯及瓦尔登，对知识产权人格权理论予以了理论概括。[⑤] 李琛的观点与本书的论点有异曲同工之处，她对著作权之精神权利予以了质疑，并主张还原著作权财产权性质。杨延超的观点也与本书的基本观点相吻合。

5. 后现代哲学理论研究

后现代理论思潮源于国外，因此国内学者均是在介绍的基础上展开的研究，但在此过程中也不乏独到的见解。高宣扬的《后现代论》是国内文献中比较全面研究后现代理论的著作，对后现代的研究包括起源、界定、后现代文学艺术诸多方面，是一部综合性的关于后现代理论的著作。[⑥] 王治河的《后现代哲学思潮研究》对后现代理论几个主要特征进行了专题研究，包括中心的消解、理性的陨落、结构的颠覆、人的终结、解释的游戏等，对后现代理论思潮的研究具有独到的视角。[⑦] 余乃忠的《后现代主义批判》对后现代主义不同代表人物的理论观点进行了剖析，并认为后现代主义源自现代主义内部，旨在批判和超越资本主义的发展困境。但在批判过程并不能离开资本主义的文化沃土，所以其批判并不

---

① 熊文聪 . 作者人格权：内在本质与功能构建的法理抉择［J］. 法制与社会发展，2012（6）：85-95.

② 杨延超 . 作品精神权利论［M］. 北京：法律出版社，2007：193.

③ 梁志文 . 著作权人格保护制度的误解与真相［J］. 华南师范大学学报，2011（4）：100-105.

④ 冯晓青 . 知识产权哲学［M］. 北京：中国人民公安大学出版社，2003：146-163.

⑤ 饶明辉 . 当代西方知识产权的哲学反思［M］. 北京：科学出版社，2008：75-90.

⑥ 高宣扬 . 后现代论［M］. 北京：中国人民大学出版社，2005：19-83.

⑦ 王治河 . 后现代哲学思潮研究［M］. 北京：北京大学出版社，2006：55-141.

能决绝到底。[①] 陈嘉明的《现代性与后现代性十五讲》从多个方面对后现代理论展开论述，既有对尼采、海德格尔后现代主义的先驱的介绍，也有对福柯、利奥塔、吉登斯等后现代理论大师的阐述，还对从现代性到后现代性范式转换以及消费社会与后现代性展开论述，对后现代性理论有相当深入的研究。[②] 朱立元的《后现代主义文学理论思潮论稿》论述后现代主义文学理论思潮的理论前驱，将尼采、海德格尔、维特根斯坦纳入后现代思想理论前驱，对后现代主义文学理论代表人物福柯、德里达、利奥塔（又译利奥塔尔）等哲学家思想进行了非常全面的论述，也对后现代主义文学理论进行了总体性评述。[③] 马汉广将后现代理论与文学理论研究相结合，阐释了文学研究范式的转换，微型叙事取代宏大叙事，宏观哲学逐渐为微观语言学所取代；过去人们所关注的是文学与现实之间的关系，关注语言的所指，但现在人们关注能指本身，能指游戏自身的意义。[④] 国内目前学者们对后现代哲学的研究兴趣趋于平淡。

（二）国外文献综述

著作权法中的作者中心主义是由国外的学者建构起来的，是对作者权体系的著作权文化的理论总结与特征归纳，其是与版权制度的功利主义并列的法律文化理念。与作者中心主义相关的理论还有人格权理论，国外学者对其进行了比较深入的研究。与本书相关的哲学思想，尤其是后现代哲学理论著作相对丰富，为本书写作提供了强有力的支撑。本书相关的外文文献主要来源于对 Westlaw、Google 等网站的外文搜索。另外，厦门大学图书馆的外文保存书库、厦门大学图书馆法学院分馆以及馆际互借服务也为搜集到必要的外文资料提供了支持。下面对有关文献综述如下。

1. 关于著作权作者中心主义的起源与基本特征

简・金斯伯格（Jane C. Ginsburg）比较了法国与美国版权法，认为在传统的观点看来，法国的著作权制度是“作者中心主义”的套路。金斯伯格认为，法国版权法使作者更具有神圣的光环，作者因为是作品的创造者而具有独占性的权利，作者作为创造者而被授予独占权也是正当的。而美国版权法则追随英国《安妮女王法》，作者不被授予比公众更大的权

① 余乃忠．后现代主义批判［M］. 北京：社会科学文献出版社，2012：1-10.

② 陈嘉明．现代性与后现代性十五讲［M］. 北京：北京大学出版社，2006：163-260.

③ 朱立元．后现代主义文学理论思潮论稿［M］. 上海：上海人民出版社，2015：1-19.

④ 马汉广．后现代语境中文学观念与研究范式转变［M］. 哈尔滨：黑龙江大学出版社，2016：28-64.

利，之所以要对作者授予一些独占权利只是为了促进作者创作更多的作品。美国版权法不情愿授予作者权利，认为版权制度只是“极端的恶”，他们之所以能容忍这个恶是因为这样能使社会得到更多有用的作品，所以，美国国会也要在最大限度内控制作者并要使作者付出相应的对价。法国著作权法更强调作者与作品之间的关联，强调作者因为是作品的创造者才受到保护。法国国会拒绝功利主义的观念，保护作者的权利不是为了刺激文学艺术活动。这种分野可谓法国版权法是作者中心论（author-oriented），而美国版权法是社会利益中心论（society-oriented）。金斯伯格认为，在作者中心主义体系下，作者权利能得到比其他体系更多的保护。例如在法国，作者可以得到完整的精神权利之保护，但在美国法律则缺少这样的保护。法国作者中心主义立法强调作品应当具有个性化的内容，但美国不要求作品中具有个人的主观贡献，而强调作品应当承载更多有用的信息。①

丹尼尔·伯基特（Daniel Burkitt）也是在美国版权模式与法国版权模式的对比中来对作者中心主义展开论述的。他认为，美国版权理论将文学作品商品化，因而，美国版权更注重公众利益因而强调对作品的传播。欧洲大陆浪漫主义文学观念及德国古典哲学观念对美国的版权理论产生很小的影响。而法国与美国则不同，法国著作权是作者中心主义理论，其强调作者的个性、强调作者与作品具有不可分割的联系。在法国大革命之后，作者中心主义理论的精神权利不仅摧毁了专制体制，而且建立起权利的神圣性与合法性。正如法国大革命时期著作权立法人员勒·沙普利埃（Le Chapelier）所言，最神圣、最具正当性、最无懈可击的就是作者的作品，它是作者思想的果实。作者与作品的关系就如同父母与孩子，作者拥有权利不在于为了集体利益去传播作品，而仅仅在于他是作品的创造者。②

吉莉安·戴维斯（Gillian Davies）在文章中提到法国著作权法是作者中心主义的源头，法国著作权法以鼓励创作为主导，而美国版权法是鼓励投资传播作品，立足于为国家和社会作贡献。作为作者中心主义的表现，法国著作权立法中人格权的确立，也是世界上著作权精神权利的源头。③ 戴维·桑德斯（David Saunders）把法国显著的传统称为“作者中心

① GINSBURG J. A tale of two copyrights: literary property in revolutionary France and America[J]. Tulane Law Review, 1990, 64: 991.

② BURKITT D. Copyrighting culture: the history and cultural specificity of the western model of copyright[J]. Intellectual Property Quarterly, 2001, 2: 146-186.

③ DAVIES G. The convergence of copyright and authors' rights: reality or chimera?[J]. International Review of Intellectual Property and Competition Law, 1995, 26(6): 964-989.

主义”，与公众利益相比，作者中心主义更多的是对作者个人创造作用的认可。对作者利益的保护在法国具有十分独特的修辞功能，他们认为对作品的创造者授予权利是最具有正当性的。这也是大革命时期法国授予作者权利所遵循的基本原则。①

从上述对作者中心主义的论述中，我们可以确定作者中心主义源头之所在，也可以了解它的基本内涵，即包括视作者为作品的创造者、作品是对作者人格的体现、对作者授予权利是最正当的与最神圣的。还可了解到，作者中心主义与精神权利有密切的关联，而精神权利是作者中心主义的关键内核。②

2. 作者人格权的相关论述

彼得·德霍斯（Peter Drahos）主要对黑格尔人格权理论与知识产权之间的关联进行阐述，认为人们对黑格尔的观点在著作权方面有所误读。黑格尔将财产权视为人实现自我的外在体现、自由的最初定在，但是黑格尔并没有区分有形财产与知识产权之间孰重孰轻，艺术品和有形财产一样是体现人个体自由的手段之一，人格权不是艺术家及其他创作者获取特殊权利的一个跳板。艺术品不是人格的天然容器，在著作权、专利权及有形财产权之间没有人格高低区别，凭何著作权作者能拥有人格权，而专利的创造者们就没有人格权？这是黑格尔人格权理论对作者权的最大的挑战。③

纽曼·西蒙（Newman Simon）对欧洲的法国、德国和英国的著作权的人格权进行梳理，并指出不同的特色，法国是二元论的立法模式，精神权与财产权可以分别转让，而德国是一元论的立法模式，精神权与财产权不能分开转让。英国的人格权是在《版权、设计与专利法案》（the Copyright, Designs and Patents Act 1988）中才增加到版权法中来的。从某种意义来说，英国的著作权法立法也是二元论的立法模式。英国的人格权包括署名权、保护作品完整权、隐私保护权、不受错误署名的权利。④奥古斯丁·魏斯曼（Agustin Waisman）对普通法系国家版权法的精神权利与民法法系国家著作权的精神权利进行区分，对保护作品完整权是否可以放弃进行了分析论述。他不赞成把作品当作作者个性的延伸的观点，

---

① SAUNDERS D. Authorship and copyright［M］. London：Routledge，1992：76.

② SAUNDERS D. Authorship and copyright［M］. London：Routledge，1992：77.

③ DRAHOS P. A philosophy of intellectual property［M］. Burlington：Ashgate Publishing Limited，1996：76-81.

④ SIMON N. The development of copyright and moral rights in the European legal systems［J］. European Intellectual Property Review，2011，（33）11：677-689.

认为这种权利是可以放弃的。[①] 劳丽·诺西拉（Lauriane Nocella）的文章区分了英美法系版权制度与大陆法系的作者权制度，对两者的精神权利进行分析，认为精神权利面临数字时代的挑战，应寻求法国模式与英国模式之间的平衡。

这些文章对人格权的论述是围绕版权体系与作者权体系之间的区别来展开的，从某种程度上揭示了作者中心主义与精神权利之间千丝万缕的内在联系。有些观点也对作者精神权利进行了质疑，从而动摇了作者中心主义的基本立论。[②]

3. 哲学基本理论与作者中心主义

（1）结构主义

结构主义源头可追溯到索绪尔的语言哲学，在《普通语言学教程》一书中他提出了语言与言语的区分，将言语视为个体的言说，而语言则是一种结构性的语法，从而开创结构主义的理论先河。索绪尔提出的共时性与系统性概念，就是一种结构主义视角，这是结构主义的起源。[③] 皮亚杰在《结构主义》中提出了结构的三个特点：整体性、转换性与自身调整性，认为结构就是一个整体、一个系统、一个集合。[④] 克洛德·列维-斯特劳斯将结构主义语言学运用到了人类学与神话学之中，以此解释了亲属关系与神话结构，他的结构主义代表著作有《结构人类学》和《野性的思维》。他认为，亲属系统与语言结构一样，决定亲属关系的是亲属结构，而不是单个的成分。[⑤] 阿尔都塞运用结构主义对马克思的著作进行了重读，发展了马克思主义结构主义，其著作有《保卫马克思》，[⑥] 而弗雷德里克·詹姆逊（又译弗雷德里克·杰姆逊）则是另一位马克思主义结构主义的代表人物，其《语言的牢笼》将结构主义的形式批评与马克思主义意识形态分析结合起来，主张冲破语言的牢笼，使封闭文本的语言结构向历史开放。[⑦] 将结构主义与文学叙事学结合的先驱是俄国形式主义文学同时

---

① WAISMAN A. What is there not to waive? on the prohibition against relinquishing the moral right to integrity［J］. Intellectual Property Quarterly，2010，2：225-235.

② NOCELLA L. Copyright and moral rights versus author's right and droit moral：convergence or divergence?［J］. Entertainment Law Review，2008，19（7）：151-157.

③ 索绪尔 . 普通语言学教程［M］. 刘丽，译 . 北京：中国社会科学出版社，2009：12.

④ 皮亚杰 . 结构主义［M］. 倪连生，王琳，译 . 北京：商务印书馆，1984：4.

⑤ 列维-斯特劳斯 . 结构人类学：1［M］. 张祖建，译 . 北京：中国人民大学出版社，2006：47.

⑥ 阿尔都塞 . 保卫马克思［M］. 顾良，译 . 北京：商务印书馆，2010：229.

⑦ 詹姆逊 . 语言的牢笼：马克思主义与形式（上）［M］. 钱佼汝，译 . 南昌：百花洲文艺出版社，2010：91-95.

代的普罗普，其代表作为《故事形态学》，他在书中归纳出童话的功能总数为 31 种，而 31 种功能则分布在 7 个“行动范围”中。[①] 法国的格雷马斯与托多罗夫也是将结构主义与文学相结合的代表人物，格雷马斯的著作有《结构语义学》，而托多罗夫的代表作为《象征理论》《叙事语法：〈十日谈〉》《散文诗学》。[②] 格雷马斯将人物按表现分为 6 个功能，发明深层概念模式的“符号方阵”，而将故事分为三种结构；[③] 托多罗夫扩大了普罗普的研究范围，将研究领域从童话、神话转入小说领域，将作品分为 4 个结构层次。另有波尔蒂的《三十六种悲剧情况》将悲剧归总为 36 种形态。[④] 新批评的代表人物艾略特的《传统与个人才能》强调在写作中对作者个性的逃避，也是一个以文本为中心的结构主义倾向的理论派别。[⑤] 威廉·K. 维姆萨特和蒙罗·C. 比尔兹利两人合写了《意图谬见》和《感受谬见》，在作者、作品和读者的三者关系中，切断作品与作者和读者的关系，从文本本身探究作品的意义。[⑥] 而约翰·克罗·兰色姆的《新批评》则是对该流派的系统性总结。[⑦] 而勒内·韦勒克和奥斯汀·沃伦的合著《文学理论》对文学进行了深度的内部研究，它与形式主义文学理论相呼应。[⑧]

罗兰·巴特为结构主义文学代表人物之一，其代表作为《写作的零度》《S/Z》《符号学原理》。他把文本当作一个长句，要理解长句就得把它分割为词语的最小意义单位，然后排列组合以确定整体之意义。[⑨] 在《S/Z》中，他说，“据说某些佛教徒依恃苦修，最终乃在芥子内见须弥。这恰是初期叙事分析家的意图所在：在单一的结构中，见出世间的全部故事”[⑩]。他更强调故事中的共性而不是个性。在英语国家中，美国的罗伯特·休斯写有《文学结构主义》，他将结构主义与文学相结合，用结构主义理论系统地研

---

① 普罗普．故事形态学［M］．贾放，译．北京：中华书局，2006：24-58.

② 托多罗夫．叙事语法：《十日谈》［M］// 散文诗学：叙事研究论文选．侯应花，译．天津：百花文艺出版社，2011：58.

③ 格雷马斯．结构语义学［M］．蒋梓骅，译．天津：百花文艺出版社，2001：257-263.

④ POLTI G. The thirty-six dramatic situations［M］. Franklin：James Knapp Reeve, 1921：9-15.

⑤ 艾略特．传统与个人才能［M］．卞之琳，译 // 赵毅衡．“新批评”文集．天津：百花文艺出版社，2001：35.

⑥ 维姆萨特，比尔兹利．意图谬见［M］．卞之琳，等译 // 赵毅衡．“新批评”文集．天津：百花文艺出版社，2001：234-243.

⑦ 兰色姆．新批评［M］．王腊宝，张哲，译．南京：江苏教育出版社，2006：180-240.

⑧ 韦勒克，沃伦．文学理论［M］．刘象愚，邢培明，陈圣生，等译．南京：江苏教育出版社，2005：155-266.

⑨ 巴尔特．符号学原理［M］．李幼蒸，译．北京：中国人民大学出版社，2008：107.

⑩ 巴特．S/Z［M］．屠友祥，译．上海：上海人民出版社，2012：1.

究了文学理论。[①] 美国的约瑟夫・坎贝尔在《千面英雄》中从全世界以及许多有关历史阶段的故事中，找到了一种特定、典型的英雄行动规律，而这种行动规律只有一个原型的神话英雄，他的生命被许多地方的民族复制了。[②] 另外，加拿大弗莱的《批评的解剖》也是一部结构主义文学理论著作，他将虚构型文学作品分为五种基本模式，而且看到了文学作品的整体是一个复杂的系统，它内含各种各样的对立两极。[③]

从这些结构主义文论中可知，是作品结构本身起主导作用，而作者是在结构的支配下仅发挥着功能性而不是创造性的作用。结构主义对作者独创性具有天然的消解作用，在结构主义视野下，作者只处在结构之网的节点位置。

（2）关于哲学解释学的基本理论

哲学解释学之前的解释学是传统解释学，传统解释学的主要代表是施莱尔马赫和狄尔泰。施莱尔马赫的代表性文章主要有 1805—1810 年和 1819—1832 年的《诠释学箴言》，而狄尔泰关于诠释学的文章主要有《诠释学的起源》（1900）和《理解和解释》（1927），他们共同的特点是在理解作品时解释者应尽量消除自身的偏见，而应当重构作者的创作意图，以作者的创作意图为中心来解释作品，传统解释学是一种作者中心论的解释模式。[④]

哲学解释学的开创者为海德格尔，他在《存在与时间》中建立解释学本体论，“领会在解释中并不成为别的东西，而是成为它自身”。[⑤] 海德格尔也对先见、传统予以了正名，对循环解释学进行了认可。《林中路》折射出的是海德格尔对近代浪漫美学的反动，“真”不是主体的认识结果，而“美”也不是主体的主观体验，作品不是作者飞扬跋扈的创造。[⑥] 从这个角度而言，海德格尔是反对作者中心论的。海德格尔其他两部著作《在通向语言的途中》与《诗・语言・思》则表达他哲学理念“语言是存在之家”与“语言说人”，他把语言视为世界存在的本质，语言具有先于人的

---

① 休斯 . 文学结构主义［M］. 刘豫，译 . 北京：生活・读书・新知三联书店，1988：92-222.

② 坎贝尔 . 千面英雄［M］. 朱侃如，译 . 北京：金城出版社，2012：20.

③ FRYE N. Anatomy of criticism［M］. Shanghai：Shanghai Foreign Language Education Press，2009：140

④ 四篇文章均选自洪汉鼎 . 理解与解释：注释学经典文选［M］. 北京：东方出版社，2001：22-109.

⑤ 海德格尔 . 存在与时间［M］. 陈嘉映，王庆节，译 . 北京：生活・读书・新知三联书店，2006：166.

⑥ 海德格尔 . 林中路［M］. 孙周兴，译 . 上海：上海译文出版社，2004：4（译者序）.

地位。伽达默尔将海德格尔的解释学予以了系统化，进行了理论上的完善而形成了哲学解释学。伽达默尔的经典著作为《诠释学Ⅰ：真理与方法》，在该书中论述了艺术存在的本质、解释者前见的合法地位、解释者与文本视域融合及语言本体论。[①] 将解释者（读者）的地位上升到了本体论的高度，解释者的个性不再是在施莱尔马赫和狄尔泰看来需要加以泯灭的对象，而是应当加以肯定的合法性因素，哲学解释学实现了从作者中心论到读者中心论的转变。伽达默尔的《哲学解释学》这本书对哲学解释学的基本理论也进行了相应论述。[②] 加拿大让·格朗丹的《哲学解释学导论》对传统解释学及哲学解释学的起源与基本理论进行了介绍。[③]

接受美学是哲学解释学在文学理论领域的理论延伸，而现象学文学理论家罗曼·英加登的《论文学作品》中的文学作品层次理论及图式结构是接受美学的理论先导。[④] 汉斯·罗伯特·尧斯的《审美经验论》与沃尔夫冈·伊瑟尔的《阅读活动——审美反应理论》均把读者的阅读活动上升到创造性高度，读者的阅读成为作品存在的本体论意义所在。[⑤] 姚斯与霍拉勃的《接受美学与接受理论》对影响接受理论的理论先驱如俄国形式主义、英加登、伽达默尔加以评述，对接受美学的主要观点进行了整理。[⑥] 艾柯在《开放的作品》中提到了作品的开放结构，作品是待完成的作品。作品需要与读者对话，由读者与作者来共同完成。[⑦] 艾柯的另一部著作《诠释与过度诠释》则对读者的任意诠释进行了限制，引出了标准读者的概念，使诠释活动不是任意的活动，而是读者与作者、文本相互妥协的结果。[⑧]

哲学解释学转换了作者、文本与读者三者之间的关系，将读者置于最中心的位置，颠覆了作者神圣的权威形象，对作者中心主义予以哲学上的消解。这对著作权上的作者中心主义之批判提供了最为有力的帮助，哲学上的作者被颠覆了，也就意味着著作权法上的作者将好景

---

① 伽达默尔．诠释学Ⅰ：真理与方法［M］．洪汉鼎，译．北京：商务印书馆，2010：539-666.

② 伽达默尔．哲学解释学［M］．夏镇平，宋建平，译．上海：上海译文出版社，2004.198-227.

③ 格朗丹．哲学解释学导论［M］．何卫平，译．北京：商务印书馆，2009：182.

④ 英加登．论文学作品［M］．张振辉，译．开封：河南大学出版社，2008：252-280.

⑤ 伊瑟尔．阅读活动：审美反应理论［M］．金元浦，周宁，译．北京：中国社会科学出版社，1991：334-392.

⑥ 姚斯，霍拉勃．接受美学与接受理论［M］．周宁，金元浦，译．沈阳：辽宁人民出版社，1987：127-216.

⑦ 艾柯．开放的作品［M］．刘儒庭，译．北京：新星出版社，2010：3-11.

⑧ 艾柯．诠释与过度诠释［M］．王宇根，译．北京：生活·读书·新知三联书店，1997：47-70.

不长。

（3）关于主体问题

彼得·毕尔格在《主体的退隐》中提到主体范式与语言范式，主体范式是由主体发现继而建构起来的一种模式。[①] 奥古斯丁在《忏悔录》中表示他是在向上帝唤求之中追寻自我。[②] 蒙田在《论悔恨》中描写了一个暂时的自我确定性。在一种确定性背景下，记录下他变幻不定的心情和矛盾，但无论岁月对他有多大的影响，他声称他还是年轻时的自己：情状相同，则我亦不变。[③] 所以奥古斯丁和蒙田是现代性主体发现的先导。而笛卡儿在《第一哲学沉思集》中以"我思故我在"的方式来寻找人类知识可靠的"阿基米德点"，以此确定人之主体性存在。[④] 康德之"人为自然立法"是主体性的巅峰之作。[⑤] 尼采在《快乐的科学》中宣布了"上帝之死"，开启了主体死亡的大闸。[⑥] 继尼采宣布"上帝之死"后，福柯宣布了"人之死"。在《词与物——人文科学的考古学》中福柯宣称，人像画在沙滩上的一张脸，将会很快就消失。[⑦] 罗兰·巴特则在《作者之死》中宣布了"作者之死"。[⑧] 皮埃尔·施拉格认为，现代社会的主体都是被建构起来的。[⑨] 菲尔德曼在《从前现代主义到后现代主义的美国法律思想：一次思想航行》中对后现代主义的主体建构也有较为深入的论述。在后现代主义看来，主体并无某种确定的本质，主体是碎片化、无中心的。所谓的法律主体是特定社会的主流话语为了自身的利益，而以法律之名建构起来的产物。[⑩] 同样的，著作权法中作者的概念就是一个被利益集团所建构起来的法律主体，作者本身也并没有神圣性本质可言。

（4）现代性与后现代理论

波德莱尔从艺术的角度表述了现代性，他认为，"现代性就是过渡、

① 毕尔格．主体的退隐［M］．陈良梅，夏清，译．南京：南京大学出版社，2004：1.

② 奥古斯丁．忏悔录［M］．周士良，译．北京：商务印书馆，1963：4.

③ 蒙田．论悔恨［M］// 蒙田随笔全集：第三卷．马振骋，译．上海：上海书店出版社，2009：15.

④ 笛卡尔．第一哲学沉思集［M］．庞景仁，译．北京：商务印书馆，1986：22.

⑤ 康德．纯粹理性批判［M］．李秋零，译．北京：中国人民大学出版社，2011：123.

⑥ 尼采．快乐的科学［M］．黄明嘉，译．桂林：漓江出版社，2000：151.

⑦ 福柯．词与物：人文科学的考古学［M］．莫伟民，译．上海：上海三联书店，2001：506.

⑧ BARTHES R. The death of the author［M］//Image，music，text. HEATH S，trans. New York：Hill and Wang，1977：142-148.

⑨ SCHLAG P. Missing pieces：a cognitive approach to law［J］. Texas Law Review，1989，67：1195.

⑩ 菲尔德曼．从前现代主义到后现代主义的美国法律思想：一次思想航行［M］．李国庆，译．北京：中国政法大学出版社，2005：322.

短暂、偶然，就是艺术的一半，另一半是永恒和不变”[①]。波德莱尔强调现代性艺术永无止境的创新，以区别于古典艺术追求永恒不变的主题，以显示与传统的决裂。而从历史的范畴分析，现代性则起源于17世纪，鲍曼认为，现代性作为一个历史时期，它始于17世纪一系列的社会结构和思想转变，后来达到成熟。[②]而从某种程度来说，现代性起源于启蒙运动，启蒙运动是现代性的另一种表述。康德说启蒙运动就是人类脱离自己所加之于自己的不成熟状态。[③]霍克海默和阿道尔诺认为，启蒙的纲领是要唤醒世界，祛除神话，并用知识替代幻想。[④]数学成为启蒙的规则，理性成为制造一切其他工具的工具。[⑤]现代性除了与启蒙密切相关之外，与工具理性也不可分割。马克斯·韦伯的所谓工具理性仍是目的合乎理性，“它决定于对客体在环境中的表现和他人的表现的预期；行动者会把这些预期用作‘条件’或者‘手段’，以实现自身的理性追求和特定目标”。[⑥]韦伯在《新教伦理与资本主义精神》中将工具理性与宗教相结合予以阐述，宗教理性化是西方资本主义精神的内在力量，韦伯认为，“圣徒生活绝对追求一个超越的目标；但正因为如此，在此世的生涯便被彻底地理性化，并且完全被增加神在地上的荣耀这个观点所支配”[⑦]。工具理性是西方社会现代性的重要特征。法兰克福学派对工具理性展开批判，马尔库塞认为，“技术已变成物化——处于最成熟和最有效形式中的物化——的重要工具”，“统治的罗网已变成理性自身的罗网，这个社会也会被困在该罗网之中”。[⑧]工具理性将使社会成为一个没有反对派的社会。哈贝马斯在其《交往行为理论》中对韦伯的合理化理论进行论述，并对其目的合理性进行了重建，提出交往合理性，“在交往行为中，参与者主要关注的不是自己的目的；他们也关注自己的目的，但也

---

① 波德莱尔．现代生活的画家［M］// 波德莱尔美学论文选．郭宏安，译．北京：人民文学出版社，2008：439-440.

② BAUMAN Z．Modernity and ambivalence［M］. Cambridge：Polity，1994：4.

③ 康德．答复这个问题：“什么是启蒙运动？”［M］．何兆武，译 // 江怡．理性与启蒙：后现代经典文选．北京：东方出版社，2004：1.

④ 霍克海默，阿道尔诺．启蒙辩证法［M］．渠敬东，曹卫东，译．上海：上海人民出版社，2006：1.

⑤ 霍克海默，阿道尔诺．启蒙辩证法［M］．渠敬东，曹卫东，译．上海：上海人民出版社，2006：1.

⑥ 韦伯．经济与社会：第一卷［M］．阎克文，译．上海：上海人民出版社，2010：114.

⑦ 韦伯．新教伦理与资本主义精神［M］．康乐，简惠美，译．桂林：广西师范大学出版社，2010：99.

⑧ 马尔库塞．单向度的人：发达工业社会意识形态研究［M］．刘继，译．上海：上海译文出版社，2012：134.

遵守这样的前提，即他们在共同确定的语境中对他们的行为计划加以协调”。[①] 哈贝马斯完成了他所谓的从目的取向到沟通取向的理性范式的转变。卡洪认为，想要为现代性确定一个历史起点是不可能的，但就哲学家而言，17 世纪必然是肇端之处，大家普遍同意它是现代哲学的开端，而现代性论争是对现代性基本原则作出批判性的价值评估。[②] 吉登斯认为，“现代性指社会生活或组织模式，大约 17 世纪出现在欧洲，并且在后来的岁月里，程度不同地在世界范围内产生影响。这将现代性与一个时间段和一个最初的地理位置联系起来，但是到目前为止，它的那些主要特征却还仍然在黑箱之中藏而不露”[③]。现代性哲学话语始终与启蒙、理性相伴相随，现代性也就成了启蒙的现代性，或者理性的现代性。

关于后现代，汤因比在其《历史研究》著作中将 1875 年视为后现代的开端，进入人类历史的第四个时期。[④] 这个时期充满战争与革命，与此前现代社会的稳定、理性形成断裂。德兰蒂把从前现代性到现代性到后现代性的运动看作主体逐渐远离客体的过程，首先是在知识的转变中，然后是在政治 / 权力的转变中，最后是在自我的转变中。[⑤] 哈桑认为后现代性至关重要的特点为不确定性与内在性，[⑥] 而后现代主义与现代主义不同之处是：现代主义是浪漫主义、目的、设计、整体性、在场、中心、隐喻、语义学、根深、所指、超验、确定，而后现代主义则为另类形而上学、嬉戏、机会、解构、缺场、分散、换喻、修辞、块茎、能指、内在性、不确定性。[⑦] 利奥塔认为科学知识目前比任何时候都更依附于权力、统治力量。[⑧] 詹姆逊论述了现代性文学与艺术的深度模式，如现代艺术的透视关系，或市中心的中心塔，而后现代主义就是对透视的反叛与削平深度，拒绝近大远小，乐于在平面中展开。[⑨] 利奥塔认为现代主义通过元叙事、宏大叙事、排他性来寻求合法性，而后现代主义则是反对

① 哈贝马斯 . 交往行为理论：第一卷［M］. 曹卫东，译 . 上海：上海译文出版社，2004：273.

② 卡洪 . 现代性的困境：哲学、文化和反文化［M］. 王志宏，译 . 北京：商务印书馆，2008：16-17.

③ 吉登斯 . 现代性的后果［M］. 田禾，译 . 南京：译林出版社，2011：1.

④ 汤因比 . 历史研究：上卷［M］. 郭小凌，等译 . 上海：上海世纪出版集团，2010：4.

⑤ 德兰蒂 . 现代性与后现代性：知识，权力与自我［M］. 李瑞华，译 . 北京：商务印书馆，2012：5.

⑥ 哈桑 . 后现代转向［M］. 刘象愚，译 . 上海：上海人民出版社，2015：114.

⑦ 哈桑 . 后现代转向［M］. 刘象愚，译 . 上海：上海人民出版社，2015：184-185.

⑧ 利奥塔 . 后现代状况：关于知识的报告［M］. 岛子，译 . 长沙：湖南美术出版社，1996：47.

⑨ 杰姆逊 . 后现代主义与文化理论［M］. 唐小兵，译 . 西安：陕西师范大学出版社，1986：181.

元叙事、拥抱微型叙事、多元化解构现代主义的合法性基础。凯尔纳和贝斯特则把后结构主义视为后现代主义的理论源头，后现代主义理论赞同后结构主义对现代理论的批判，并使之更激进，使之扩展到新领域。①福柯对现代性及人本主义展开批判，其知识、权力和话语的批判构成了其主要的后现代思想；他否定理性、解放、进步等启蒙思想、宏大叙事。其在《规训与惩罚》中论述在后现代背景中，权力不是那种因自己的淫威而自认为无所不能的得意洋洋的权力，而是谦恭多疑的权力，精心计算、持久运作的权力。② 在《性经验史》里，福柯论述在古代最高权力的典型特征是生杀大权，而现代形式的生杀大权是相对的和有限的，实现了对人由生杀到控制的转变。③ 福柯对权力的论述不再是整体性的宏大叙事，而是解构性的微观叙事，后现代理论策略。德里达批判语音中心主义，自柏拉图以来，西方文化传统一直受到逻各斯中心主义的支配，而言语中心是逻各斯中心主义的特殊形式。依此认为言语是思想的再现，文字是言语的再现，写作是思想的表达。德里达对逻各斯中心主义展开批判，生造“différance”一词，“différance 是潜存于文本中的散漫力量，人们以为有中心和本源的地方其实并无中心与本源，一切都变成了话语，变成了充满差别的系统，在系统之外并无超验的所指”④。德勒兹和加塔利认为，在西方传统中存在树的隐喻，心灵按照系统原则和层级原则来组织关于现实的知识，而这些知识扎根于坚实的基础（根）之上，这是树状思想，而他们用块茎状思维将哲学之树连根拔起，以此解构二元逻辑。“这回主根已然夭折，或者，它的末端已然被摧毁。”⑤ 德勒兹和加塔利是一种反本质主义的游牧式思维。后现代哲学是对现代哲学的强力批判，更是一种思想上的断裂。

三、论证思路与方法

（一）本书的论证思路

从著作权的三百年扩张的历史中找到作者中心主义的根源，通过对

① 凯尔纳，贝斯特．后现代理论：批判性的质疑［M］．张志斌，译．北京：中央编译出版社，1999：32.

② 福柯．规训与惩罚［M］．刘北成，杨远婴，译．北京：生活·读书·新知三联书店，2007：193.

③ 福柯．性经验史［M］．佘碧平，译．上海：上海世纪出版集团，2005：87-88.

④ 德里达．论文字学［M］．汪堂家，译．上海：上海译文出版社，1999：译者的话．

⑤ 德勒兹，加塔利．资本主义与精神分裂（卷 2）：千高原［M］．姜宇辉，译．上海：上海书店出版社，2010：4-5.

作者中心主义的哲学解读，归纳出作者中心主义的哲学基础。著作权作者中心主义赖以存在的哲学基础历经变迁，尤其是哲学历史上第三次语言哲学的转向与后现代哲学转向动摇了现代哲学主体性的基本原则，正是在这种哲学背景下本书展开了对作者中心主义的哲学批判。本书选取五个维度对作者中心主义展开批判，分别为：结构主义、语言哲学、主体范式、哲学解释学、后现代哲学。前三者主要对作者与作品二者关系进行批判，在结构主义中作者只是充当一种结构性功能。在语言哲学中，语言不是人言说的对象，相反是语言在言说人，作者成了作品言说的媒介。主体范式的破产则宣布作者已经死亡。而哲学解释学在作者、作品之外增加了读者的维度，使作者与作品的关系变为作者、作品与读者三者之间的关系，而读者在三者关系中处于中心的位置。后现代哲学用挪用、戏仿，用削平深度、多中心的手法，断然否定作者是作品的本质。通过对作者中心主义五个方面的批判，解构了作者中心主义赖以生存的哲学基础，也就揭开了一直笼罩在作者头上的神圣面纱，使其在祛魅后重现世俗化的本来面目。也就是说，作者的著作权并不见得比其他种类的民事权利位阶更高、正当性更扎实，作者也不能因为创作了作品而收获对价之外的权利。本书最后在批判作者中心主义基础上提出了重构著作权立法价值及基本制度的一些设想，并结合中国语境论述中国当下作者权制度的重构问题。

本书将以哲学为视角、以法学为研究方式对文学作品这个对象予以跨学科的理论研究，以探究作者文学财产权的立法原理，基于著作权作者中心主义的现实危机而开展哲学层面的深度追问。法学与哲学历来有比较多的渊源和纠葛，它们都标榜为科学的学科。哈佛大学法学院院长兰德尔教授认为，“法律作为一套表述完整的原则体系，可以运用于任何涉及于法律的境况中”[①]。而哲学则一向标榜为一切学科的基础，科学也要被哲学指导。但是，文学则一向被认为是使用了虚构的语言，文学无所谓真与假，它并不能揭示真理。但自从哲学的语言学转向和传统哲学的终结，人类开始对科学真理可靠性产生怀疑，相反对文学语言倍加重视。海德格尔对文学语言，尤其诗语言就十分推崇。他认为诗与思想同属存在，诗源于存在而达到真理。在法学领域中的后现代法学运动中，法律与文学运动的兴起，实现了法学与文学的连接。波斯纳将“法律与文学”的关系分为四类：文学中的法律、作为文学的法律、法律规制下的文学、

① 高中．后现代法学的思潮［M］．北京：法律出版社，2005：63.

法律学术中的文学转变，其中的“法律规制下的文学”属于著作权法相关的问题。[①] 波斯纳对“作者是什么”、剽窃、戏仿、“小说中的诽谤”予以阐述，对法学与文学进行了跨学科研究。本书将对“文学作品的法律规制”进行更深入的理论研究，视文学作品为著作权的客体对象，以厘清文学财产权的历史渊源与合法性基础，追问作者中心主义危机的哲学根源。

（二）章与章的逻辑关系

第一章是对作者中心主义理论的基本陈述，第七章是作者中心主义重构的方案，而中间的第二章至第六章是具体的哲学理论批判，整体上呈现了总—分—总的关系。第二章至第六章的逻辑关系是，从第二章的结构主义批判、第三章的语言哲学批判、第四章主体范式批判、第五章哲学解释学批判，至最后的第六章后现代性哲学批判，结构主义、语言哲学、哲学解释学属于“准后现代”的范畴，其与第六章的后现代性哲学在“发生学”上有一定的时间先后关系，尽管后现代性并不是从时间的维度来定义的。第二章至第五章分别是从某个哲学理论来论述的，具有个性化特征，而第六章对后现代性哲学之阐述是总体性的，后现代性哲学涵盖了多个不同的后现代主义哲学家，因此，第二章至第五章从整体上与第六章存在并列的关系。在第二章至第五章内部关系方面，第二章的“结构主义”与第三章的“语言哲学”，具有无“主体性”的特征，而第四章与第五章则有对主体的论述，第四章谈“作者的死亡”、第五章谈论“读者为中心”，这两章均论述主体的问题，与第二章、第三章论述结构与语言哲学存在内容上根本的不同。从批判理论的尖锐程度来看，结构主义最为激烈，语言哲学次之，再来为主体范式的衰落，而最为温和的为哲学解释学——毕竟哲学解释学认可读者与作者的“视域融合”。

（三）研究方法

1. 跨学科研究方法

在著作权法的历史上文学财产是主要的问题，其他类型的艺术并没有出现在著作权法的视野中。著作权法早期主要针对复制权的规制问题，而早期只有文学作品是复制性的艺术形式，而其他类型的艺术如音乐、美术、戏剧表演并不适合复制，所以著作权法产生之初主要是文学财产权的法律问题。直到现在文学作品也还是著作权法重点保护的对象。因此，文学与法律相结合是著作权法一个十分显明的特色。而法学与哲学

① 波斯纳 . 法律与文学［M］. 李国庆，译 . 北京：中国政法大学出版社，2002：6-7.

长期的友好关系，就使得哲学、文学与法学聚集起来。对著作权的文学财产权合法性研究也就成为跨学科研究的最好素材。本书主要以哲学的视角、法学的方法来对文学作品进行深入的研究。著作权法是保护文学作品的法律，如果法律总是保持“价值中立”的超然姿态，而对文学作品的美学价值不予判断，始终将文学作品交给专家去处理，则可能导致过于依赖专家的解读。这种法学家对文学理论的无知，最终可能会造成法学对文学的粗暴干涉。因此，法学要鼓起勇气深入文学领域进行探险活动，不要总做门外汉。而哲学与法学一向交好，哲学的基础理论成为法学取之不竭的理论源泉，法学对哲学的借用几乎是拿来主义，法哲学著作总是层出不穷。而文学与哲学的关系则不太融洽，其原因可追溯到柏拉图这个西方哲学鼻祖式人物，他认为现实是对理念的模仿，而艺术是对现实的模仿，所以艺术是“模仿之模仿”，文学艺术与真理隔了两层。这几乎是哲学对文学艺术的死刑判决，其影响十分深远，直到海德格尔为文学艺术争取到合法地位。海德格尔的观点是：作品中真理的先天植入可以让真理在作品中自行开示，在作品中可以呈现真理。西方后现代法学流派中的“法律与文学”运动是将法学与文学结合研究，而运动本身又具有哲学的意味。它以“讲故事”的方式来反抗近现代哲学的基础主义、本质主义，开创了法学、哲学与文学三者“跨学科”研究的先河。本书将在研究方法上实现三者的综合性研究，这也是本书在研究方法上最大的特色。

2. 文本分析研究方法

本书将列举一些文学作品作为研究对象，对文本结构进行深度解析，以此来论证文章的基本观点。比如，对文学作品进行深层结构分析时列举《罗密欧与朱丽叶》和《梁山伯与祝英台》进行对比，在研究哲学解释学、接受美学的文本观时，则选取一些经典作品进行文本分析，通过文本分析使本书的观点更为直观。

3. 历史研究方法

通过历史研究方法，可以追寻到作者中心主义的历史根源及演变过程，可以在历时性的维度找到著作权与文学理论、哲学思潮的勾连关系。历史研究方法是本书不可或缺的方法之一，原因在于作者中心主义不是当下才有的著作权问题，而是几乎贯穿著作权法全部的历史，所以，以历史的视角来研究作者中心主义将更具有时空透彻感。

四、术语界定

本书中有关术语，除了在行文的过程中根据具体的语境而有特定的含义外，一般情况下应按如下的含义来理解。

“作者”：本书主要论述了文学作品作者的相关问题，而不包括其他类型艺术的作者，如不包括音乐、美术、电影、戏剧、摄影作品的作者。

“读者”：是指文学作品的阅读者、使用者。在解释学的语境中读者相当于解释者、理解者，而在著作权合理使用的语境中，本书更多的是把读者当作“公众”的替代词来使用。

“文学作品”：指虚构的文学作品，包括小说、诗歌、童话、神话、散文等。文学作品是著作权客体类型之一，与音乐作品、美术作品、电影作品、摄影作品处于平行的位置。本书是以文学作品为例来论述作者权的合法性问题的，而从中得出的结论对其他类型的作者权来说，也具有一定的适应性。当然，本书在具体的论述过程中，对其他类型的作品也会有所论及。

“作者中心主义”：主要是指著作权法领域中的作者中心主义，但可以依据上下文的具体语境来确立是否属于哲学解释学视域下的作者中心主义。

五、创新与难点

（一）创新点

在研究方法方面，本书将哲学、法学与文学三门学科予以结合进行跨学科研究。在后现代法学流派的“法律与文学”运动中，已有将法学、哲学与文学相结合进行研究的先例，但本书的切入点更多立足于著作权法这一具体的法律部门，而不是一种抽象的法律。“法律与文学”运动立足于哲学，属于哲学的范畴，而本书的立足点是著作权法，属于法学的范畴。

在基础理论方面，本书通过深入地分析作者与作品的关系、透视作品的结构而提出了一些自己的见解，如独创性、剽窃标准的认定，用深层结构和表层结构二分法来解构作品，对著作权—邻接权的权利格局予以重新定位。这些观点是从对哲学、文学内部理论的研究得出的，很多结论是哲学与文学的“内部人”的研究成果，这些成果对于我们法律研究者来说尤其具有借鉴意义。

（二）难点

本书最大的挑战就是跨学科的研究方法，且哲学、法学与文学的研究套路也是大相径庭。哲学不但抽象，而且哲学理论内部没有系统性与一致性。哲学家之间没有统一的套路，不同的哲学家有不同的研究范式与思想内容。文学不只是虚构的，而且内容相对模糊、表达也是些许暧昧，它没有多少确定的东西可以拿来进行理性的分析与解读。哲学与文学以上的特征对于原则性与逻辑性强的法学来说有些矛盾与对立，因此，将风格不一样的学科研究方法糅合在一起是本书的最大难点。

第一章　著作权作者中心主义概述

作者中心主义是作者权体系的核心法律文化，它与版权体系的功利主义文化相对应。但是，作者中心主义在著作权领域的理论问题重要性并没有受到应有的重视。本书将以作者中心主义的理论缘起为切入点层层揭开隐匿在著作权制度背后的历史背景与哲学思想纠葛。由于各种理论缘起都不约而同将作者中心主义指向了一个关键的时刻——法国大革命，因此，本章在介绍作者中心主义基本内涵时，将历史回溯到作者中心主义标志性诞生时刻，简略重构“作者的革命史”。因处在特殊的时代背景，作者中心主义也就天然具有相当丰厚的哲学基础，本章将详细交代这相互缠绕的哲学思想理论，以论述作者中心主义产生的历史必然性。但随着时间的推移、哲学思潮的不断更迭，曾经将作者推向神坛的各种哲学思潮，反而成为与当代哲学理念格格不入的陈腐理论，本章将对这些哲学思潮的变迁做一个总体性交代，以展示著作权作者中心主义所遭遇的合法性危机。

第一节　著作权作者中心主义的理论缘起与内涵

作者中心主义的法律文化尽管很重要，却在现实中被冷落，被归入“小众型”的理论行列中了。鉴于著作权作者中心主义被“陌生化”，本节有必要先做一些基本的理论铺垫，以便对它有初步的认识。本节先介绍它的理论缘起，然后论述其价值内涵与制度内涵。

一、著作权作者中心主义的理论缘起

著作权领域中“作者中心主义”理论缘起于国外知识产权法学家理论建构，它是学者们对作者权体系所进行的一种理论抽象。首先是美国哥伦比亚大学教授简·金斯伯格于 1990 年在其论文《两个版权的故事：革命的法国与美国的文学作品财产权》[①] 中总结了“作者中心主义”的理论渊源，认为作者中心主义源于一种传统的理论观点。这个传统观点认为，著作权作者中心主义为法国大革命的产物；法国著作权法之“作者中心

---

① 英文名为：A Tale of Two Copyrights：Literary Property in Revolutionary France and America.

主义”的特征主要在两个方面得以体现，一方面，法国著作权法将作者神圣化，将作者独占权之正当性归结为“作者是作品的创造者”；另一方面，法国著作权法向作者提供了更多的保护，尤其是向作者提供了版权体系所没有的非物质权利的保护。但她本人认为，“作者中心主义”并不是法国大革命的产物，因为法国在 1791 年制定的《表演权法令》和 1793 年制定的《作者权法令》并没有着重保护作者的利益，而是着重保护了公众的利益。①

其次，戴维·桑德斯在 1992 年的著作《作者权与版权》(*Authorship and Copyright*)中有论及“作者中心主义”。他论述了法国著作权法从特许权到精神权的历史变迁过程，认为是法国的传统导致了“作者中心主义”的观念的产生。法国著作权法相对于公众而言，给予作者更多的利益考量；它向作者提供了从物质到精神的全面保护，以便为作者的智力产品提供充分的法律保障。起源于法国大革命的各种独占权中，唯有作者的财产权最具有正当性基础，因为它源于个人的智力创造。“作者”诞生在大革命之前，尽管之前没有制定法的正式确认，但作者文学财产权之财产意识已经产生。②

再次，丹尼尔·伯基特认为“作者中心主义”是法国大革命的产物，法律之所以要对作者智力作品予以保护不是基于作者的财产地位，而是因为作者的人格特性。法国作者权之确立不仅消除垄断特权，而且提升和神圣化了财产观念，正如勒·沙普利埃(1791 年法令制定的汇报人)的著名宣言，最神圣、最正当、最无可置疑和最个性化的财产是作品，它是作者思想之结晶。法国著作权立法者认为，文学作品财产权作为最原始、最不可剥夺的权利是源于其自然本性：扎根于作者与创造物之间紧密的联结，就像父亲与孩子之间关系一样；作品是作者的个性特征的反映，是作者人格思想的完整体现。伯基特认为“作者中心主义”在法国大革命之后日益成为法国法律文化。在 19 世纪晚期、20 世纪早期，法国已经形成了富有法国特色的作者权观念，也形成了以精神权利为特征的“作者中心主义”理论体系与法律体系。法国之作者中心主义文化旨在保护作者与反映作者个性的作品之间的关系。③

---

① GINSBURG J. A tale of two copyrights: literary property in revolutionary France and America[J]. Tulane Law Review, 1990, 64: 991-995.

② SAUNDERS D. Authorship and copyright[M]. London: Routledge, 1992: 76.

③ BURKITT D. Copyrighting culture: the history and cultural specificity of the western model of copyright[J]. Intellectual Property Quarterly, 2001, 2: 158-160.

最后，还有保罗·戈斯汀（Paul Goldstein）2008年的著作《著作权之道》对“作者中心主义”理论有所论述。他认为法国的著作权文化是以作者为中心的欧洲著作权文化，并总结了法国著作权文化的特征，“赋予作者某种自然权利，以便其控制作品中可能影响其利益的各个领域”，“欧洲著作权文化向来是一种著作权的乐观主义，欧洲立法者视著作权之杯为“半满”的。为了保护作者之利益，立法者不惜采取任何行动，以扩展作者任何具有经济价值的物质权利”。①

此外，还有一些与作者中心主义相近的“作者为中心”的论调，如德利娅·利普希克在《著作权与邻接权》中论及作者的中心地位，“法国的革命法律在认可文学产权的同时，将作品的创作者置于保护的中心地位，并将保护期跟作者的一生联系在一起”②。他认为，欧洲的作者权概念在本质上来说是个人主义的；这个观念首先在法国资产阶级制宪会议的法令中，然后在欧洲大陆各国得以发展；这个观念源于法国法律对哲学思想的认可——权利来自创作作品，而作品不能脱离作者之人格。③

从以上的论述中，我们可以发现，“作者中心主义”具有一定的神秘色彩——其根源于法国大革命，而与法国的法律文化、民族精神、哲学思想具有密切的联系。我们无法对它下定义，但如果非要用一句话来概括的话，则可以如此言述：“作者中心主义”是以作者为中心、以保护作者权利为旨归的理论思想，并有一整套哲学思想与法律制度作为依托，法国著作权文化是作者中心主义的典型代表。

二、著作权作者中心主义的内涵

（一）价值内涵

“当Droit Moral的信仰者们谈到著作权精神权利时，他们所洋溢出来的态度就像宗教狂热分子在谈论圣物，或者吉伦特派解读《人权宣言》时一样。”④ 作者中心主义首先体现在精神层面和价值维度上，只有对作者中心主义神圣的外衣加以披露，我们才能洞见它的核心观念。

---

① GOLDSTEIN P. Copyright's highway：from Gutenberg to the celestial jukebox［M］. Stanford：Stanford University Press，2003：138.

② 利普希克.著作权与邻接权［M］.联合国教科文组织，译.北京：中国对外翻译出版公司，2000：19.

③ 利普希克.著作权与邻接权［M］.联合国教科文组织，译.北京：中国对外翻译出版公司，2000：23.

④ GOLDSTEIN P. Copyright's highway：from Gutenberg to the celestial jukebox［M］. Stanford：Stanford University Press，2003：140.

1. 作者是作品的创造者，作品源于作者

作者中心主义的首要观念是作者是作品的创造者，没有作者就没有作品的诞生，就如同没有父母就不会有小孩的出生一样。正如丹尼尔・伯基特所论述的作者权利来源于作者与创造物（creation）之间的天然联结，如同父亲与其子女的关系一样。[①] 作者是作品的创造者不是一种简单的事实描述，而更多地意味着对作者价值的承认，以此为作者权谋求合法性基础。在西方历史之初，个人的写作能力与写作的价值并没有得到认可。柏拉图对艺术向来贬视，认为悲剧诗人是模仿者，与真理隔着两层。[②] 柏拉图否认诗人的独立创作的能力，诗人只不过是神的代言人，即“这类诗歌本质上不是人的而是神的，不是人的制作而是神的诏语；诗人只是神的代言人，由神凭附着”[③]。中世纪基督教教义一统天下，文学成为神学的婢女。《新约・罗马书》第 11 章第 36 节说：因为万有都是本于祂、借着祂、并归于祂；愿荣耀归与祂，直到永远。上帝是世间万物的创造者，没有上帝，人不能存在，更谈不上可以创造作品。奥古斯丁也曾言，除非在你之中，否则不存在。[④] 奥古斯丁在《忏悔录》对荷马虚构故事进行了批判，“荷马编造这些故事，把神写成无恶不作的人，使罪恶不成为罪恶，使人犯罪作恶，不以为仿效坏人，而自以为取法你天上的神灵”[⑤]。这是奥古斯丁贬低文学创作的表现。

到了启蒙时期，人的理性取代宗教信仰，理性的人取代了全能的上帝，至此，人开始登上历史舞台。笛卡儿确立了人的主体性原则。他要怀疑一切，但唯独不能怀疑“自我”，而“自我”是毋庸置疑的“阿基米德点”。[⑥] 而康德实现了哲学上的“哥白尼革命”，进一步确认了人的主体性。他认为，“人为自然立法”，“范畴就是先天地给显象，从而给作为一切显象之总和的自然规定规律的概念”，[⑦] 是自然迎合人的认识，而不是人被自然牵着走。启蒙运动将人彻底地解放出来，使人脱离了“不成熟”的状态，人的价值被肯定。作品的来源不再是神的启示，而是人的创造，

① BURKITT D. Copyrighting culture：the history and cultural specificity of the western model of copyright［J］. Intellectual Property Quarterly，2001：159.

② 柏拉图 . 理想国［M］. 郭斌和，张竹明，译 . 北京：商务印书馆，1986：392.

③ 柏拉图 . 伊安篇［M］. 朱光潜，译 // 伍蠡甫，胡经之 . 西方文艺理论名著选编：上卷 . 北京：北京大学出版社，1985：8.

④ 奥古斯丁 . 忏悔录［M］. 周士良，译 . 北京：商务印书馆，1963：2-3.

⑤ 奥古斯丁 . 忏悔录［M］. 周士良，译 . 北京：商务印书馆，1963：19.

⑥ 笛卡尔 . 第一哲学沉思集［M］. 庞景仁，译 . 北京：商务印书馆，1986：24-25.

⑦ 康德 . 纯粹理性批判［M］. 李秋零，译 . 北京：中国人民大学出版社，2011：123.

从而实现了从“上帝—真理”到“作者—作品”范式的转换。[①]从“神的代言人”到“上帝的启示”再到“作品的创造者”，其心路历程在法国大革命的著作权立法中都得到了回报，作者权利被法律充分地加以肯定。

福柯说，历史上有一个时期，文学文本——如小说、民间传说、史诗和悲剧——被承认与传播，但没有人询问它们的作者是谁。但到了17、18世纪，文学文本只有在标示了作者名字的前提下才能被接受，因为作者的写作背景成为赋予作品以意义的依据。[②]作者成为作品的内在权威，人们再也不必从上帝那里寻求作品的权威基础。由此，作者已经取代了上帝，作者成为权威之源。伯尔曼认为，所谓没有法律之信仰是狂信，而没有信仰的法律将退化成僵死的法条。[③]将人神圣化——以作为上帝离场后的填充物——是“作者中心主义”为作者权利寻求被信仰的依据、对作者权利予以合法性论证的技术手段。

2. 作品是作者人格的体现

作者是作品的创造者，但如果仅仅作为一个创造者——如同其他物品的生产者一样，作者的权利也就没有什么过于神圣之处。而之所以同样是智力性“发明”的创造者同作品的创造者无法相提并论，其原因就在于作品中内含了作者的个性人格。专利发明的器物与发明者的人格之间没有任何直接因果关系，我们无法从发明的器物中洞见发明者的道德高低与喜怒哀乐。丹尼尔·伯基特将作品视为作者个性的“镜子”（the mirror of personality），认为作者权乃根植于纯粹的人类个性的道德尊严，并认为精神权利的支持者们把“个性人格”视为比“创造性”更为关键的作品要素——作品可以不具备创造性，但必须具备“个性特征”。存在于文学艺术中的作者的个人人格被视为具有绝对天然的价值。[④]黑格尔对艺术是否成为物感到踌躇，因为艺术是自由精神特有的，是精神的内在的东西，而不是外在的东西。[⑤]“艺术作品乃是把外界材料制成为描绘思想的形式，这种形式是那样一种物：它完全表现作者个人的独特性。”[⑥]文学作品是作者内在的精神体现，是作者思想的个性化表达。康德认为，书是人们写出来的，它包含某人向公众所作的，通过可以看得见的语言符

① 李雨峰．著作权的宪法之维［M］. 北京：法律出版社，2012：93.

② 福柯．作者是什么？［M］. 逢真，译 // 王逢振，盛宁，李自修．最新西方文论选．桂林：漓江出版社，1991：452.

③ 伯尔曼．法律与宗教［M］. 梁治平，译．北京：中国政法大学出版社，2003：38.

④ BURKITT D. Copyrighting culture：the history and cultural specificity of the western model of copyright［J］. Intellectual Property Quarterly，2001，2：162-163.

⑤ 黑格尔．法哲学原理［M］. 范扬，张企泰，译．北京：商务印书馆，1961：52.

⑥ 黑格尔．法哲学原理［M］. 范扬，张企泰，译．北京：商务印书馆，1961：76.

号来表达的讲话。“一本书并不仅仅是外在物，而且是出版人对公众的讲话，他受该书作者的委托，是唯一有资格公开这样做的人，这就构成了一种对人权。”① 文学作品是作者对公众的讲话、是作者的化身。作者的人格个性在作品中凸显，而作品本身反而隐匿在作者人格的背后。

如果说作者得以成为创造者的依据是独创性（originality）的话，则作品得以形成的关键元素是作者的个性人格（personality）。在作品中“个性人格高于独创性”意味着作者与作品之间存在更为紧密的人身依附关系。独创性仅意味个人智力之高低，独创性既可以在文学作品中体现，也可以在专利发明中得以体现，但个性人格只能在文学作品中得以显现，而在专利发明的器物之中无从体现。人格是作品独有的核心因素，作品与人格之间表现为一种相互型塑的关系——作者人格构造了作品，而作品映射了作者的人格。“轻创造重人格”的人身依附关系是作者中心主义十分重要的价值内涵。

3. 作者权乃是自然权利

作者权的合法性源于自然权利而非制定法是作者中心主义另一个重要的价值内涵。法国著作权法律观念认为，作者权的根源不在于制定法的规定，而在于作者个人的创造，制定法只不过是对这种天然的权利予以“追认”和更精确的表达而已。在 1957 年，法国著作权法取消了作品获得法律保护必须提供作品样本的前提规定，这标志着法国著作权法向自然法原则的更进一步回归。这意味着，文学财产权乃是一种根源于事物本性而产生的“原生性的、不可以剥夺”的权利，根源于亲密的作者与作品之间——如同父母与子女之间的血缘关系一样。法国著作权法中这种自然法思想乃根植于古典自然法思想，“18 世纪自然法学派的法学家认为，一种全涉且完善的法律体系可以根据那些可以经由理性而被发现的自然法（即理想法）原则得以建构。他们认为，这些自然法原则可以从抽象的人性中推论出来”②。经过18世纪欧洲启蒙运动之洗礼，再经由孟德斯鸠、卢梭等古典自然法学代表人物之努力，自然法哲学开始在欧洲盛行起来，而天赋人权的自然权利观念成为当时普遍的诉求。把作者与作品的关系类比为父母与子女之间的关系，显然是出于“血肉”相连的自然天性，其中蕴含了深刻的自然法思想原理。这是一种“内在的我的和你的”，“天赋的权利是每个人根据自然而享有的权利，它不依赖于经验中

① 康德．法的形而上学原理：权利的科学［M］．沈叔平，译．北京：商务印书馆，1991：111-113.

② 庞德．法理学：第一卷［M］．邓正来，译．北京：中国政法大学出版社，2004：47-48.

的一切法律条例”。[①] 作者权的起源是自然天性，以作者权为中心的“作者权体系是建立在知识产权的自然法思想基础之上的”[②]。可以认为，作者权的自然法权利属性是作者中心主义重要的价值内涵。

（二）制度内涵

1. 精神权利与财产权利二元构造，且以精神权利优先

“在版权中保护精神权利，是法国大革命时代从天赋人权理论出发而提出来的。”[③] 精神权利源于启蒙运动中“作者—作品”范式的确立，这个范式将作者人格与作品予以混同，认为侵犯作品就是侵犯作者的人格。从这个逻辑出发，法律有必要对作品中的人格利益提供保护。1793 年法国的《作者权法令》第一次创立了作者权概念，如果说英国 1710 年的《安妮女王法》是著作权法历史上第一次开始关注作者，属于著作权法历史上第一次飞跃的话，那么，法国 1793 年的《作者权法令》则是著作权法历史上的第二次飞跃，因为它第一次开始关注作者的人身权。[④] 从法国大革命到法国法院在 19 世纪形成的司法实践，法国逐渐形成了神圣的、不可剥夺的、永久性的精神权利之著作权观念。[⑤] 因此，精神权利在法国著作权体系中自始就占据了重要的位置。

作为作者中心主义发源地之法国自始建构了著作权法二元结构，法国著作权权利包括了永恒的、不可转让的精神权利和可分割的、可以转让的经济权利。[⑥] 法国是著作权法精神权利的诞生地，精神权利也被认为是法国著作权法的“拱顶石”（keystone）。[⑦] 法国著作权法“不仅承认作者的人身权利，而且认为人身权利优于财产权”[⑧]，作者的精神权利是源始性的，而经济权利是派生性的。以自然权利为基础，始终将神圣的外衣披在著作权之上的理论套路，乃是为了建构一种以某种权威观为依托的法律体系。权威观最早表现为人们对神授规则的信奉，如，太阳神赐予

① 康德．法的形而上学原理：权利的科学［M］．沈叔平，译．北京：商务印书馆，1991：49.

② 雷炳德．著作权法［M］．张恩民，译．北京：法律出版社，2005：67.

③ 郑成思．版权法［M］．北京：中国人民大学出版社，2009：313.

④ 刘春茂．知识产权原理［M］．北京：知识产权出版社，2002：109.

⑤ SIMON N. The development of copyright and moral rights in the European legal systems［J］. European Intellectual Property Review，2011，33（11）：682.

⑥ SIMON N. The development of copyright and moral rights in the European legal systems［J］. European Intellectual Property Review，2011，33（11）：683.

⑦ NOCELLA L. Copyright and moral rights versus author's right and droit moral：convergence or divergence?［J］. Entertainment Law Review，2008，19（7）：153.

⑧ 吴汉东，曹新明，王毅，等．西方诸国著作权制度研究［M］．北京：中国政法大学出版社，1998：351.

汉穆拉比之《汉穆拉比法典》、摩西向圣贤们所口授之《摩西法典》。而在法国大革命中，人民主权的观念将“人民”确立为新的权威，由此“政治神”（political God）取代了“宗教神”（religious God）。“权威观都在法律秩序背后安置了一个惟一的、终极的和不容置疑的权威，并且把它作为每一项法律律令的渊源——它所宣称的意志也就具有了约束力”[①]，从这种权威观的逻辑关系中，我们发现了法国著作权法自始就是把作者建构成这样的一个权威或天神，以获得一种普遍的法律约束力。黑格尔说，一个民族没有哲学，就像一个神庙没有至尊的神像那样。[②]同理，如果没有以深厚哲学思想为依托的神圣作者，就没有法国的以作者中心主义为文化特质的著作权体系。往法律里添加“宗教”的因素，是作者中心主义得以源远流长、常盛不衰的法宝。

2. 以作者为著作权的权利中心，以著作权—邻接权为基础权利格局

在作者中心主义的视野之下，因为作者之创造性工作，所以在权利格局中，作者始终被安排在中心位置。从“作者创造了作品”之事实判断，到“作者是作品的最高权利人”之价值判断，作者中心主义经历了从事实到价值的重大飞跃。作者中心主义并不是价值的中立者，而是价值偏见的携带者。作者中心主义对表演者、出版商、广播组织的态度具有明显的价值偏见，他们付出劳动都只是对原作品的传播而非创造——无论这个劳动的过程是否存在创造性。表演者对原作之表演是临时性的而易于消失，表演者的权利源于作者的权利，因此称之为邻接权。[③] 1940年12月24日法国巴黎上诉法院的一份判决中也认为，演奏者不能被视为创作者，其活动不能等同于作者之创作。[④]然而，即便是这个被歧视的、被边缘化的邻接权也不是一开始就分配给了表演者的。法国1791年《表演权法令》不是表演者的邻接权，而是一种作者权，即作者将自身作品付诸表演的权利。“表演艺术家在戏剧表演、音乐表演过程中虽然也作出了成绩——而且这种成绩是以艺术上的移情能力以及技巧上的才能为前提的——但是，他们所再现的仅仅是原作者在作品中已经设想好了的东西。”[⑤]表演艺术家只是在重构原作者的创作意图——无论其表演的过程

---

① 庞德．法律史解释［M］．邓正来，译．北京：中国法制出版社，2002：5.

② 黑格尔．逻辑学［M］．杨一之，译．北京：商务印书馆，1966：2.

③ BARBOSA R G. Revisiting international copyright law［J］. Barry Law Review，2007，8：51-52.

④ 利普希克．著作权与邻接权［M］．联合国教科文组织，译．北京：中国对外翻译出版公司，2000：284.

⑤ 雷炳德．著作权法［M］．张恩民，译．北京：法律出版社，2005：55.

有无创造性，这是典型的作者中心主义。基于把作者之创作视为创造性活动，而把表演者等之传播视为无创造性的活动，所以，在权利分配中，作者被认定为著作权主体，而表演者等只能被认定为邻接权主体。这也就形成了著作权—邻接权的权利格局，且以作者为中心主体、以表演者等为边缘化主体。表演者、音像制品者、广播组织获得邻接权是基于传播作品而非创造作品，邻接权要依附于作者创造的作品。

法国在1985年通过了《关于作者权、表演者、音像制品制作者、视听传播企业权法》，在1987年批准加入了《罗马公约》，又于1992年将《作者权、表演者、音像制品制作者、视听传播企业权法》正式纳入了《知识产权法典》框架之中，至此，法国的著作权—邻接权的权利结构正式形成。[①]

3. 作者对作品的全面控制：作品的“暴君”

作者中心主义绝不是一个简单的宣言，而是已经被外化为具体可见的法律制度。作者中心主义立法中，作者对其作品拥有全面的掌控权利。作品诞生时，有发表与否的权利，而发表时有署名的权利。而发表后有复制权、发行权、展览权、出租权、表演权、播放权、网络传播权、放映权、改编权、修改权、作品受尊重权和保护作品完整权。更为夸张的是，有对他人改编自己作品的行为享有改编权、作者对已经流传在外的作品享有收回权[②]、对已经卖出的艺术品再出卖时享有追续权[③]、对已经为他人合法所有的作品享有接触权[④]。这些权利的特殊之处就在于与传统民法的基本原则格格不入，传统物权的原则是物品出售后就已经“权利用尽”，但著作权人的权利并不随作品之出售而用尽，即便著作权载体为他人合法所有也可以继续对作品行使权利。在作者权体系下，作者的精神权利是纯粹的自然权利，是永久性、无期限限制的权利，如法国著作权法规定作者身份权是永远存在、不可剥夺且不因时效而丧失的。[⑤]随着技术的进步，作者还有权采用技术措施以防止他人接触浏览作品。还有作者的消极权利，如邻接权人不得损害作者的著作权，[⑥]公众对作品的合理使用要经受“三步检验法”考验，不得侵害著作权人利益。

作者诸如此类的权利，完全将作品置于自身的掌控之中，作者对作

① 参见法国《知识产权法典》第一部分第二卷。
② 有关收回权参见法国《知识产权法典》第L. 121-4条。
③ 有关追续权参见法国《知识产权法典》第L. 122-8条、德国《著作权法》第26条。
④ 有关作品接触权参见德国《著作权法》第25条。
⑤ 参见法国《知识产权法典》第L. 121-1条。
⑥ 法国《知识产权法典》第L. 211-1条。

品享有各种超级权能。因此作者的著作权应当被更名，“是与法国人所称道的自然法教条联系一起的”，“这一概念属于某种具有历史意义的斗争性概念”，因此，应当放弃知识产权这一名称，而代之以“作品主宰权”。[①] 法国著作权法建构的作者俨然是作品之上的暴君，“最初的解放者最终成为另一种意义的专制”[②]。法国式的欧洲著作权是建立在作者自然权利之上，以作者为中心的立法体例，“在法律明文规定的限制和例外之外，不存在其他限制与例外情形。这意味着授予创作者的权利是广泛开放的，最大限度地保护了作者的权利”[③]。作者的权利王国可以随着时代的变迁而扩张领土，只要有新技术手段出现，就会有对作品进一步利用的新型权利产生。

三、著作权作者中心主义历史根源与发展

罗斯科·庞德说，一个人评注罗马法时，为什么要始于罗马城的创建？始于源头的历史考察不仅仅是一篇绪言，“一事物惟有在其各个部分都完整时才是完美的，因而任何事物的开端也都是其重要的组成部分”[④]。“作者中心主义”并非在当下才出现的法律文化理念——它始于法国大革命、而形成于近现代历史之演变过程，对它的历史源头的追溯也就成为研究作者中心主义课题不可或缺的组成部分了。克罗齐认为，一切历史都是当代史，因为“这种过去的事实只要和现在生活的一种兴趣打成一片，它就不是一种过去的兴趣而是针对现在的兴趣的”[⑤]。克罗齐说出了历史研究的真相——研究历史乃是基于“以史为鉴”的功利主义动因。研究作者中心主义的历史原委，绝不是为了重构那已然死去的史实，乃是缘于“作者中心主义”的源头至今还在与现实发生着千丝万缕的勾连。从当前著作权的现实角度出发来回顾“作者中心主义”的过往历史，它明显地具有相当浓厚的当代史之意味。

（一）作者中心主义历史根源

1. 作者中心主义与法国大革命

戴维·桑德斯认为，以个性化为特征的作者中心主义法国体系源头

① 雷炳德．著作权法［M］．张恩民，译．北京：法律出版社，2005：74-75.

② 伯林．浪漫主义的根源［M］．吕梁，等译．上海：译林出版社，2008：11.

③ 朱理．著作权的边界：信息社会著作权的限制与例外研究［M］．北京：北京大学出版社，2011：47.

④ 庞德．法律史解释［M］．邓正来，译．北京：中国法制出版社，2002：11.

⑤ 克罗齐．历史学的理论和实际［M］．安斯利，英译．傅任敢，译．北京：商务印书馆，1982：2.

在于法国大革命的法令。[①] 在法国大革命时期，法国制定了两个著作权法令，而这两部革命的法律成为“作者中心主义”的源头之所在。这两个著作权法令分别为1791年《表演权法令》和1793年《作者权法令》，前者主要为了确认剧作家的表演权。其主要内容是确认剧作家基于作品之上的独占的表演权，没有剧作家的书面同意任何人不得表演剧作家的作品，否则罚没演出所有的收入归剧作家所有。该权利归作者终身享有，其继承人可在作者死后5年内继续行使该权利。后者主要确认了作者的文学艺术作品财产权，主要内容是作曲家、画家及各种书面艺术形式之作者终身在法国境内有整体，或部分地销售、出卖、转让其作品的权利；作者的继承人在作者死后10年内继承作者的相关权利。[②] 其保护的重点从安妮女王法令的复制权过渡到了表演权和文学艺术产权、从以安妮女王法令的复制品为中心转移到以作者为中心，由此奠定了法国对作者精神权利之确认的法律基础。[③]

值得提及的是，在法国大革命期间之1791年和1793年法国还制定了两部宪法。1791年以1789年的《人权宣言》为前言，确立了君主立宪、三权分立的国家政体。废除一切特权制度，宣布人权是天赋的、神圣而不可让与的。而1793年宪法是雅各宾派执政时制定的，发布了新的人权宣言，将革命性往前更加推进了一步。该宪法实行人民直接选举，规定了公民广泛的自由权利。如果说1791年和1793年宪法是对天赋人权的宪法的保障的话，则1791年和1793年的著作权法令则是对作者文学艺术产权的法律确认。宪法是一种宏观的法律保障，而著作权法是微观具体的法律保障。

作者中心主义诞生于法国大革命，而法国大革命又是启蒙运动催生下的产物。这说明了启蒙运动与革命运动对作者中心主义形成了双重型构。尽管有人认为，“只是因为缺乏启蒙革命才变得可能”[④]，而将大革命归结为“来自一种将人民的一切忍受力淹没殆尽的压迫”[⑤]，但法国大革命是启蒙运动的产物是有史料可查证的事实与公理。法国之所以会爆发如

---

① SAUNDERS D. Authorship and copyright［M］. London：Routledge，1992：93.

② 陈凤兰，吕静薇 . 西方版权沿革与贸易［M］. 郑州：河南人民出版社，2004：76-77.

③ 利普希克 . 著作权与邻接权［M］. 联合国教科文组织，译 . 北京：中国对外翻译出版公司，2000：20.

④ 蒂夫特伦克 . 论启蒙对革命的影响［M］// 施密特 . 启蒙运动与现代性 . 徐向东，卢华萍，译 . 上海：上海人民出版社，2005：226.

⑤ 蒂夫特伦克 . 论启蒙对革命的影响［M］// 施密特 . 启蒙运动与现代性 . 徐向东，卢华萍，译 . 上海：上海人民出版社，2005：227.

此极端而又充满暴力的大革命，是因为法国除了有孟德斯鸠、伏尔泰这些相对温和的启蒙主义思想家的哲学思想之外，还存在一些十分激进的思想启蒙家。如，法国神父让·梅叶在著作《遗书》中宣称自己是无神论者，要“用神父的肠子做成绞索，把世上一切达官显贵都统统吊死、绞死”[①]。卢梭在《社会契约论》中鼓吹，从政府篡夺了主权的那个时刻起，社会公约就被破坏了；于是每个普通公民就当然地恢复了他们天然的自由，这时他们的服从就是被迫的而不是有义务了。[②]卢梭甚至公然号召暴力革命：当他被驱逐的时候，他是不能抱怨暴力的。把绞杀或废除暴君作为结局的起义行动，与暴君前一日任意处理臣民生命财产的行为是同样合法的。[③]法国大革命中法国国王路易十六，吉伦特派之布里索、罗伯斯庇尔在革命中先后被送上断头台，这恐怖的革命、血腥的后果与启蒙思想中暴力的宣扬有着不可切割的关联。

1789 年法国的制宪会议废除个人、城市、各省和同业行会的所有特权，1791 年与 1793 年两部著作权法令从法律确认了作者的文学艺术财产权。法国大革命时期，1791 年在制定《表演权法令》的过程中，勒·沙普利埃的著名宣言是：最神圣、最正当、最无可置疑和最个性化的财产就是作品。这带有政治狂热分子在宣读《人权宣言》时的激进口吻，充分证明了作者中心主义与激进的法国大革命之间存在深刻的历史渊源，“作者权的历史可以追溯到渗透在整个法国大革命中的个人权利的精神”[④]。法国著作权法具有深厚的人权因素，而作者仿佛就是著作权领域的革命者之符号载体。

2. 法律与革命：革命的版权

政治领域的革命如同科学领域的革命一样，政治革命是政治共同体中某些人逐渐感到，现存制度已无法有效应对当时问题而引发的，而科学革命也是因为科学的共同体中部分人发觉他们无法利用现有范式探究自然界的某一方面而发生的。[⑤]当旧的法律制度不能及时回应社会中发生的变化时，就会发生冲破法律制度的急剧、激烈的革命。伯尔曼认为，一次革命都在以下几个方面寻求合法性：一种基本的法律、一个遥远的

① 罗芃，冯棠，孟华．法国文化史［M］．北京：北京大学出版社，1997：103.

② 卢梭．社会契约论［M］．何兆武，译．北京：商务印书馆，1963：110.

③ 卢梭．人类不平等的起源与基础［M］// 何怀宏．平等二十讲．天津：天津人民出版社，2008：107.

④ GOLDSTEIN P. Copyright's highway：from Gutenberg to the celestial jukebox［M］. Stanford：Stanford University Press，2003：140.

⑤ 库恩．科学革命的结构［M］．金吾伦，胡新和，译．北京：北京大学出版社，2003：79.

过去、一种预示世界最终命运的未来，而“新法律最终体现革命目标的程度标志着革命的成功程度”[①]，革命需要法律来建构革命所欲达成的社会目标，而法律倚仗革命实现新旧范式的变革。法国大革命中的《人权宣言》以及 1791 年、1793 年宪法是孟德斯鸠分权理论、卢梭人民主权思想之实验场地，也是革命目标的宏观建构。同时，1791 年、1793 年著作权法令也是巩固法国革命成果之微观维度，是人权天赋观念之法律具体化。这也许就是这两部法律也被称为“革命的版权法”（revolutionary copyright）的原因所在。

3. 法国的民族精神与作者中心主义

作者中心主义之著作权法之所以诞生在法国，而不是在其他国家，不是因为法国大革命期间制定了革命的版权法。根据历史学派法学家的观点，法律乃是被发现的而不是人为制定的东西。[②]显然，在逻辑上，有某种先在的东西在引导法国首先建构以作者为中心的法律体系，这就是萨维尼所谓的民族精神。“在人类历史展开得最为远古的时代，可以看出，法律已然秉有自身确定的特性，其为一定民族所特有，如同其语言、行为方式和基本的社会组织体制。不仅如此，凡此现象并非各自孤立存在，它们实际乃为一个独特的民族所特有的根本不可分割的禀赋和取向，而向我们展现一幅特立独行的景貌。”[③]法国的民族精神最主要的是笛卡儿式的理性建构，这种理性可以作为人战胜神的基础，“关于 18 世纪末和 19 世纪重大革命的宗教思想家们——如卢梭和杰斐逊等人——不是信仰上帝，而是相信人，即作为个体的人，个人的本性、理性和权利。启蒙运动产生的政治和社会哲学是宗教的，因为它们把终极意义和神圣不可侵犯性归属于个人的头脑——紧接着还必须补充说归属于民族”，“个人主义、理性主义和民族主义——民主的三位一体之神在个人行动摆脱公共机构的控制中找到了法律的表达”。[④]理性主义建构下的法国精神将人的尊严放置于“上帝—真理”范式向“人—理性”范式转换的维度，认为人凭借理性可以“斩获”至尊的法律地位，而作者凭借对作品的创造可以在著作权法中处于核心位置。可以说，将人的理性无限放大的法国民族精神促成了著作权作者中心主义的诞生。

---

① 伯尔曼．法律与革命［M］．贺卫方，高鸿钧，张志铭，等译．北京：中国大百科全书出版社，1993：23-24.

② 庞德．法律史解释［M］．邓正来，译．北京：中国法制出版社，2002：81.

③ 萨维尼．论立法与法学的当代使命［M］．许章润，译．北京：中国法制出版社，2001：7.

④ 伯尔曼．法律与革命［M］．贺卫方，高鸿钧，张志铭，等译．北京：中国大百科全书出版社，1993：37-38.

（二）发展

“作者中心主义”是革命的直接产物，1791 年《表演权法令》、1793 年《作者权法令》是“作者中心主义”的奠基之作。但是，作者中心主义法律体系不是在短期形成的，“法国作者中心主义著作权是在整个 19 世纪当中逐渐形成的”[①]。作者中心主义从立法、司法以及理论各个领域得到发展。从立法层面上，法国著作权中的作者权利一直处于扩张的态势，从保护期限上看，从作者终身加死后五年延续到终身加五十年；从保护作者来看，从法国人扩展到非法国人；从保护手段上来看，从民事保护扩展到刑事保护；从保护的前提来看，从缴样到无须缴样；从权利类型来看，增加了追续权，著作权法对精神权利也予以明确规定；从立法的层次上看，也是从一般的法令升级为知识产权法典。[②]

从司法层面上，法国法院从一个一个的案件中逐步确立了作者的人格权。[③]1828 年 1 月 1 日法院认定，作品形成的时间是作者决定的发表之时。1845 年 7 月 17 日的一份文件中法国法院认为，从作者个性人格和思想利益的视角来看，作者有权对作品进行检查、修改，有权确认作品是否被原文复制，有权决定何时以何种方式发表。在 1838 年 12 月 17 日及 1858 年 8 月 10 日法院分别认为，出版社不能歪曲使用作者的署名及在再版时也必须使用作者的名字。1852 年 6 月 17 日及 1863 年 8 月 24 日法院确认，出版社无权修改作者之作品，理由是这样有可能损害作者的声誉。在这些案例中，法国法院论及了作者的署名权、保护作品完整权、发表权等精神权利。另外，1902 年，在审理 Lecocq 一案中，法国最高法院也明确确认了原告作曲家的精神权利，并认为精神权利是作者人格中固有的因素，所以，作者有权对作品予以后续修改，以及有权对作品予以回收。[④]可见，作为作者中心主义之灵魂的精神权利是从一个一个的案例中逐渐积累形成的。

在理论界，雷诺（Renouard）主张用精神权利取代财产权。他接受了社会契约的观念，认为作者因为有对社会好的服务，所以应该获得相应的回报。他认为，作者是个人人格利益的创造者而不是财产主。[⑤]雷诺受康德思想之影响，认为著作权是从一种更为抽象的、从人格权中派生出

---

① GOLDSTEIN P. Copyright's highway：from Gutenberg to the celestial jukebox［M］. Stanford：Stanford University Press，2003：140.

② 陈凤兰，吕静薇 . 西方版权沿革与贸易［M］. 郑州：河南人民出版社，2004：76-78.

③ SAUNDERS D. Authorship and copyright［M］. London：Routledge，1992：103.

④ SAUNDERS D. Authorship and copyright［M］. London：Routledge，1992：103-105.

⑤ SAUNDERS D. Authorship and copyright［M］. London：Routledge，1992：96.

来的一类权利。[①] 莫里特（Morillot）认为，作者权利基础源自纯粹的精神层面、源自人类的人格尊严。[②] 莫里特首次提出了著作权人身权的概念。他认为，著作权由“完全的人身自主权”与“专门的使用权”所组成，而著作权人格权是基于《法国民法典》第 1382 条之一般法律原则而派生出来的权利。[③] 到了 19 世纪 80 年代，法国理论界已普遍接受具有人身权性质的发表权、署名权、保护作品完整权的概念。[④]

综上所述，1793 年至 1878 年，著作权人身权观念兴起，人们开始争论作者权是财产权还是人格权。1878 年至 1902 年，莫里特提出了著作权人身权的概念，而 1902 年的 Lecocq 案件对作者精神权利加以确认，在法国人们对著作权人身权已基本达成共识。而在 1902 年之后，法国对作者保护予以全面提升，作者精神权利得到了从立法到司法的全面保护。由于精神权利是“作者中心主义”的灵魂所在，透过精神权利的历史来纵观作者中心主义，我们可以粗略地来描述“作者中心主义”的路线图，即作者中心主义起源于 1789 年法国大革命，发展于 19 世纪，巩固于 20 世纪。

四、作者中心主义与作者权体系

著作权分为英美之版权体系与欧洲大陆之作者权体系，作者权体系以法德两国为典型。起源于法国的“作者中心主义”并没有止步于法国，基于地缘关系，法国之“作者中心主义”首先对德国产生了重大影响。德国之著作权法也呈现了十分明显的“作者中心主义”特征，法、德两国可谓“作者中心主义”的“绝代双雄”——如同英、美两国在版权体系中的情况一样。作者中心主义与作者权体系的关系在时间上，是先有“作者中心主义”而后有作者权体系，作者权体系是作者中心主义不断扩张的产物。从覆盖区域来看，“作者中心主义”覆盖了全部的作者权体系并且向版权体系渗透，但作者权体系与版权体系之间还是泾渭分明的。从内部组成来看，作者权体系内部存在不同国家法律类别，内部情况更为复杂多变，异质性强；而作者中心主义是无国界的，内部情况更为单一，同质性强。从性质上看，作者中心主义为一种理念、文化，而作者权体系则是具体的法律制度。

---

① 孙新强 . 论著作权的起源、演变与发展［J］. 学术界，2000（3）：72.

② SAUNDERS D. Authorship and copyright［M］. London：Routledge，1992：97.

③ 曹博 . 著作人格权的兴起与衰落［J］. 西南政法大学学报，2013（2）：98-99.

④ 杨延超 . 作品精神权利论［M］. 北京：法律出版社，2007：34.

在18世纪末、19世纪初，法国作者中心主义正如火如荼地展开之时，邻居德国却正处于经济上落后、政治上分裂，还没有形成统一国家之时期。但是，德国对作者中心主义之产生、发展并非徒劳无功，德国的哲学家们为法国作者中心主义送来了理论上的支援。德国的浪漫主义、古典哲学以及浪漫主义诠释学为作者中心主义奠定了深厚的哲学基础。并且，康德、费希特以及黑格尔对著作权法有直接的理论观点。康德对书的实物与书的内容予以区分，认为书的内容就是作者对公众说的话，因此作者对书应当享有人格权。① 费希特区分了思想的形式与物质载体，人们可以获得所购之书，但作者对思想具有永久性的独占权。他还认为，作者必须给他的思想以反映其个人特征的形式。② 黑格尔认为，"艺术作品乃是把外界材料制成为描绘思想的形式，这种形式是那样一种物：它完全表现作者个人的独特性"③。康德、费希特及黑格尔之哲学思想为法国作者中心主义提供了合法性论证，他们在作品中构建的人格因素为作者中心主义提供了最为核心的理论支持。德国学者科勒的著作权理论也为法国的著作权立法提供了支持。科勒认为，著作权应当区分为财产权与人格权，而这一区分被法国著作权立法所采纳。④

德国尽管在理论上有所建树，但在立法上十分落后。德国境内的普鲁士王国，直到1837年才制定了一部关于保护作品、艺术财产权的法律。在1843年，哲学家谢林卷入著作权纠纷，但因法院不保护其发表权而最后败诉。⑤ 直到1871年，德国才制定了第一部适用德国全境的著作权法。法国在大革命时期的1791年、1793年就开始制定著作权法，之后对著作权法也是频频修改，显然这对邻居德国之著作权立法也产生了一定的影响。另外，拿破仑在欧洲的军事扩张，在征服德国的同时也向德国输出了法国的法律制度，这使得德国的著作权法与法国著作权法具有十分亲密的地缘关系。德国著作权法与法国著作权法在精神内涵上十分相似，尤其是德国在吉尔克"一元论"理论引导下，形成的"一元论"立法模式，就更显"作者中心主义"特质。吉尔克被誉为著作权人格权之父，其认为，"著作权的对象是智力作品，这一智力作品则是作者人格的表露，作者通过创作活动使自己具有个性特点的思想得以反映"⑥。法、德

① 雷炳德．著作权法［M］．张恩民，译．北京：法律出版社，2005：24.

② SAUNDERS D. Authorship and copyright［M］. London：Routledge，1992：109.

③ 黑格尔．法哲学原理［M］．范扬，张企泰，译．北京：商务印书馆，1961：76.

④ 雷炳德．著作权法［M］．张恩民，译．北京：法律出版社，2005：25-26.

⑤ 雷炳德．著作权法［M］．张恩民，译．北京：法律出版社，2005：23.

⑥ 杨延超．作品精神权利论［M］．北京：法律出版社，2007：35.

两国著作权立法尽管有“一元论”与“二元论”之不同，但都归属于“作者中心主义”的法律体系。“一元论”与“二元论”在立法上的区别是，“一元论”著作权不能转让，只能是授予利用权；[①] 而“二元论”著作权中的财产权可以转让。[②]“一元论”除德国采用外，还包括奥地利、匈牙利、捷克斯洛伐克等国家；“二元论”除法国采用外，还包括意大利、西班牙、阿根廷、智利、墨西哥、日本、中国等国家。

第二节　著作权作者中心主义的孪生兄弟：功利主义

一、功利主义的理论缘起与基本内涵

（一）理论缘起

版权体系的代表国家为英、美两国，版权体系体现的是功利主义文化理念。简·金斯伯格认为，美国的版权法回应了英国《安妮女王法》的立法宗旨，使公众的利益平等于——如果不是高于的话——作者的利益；法律之所以要授予作者独占权，只是为了激励作者去最大可能地创造智力成果。[③] 英国《安妮女王法》原名是在法定期间授予被印书籍的作者或原稿之购买者独占复制权以促进知识之法令。[④] 而美国 1787 年宪法第 1 条第 8 款规定为，国会拥有以下之权利：为促进科学与有用的艺术之进步，授予发明者与作者对其发明与作品在一定期限内独占的权利。[⑤] 而 1790 年美国制定了第一部版权法，其立法目的是促进知识进步，在法定期限内授予地图、图表、书籍之作者及这些复制件的所有人以复制权。[⑥] 英、美两国的版权法不是为了保护作者的自然权利，而是为了促进知识。作者中心主义是内生式增长模式，而功利主义是外生式增长的权利模式，“美国著作权文化聚集在一种世俗的、精明的功利主义的计算之中，以便

---

① 参见德国《著作权法》第一部分第五节。

② 参见法国《知识产权法典》第 L. 122-7 条；日本《著作权法》第二章第六节。

③ GINSBURG J. A tale of two copyrights：literary property in revolutionary France and America[J]. Tulane Law Review，1990，64(5)：992.

④ An act for the encouragement of learning，by vesting the copies of printed books in authors or such copies，during the times therein mentioned.

⑤ Article I，Section 8，paragraph 8 of the U. S. Constitution：the congress shall have power：to promote the progress of science and arts by securing for limited times to authors and inventors the exclusive right to their respective writings and discoveries.

⑥ An act for the encouragement of learning，by securing the copies of maps，chats and books，to the authors and proprietors of such copies，during the times therein mentioned.

平衡著作权生产者的利益与著作权消费者的需求，而这种功利计算模式则将作者置于其等式的边缘位置”[①]。因此，功利主义与作者中心主义对待作者的态度相距甚远——作者中心主义将作者置于权利的中心位置，而功利主义将作者置于与公众平等的普通位置。

无论是作者中心主义的法国，还是功利主义的美国，著作权的历史基础是相同的，“正如英国那样，著作权在法国也是随着王室垄断与国家审查制度的瓦解而出现的”[②]。然而，为什么会在立法理念方面相距甚远？个中原因，应该是双方所接受的哲学思想不同所致。法国受到了来自德国的康德先验唯心主义哲学的影响，康德哲学认为，人具有先天综合能力，具有“人为自然”立法的主体性地位。康德哲学属于先验哲学。而英国主要受洛克思想的影响，洛克否认人的天赋观念，认为“一切观念都是由感觉或反省来的——我们可以假定人心如白纸似的，没有一切标记，没有一切观念”。[③] 洛克的“白板说”是一种经验主义哲学思想。经验主义否认人的先验能力与天赋的知识，认为知识只能来源于后天的经验。先验的哲学是作者中心主义的哲学之源，而洛克的经验主义哲学则成为功利主义的理论源泉。

（二）版权体系功利主义的基本内涵

作者权体系的作者中心主义与版权体系功利主义是著作权领域两大范畴，前面论述了作者中心主义的价值内涵与制度内涵，下面从与作者中心主义相比较的角度来阐述版权体系功利主义的价值内涵与制度内涵。

1. 价值内涵

（1）作者权乃是制定法权利

功利主义对著作权的性质认定和作者中心主义对著作权的性质认定有所不同。作者中心主义把作者权认定为自然权利，文学财产权是根源于在事物本性基础上产生的“原生性的、不可以剥夺”的权利，根源于作者与作品之间亲密的血缘关系，如同父母与子女的亲缘关系一样。[④] 在版权法体系中，法院司法判例确认版权为制定法权利而不是自然法权利。英国是由 1774 年的 Donaldson v. Becket 案件来确认版权之制定法权利性

---

① GOLDSTEIN P. Copyright's highway：from Gutenberg to the celestial jukebox［M］. Stanford：Stanford University Press，2003：138.

② GOLDSTEIN P. Copyright's highway：from Gutenberg to the celestial jukebox［M］. Stanford：Stanford University Press，2003：139.

③ 洛克．人类理解论：上册［M］. 关文运，译．北京：商务印书馆，1959：73.

④ BURKITT D. Copyrighting culture：the history and cultural specificity of the western model of copyright［J］. Intellectual Property Quarterly，2001：159.

质的，[①] 而在美国是由 1834 年的 Wheaton v. Peters 案件来确认的。[②] 英、美两国认定文学财产权不是从本质出发，而是从结果出发来考量权利的性质。假如将文学作品财产权确认为自然权利会产生难以接受的结果的话，他们将否认这种自然权利性质，以结果性思维取代先验性思维。[③] 英国上议院与美国联邦最高法院认定版权是制定法权利而非自然法权利，他们始终认为版权只是一个必须加以限制的特权与垄断、一个必要的“恶”而已——为了达成刺激作者创作之目的。作者中心主义主导下的作者权体系中，作者被披上神圣的外衣，作者君临于作品之上，作者是作品的父亲，作品与作者之间存在天然的血缘关系，因此，作者对作品具有一种天然的、与生俱来的权利，有如天赋人权、君权神授的观念，它是一种自然权利，无须人为立法即可获得的权利。但在版权体系功利主义看来，作者的权利乃是立法者在平衡作者与公众利益之后授予的一定时期的垄断权，其立法的目的在于激励、刺激作者创作更多的作品，作者权在版权体系中没有披上神秘的面纱。

（2）作品是版权法激励的结果

版权体系功利主义认为作者创作的内在动力不足，创作者需要立法者的激励与利益驱动才会创造更多的作品。保罗・戈斯汀在其《著作权之道》中阐述作者中心主义是乐观主义者，而功利主义是悲观主义者。“欧洲著作权文化视欧洲的立法者是长久性的著作权乐观主义者，他们视著作权之杯为‘半满’的。为了保护作者之利益，立法者不惜采取任何行动，以扩展作者任何具有经济价值的物质权利。美国的立法者则相反，他们被认为悲观主义者，他们看到的版权之杯是‘半空’的，如果不是为了刺激他们持续创作文学艺术作品的话，他们是不会在版权作品的新用途上扩大新的权利。”[④] 版权体系功利主义认为水杯是半空的，必须用利益激励方式来驱使作者创造作品。作者中心主义与功利主义看待同样的事物具有不同的视角，以此采取不同的行动策略，作者中心主义看到“半杯水”，因此必须赋予创造半杯水的作者以各种物质权利与精神权利，而功利主义看到的是“半空的杯子”，其采取的策略是给予作者一定的物质利

---

① Donaldson v. Becket，1 Eng. Rep. 837.

② Wheaton v. Peters，33 U. S. 591（1834）.

③ SHERMAN B，BENTLY L. The making of modern intellectual property law：the British experience，1760-1911［M］. London：Cambridge University Press，1999：39. 易健雄 . 技术发展与版权扩张［M］. 北京：法律出版社，2009：73.

④ GOLDSTEIN P. Copyright's highway：from Gutenberg to the celestial jukebox［M］. Stanford：Stanford University Press，2003：138.

益以填补创作之不足。作者中心主义创作作品是作者内在的创作欲望而创作的结果，而功利主义主导下的版权体系作者是在利益的诱导下创作，作品是版权法激励的结果。

（3）作品外在于作者

作者与作品的关联性方面，在作者中心主义视角下，两者存在血肉相连的“父子”关系，作品是作者人格的写照、从作品中可以洞见作者的人格特征，因此，作品是内在于作者的，作者是作品的权威解释者、作品意义的源泉。而作品与作者的关系在功利主义看来则不是内在的，而是外在的关系，因为作品是外部因素刺激的结果，不是来自内在创作冲动。作者中心主义是无论有没有版权的利益好处，作者都会创作，而功利主义则是若没有版权法的利益激励，作者则不会创作。在作者中心主义视角下，作品是作者生命的一部分，在作品之上深深地刻下作者人格、个性的烙印，其是先有作品，后有利益；而在功利主义的模式下，重点在于物质利益、好处，作品与作者之间以利益为纽带，而不是以生命为联结点，是先有利益好处后有作品。

2. 制度内涵

（1）精神权利弱化、财产权为主导的权利格局

在制度层面，功利主义主导下的版权体系重物质、轻精神，版权体系的权利基本上，“与大陆法系国家的版权法注重保护作者的精神权利不同，英美法系的版权法一开始就将作者的精神权利排除在外。因为英美法系的版权法并未建立在自然法哲学基础之上，而是深受功利主义哲学‘社会契约’学说的影响”[①]。美国早期的版权法并不保护精神权利，如在1949 年的 Crimi v. Rutgers Presbyterian Church 一案中，纽约州法院并没有支持原告关于精神权利的诉求。[②] 直到 1976 年的吉廉姆案，美国才出现保护作者署名权和保护作品完整权的案例，[③] 但该案例也是从反不正当竞争法视角即《兰哈姆法》第 43 条第 1 款虚假标示来判定的，并没有在真正意义上认同精神权利。到了 1989 年美国决定加入《伯尔尼公约》时才不得不面对精神权利的立法问题。尽管 1990 年通过了《视觉艺术家权利

---

① 杨延超．作品精神权利论［M］．北京：法律出版社，2007：39.

② Crimi v. Rutgers Presbyterian Church. 89 N. Y. S. 2d 813（1949）.

③ 该案原告是英国的作者群，其授权创作的电视剧在美国广播公司播放时被删除了 1/4 的内容，原告向法院诉请禁止播放，以保护自身的署名权和保护作品完整权。法院以反不正当竞争法《兰哈姆法》第 43 条第 1 款中禁止“虚假标示”为由，支持了原告的诉求。美国法院认定了美国广播公司在播放电视剧时私自进行了大幅度的修改，是一种“虚假标示”的行为。Gilliam v. American Broadcasting Companies，Inc.，192 USPQ 1（2d Cir.1976）.

法》，且将其并入《美国版权法》第 101 条和第 106 条的条款中，[①] 然而，有关精神权利的权利内容也十分有限。英国版权法历史同样如此，英国直到 1862 年《艺术品版权法》出台才规定禁止用艺术品的复制品或者篡改后的艺术品假冒作者原创品，有了保护作品完整性之精神权利的萌芽。[②] 直到 1988 年英国的《版权、设计与专利法案》出台才详细规定了精神权利。[③] 尽管版权体系有了精神权利保护效果相同的条款，但这些权利是外在于版权法的，"版权法纯粹的财产权，作者精神权利不属于版权的内容，它属于普通法上的权利，或者是一般人格权"。[④]

（2）无著作权与邻接权之区分，平面化的权利格局

在版权权利基本架构方面，作者中心主义主导下的作者权体系存在著作权与邻接权的基本分别，而功利主义主导下的版权体系没有著作权与邻接权之分别。作者中心主义的模式中，作者是作品创造者，作者处于权利的中心位置，对作品的完整有全面的控制权，作者权且披上了神圣的外衣，其他相关利益主体，包括出版者、表演者、录音录像制作者、广播电视制作者只是作品的传播者，处次要的地位，著作权—邻接权权利结构是等级化、分层次的权利格局。在法国、德国、日本等地的著作权法的立法体例中均存在著作权与邻接权之分野。但在美国、英国的版权法中则不存在邻接权的概念，也就不存在著作权与邻接权之区分。在《美国版权法》第 102 条关于版权客体的规定中并没有如作者权体系的著作权法一样，将音像作品、录音作品与文学作品、音乐作品、美术作品、戏剧作品、舞蹈作品、建筑作品等分开表述，而是与之并在一起，同等对待。[⑤] 英国 1988 年的《版权、设计与专利法案》第一章关于作品种类及相关规定中也是将录音制品、广播、出版物与文字、戏剧和音乐作品、数据库、艺术作品、电影作品等作品类型无差别地列在一起，[⑥] 同样不存在邻接权之概念。从英美两国的版权法的立法实践可知，版权体系下的版权法并没有过多凸显作者的法律地位，作为作品创造者的作者与所谓

① 《十二国著作权法》翻译组．十二国著作权法[M]．北京：清华大学出版社，2011：729-730.

② UK Fine Arts Copyright Act of 1862，S.7（4）.

③ 《十二国著作权法》翻译组．十二国著作权法[M]．北京：清华大学出版社，2011：610-615.

④ 杨延超．作品精神权利论[M]．北京：法律出版社，2007：46.

⑤ 《十二国著作权法》翻译组．十二国著作权法[M]．北京：清华大学出版社，2011：723.

⑥ 《十二国著作权法》翻译组．十二国著作权法[M]．北京：清华大学出版社，2011：568-571.

的作品“传播者”被法律同等地对待，版权法所呈现出来的是一种平面化而不是等级化的权利格局。

（3）投资型独创性占主导地位

版权体系作为功利主义主导下的著作权体系，其中的作者是在利益驱动下产生创作的欲望，势必认可投资在版权领域的正当性因素。在著作权领域，独创性类型繁多、五花八门，如人格主义独创性（personality），劳动、技能与判断独创性（labor，skill and judgement）、资本投资独创性（investment and capital），作者中心主义领域主要是人格主义独创性，而功利主义领域则是投资独创性为主导。独创性是作品获得版权的第一要素、是可版权性的基石，然而，独创性如何定义、如何概定则莫衷一是，有的用其他概念来替代独创性，用一个概念解释另一个概念，用创造性（creativity）、独特性（distinctiveness）、新颖性（novelty）来代替独创性。在作者中心主义的范畴中，可用人格主义来解释独创性，而在功利主义领域，则可用资本投资来注解独创性。功利主义以物质利益权衡得与失、精于算计投入与产出，内在于作品中的“智力”占比是一个无须过多考量的元素，美国版权法的“额头流汗”原则[①]即对投资型独创性的肯定。还有，对汇编作品的认可、对录音录像作品的无差别对待也是确立了投资型独创性的正当性与合法性。

二、功利主义的哲学基础

（一）功利主义

与自然权利不同，功利主义认为版权不是建立在“什么是权利”“什么对作者是公平的”之思想基础上，而是“建立在原则上什么是对社会或公众有好处的基础之上的。激励观点预设诸如书籍、音乐、美术、电影等文化产品是一种重要而有价值的活动。它假设没有版权的保护，文化产品的生产与传播不会达到一个最优的状态，原因是它们要花费代价才能生产，而在其出版发行后却容易被人复制”[②]。版权之所以需要是因为版权可以带来好处：它既可以使作者付出的努力得到回报，也可以使对人类有价值的文化产品得以生产与传播，好处、利益支撑了版权的正当性与合法性。在论证版权法的正当性方面，功利主义哲学思想给予理论支撑，功利主义代表人物主要是边沁与穆勒。边沁说，“任何行动中导向幸

① Feist Publications，Inc. v. Rural Tel. Serv. Co.，499 U. S. 340（1991）.

② BENTLY L，SHERMAN B，GANGJEE D，et al. Intellectual property law［M］.Oxford：Oxford University Press，2018：42.

福的趋向性我们称之为它的功利；而其中背离的倾向则称之为祸害。关于法律特别有所规定的行为，唯一能使人们清楚地看到自己所追求的行为的性质的方法，就是向他们指出这些行为的功利或祸害”[①]。边沁把人们这种趋利避害的行为原则称为功利主义。博登海默对边沁的功利主义予以高度准确的概括，“边沁的理论是从这样一个公理出发的，即自然把人类置于两个主宰——苦与乐——的统治之下。只有这两个主宰才能向我们指出应当做什么和不应当做什么。他认为，应当根据某一行为本身所引起的‘苦’与‘乐’的大小程度来衡量该行为的善与恶”，“边沁认为，政府的职责就是通过避苦求乐来增进社会的幸福。最大多数人的最大幸福乃是判断是非的标准。他确信，如果组成社会的个人是幸福和美满的，那么整个国家就是幸福和昌盛的”。[②] 判断一个事物正当与否，边沁认为应当看这个事物给人类或社会多少“苦”或多少“乐”，在比较“苦”与“乐”之多少后，如果“苦”多于“乐”，则这个事情是“恶”的范畴，如果“乐”多于“苦”，则这个事情是“善”的。一言以蔽之，人们从一个事情上得到更多好处而不是坏处，则它便是正义的，反之，它是非正义的。

穆勒的功利主义思想与边沁有所区分，尽管他赞成边沁的这样的观点——“行为的是与其趋于增进的幸福成比例，行为的非与其趋于产生的平幸福成比例”，但是，穆勒并不认为功利主义不是粗鲁的享乐主义，还认为“功利主义的幸福原则是利他的而非利己的，因为它的理想是‘所有相关之人的幸福’”[③]。与边沁不同之处还在于，边沁完全将正义与否归结于“功利”之下，功利或利益好处即正义，否则为非正义，但穆勒将正义的源头归结于人类的自卫的冲动与同情感这两种情感，“正义乃是一种动物性欲望，即根据人广博的同情力和理智的自我利益观，对自己或值得同情的任何人所遭受的伤害或损害进行反抗或报复。换言之，一般来讲，正义感乃是对恶行进行报复的欲望。上述反抗伤害行为的感情，不仅是出于对本人的考虑，还因为它伤害了我们所同情的以及被我们看成是自己的社会其他成员”[④]。穆勒功利主义的完美道德观是个人与社会整体的统一，“功利主义伦理学的全部精神，可见之于拿撒勒的耶稣所说的为

---

① 边沁．政府片论［M］．沈叔平，译．北京：商务印书馆，1995：114.

② 博登海默．法理学：法律哲学与法律方法［M］．邓正来，译．北京：中国政法大学出版社，2004：109-111.

③ 博登海默．法理学：法律哲学与法律方法［M］．邓正来，译．北京：中国政法大学出版社，2004：109-113.

④ 博登海默．法理学：法律哲学与法律方法［M］．邓正来，译．北京：中国政法大学出版社，2004：109-114.

人准则。‘己所欲，施于人’，‘爱邻如爱己’，构成了功利主义道德的完美理想。为了尽可能地接近这一理想，功利主义要求，首先，法律和社会的安排，应当使每一个人的幸福或（实际上也就是所谓的）利益尽可能地与社会整体利益和谐一致”[①]。功利主义不是唯利是图的“势利眼”，在得与失的计算中，既追求个人的利益，也兼顾社会整体的利益，达到利益与道德的对立统一，版权法在刺激创作者创作更多作品、赋予作者丰厚物质利益的同时，可以使公众获得更多有价值的艺术作品，功利主义可以给予版权体系之正当性以强有力的理论支撑。

（二）工具理性

功利主义是一种结果导向理论，以最终结果作为判断事物或行为好坏的标准，与功利主义相似的是工具理性，它也是以目的、手段作为衡量事物正当、合理与否的标准。提出工具理性理论的代表人物是马克斯·韦伯，他把工具理性与价值理性这一对概念一并提出。他所认为的工具理性是，“它决定于对客体在环境中的表现和他人的表现的预期；行动者会把这些预期用作条件或者手段，以实现自身的理性追求和特定目标”，而价值理性是“它决定于对某种包含在特定行为方式中的无条件的内在价值的自觉信仰，无论该价值是伦理的、美学的、宗教的还是其他的什么东西，只追求这种行为本身，而不管其成败与否”[②]。工具理性重结果，以结果为导向，而价值理性重内在信仰，不管其结果如何，显然，工具理性与功利主义以“功利”“利益好处”为最终的价值判断是异曲同工的，工具理性也处于功利主义的范畴。“目的理性行为的条件不仅包括手段的工具合理性（可能是主观臆测的，也可能是经验确定的），而且包括根据一定的价值来确定目的时的选择合理性。从这个角度来看，一个行为如果是合理的，它就绝对不能受到情感的盲目操纵或传统的任意摆布：行为合理化的一个核心内容就是：用计划地适应利益格局来代替内心对惯常习俗的依赖。”[③]工具理性是以牺牲情感为代价的，是以利益格局算计得失、评判合理与否。在工具理性中要排除价值判断，而在价值判断中却要引入它，“在工具理性行动中，着重考虑的是手段对达成特定目的的能力或可能性，至于特定目的所针对的终极是否符合人们的心愿，则在所不论。反之，对价值合理性行动来说，行动本身是否符合绝对价

① 穆勒．功利主义［M］. 徐大建，译．北京：商务印书馆，2014：21.

② 韦伯．经济与社会：第一卷［M］. 阎克文，译．上海：上海人民出版社，2010：114.

③ 哈贝马斯．交往行为理论：第一卷［M］. 曹卫东，译．上海：上海人民出版社，2004：165.

值，恰恰是当下所要全力关注和解决的问题，至于行动可能引出什么结果，则在所不计”[①]。英美法系的版权法以激励作者创作的方式以使公众获得更多的作品，是一种工具合理性行动，通过算计和预测，作者将基于利益而创作，从而达到为公众谋取更多有价值的作品的目的。至于在如此的版权制度下最终所收获的作品是否真正符合人们的内在需求、是否给人类社会带来福祉则在所不问。

总而言之，版权体系中的功利主义是以边沁功利主义、马克斯·韦伯的工具理性作为理论基础的，从这些哲学思想大师的理论中可以寻求到版权体系中功利主义的套路，而功利主义、工具理性的哲学思想在版权体系的立法实践中也得到了注解与演绎。

三、作者中心主义对版权体系的渗透

功利主义是版权体系的文化理念，作者中心主义是作者权体系的文化理念，然而，作者中心主义具有更强劲的生命力，而向版权体系渗透。功利主义比作者中心主义历史要早 80 年，英国 1710 年《安妮女王法》就确立了功利主义模式，而作者中心主义的历史是从法国的 1791 年《表演权法令》、1793 年《作者权法令》才开始的。尽管作者概念是由《安妮女王法》确立的，但作者的中心地位并没有被确立，“实际上此法案是另一种对印刷与贩卖书籍的规范，而非对著作的规范，同时也是承认在出版过程中的大众利益。作者地位的成文化只是说给稻草人听的——一份手稿除非作者转让权利予出版商，否则在市场上一毛不值”[②]。功利主义开启了“作者”的历史，但并没有开启“作者中心主义”的历史，作者在功利主义法律体系中只是被出版商加以利用的一种工具、手段。

但在英国版权历史上也曾有为“作者中心主义”奋斗的经历，只是最终功败垂成，《安妮女王法》本身就是出版商为作者谋求自然权利而妥协的结果。在 Millar v. Taylor（1769 年）一案中，英国王座法院曾确认过作者文学产权是普通法权利，直到 1774 年的 Donaldson v. Becket 案英国才最终否认作者具有永久性的普通法权利，而后来美国的 1834 年的 Wheaton v. Peters 案也同样否认了作者的普通法权利。但是，作者中心主义的“幽灵”总是在版权体系中徘徊，在版权体系中总有作者中心主义的痕迹与身影。正如保罗·戈斯汀所言，法国的法律也并没有贯彻自然权利的逻辑，而美国的法律也并不是恪守功利主义原则，“美国国会也一

① 苏国勋．理性化及其限制［M］．北京：商务印书馆，2016：90.

② 维迪亚那桑．著作权保护了谁？［M］．陈宜君，译．台北：商周出版社，2003：59.

直在扩展作者之作品在经济价值利用方面的各种权利，而不是坚持认为权利人之权利只不过是一个‘必要的刺激’而已”[①]。也就是说，美国实际上同作者权体系的做法一样，也总是扩张作者的各种权利。作者中心主义在版权体系中大获成功的例子是英国1735年《雕工法》（the Engravers Act）的制定。这是作者第一次脱离出版商依靠自己的力量成为权利的主角。该法确立了作者自身权利所具有的合法性基础，作者创作不是为了刺激生产；它也确认了印刷物的价值在于艺术家在载体上施加的独一无二的个性化的艺术技巧，而不是物理性之纸张。

作者中心主义对版权体系的渗透也表现在精神权利方面。版权体系体现功利主义文化理念，他们始终认为，作者创作的动力来源于物质刺激，而不是来源于作者内在的精神需求。既如此，作者对作品只能拥有经济权利，而没有精神权利。但是，在版权体系中，精神权利依然以各种形式存在。在英国，1862年《艺术品版权法》就规定，禁止以复制品或者改变后的艺术品假冒作者的原作品。[②]1958年《英国版权法》第43条规定，禁止未经作者同意，在作品上冠以自己姓名；违背事实，称其作品是对其他作品的改作，1988年《版权、设计与专利法案》第四章专门对精神权利予以了规定。[③]在保护精神权利的判例方面，有1816年确立的“假冒之诉”[④]，和1996年确立的“侮辱之诉”[⑤]。

在美国，1976年的吉廉姆案中，美国法院开始保护作者的署名权与保持作品完整权。[⑥]尽管美国法院是基于反不正当竞争法而不是基于版权法之规定来判案，但毕竟在司法上第一次承认了作者的精神权利。1990年纽约州的“瓦吉纳案”也是从保护作品完整的角度来保护作者声誉的判例。[⑦]美国经历100多年之后，1989年终于决定加入《伯尔尼公约》，美国开始接受了《伯尔尼公约》中的精神权利之规定。在1990年通过了

---

① GOLDSTEIN P. Copyright's highway：from Gutenberg to the celestial jukebox［M］. Stanford：Stanford University Press，2003：140-141.

② UK Fine Arts Copyright Act of 1862，S. 7（4）.

③ UK the Copyright，Designs and Patents Act 1988.

④ 英国著名诗人拜伦提起的诉讼。Byron v. Johnston，2 Mer 29，35 E. R. 851（1816）.

⑤ CORNISH W R. Intellectual property［M］. London：Sweet & Maxwell，1996：388.

⑥ Gilliam v. American Broadcasting Companies，Inc.，192 USPQ 1（2d Cir. 1976）.

⑦ 原告是一位画家，他的某作品的内容是反映政府未能有效地控制艾滋病。而被告是一个社会团体，他们在一些宣传手册上截取了原告的作品片段，只剩下性的内容而忽略了艺术性，法院最后从保护作品完整的角度来保护作者的声誉，支持了原告的诉求。Wojnarowicz v. American Association，17 USPQ 2d 1337（S. D. N. Y. 1990）.

《视觉艺术家权利法》，[①]该法对作者的署名权和保护作品完整权进行了较详细的规定，美国开始在法律层面接受精神权利——尽管美国对作者精神权利的保护范围非常狭窄，仅保护视觉艺术作品作者之署名权和保护作品完整权。

英美对精神权利的规定主要是“署名权”和“保护作品完整权”，这表明英美版权法对作者与作品之间“关联性”的承认，是作者中心主义的逻辑套路。“署名权”是标明出处，表明作者是作品的创造者，而作者与作品之间是一种天然的“血缘关系”。“保护作品完整权”指作品是作者人格之表达，如果有人歪曲作品，就是侮辱作者的人格。这种强调作者与作品之“血缘关系”的套路，正是作者中心主义最核心价值理念之所在。随着精神权利被英美两国接受，“作者中心主义”开始逐渐镶嵌在版权法体系之中。

四、功利主义的现状与未来

功利主义主导了世界著作权领域的“半壁江山”，它是世界版权体系的哲学理论支撑。功利主义塑造了英美法系国家当前的状况，即从创作中心主义转向投资中心主义，功利主义不同于作者中心主义的根本区别在于功利主义创作源于外部的利益驱动，而作者中心主义指向内在的创作欲望，因此，功利主义核心是利益与资本，而非创作本身。相应的，个体化的自然人作者处于次要地位，而法人作者占据主导地位，法人作者取代了自然人作者的中心位置，以作者为中心的版权法已然终结、死亡。“原来刺激投资是鼓励创作的手段，鼓励创作是增进公共利益的手段，增进公共利益才是真正的目的。如今，通过利益集团的现实运作，刺激投资正从手段的手段向版权的中心地位僭越。”[②]随着创作中心主义转换为投资中心主义，自然人作者为法人作者所取代，版权利益集团日益做大，版权的权利格局朝有利于版权利益集团一方发展，公共利益被极度边缘化，在功利主义版权体系中发生了立法目的异化的情况，这种境况正是功利主义内在逻辑使然与宿命。从未来的发展趋势来看，作者中心主义内部存在重大的挑战，其哲学基础存在巨大的危机，尤其是后现代哲学转向，使得版权的发展、道路的选择上，将更有利于功利主义的发展，而作者中心主义存在诸多不利因素。因此，尽管作者中心主义与功利主义存在相互渗透、相互影响的情况，但功利主义因占据资本的优

---

① 美国 1990 年《视觉艺术家权利法》并入了 1998 年的《美国版权法》。

② 易健雄 . 技术发展与版权扩张［M］. 北京：法律出版社，2009：196.

势而将有更大的发展空间。

第三节 著作权作者中心主义的哲学基础

“作者中心主义”产生于18世纪晚期的法国，存在深厚的哲学背景。而法律是对现实的一种反映，“法以社会现实为调整对象，所以，社会现实是第一性的，法是第二性的”[①]。若非是当时法国的时代背景存在“作者中心主义”的哲学背景，也就不可能产生“作者中心主义”的著作权法律。哲学基础是第一性的，而“作者中心主义”的法律制度是第二性的，对哲学基础之考察是全面认识作者中心主义的必由之路。

本书已论述过作者中心主义产生于18世纪的法国大革命，而逐渐形成于19世纪。本章对理论缘起论述的部分已经提到了知识产权界的教授们都将作者中心主义与浪漫主义作者观联系起来，因此，浪漫主义是作者中心主义最为核心的哲学基础。浪漫主义根源于德国虔敬派宗教运动，而康德具有虔敬派的历史背景，他的哲学理念成为浪漫主义的理论来源，由此，康德哲学成为作者中心主义的理论基础。康德是德国古典哲学的代表，德国古典哲学作为先验的唯心主义哲学，把人视为先验的主体，人是自然法则的制定者，十分尊崇人的意志自由。黑格尔作为德国古典哲学的代表认为，人的意志自由不仅能停留在抽象的层面，还可以向外界、现实延伸，可以为人的意志自由找到最初定在。康德、黑格尔哲学中包含了深刻的人文精神，是以形而上学为套路的人格权理论。康德哲学是浪漫主义的理论来源之一，而康德哲学的理论核心又是意志自由、是尊崇人格的哲学，因此，康德哲学成为作者中心主义哲学基础的基础。浪漫主义作为18世纪末、19世纪重要的哲学运动，向各个领域扩展，其中影响最为重大的浪漫主义分支就是浪漫主义诠释学（传统解释学）。浪漫主义诠释学是典型的作者中心主义套路，为著作权领域作者中心主义提供了最为直接的理论支援。另外，在18世纪，法国本土的“第一哲学”毫无疑问是笛卡儿的主体性哲学范式，笛卡儿哲学把人建构成“理性神”以替代“宗教神”，为作者的创造功能提供了有力的支撑，因此，主体性哲学范式也是著作权作者中心主义的哲学基础。现代性哲学对象征、隐喻的运用，对确定性的追求，也为作者中心主义的合法性提供了理论支撑。尽管浪漫主义、人格权理论、传统解释学、主体性哲学范式、现

---

① 李琛．法的第二性原理与知识产权概念［J］．中国人民大学学报，2004（1）：96.

代性哲学五种哲学理论之间存在一定的相互勾连关系，但是，各种理论又存在自身不同的理论视角，不同的哲学理论所强调的重点也有所不同。如，浪漫主义强调作者依赖于外界的独立的创造能力，人格权理论强调作品的人格化，传统解释学强调作者的创作意图是以消除读者的偏见为代价的，而主体性哲学强调先验的自我与天才式的作者。这五个哲学理论与作者中心主义的关系既有理论上内在的勾连关系，也有历史上的巧合关系；文化理念上相互型塑，而时间、地域上又同根同源。只有透过这哲学上的五层迷雾，我们才能洞见著作权维度下作者中心主义的真正内涵。

一、浪漫主义文学理论

（一）知识产权学者对浪漫主义作者观的基本观点

丹尼尔·伯基特认为，浪漫主义作者观将作者视为创造承载着自身人格之作品的“天才”（genius）。18 世纪中期盛行的文化是鼓励在作品中将作者人格对象化，文学作品不再是再现自然的一面镜子（mirror），而是作者人格的内在反映（reflection）。一个持续增长的趋势就是从作者自传的背景下去理解阅读作者的作品，文学批评也是从诗作中洞见诗人的独特个性。[①] 彼得·贾西（Peter Jaszi）认为，作者概念随着 18 世纪在文学艺术领域宣扬极端个人主义的浪漫主义运动的兴起而开始逐渐为人们所熟悉，而作者权也恰好产生在 18 世纪晚期和 19 世纪的浪漫主义全盛时期之前。[②] 贾西说，丹尼尔·笛福可能是第一个以作者权对抗盗版的人，他的《鲁宾孙漂流记》表现了 17 世纪晚期所产生的个人主义，书中主角鲁宾孙·克鲁索是一种新型的、具有冒险精神的神奇人物，是时代的“阿凡达”（Avatar）。在知识产权赋予作者权利之前，作者就是从描述个人主义的浪漫主义文学作品中获得了威权与权力。[③] 精神权利与浪漫主义作者观念存在明显的关联性，保护作者之精神权利的正当性就是基于浪漫主义的理论观点——作品是作者人格的延伸与灵魂的表达，而虐待作品就是虐待作者，就是侵犯其私人权利与损害作者人格。[④] 戴维·桑德斯认

① BURKITT D. Copyrighting culture：the history and cultural specificity of the western model of copyright［J］. Intellectual Property Quarterly，2001：153.

② JASZI P. Toward a theory of copyright：the metamorphoses of “authorship”［J］. Duke Law Journal，1991，47（2）：455.

③ JASZI P. Toward a theory of copyright：the metamorphoses of “authorship”［J］. Duke Law Journal，1991，47（2）：470.

④ JASZI P. Toward a theory of copyright：the metamorphoses of “authorship”［J］. Duke Law Journal，1991，47（2）：496.

为，文学作品是作者精神和美学人格的表达，与具体的文化背景与实践有不可分割的关系。在法律体系要求把作品当作创造者的精神和审美人格之前，作者首先必须是具有可表达的内在本质，而作品必须是作者个人独特的精神活动，而这些观点早已存在于浪漫主义的文化之中。[①]历史告诉我们，作为法律主体的作者之出现，要晚于审美意义之作者，是在管制商品交易的活动中形成的，而这里存在着法律人格与浪漫主义美学之间的偶然性重叠。[②]关于浪漫主义与知识产权的关系，中国学者李琛认为浪漫主义哲学与著作人格权只是一种历史的偶遇，“为探究知识产权的性质，回顾了人格权与知识产权的历史纠结。知识产权的本性是财产权，人格权之渗入纯系偶然”[③]。她断然否认了著作权之人格权性质。肖尤丹认为，作者观念是“在人类漫长的思想发展进程中，这也只是晚近才出现的一种新潮观念。‘它产生于浪漫主义对个人创造性想象力的痴迷’”。[④]

（二）浪漫主义的历史渊源

1. 什么是浪漫主义

以赛亚·伯林认为，“关于浪漫主义的著述比浪漫主义文学本身庞大，而关于浪漫主义之界定要比关于浪漫主义的著述更加庞大”[⑤]。歌德认为，浪漫主义是一种疾病，是狂野诗人和天主教反动派虚弱的、不健康的战斗口号。费迪南·布吕内蒂埃认为，浪漫主义是文学自我中心主义，是舍弃更大的世界而强调个人，是自我超越的对立物，是纯粹的自我断言。[⑥]而海涅说，浪漫主义来自基督教，它是一朵从基督鲜血里萌生出来的苦难之花。[⑦]我们认为，浪漫主义是一种极端的、略带宗教色彩的个人主义，是舍弃外界而强调个人的内在表现；浪漫主义不是描绘自然，而是表现自我。艾布拉姆斯把对自然描述喻为“镜式”模仿，而对自身内在描述喻为“灯式”表达。[⑧]柏拉图视艺术为对理念世界“模仿的模仿”，属于“镜式”理论，而浪漫主义诗人华兹华斯把心灵喻为可以发

---

① SAUNDERS D. Authorship and copyright［M］. London：Routledge，1992：13.

② SAUNDERS D. Authorship and copyright［M］. London：Routledge，1992：237.

③ 李琛 . 质疑知识产权之“财产人格一体性”［J］. 中国社会科学，2004（2）：78.

④ 肖尤丹 . 历史视野中的著作权模式确立：权利文化与作者主体［M］. 武汉：华中科技大学出版社，2011：49.

⑤ 伯林 . 浪漫主义的根源［M］. 吕梁，译 . 南京：译林出版社，2011：9.

⑥ 伯林 . 浪漫主义的根源［M］. 吕梁，译 . 南京：译林出版社，2011：21-22.

⑦ 海涅 . 论浪漫派［M］// 张玉书 . 海涅文选 . 张玉书，译 . 北京：人民出版社，2002：10.

⑧ 艾布拉姆斯 . 镜与灯：浪漫主义文论及批评传统［M］. 郦稚牛，张照进，童庆生，译 . 北京：北京大学出版社，2004：54-76.

光的灯，“诗人啊！就按照上天给你的能量，在你的位置上发光吧，要怡然知足”[①]，这是“灯式”理论。从“镜式”到“灯式”的理论变迁，就是从现实主义“模仿”到浪漫主义“表现”的转变，就是作者从“压抑”到“张扬”的转变。

2. 浪漫主义历史路线图

“伏尔泰代表着一个旧时代的终结，而如歌德所说，卢梭则代表着一个新时代的开端。”[②] 但以赛亚·伯林认为，卢梭终究是18世纪启蒙运动之普遍主义，仍相信永恒的法则，依然是古典的理性主义套路。他否认了卢梭为浪漫主义之根源，“在我看来，它产生于1760年和1830年之间。首先始于德国，之后扩展开去”[③]。伯林把浪漫主义的真正根源归结于德国的虔敬派宗教运动。在十七八世纪，德国与强大的邻居法国相比，还十分落后，因此，德国人有一种浓重的民族自卑情结。虔敬派主张，要认真研习圣经而建立人与上帝之间的个别关系；要蔑视求知与一切形式的东西，而强调个人的精神生活。这是一种深度的逃避，“当通往人类自我完善之径被堵塞时，人们便会逃向自我、沉溺于自我，建立一个外在厄运无法侵入的内心世界”[④]。虔敬派的情绪已渗透到德国的各个方面，受伤的民族感情和可怕的民族屈辱是德国浪漫主义运动的根源所在。[⑤]

德国浪漫主义“父辈”人物有三个，即哈曼、赫尔德与康德。哈曼否认人类的所谓理性，“上帝不是几何学家，不是数学家，而是诗人。我们凡人想把自己那点不足挂齿的逻辑强塞给上帝，简直就是一种亵渎”[⑥]。而赫尔德的一个观点是表白主义，一个艺术品就是艺术家向其他人的表白，主张将作品与作者生平两者结合起来评论作品。[⑦] 而康德在道德哲学上是不折不扣的浪漫主义，“意志自由”是康德哲学的核心命题，“我们必须承认每个具有意志的有理性的东西都是自由的，并且依其自由观念而行动”[⑧]。而康德最为浪漫主义的观点是“人为自然立法”。费希特继承发

---

① 华兹华斯．序诗［M］// 华兹华斯、柯尔律治诗选．杨德豫，译．北京：人民文学出版社，2001：3.

② 白璧德．卢梭与浪漫主义［M］．孙宜学，译．石家庄：河北教育出版社，2003：21.

③ 伯林．浪漫主义的根源［M］．吕梁，译．南京：译林出版社，2011：18.

④ 伯林．浪漫主义的根源［M］．吕梁，译．南京：译林出版社，2011：43.

⑤ 伯林．浪漫主义的根源［M］．吕梁，译．南京：译林出版社，2011：44.

⑥ 伯林．浪漫主义的根源［M］．吕梁，译．南京：译林出版社，2011：53.

⑦ 伯林．浪漫主义的根源［M］．吕梁，译．南京：译林出版社，2011：64-66.

⑧ 康德．道德形而上学原理［M］．苗力田，译．上海：上海人民出版社，2012：55.

展了康德的浪漫主义哲学，他的“自我设定自身”与“自我设定非我”乃是“人为自然立法”之翻版，[①] 其自我高于一切的观念导致浪漫主义推崇无所约束的个性。德国浪漫主义在理论上来源于康德美学，康德的天才观、美之超功利性及对人的崇高的赞颂对德国浪漫主义产生了重大的影响。[②] 席勒是康德在艺术领域的继承者，他认为，悲剧并不在于苦难的展示，“悲剧的领域包含了下列一切可能的情况：某一自然的合目的性屈从某一个道德合目的性，或者某一个道德合目的性屈从于另一个更高的道德合目的性”[③]。悲剧就在于为了自由的意志而牺牲自我，仅为激情的驱使、意气用事而产生的不幸后果不能算作悲剧。

弗里德里希·施莱格尔和奥古斯特·威廉·施莱格尔在耶拿大学宣传浪漫主义理论，形成了独特的“耶拿派浪漫主义”。前者认为，法国大革命影响了德国浪漫主义，法国大革命之后的拿破仑战争引起了德国受伤的民族情感，而受伤的民族情感则滋养了浪漫主义思潮；而后者是神秘主义唯心论者，认为心灵无非是纯粹的活动，而精神生活是“心灵的向外扩张和回复到心灵自身之间的震颤”[④]。

浪漫主义在德国形成之后，向英国和法国扩散，“英国浪漫主义的湖畔派诗人华兹华斯、柯勒律治主要受德国耶拿派浪漫主义影响”[⑤]。当德国浪漫主义超越德意志国境向任何存在某种对社会不满的国家传播之时，拜伦于是引领了英国的浪漫主义运动；而法国，自雨果起，所有的法国的浪漫派都是拜伦的信徒。[⑥] 而正当法国浪漫主义作家转向外国扩展视野时，“外国作家不顾‘思想纯正者’的反对，长驱直入：戏剧方面发现了席勒、歌德和莎士比亚；诗歌在拜伦的影响下，转向令人毛骨悚然的怪诞，由于扬格的《夜歌》，而踏入了哀歌的道路”[⑦]。法国浪漫主义接受了来自德国与英国的浪漫主义流派的影响。

在此，我们可以给出一个浪漫主义的历史路线图：尽管卢梭有浪漫主义鼻祖之称号，但他并不是一个真正意义上的浪漫主义者。浪漫主义

---

① 冒从虎．德国古典哲学：近代德国的哲学革命［M］．重庆：重庆出版社，1984：95.

② 马新国．西方文论史［M］．北京：高等教育出版社，1994：214-216.

③ 席勒．审美教育书简［M］．张玉能，译．南京：译林出版社，2012：291.

④ 马新国．西方文论史［M］．北京：高等教育出版社，1994：216.

⑤ 马新国．西方文论史［M］．北京：高等教育出版社，1994：216-220.

⑥ 伯林．浪漫主义的根源［M］．吕梁，译．南京：译林出版社，2011：131-132.

⑦ 布吕奈尔，贝朗瑞，库蒂，等．19 世纪法国文学史［M］．郑克鲁，黄慧珍，何敬业，等译．上海：上海人民出版社，1997：15.

的根源是德国的虔敬派。然后是德国浪漫主义父辈人物哈曼、赫尔德与康德。康德之继承者有费希特和席勒。在文学领域，浪漫主义代表是耶拿派施莱格尔兄弟。浪漫主义后来从德国传到了英国，再从英国传到法国。当然，法国也受到了德国浪漫主义的直接影响。

（三）浪漫主义对作者中心主义的理论支撑

浪漫主义与作者中心主义有十分错综复杂的关系：法国大革命引发了拿破仑战争和作者中心主义的革命著作权法。拿破仑战争引起了德国的民族自卑情感，而这种民族自卑情感成为德国浪漫主义的根源。德国浪漫主义反过来哺育了法国的浪漫主义，而浪漫主义进而成为支撑作者中心主义的理论基础。浪漫主义对作者中心主义的理论支撑主要表现为：

1. 浪漫主义灯式隐喻

从“镜式”理论到“灯式”理论的隐喻变迁代表了作品从“模仿自然”到“表现作者内在人格”的变迁。作品不再是忠于自然的机械复制，而是作者个性人格的外化。这正好与作者中心主义的“作品是作者的人格体现”之价值内涵相契合，浪漫主义的“表现论”成为支持作者中心主义的核心基础。如前所述，浪漫主义先驱赫尔曼的“表白主义”，将“作者生平与作品相结合来评价艺术”的观点，与法学教授丹尼尔·伯基特的“从作者自传的背景下去理解阅读作者的作品，文学批评也是从诗作中洞见诗人的独特个性”的观点相吻合[①]。浪漫主义反对古典主义文学的各种清规戒律，反对古典主义“三一律”束缚，主张自由表现自我。“用人格来写作”是浪漫主义文学理论的灵魂所在，用“轻技巧重人格”这种“非理性”的写作方式对抗“扼杀人性的所谓的理性”。而作者中心主义的作品正当性理论，也恰好是“人格高于创造”的理论套路，“只要作品具有某种独创性或个性、作品表达作者所特有的思想、作品具有作者的人格就足够了”[②]。浪漫主义对作者人格的重视为“作者中心主义”提供了理论支撑。

2. 浪漫主义中的个人主义

作为浪漫主义的康德，他的哲学核心概念是“意志自由”，而“意志

---

① BURKITT D. Copyrighting culture: the history and cultural specificity of the western model of copyright［J］. Intellectual Property Quarterly，2001：153.

② 利普希克．著作权与邻接权［M］．联合国教科文组织，译．北京：中国对外翻译出版公司，2000：43.

自由”则体现了一种极端的“个人主义”，它将个人放在终极目标的位置。费希特的“自我设定自身”与“自我设定非我”延续了康德的“个人至上”的哲学理念，进一步夯实了个人主义的哲学基础。而作者中心主义实际上就是作者个人主义。作为作品的创造者，作者对作品享有极强的控制能力；作者以自我为中心，其他的主体都必须服从作者的意志。在权利结构上，功利主义更注重作者与公众之间的利益平衡，而作者中心主义则是以作者为中心的权利单极模式，较少兼顾各方主体间的利益平衡。浪漫主义的个人主义思想也为作者中心主义提供了合法性基础。

3. 浪漫主义的天才观

作者中心主义的独创性是在作品中刻下了作者的个性特征，个性“更能说明著作权为作品提供保护的条件：作品具有某种属于作者个人所特有的东西”[①]。而在浪漫主义视野下，天才作者所创作的作品天然就具有与众不同的个性特征。康德的天才观是，“天才就是天生的内心素质，通过它自然给艺术提供规则”[②]。浪漫主义理论家白璧德也认为，“如果一个人想成为完整的浪漫主义天才，似乎他就必须放弃技巧的约束，以获得一种毫无技巧的自发性”[③]。天才为艺术设定规则，显然，为艺术设立规则的首创性作品必定具有鲜明的个性，而无技巧意味着不会模仿他人之技巧，同样会在作品中留下作者鲜明的个性。浪漫主义天才观的高度个性化的创作理念也为作者中心主义提供了合法性论证。

二、康德、黑格尔人格权理论

浪漫主义与康德、黑格尔人格权理论对作者中心主义的支撑在路径上有所不同。浪漫主义是从作品中洞见作者人格，而康德、黑格尔人格权理论是作者人格向外延伸即作品。对浪漫主义来说，只有体现作者人格的作品才属于浪漫主义，而对康德、黑格尔人格权理论来说，只要是作者的作品就属于作者人格“外部实现”，就是作者在“说话”。

（一）康德人格权理论

康德解释了什么是书籍，他认为，“书是人们写出来的，它包含某人向公众所作的，通过可以看得见的语言符号来表达的讲话，这和书籍的

① 康德．判断力批判［M］．邓晓芒，译．北京：人民出版社，2002：150.
② 康德．判断力批判［M］．邓晓芒，译．北京：人民出版社，2002：150.
③ 白璧德．卢梭与浪漫主义［M］．孙宜学，译．石家庄：河北教育出版社，2003：41.

实际外形无关”[①]。他区别了作者和出版人，“那个以他自己的名义通过书向公众讲话的人是作者；那个把这部写作以作者的名义向公众介绍的人是出版人”，而得到作者授权的是合法的出版人，而没有得到授权的是假冒的或非法出版人。[②]康德也对作为物权客体而存在的书与作为对人权而存在的著作权作了区分，“一本书，从一个角度看，是一种外在（或有形）的工艺产品，它能够为任何一个可以合理地占有一册此书的人所仿制，于是，根据物权他有仿制此书的权利”，而“从另一个角度来看，一本书并不仅仅是外在物，而且是出版人对公众的讲话，他受该书作者的委托，是唯一有资格公开这样做的人，这构成一种对人权”[③]。康德将书籍与作者的人格予以混同，是康德人格权理论的起点。康德认为，人格权是不可转让的，出版商来源于作者授权的出版权属于“第二等”之权利。[④]在哲学上与康德一脉相承的哲学家费希特，也认为作品是作者个性化思想的表达形式，作者应当对作品享有永久性独占权。费希特同康德一样也区分了思想形式与它们的载体，作者对思想形式享有权利，而思想形式之载体上的权利归书籍的购买者享有。[⑤]

（二）黑格尔人格理论的哲学路径

黑格尔的人格权理论立意是以人之所以为人为起点来讨论人格权的。黑格尔认为，“自在自为的意志，当他在抽象概念中的时候，具有直接性的这一规定性”[⑥]，但它只是否定的实在性，只是抽象的自我相关，当人这一主体“用任何一种方法具体地被规定了而对自身具有纯粹一般自我意

① 康德．法的形而上学原理：权利的科学［M］．沈叔平，译．北京：商务印书馆，1991：111.

② 康德．法的形而上学原理：权利的科学［M］．沈叔平，译．北京：商务印书馆，1991：111.

③ 康德．法的形而上学原理：权利的科学［M］．沈叔平，译．北京：商务印书馆，1991：112-113. 康德的对人权是一种债权性质的权利，是特定主体之间的契约关系。

④ 康德 1785 年在《论假冒书籍的非法性》中从三个方面论及了作者人格之不可让与性：“一、因为作品是作者个人天赋之体现，所以它是不可转让的；二、作为作者思想的智力活动只能存在于作者个人身上，所以其天然不能让给他人；三、作为一种与生俱来的、不同于实体法权利的自然权利，这种权利是原发性的而不可转让。出版人通过授权而行使的人格权只是一种“第二等”的权利类型（相对于作者的第一等权利而言）。” SAUNDERS D. Authorship and copyright［M］. London：Routledge，1992：113.

⑤ 费希特在 1793 年的论文《翻印书籍违法性之证明》中说道，每个作者必须给他的思想以某种外在的形式，而这种形式只能按照自身的个性来确定。但作者不会愿意将他的思想的形式交出给公众，因为人们可以通过改换形式之方式来盗取他的思想。这样必须永久保留他的独占性权利。SAUNDERS D. Authorship and copyright［M］. London：Routledge，1992：109.

⑥ 黑格尔．法哲学原理［M］．范扬，张企泰，译．北京：商务印书馆，1961：44.

识的时候，人格尚未开始”[①]。也就是说，人没有达到这种对自我的纯思维和纯认识时，不具有人格；人必须是某种无限的、普遍的、自由的主体。自然跟人主观的自由人格是对立的，所以，作为自然的实存，人必须扬弃这种限制，使自然的定在成为自由的定在。“人为了作为理念而存在，必须给它的自由以外部的领域。因为人在这种最初还是完全抽象的规定中是绝对无限的意志。”[②]财产权可以摒弃人的纯粹主观性，“人唯有在所有权中才是作为理性而存在”[③]。所以，黑格尔从完善人格的维度来论述财产权理论——财产是人格的外部实现。

而就著作权来说，黑格尔对艺术是否能成为“物”感到为难，作为精神内在的东西，“它们不是自始就是直接的东西，只是通过精神的中介把内在的东西降格为直接性和外在物，才成为直接的东西”[④]，作品作为作者内在精神与人格特征必须有外在载体才能上升到法律的层面。黑格尔认为，“艺术作品乃是把外界材料制成为描绘思想的形式，这种形式是那样一种物：它完全表现作者个人的独特性”[⑤]。黑格尔同康德一样，也对作者的权利与著作物之所有人的权利予以区分，作者保留复制作品的权利，而著作物的所有人仅对物之样品具有完全的权利。[⑥]黑格尔是从“财产为人之最初定在”与“作品是作者精神的外化”两个维度来阐述人格权理论的。

（三）康德、黑格尔人格权理论作为“作者中心主义”理论支撑

“作品是作者人格之体现”是作者中心主义的核心价值理念，而康德、黑格尔人格理论也含有人格因素，因而它成为作者中心主义的哲学基础。

1. 哲学维度

康德和黑格尔哲学都对人格比较重视。康德认为，“每个有理性的东西都服从这样的规律，不论是谁在任何时候都不应把自己和他人仅仅当作工具，而应该永远看作自身就是目的”[⑦]。意志自由是康德哲学的核心概念，法律上的自由是个人独立于别人专断的意志和控制的权利，是一种原初的、固有的权利，“这是每个人生来就有的品质，根据这种品质，通过权利的概念，他应当是他自己的主人”[⑧]。康德把财产称为外在的“我的

① 黑格尔 . 法哲学原理［M］. 范扬，张企泰，译 . 北京：商务印书馆，1961：45.
② 黑格尔 . 法哲学原理［M］. 范扬，张企泰，译 . 北京：商务印书馆，1961：50.
③ 黑格尔 . 法哲学原理［M］. 范扬，张企泰，译 . 北京：商务印书馆，1961：50.
④ 黑格尔 . 法哲学原理［M］. 范扬，张企泰，译 . 北京：商务印书馆，1961：52.
⑤ 黑格尔 . 法哲学原理［M］. 范扬，张企泰，译 . 北京：商务印书馆，1961：76.
⑥ 黑格尔 . 法哲学原理［M］. 范扬，张企泰，译 . 北京：商务印书馆，1961：76-77.
⑦ 康德 . 道德形而上学原理［M］. 苗力田，译 . 上海：上海人民出版社，2012：40.
⑧ 康德 . 法的形而上学原理：权利的科学［M］. 沈叔平，译 . 北京：商务印书馆，1991：50.

和你的”，权利是对一个对象的理性占有，而不在于经验的占有；经验的占有并不是真正的占有，只有当对一个对象没有物理占有而还可以对它产生影响力时，才是真正的占有。这就是理性占有，它体现人的意志对物的控制能力，体现了人的意志自由。

黑格尔同康德一样，他认为，“法的基地一般来说是精神的东西，它的确定的地位和出发点是意志。意志是自由的，所以自由就构成法的实体和规定性”[①]。自由是意志的根本性规定，如同重量是物体之根本性规定一样。[②]自由意味着权利，而每个人都有意志，所以每个人都有自由，都有伴随着自由的权利。每个人都有天生自由和权利，这体现了黑格尔哲学对人格的重视。

康德、黑格尔从哲学维度论证了意志自由与人格之重要性，为作者中心主义奠定了思想基础。康德、黑格尔哲学与法国的作者中心主义有相同的时代背景、相近的地缘关系，作者中心主义从康德、黑格尔哲学中汲取了大量的营养。

2. 著作权维度

康德、黑格尔都对著作权发表过直接的言论。康德以拟人化的方式将书籍与作者人格混同，将书籍等同于作者对公众之讲话。黑格尔也认为，作品是作者精神的外化，将作品视为作者人格之表达。黑格尔艺术作品对作者人格的构造存在双重型塑。一方面，艺术作品是作者精神的外化，作品中可以洞见作者的人格；而另一方面，艺术作品作为财产，它是人的自由意志的最初定在。康德理论后来被吉尔克所吸收，“一位作者的某个作品属于该作者人格的势力范围，著作权则保障了作者对这部分人格的领域的主宰”[③]。吉尔克建构了著作人格权“一元化”理论，而“一元化”理论后来成为德国著作权立法的理论来源。科勒吸收了黑格尔的理论，[④]建构了包含人格权与财产权的“二元化”著作权理论，而科勒的“二元化”理论成为法国著作权法的理论基础。

三、近代哲学主体的发现与构建

（一）人的主体性哲学考察之历史维度

毕尔格在《主体的退隐》一书中提及过主体性哲学范式与语言哲学范

① 黑格尔．法哲学原理［M］．范扬，张企泰，译．北京：商务印书馆，1961：10.

② 黑格尔．法哲学原理［M］．范扬，张企泰，译．北京：商务印书馆，1961：11.

③ 雷炳德．著作权法［M］．张恩民，译．北京：法律出版社，2005：24.

④ 雷炳德．著作权法［M］．张恩民，译．北京：法律出版社，2005：41-42.

式。[①]而主体性哲学范式之形成是哲学历史变迁过程中的重大事件，与哲学史上的三次转向有关。第一次是柏拉图《斐多篇》中苏格拉底所说的，从具体事物中寻求根源到从“理念”中寻求根源的转向；第二次是从对客观事物的探究到对人之主体性之探究的转向；第三次是语言哲学的转向。[②]第二次哲学转向，是以笛卡儿之“我思故我在”为开端，经康德的先验哲学到黑格尔的“绝对精神”，主体性哲学范式最终得以逐渐形成。

人之初，无主体性可言。基督教时期，人被认为是上帝的创造物，是上帝的客体，是戴罪之躯，无任何主体性可言。奥古斯丁开始寻求自我、开始从信仰追问自我，“你对我算什么？求你怜悯我使我能够说出”[③]。“使我能够说出”是对主体性渴求的表现：我渴求成为一个可以发声、可以表达的主体。文艺复兴时期的法国作家蒙田也开始追问自我，“我描述的面貌不会相差太远，虽然它一直变化不定”，“我时时刻刻会改变，不仅随世事变，也随意图变。但是实际上像狄马德斯说的，我决不会违背真情”[④]。蒙田认为，尽管“我”一直在改变，但仍是年轻时的自己，即性状相同，而我亦不变。笛卡儿从抽象的、一般的“我”身上，发现一种确凿知识的一般性原则。“阿基米德只要求一个固定的靠得住的点，好把地球从它原来的位置挪到另外一个地方去。同样，如果我有幸找到哪管是一件确切无疑的事，那么我就有权抱远大的希望了。”[⑤]而笛卡儿的所谓的“阿基米德点”就是“我思故我在”。“我”从“怀疑一切”中获得“我存在”的可靠证明，从而建构了主体性的基本原则。康德把笛卡儿建构的主体性原则继续推进，认为“人为自然立法”，“范畴就是先天地给显象，从而给作为一切显象之总和的自然规定规律的概念”。[⑥]康德认为是自然迎合人，而不是人迎合自然。康德实现了哲学上的“哥白尼革命”。黑格尔哲学达到了主体性哲学的高峰，他把意志自由作为人的核心本质，并且这种自由不是纯粹主观的，而是可以通过外部财产来实现的，“在这领域中我们所具有的自由就是我们所说的人，也叫做主体，他是自由的，的确对自己说来是自由的，并在事物中给自由以定在”[⑦]。萨特

① 毕尔格．主体的退隐［M］．陈良梅，夏清，译．南京：南京大学出版社，2004：1.

② 张世英．哲学导论［M］．北京：北京大学出版社，2002：166-167.

③ 奥古斯丁．忏悔录［M］．周士良，译．北京：商务印书馆，1963：4.

④ 蒙田．论悔恨［M］// 蒙田随笔全集：第三卷．马振骋，译．上海：上海书店出版社，2009：15.

⑤ 笛卡尔．第一哲学沉思集［M］．庞景仁，译．北京：商务印书馆，1986：22.

⑥ 康德．纯粹理性批判［M］．李秋零，译．北京：中国人民大学出版社，2011：123.

⑦ 黑格尔．法哲学原理［M］．范扬，张企泰，译．北京：商务印书馆，1961：42-43.

的存在先于本质，即意味着“人是自我设计的存在物”，而不是依据某些概念而被设计出来。“首先有人，人碰上自己，在世界上涌现出来——然后才给自己下定义”，“人性是没有的，因为没有上帝提供一个人的概念。人就是人。这不仅说他是自己认为的那样，而且也是他愿意成为的那样——是他从不存在到存在之后愿意成为的那样”。①综上所述，我们知道主体在古代并不存在，在中世纪奥古斯丁还在苦苦追问“我是谁”。而主体性之真正建构是始于笛卡儿的“我思故我在”，继而被康德、黑格尔等扩充壮大。自从笛卡儿后，作为主体性体现的“自我”开始活跃在历史的舞台。

（二）被建构的法律主体：作者

如同人的建构一样，法律主体也是一种人为建构的产物。罗伯特·昂格尔（Roberto Unger）甚至把整个社会都视为人类的产品，“现代社会思潮产生时就宣称，社会是被创造和被想象的，它是人类的创造物，而非一个内在的自然秩序的表述”②。彼得·施恩克（Peter Schanck）认为，“自我不可能是一个独立自足的实体；它纯粹是一个社会、文化、历史和语言的创造物”③。施拉格（Schlag）认为，“你不断地被要求重新表演作为选择者个人的那些事先写好与安排好的方案。因为你已经被建构为和被疏导为一个进行选择的人，所以你不得不如此行为”④。

法律主体是被人类构建出来的东西，它是人类的一个文化构建，作者概念的诞生就是法律主体是被人类建构出来的例子。在作者诞生之前，就有从事写作的人，但他们并不是作者（author），而仅仅是“写者”（writer）。在特许时代，依然没有作者的存在，书商是被授予了复制垄断权的唯一主体。英国书商为了自身利益而建构了“作者”概念，随着1662年英国许可法的失效，书商们的特权也随之丧失，为了重获利益英国书商推动了《安妮女王法》的出台。⑤在《安妮女王法》中，书商们建构了作者的概念，使作者获得充分的法律权威，然后书商们再从作者手

① 萨特．存在主义是一种人道主义［M］. 周煦良，汤永宽，译．上海：上海译文出版社，2005：6.

② UNGER R. Social theory：its situation and its task［M］. New York：The Press Syndicate of the University of Cambridge，1987：1.

③ SCHLAG P. Understanding postmodern thought and its implications for statutory interpretation［J］. Southern California Law Review，1992，65：2505.

④ SCHLAG P. Missing pieces：a cognitive approach to law［J］. Texas Law Review，1989，67：1195.

⑤ 易健雄．技术发展与版权扩张［M］. 北京：法律出版社，2009：23-34.

里获得授权来出版书籍。显然，作者诞生的过程就是一个人为建构的过程，作者是书商们建构起来的法律主体。而法国 1791 年、1793 年制定的两个著作权法令则建构了更为神圣的作者权概念。

（三）主体性哲学对作者中心主义的支撑

作者中心主义与主体性哲学也是同根同源的关系，也都是启蒙运动之后的产物，都与人的理性建构有深刻的关联。主体性哲学对作者中心主义的支撑在于：主体性哲学建构人的主体性地位，为作者获得神圣的法律权利奠定了基础。如果没有在哲学背景下的“大写的人”、没有一个主体性的自我，就不可能有著作权背景下的作者存在。从柏拉图视艺术为模仿，到中世纪视艺术为神学的婢女，在哲学上，如果没有人的地位，就很难在法学领域有人的地位，而作者被压抑的历史总是与哲学上人被压抑的历史同步。当人从哲学中解放出来后，作者便从“模仿者”变成“独创者”，也就获得了自身的法律权威。

四、传统解释学：作者中心主义

（一）关于传统解释学

解释学经历了从特殊解释学到普遍解释学，再到哲学解释学的过程，而我们把普遍解释学称为传统解释学。传统解释学之前是针对《圣经》的神学解释学和针对罗马法的法学解释学，它们属于特殊解释学。传统解释学与浪漫主义具有相同的历史背景，是同根同源的关系，因此，也可称之为浪漫主义诠释学。

传统解释学可以追溯到斯宾诺莎，他认为，对《圣经》的解释必须求诸《圣经》预言书每编的作者的生平、行为与学历以及写作的原因与年代。[①] 这是从作者意图来解释作品的“作者中心主义”套路。弗里德里希·阿斯特也是持有相同的解释学套路，“对古代文本的理解不仅需要对古代精神本身的领悟，而且也特别特别需要对作者个人精神的认识”[②]，“对古代精神的认识包含对作者生活的时代的特殊精神的洞见，对作者自身的个别精神的洞见，以及对那些影响作者发展的教育和外在环境的认识”[③]。

---

① 斯宾诺莎. 神学政治论[M]. 温锡增，译. 北京：商务印书馆，1963：111.

② 阿斯特. 诠释学[M]. 洪汉鼎，译 // 洪汉鼎. 理解与解释：诠释学经典文选. 北京：东方出版社，2006：6.

③ 阿斯特. 诠释学[M]. 洪汉鼎，译 // 洪汉鼎. 理解与解释：诠释学经典文选. 北京：东方出版社，2006：8.

传统解释学代表人物施莱尔马赫，与康德一样，也是出身于虔敬派家庭，与德国浪漫主义代表弗里德里希·施莱格尔具有非常密切的私人关系。受施莱格尔之影响，施莱尔马赫的理论具有深厚的浪漫主义理论特征，传统解释学可以认为是浪漫主义在解释学领域的延伸。施莱尔马赫开始建构普遍解释学，他认为，误解是经常的，作为避免误解的解释学就成为普遍的技艺了，“作为理解的艺术的诠释学还不是普遍地（一般地）存在的，迄今存在的其实只是许多特殊的诠释学”①。传统解释学目标在于重构作者的创作意图，“施莱尔马赫把理解活动看成对某个创造所进行的重构。这种重构必然使许多原作者未能意识到的东西被意识到”②，“解释学的重要前提是，我们必须自觉脱离自己的意识而进入作者的意识”③。施莱尔马赫认为，“真正的理解活动并不是让自己与原来的读者处于同一层次，而是与作者处于同一层次，通过这种与作者处于同一层次的活动，文本就被解释为它的作者的生命的特有表现”④。“解释的首要任务不是要按照现代思想去理解古代文本，而是要重新认识作者和他的听众之间的原始关系。”⑤读者只有在心理上使自己转换为作者去体验作者的生命过程，才能够真正理解作品。

狄尔泰则用“生命体验”的方式来重构作者意图，“在这种方式中，精神生命的整体参与到理解之中。这种方式就是模仿或重新体验。重新体验是沿着事件的路线的创造。这样，我们就与时间的历史并行，与一个发生在遥远国度的事件并行，或与我们周围的一个人的心灵中发生的事件并行”⑥。狄尔泰以生命的同质性来论述理解之可能性，“因为创造性的作品也体现了一个时代和地区的观念、内心世界和理想的共同性。从我们呱呱坠地，我们就从这个客观精神世界获取营养。这个世界也是一个中介，通过它我们才得以理解他人及其生命。因为，精神客观化于其

① 施莱尔马赫 . 诠释学讲演［M］. 洪汉鼎，译 // 洪汉鼎 . 理解与解释：诠释学经典文选 . 北京：东方出版社，2006：47.

② 伽达默尔 . 诠释学Ⅰ：真理与方法［M］. 洪汉鼎，译 . 北京：商务印书馆，2010：276.

③ 施莱尔马赫 . 诠释学箴言［M］. 洪汉鼎，译 . // 洪汉鼎 . 理解与解释：诠释学经典文选 . 北京：东方出版社，2006：23.

④ 伽达默尔 . 诠释学Ⅰ：真理与方法［M］. 洪汉鼎，译 . 北京：商务印书馆，2010：275.

⑤ 施莱尔马赫 . 诠释学讲演［M］. 洪汉鼎，译 . // 洪汉鼎 . 理解与解释：诠释学经典文选 . 北京：东方出版社，2006：56.

⑥ 狄尔泰 . 对他人及其生命表现的理解［M］. 李超杰，译 // 洪汉鼎 . 理解与解释：诠释学经典文选 . 北京：东方出版社，2006：103.

中的一切东西里包含着对于你和我来说共同性的东西”[①]。作品是作者精神客观化的产物，狄尔泰通过说明在作品中存在着理解者与作者共同的东西，来达到理解文本的目标，以生命体验的方式来重构作者意图是狄尔泰的解释学套路，也是一种作者中心主义的理论路径。质言之，以作者为中心、对作者创作意图的重构是传统解释学的中心主旨。

（二）传统解释学与作者中心主义

传统解释学与作者中心主义都是“以作者为中心”的，两者具有理论上的“同构”关系，传统解释学是作者中心主义天然的支持者。传统解释学可以认为是浪漫主义在解释学领域之延伸，浪漫主义中对作者的重视也是传统解释学的理论主张，因此，传统解释学对作者的重视也是作者中心主义的理论基础。以作者的创作意图作为文本意义的解释依据，为作者取得著作权法中的核心地位树立了内在的权威——作者是作品最权威的解释者。著作权作者中心主义之法律规则仿佛是一种自生自发的内部秩序，是基于对历史上业已形成了的秩序只需加以确认调整的“调控性规则”[②]，而不是需要全新建构的“构造性规则”。传统解释学中的作者中心主义是“第一性”的，而著作权作者中心主义是“第二性”的，[③]著作权作者中心主义只不过是对传统解释学中作者中心主义加以确认而已。

五、现代性哲学：启蒙与价值理性

（一）现代性哲学

现代性哲学始于 17 世纪的欧洲，现代性与启蒙运动具有密切关系。启蒙运动是一场思想运动，相对于时间概念，现代性更多的是一种观念，它是使人类运用理性破除宗教、摆脱蒙昧状态的思想革命。理性是现代性哲学的根本特征，它是人类摆脱蒙昧、祛除愚钝的法宝。理性是启蒙的武器，启蒙是理性开启的启蒙。笛卡儿从哲学上奠定了人的主体性地位，笛卡儿怀疑一切，但从不怀疑自我，视人为确定性的“阿基米德点”，理性是笛卡儿为人获取主体性地位的基石。康德说，“启蒙运动就是人类脱离自己所加之于自己的不成熟状态”[④]。康德在《纯粹理性批判》里对纯

---

① 狄尔泰 . 诠释学的起源［M］. 洪汉鼎，译 // 洪汉鼎 . 理解与解释：诠释学经典文选 . 北京：东方出版社，2006：97.

② 塞尔 . 社会实在的建构［M］. 李步楼，译 . 上海：上海世纪出版集团，2008：25.

③ 李琛 . 法的第二性原理与知识产权概念［J］. 中国人民大学学报，2004（1）：96.

④ 康德 . 答复这个问题：“什么是启蒙运动？”［M］. 何兆武，译 // 江怡 . 理性与启蒙：后现代经典文选 . 北京：东方出版社，2004：1.

粹理性展开了批判，认为尽管人类的理性具有很大的局限性，但它能为自然立法，康德奠定了人类理性的坚实基础，实现了哲学上的一次“哥白尼革命”。黑格尔认为哲学上不再是感性地把握理念，而是以理念的方式把握世界，“哲学为观照历史而带来的唯一思想即‘理性’这一单纯概念；即理性是世界的主宰；即世界历史因而显示出种种合理的历程”，“在哲学里由思辨认识证明：理性——这里不考究宇宙对神的关系，仅只这个名词就算够了——既是无限力量也是实体；它自身是一切自然生命和精神生命的无限素材与无限形式——即推动该内容的东西。理性是宇宙的实体”。① 康德认为理性不可能认知物自体，而黑格尔则认为绝对理念能够实现自己，能够在人间得以实现，这即是黑格尔在理性方面对康德的超越。在启蒙运动之前是神学时代，神的启示是人类行动的根据，启蒙运动彻底改变了这种依赖“天启”的状况，人类可以摆脱上帝而仅依赖自身就可以探索客观世界、建构知识，从而人类实现了从天启到自救的转变。人类不再是上帝的奴仆，人第一次靠理性获得独立性与做人的尊严。现代性哲学属于“树根”理论范畴，对基础、本质怀有乡愁，寻求确定性的东西是现代性哲学孜孜以求的目标。在笛卡儿看来，要摆脱概念、理念和规范的任意性与非理性，不能依靠毫无根基的偏见、传统或外在权威，只能诉诸理性自身的权威，诉诸终极基础，他通过方法论的“怀疑”所找到的“我思故我在”是他全部哲学的第一原理，他就是基础的“基础”。②

（二）现代性哲学与作者中心主义

现代性哲学的理性是其基础性概念，“理性”与“人”形成相互型构的关系，人是理性的人，而理性是人的理性。理性为人类披上神圣的外衣，是人取代上帝的依据，人类无须依靠上帝的指示即可以独立行事。这也给人类创作文学艺术作品带来极大的自信，诗人无需缪斯女神的眷顾、无需神示即可获得创作灵感，作家、诗人靠自我的一己之力、内在的理性就可以写小说、诗歌。作家靠自己的理性可以构建一个完整、合乎逻辑的虚构世界，艺术家可以以自身的天赋创造绝伦巧妙的艺术品。作者是作品的意义源头、是作品的精神家园、是作品的根基所在，而作品的意义是建立在作者的基础之上的，作品是作者的衍生物、延长线。作者第一次以独立者的姿态开始创作，创作不再是上帝的恩典。由此可

① 罗素．西方哲学史：下［M］. 马元德，译．北京：商务印书馆，2015：309.

② 王治河．后现代哲学思潮研究［M］. 北京：北京大学出版社，2006：80.

知，现代性哲学是作者中心主义的理论依据与思想源泉，从现代性哲学的方方面面之特征，可以洞见著作权作者中心主义套路的身影。

在以上五个类型的哲学基础理论中，浪漫主义为作者中心主义提供“灯式”创作理论，为作者独创性提供了合法性论证；人格权理论将作品视为人格的外化，进一步加强作者与作品的联结；浪漫主义诠释学（传统解释学）肯定了作者的创作意图、否定了读者意图，确立作者是作品解释的唯一依据，从方法论上树立了作者的权威；而主体性哲学视作者为先验的、不可置疑的主体，为把作者建构为“理性神”打下了牢固的基础；现代性哲学的理性主义为作者的正当性提供了合法性外衣，为其正当性获得了“自我言说”的话语地位。这五种哲学理论从不同的角度对作者的文学财产权予以理论支撑，共同塑造了作者不可冒犯的权威。

第四节 著作权作者中心主义的哲学危机

以上部分分析了作者中心主义的五重哲学基础，这些哲学理论与特定的历史时代相关联。但哲学思潮并非一成不变，从 17 世纪近代哲学诞生至今哲学本身发生了重大的改变。这种改变不是渐进式的改良运动，而是突进式的革命，新旧哲学完全站在了对立面。浪漫主义强调天才式创作、强调作者的独创性，但结构主义哲学理论的兴起则完全消解了独创性与天才概念。结构主义强调结构的决定性作用，而作者只是一种功能性表达。传统解释学否定解释者偏见的价值，要彻底消除解释者的意图、完全重构作者的创作意图，但哲学解释学的兴起则肯定了读者的价值，作者不是意义的唯一决定者，文本的意义是作者、读者、文本三者的视域融合。康德、黑格尔的人格权理论将作品与作者混同，视作品为作者人格的表达、精神的外化，但语言哲学的兴起否认了人是语言的主人、否认了人与作品的人格关系，相反认为，语言是自给自足的符号体系，语言不是人的工具，相反人是语言的工具、人是语言的客体。主体性哲学范式将作者视为毋庸置疑的主体，但主体性哲学的衰落，主体的死亡使人作为人类的构思之物也随之死亡。作为同样的文化构思，作者也将随之死亡，作者功能异化，作者已经不再是那个捉刀代笔者，而只是话语实践者。随着哲学基础的变迁，作者中心主义也就失去了哲学基础，而一旦哲学内涵被抽空，作者中心主义将难以自圆其说，将面临合法性拷问。下面将详细论述作者中心主义的哲学基础的历史变迁，以透视作者中心主义所面临的危机根源。

一、结构主义文学的兴起

（一）结构主义文学

与浪漫主义文学截然相反，结构主义文学切断了作品与个人之间的联系，把文学作品视为自律的语言结构。“个别作者不应视为个别作者的自我表现，因为他们只不过是这个普遍系统的种种功能：文学产生于人类自身这一集合主体，这就是为什么文学会体现种种原型或种种具有普遍意义的形象。”① 弗莱作为结构主义理论家，认为结构比作者更具优势位置，认为“一首新诗就像一个新生婴儿，它是降生于一个业已存在的语言秩序之中，它附属在传统的诗歌结构之中，因此，新的诗歌就必然带有这种‘诗歌社会’（poetic society）的相似的结构特征”，作品中内在的结构对作品之诞生起关键性的制约作用，作者不是作品的“父亲”，而仅仅是作品的“助产士”而已，“如果这首新诗诞生出来后能够成活，它同样要急虑地要摆脱诗人，呱呱哭叫着要割断诗人与自我之间相联结的输送养料的脐带”。② 巴特用零度写作（白色写作）的方式来摆脱特殊语言的束缚。他认为，零度写作是一种直陈式的新闻写作，这种中性的写作存在于各种呼声和判决的环境里而又不介入其中，而这种毫不动心的写作消除了语言的社会性或神话性。③ 巴特的零度写作方式是否定作者个性化的写作方式。在结构主义视野下，作品不是开向作者内心的一扇窗户，作品的表层是对隐匿着的深层结构的反映。作品的中心意义不再是作者的灵魂，而是深层结构本身，文本只是这一深层结构的拷贝（copy）。④ 在弗莱看来，这种深层的东西就是神话原型，“在文学批评中，我们为了看清诗歌的原型结构也不得不经常地与待欣赏的诗歌保持一点的距离”⑤，“文学原型观显明了文学作为一个整体的形式，是人类生活不可分割的一部分，诗人的功能就在于将人类劳作的目标形象地描绘出来”⑥。普罗普通过对民间故事的研究，发现了民间故事的深层结构，而所有故事只有 31

---

① 伊格尔顿．二十世纪西方文学理论［M］. 伍晓明，译．北京：北京大学出版社，2007：90.

② FRYE N. Anatomy of criticism［M］. Shanghai：Shanghai Foreign Language Education Press，2009：97-98.

③ 巴尔特．写作的零度［M］. 李幼蒸，译．北京：中国人民大学出版社，2008：48.

④ 伊格尔顿．二十世纪西方文学理论［M］. 伍晓明，译．北京：北京大学出版社，2007：109.

⑤ FRYE N. Anatomy of criticism［M］. Shanghai：Shanghai Foreign Language Education Press，2009：140.

⑥ FRYE N. Anatomy of criticism［M］. Shanghai：Shanghai Foreign Language Education Press，2009：115.

项角色功能与7种角色，[①]“对故事研究来说，重要的问题是故事中的人物做了什么，至于是谁做的以及怎样做的，则不过是要附带研究一下的问题而已”[②]。与此相似的理论还有美国坎贝尔的“千面英雄”，他从对世界各地的神话的研究中发现了一个相同的英雄历程——“神话中英雄历险的标准路径是成长仪式准则的放大，即从‘隔离’到‘启蒙’再到‘回归’，它或许可以被称作单一神话的原子核心”，“英雄从日常生活的世界出发，冒着种种危险，进入超自然的神奇领域。他在那里获得奇幻的力量并赢得决定性的胜利。然后，英雄从神秘的历险地带着能为同胞造福的力量回来”。[③] 坎贝尔发现了千面英雄背后的相同结构，无论是新宗教创建者，还是新时代的创建者；也无论是新城市的创建者，还是新的生活方式的创建者，尽管有表面的变化，却有十分一致的故事。所谓“真理只有一个，而哲人以不同的名字说出”。[④]

结构主义文学的特征可以简约为：一是结构主义在强调结构对作品的制约作用时，不知不觉地取消了人的主体性作用。“实际上那个主体是有效地取消掉了，被化约为一个非个人的结构的功能了”，结构主义是一种反人本主义的理论。[⑤] 二是结构主义文学是一种双重切断：作品既不描写外部世界，也不表现作者的内心，把现实和作者都用括号括起来，只研究文本的结构形式。三是结构主义是从整体关系与深层结构的角度来考察作品的价值与意义的。

（二）结构主义的产生

结构主义肇始于瑞士语言学家索绪尔，“无论我们说能指还是所指，语言都没有存在于语言之前的概念和声音，而仅仅是由系统产生的概念性的和声音的差别”[⑥]。索绪尔把语言视为一个自我指称的自足的符号体系，它是任意的，与自然无关。它不以个别人的意志为转移，相反个别的言语由语言系统来决定。索绪尔对语言学的洞见已超出了语言学的范畴，而引领了结构主义哲学的诞生。列维 - 斯特劳斯将结构主义运用到人类学领域，他指出“亲属关系结构绝不是由父母及其子女组成的生物学意义上的家族构成的，而是永远蕴含着从一开始就给定的一种联姻关系”，

---

① 普罗普 . 故事形态学［M］. 贾放，译 . 北京：中华书局，2006：23-74.

② 普罗普 . 故事形态学［M］. 贾放，译 . 北京：中华书局，2006：17.

③ 坎贝尔 . 千面英雄［M］. 朱侃如，译 . 北京：金城出版社，2012：20.

④ 坎贝尔 . 千面英雄［M］. 朱侃如，译 . 北京：金城出版社，2012：14（序言）.

⑤ 伊格尔顿 . 二十世纪西方文学理论［M］. 伍晓明，译 . 北京：北京大学出版社，2007：110.

⑥ 索绪尔 . 普通语言学教程［M］. 刘丽，译 . 北京：中国社会科学出版社，2009：147.

“一个真正的亲属关系的结构——即一个亲属的原子，假如可以这样叫的话——是由一个丈夫、一个妻子、一个子女和丈夫从中娶到妻子的一个代表所构成”。[①] 这是一种以女人为中介通过婚姻关系而形成的交换关系，它是亲属关系的决定性因素。瑞士皮亚杰认为整体性是结构主义的重要特征，整体性是指结构之要素不能脱离整体而存在，结构整体性特征是由它们的组成规律而得来的，而这些规律也建构了结构。结构是需要革新转换的，“如果这些结构不具有这样的转换的话，它们就会跟随便什么静止的形式混同起来，也就会失去一切解释事物的作用了”[②]。转换性意味着从一个结构转换成另一个结构而呈现出结构的历时性的自我建构。而自身调整则是指调整的动力来自结构内部，而不需要借助外力，“一个结构所固有的各种转换不会越出结构之外，只会产生总是属于这个结构并保存该结构的规律的成分”[③]。

（三）浪漫主义的危机

结构主义强调结构的自律与自足，视文本为一个独立的系统；它抽空文本中的所有内容而只剩下形式，实现了对外部世界与作者的双重拒斥，而浪漫主义则认为作品是作者心灵发射的光芒。结构主义文学观去掉了浪漫主义文学的神秘化，“浪漫主义的那一偏见，即认为诗就像诗人一样，内含着一个生命的本质，一个不应被无礼地去摆弄的灵魂，现在被直截了当地揭露为一种伪装的神学，一种对合乎理性的探究的迷信的恐惧”[④]。浪漫主义视作品为作者的天才式表达，如扬格所赞美的，“独创性作家的笔头，像阿米达的魔杖，能够从荒漠中唤出灿烂的春天”[⑤]。但结构主义则对作者之独创性不予认可，视作者为结构的功能性表达，如列维 - 斯特劳斯所言，“我并不觉得我写了我的书。我感到我的那些书是通过我来写作的；而一旦那些书完成了，我就感到空空如也，什么也没有留下来。我从未，也仍未知觉我的个性特征。我所看到的我是一个位置，在这个位置上会有事情发生，但却没有我”[⑥]。结构先于个人，作者退化为结构的功能性表达，“意义既不是私人经验也不是神所命令发生的事件：

① 列维 - 斯特劳斯．结构人类学：1［M］．张祖建，译．北京：中国人民大学出版社，2006：481.

② 皮亚杰．结构主义［M］．倪连生，王琳，译．北京：商务印书馆，1984：8.

③ 皮亚杰．结构主义［M］．倪连生，王琳，译．北京：商务印书馆，1984：10.

④ 伊格尔顿．二十世纪西方文学理论［M］．伍晓明．译．北京：北京大学出版社，2007：104.

⑤ 扬格．试论独创性作品［M］．袁可嘉，译．北京：人民文学出版社，1963：5.

⑥ 夏光．后结构主义思潮与后现代社会理论［M］．北京：社会科学文献出版社，200：89.

它是共享的表意系统的产物"[①]。从浪漫主义到结构主义的理论变迁，将以浪漫主义为理论基础的作者中心主义置身于深刻的理论危机之中，尤其是结构主义对人的取消、对作者独创性的否定，给予作者中心主义以致命性的打击。

二、语言哲学转向的危机

（一）哲学语言学转向

达米特将哲学史分为三个阶段和两个转向，[②]第一个阶段是始于古希腊哲学的追寻世界本原的本体论阶段；到笛卡儿发生认识论转向，哲学进入认识论阶段，追问的是认识何以可能；到弗雷格则开始了语言学转向，哲学步入语言哲学阶段，哲学的主要问题是弄清哲学语言的意义。从认识论到语言哲学的转向是从主体性哲学到语言哲学的转向，认识论阶段关注的是人认识得以可能的各种条件，而语言哲学则将语言上升到了哲学本体论意义。从认识论到语言哲学的转向也反映了实证哲学对传统形而上学的拒斥，"实证主义作为一种科学的态度，它反对先验的思辨，并力图将其自身限定在经验材料的范围之内。它反对提倡玄虚的精神，并把学术工作限制在分析'给定事实'的范围之内。它拒绝超出认知现象的范围，否认理解自然'本质'的可能性"[③]。自柏拉图到康德、黑格尔皆为思辨哲学，都以探寻终极原则和理念为出发点，而这些所谓的原则与理念隐匿在事物的背后，而无法从经验的角度加以判断和衡量，这些不能为经验所证明的理念在实证主义者看来毫无价值。19 世纪，自然科学的发展导致科学对各学科包括哲学等人文科学的渗透，弗雷格在《算术基础》中指出数学的基础是逻辑，而逻辑并不是主观的感觉经验。弗雷格将逻辑与语言研究相结合，该思想成了语言哲学的重要源头。分析哲学的路径方式不再是认识论阶段的主观性与心理主义，而是以具有客观性与形式主义特征之逻辑为理论路径。这样，分析哲学也就摆脱了人的主体性束缚，而将自身根植于更为客观的逻辑之上，使自身更加科学化。

---

① 伊格尔顿．二十世纪西方文学理论［M］．伍晓明，译．北京：北京大学出版社，2007：105.

② 韩秋艳，庞立生，王艳华．西方哲学的现代转向［M］．长春：吉林人民出版社，2007：159.

③ 博登海默．法理学：法律哲学与法律方法［M］．邓正来，译．北京：中国政法大学出版社，2004：120.

（二）语言哲学中的主体

前期维特根斯坦认为，语言与世界具有逻辑上的同构关系；凡是可说的东西都说得清楚。而后期的维特根斯坦否定了语言的指称功能。词语没有固定的指称与意义，词语只有被使用时才存在意义，“我们谈论语言时就像我们陈述象棋游戏的规则时谈论棋子那样，并不描述棋子的物理属性”[①]。维特根斯坦的“语言的游戏”的特征有：（1）语言游戏与外界并无关联性，语言游戏自身自成一体，语言与现实并无对应关系；（2）语言游戏规则具有任意性，无须解释与反思，它不是一种理性设计的结果。既然语言与现实没有对应的关系，而语言的规则是任意的、偶然的产物，那么，语言与人之间就不存在紧密的关联，人不是语言的本源，也不是语言产生的依据。语言是自治的、独立封闭的系统，“艺术和语言永远不是‘摹仿’，而是自主的和独立自足的活动”[②]。语言不是对外部实在的摹仿，言语并不指称物理事物，“它们是自然的，非人造的；但是它们与外部对象的本质没有关系”[③]。语言既然不是人造的，也不是对外部对象的模仿，也就切断了它与人、它与外界的双重关联，而成为一个独立的体系，在语言之上并没有一个“君临”其上的主体。

伽达默尔也是持本体论的语言观，他认为，所能理解的存在是语言。伽达默尔对游戏的理解是，“游戏的主体不是游戏者，而游戏只是通过游戏者才得以表现”，“这种语言上的考察间接表明，游戏根本不能理解为一种人的活动。对于语言来说，游戏的真正主体显然不是那个除其他活动外也进行游戏的东西的主体性，而是游戏本身”[④]。只有当游戏者真正卷入游戏中，才能开始游戏；如果游戏完全被游戏者决定，从一开始就知道了游戏的结果，则失去了游戏之意义。游戏的真正意义在于使游戏者处于忘我的境地、受制于游戏。伽达默尔颠覆了“人玩游戏”的传统观念，建构了“游戏玩人”的新理念，将人的主体性消解在语言的游戏之中。

海德格尔的“语言说人”与伽达默尔的“游戏的主体是游戏本身”相类似。海德格尔认为语言是存在之家园，是人存在的领域，人只有通过语言才能理解世界。之前的人们把语言当作一种工具，把自己当作语言的主人，其实，语言才是人类的主人。语言凭借给物的初次命名，使

① 维特根斯坦．哲学研究［M］．李步楼，译．北京：商务印书馆，1996：71.

② 孙周兴．后哲学的哲学问题［M］．北京：商务印书馆，2009：186.

③ 卡西尔．人论［M］．李化梅，译．北京：西苑出版社，2009：73.

④ 伽达默尔．诠释学Ⅰ：真理与方法［M］．洪汉鼎，译．北京：商务印书馆，2010：151-153.

物显示自身。没有语言的地方，就只有死寂的石头和动植物，没有澄明与敞开。只有语言所到之处，才有世界的开示。“在命名中，被命名之物呼唤进入它们的物化。物化中它们显示世界。”[①] 海德格尔用“大道”（ereignis）与“道说”（sage）取代传统形而上学的“存在”（sein）与“语言”（sprache）。“道说”就是“大道之说”，而并非“人言”。“大道之说”要诉诸“人言”，将其表达出来，“把作为语言的语言带向语言”[②]，“语言说话，因为语言道说，语言显示”[③]。海德格尔认为，人言都是在“道说”中生成的，“人言”是在“大道”开辟的“道路”中发生的，“人言”是由“道说”之语言所指派、发送给人的。“人与语言的关系在海德格尔这里发生了一个根本的逆转：不是人‘用’语言，而是语言‘用’人。也可以说，作为‘道说’的语言在人那里开辟道路，是通过‘人’发声为词的。‘人’之能说，是因为‘人’归属于‘道路’，顺从‘道说’而倾听，从而能够‘跟着说’。”[④]

（三）语言哲学与传统形而上学的对立

两者存在两方面对立：一方面是论证路径的对立，传统形而上学的哲学套路属于认识论，是一种主观性的思辨哲学。它通过对人先验的认识能力的论证来确定知识的可靠性范围。但传统哲学的这种论证方式，在语言哲学看来，是一种主观的、心理主义的非科学方法，而语言哲学则是建构在逻辑的基础之上的，逻辑本身又是一种客观的、不以人的意志为转移的客观存在，因此，逻辑使得语言哲学获得了一定程度上的科学性。另一方面是对主体性态度的对立，传统的形而上学，尤其是康德、黑格尔的哲学是一种主体性凸显的哲学。康德的“人为自然立法”及“人是目的而不是手段”使人的主体性备受推崇。黑格尔也对人的人格尊严给予高度重视，把人的意志自由视为人的根本性要素，而且人的意志自由不仅能处于抽象的、主观幻想的状态，而且可以向现实扩展与延伸，可以将自身外化为物。而语言哲学是以逻辑为基础的，它视语言为一个自治的独立系统，人的主体性在语言哲学中被完全消解了。从伽达默尔的“游戏的主体是游戏本身而不是游戏者”，到海德格尔的“语言说人”，再到维特根斯坦的“语言游戏”的非指称性，人之主体性在语言哲学的世界里被彻底地放逐。

---

① 海德格尔．诗•语言•思［M］．彭富春，译．北京：文化艺术出版社，1991：174.

② 海德格尔．在通向语言的途中［M］．孙周兴，译．北京：商务印书馆，2009：238.

③ 海德格尔．在通向语言的途中［M］．孙周兴，译．北京：商务印书馆，2009：253.

④ 孙周兴．后哲学的哲学问题［M］．北京：商务印书馆，2009：289-290.

三、主体性哲学的衰落

（一）主体的终结

始于笛卡儿的主体性哲学范式到19世纪已日趋式微，而到了20世纪已然破产，主体范式已被语言范式所代替。主体性哲学范式的衰落被多迈尔称为主体性的黄昏，“主体性观念已然正在丧失着它的力量，这既是由于我们时代具体经验所致，也是因为一些先进的哲学家们的探究所致”[①]。毕尔格称之为主体的退隐，“主体已经声名狼藉。从哲学的语言开始，主体哲学的范式被视为陈腐过时了。虽然也有作者捍卫它，法国一段时间以来甚至在谈论‘主体的回归’，但是，大多数哲学流派（分析哲学、结构主义、系统理论，甚至交往理论）都不采用主体范式。据称，此范式业已穷尽”[②]。等到尼采宣布“上帝之死”后，西方哲学便被“死亡情结”所充斥——从尼采的“上帝之死”，到福柯的“人之死”，再到巴特的“作者之死”。尼采是宣布主体范式破产的第一人，他要重估一切价值，而重估价值就必须宣布上帝死亡，因为“按照传统的文化模式，上帝是所有价值的创造者、体现者和维系者，既然如此，则为要进行价值重估，首先就必须颠覆上帝所创造、体现和维系的传统价值体系，而为要实现价值的‘颠覆’或‘翻转’，最根本的途径也就只能‘杀死上帝’”[③]。继尼采宣布“上帝之死”，福柯宣布了“人之死”，“人将被抹去，如同大海边沙地上的一张脸”[④]。而福柯将“人之死”归结为范式转换的结果，由主体范式向语言范式转换的必然产物。罗兰·巴特步尼采、福柯之后尘，在文学领域宣布了“作者之死”，“为使写作有其未来，就必须把写作的神话翻倒过来：读者的诞生应以作者的死亡为代价来换取”[⑤]。主体范式和语言范式两者处于对立关系——近似于一个硬币的两个面，主体范式的终结意味着语言学范式的兴起。

（二）主体终结的意义

1. 由能动性主体退化为功能性主体

在主体性哲学时期，人是意义的本源，作者是作品的本质，而作品

① 多迈尔．主体性的黄昏［M］．万俊人，译．桂林：广西师范大学出版社，2013：1.

② 毕尔格．主体的退隐［M］．陈良梅，夏清，译．南京：南京大学出版社，2004：1.

③ 段德智．主体生成论［M］．北京：人民出版社，2009：29.

④ 福柯．词与物：人文科学的考古学［M］．莫伟民，译．上海：上海三联书店，2001：509.

⑤ 巴特．作者的死亡［M］// 罗兰·巴特随笔选．怀宇，译．天津：百花文艺出版社，2005：307.

是作者人格的延伸、心灵的写照。人可以为自然立法、自我设定自身与非我。存在先于本质，人可以自我设计。人是君临于客体之上的充满能动性的主体，在人与物的关系中始终处于积极进取的优势位置。而在语言哲学范式中，人丧失了能动性的主体地位，而沦落为一种功能与结构无意识。语言不再是人的工具，相反，人成为语言的工具。语言不再是洪堡特所言的“语言就是世界观”[①]，而是海德格尔所说的“语言说人”，人成为“道说”语言的发声器官。在语言哲学的语境中，人的主体性地位已被彻底地颠覆，人沦落为语言的客体。

2. 作者与作品的断裂，作者并非作品意义的本源

在浪漫主义时期，作者的人权构成了作品的核心部分。没有作者的人格因素，就没有作品的存在。主体性哲学的衰落意味语言哲学的兴起，语言哲学将主体予以放逐，使主体功能化。结构主义认为，“语言”高于“言语”，文本结构具有编织文本的自我建构功能。结构主义不认为是作者创造了作品，作品只是借助于作者而来。作者与作品之间没有内在的关联，作者与作品之间的关系已然断裂。正如福柯所说，作者是谁有何关系，“我们可以很容易地想象出一种文化，其中话语的流传根本不需要作者。不论话语具有什么地位、形式或价值，也不管我们如何处理它们，话语总会在大量无作者的情况下展开”[②]。

四、哲学解释学兴起

（一）哲学解释学

如前所述，施莱尔马赫与狄尔泰开创了传统解释学，他们依循浪漫主义理念，以作者为中心，建构了以“作者中心论”为特征的传统解释学。在传统解释学看来，解释是一种避免误解的技艺，乃是一种重构作者意图的方法论套路。而德国哲学家海德格尔开启解释学的新篇章，将解释学从方法论升格为本体论。“领会同现身一样源始地构成此之在”，“既然我们把带有情绪的领会阐释为基本的生存论环节，那也就表明我们把这种现象领会为此在存在的基本样式”。[③]海德格尔把领会（理解）作为存在的基本方式，这是将解释学从方法论上升为本体论。解释不再是避免误解之

① 洪堡特．论人类语言结构的差异［M］// 洪堡特语言哲学文集．姚小平，译．北京：商务印书馆，2011：338-339.

② 福柯．作者是什么？［M］．逢真，译 // 王逢振，盛宁，李自修．最新西方文论选．桂林：漓江出版社，1991：459.

③ 海德格尔．存在与时间［M］．陈嘉映，王庆节，译．北京：生活·读书·新知三联书店，2006：166.

技艺，而是具有自身存在的意义，“领会在解释中并不成为别的东西，而是成为它自身”[①]。解释者的偏见在传统解释学中是必须加以消除的因素，而海德格尔认为，解释者的偏见是不可避免的，“任何解释工作之初都必然有这种先入之见，它作为随着解释就已经‘设定了的’东西是先行给定的，这就是说，是在先行具有、先行视见和先行掌握中先行给定的”[②]。

如果说海德格尔是哲学解释学的开启者的话，伽达默尔则是哲学解释学的奠基者，伽达默尔也反对把解释学当作一种方法，“误解和陌生不是首要因素，不能把避免误解看作是解释学的特殊任务”[③]。伽达默尔继承了海德格尔的理论套路，在本体论意义上建构了哲学解释学，“我认为海德格尔对人类此在的时间性分析已经令人信服地表明：理解不属于主体的行为方式，而是此在的存在方式”[④]。哲学解释学与传统解释学的区别还在于对解释者偏见与传统的态度有所不同，哲学解释学对偏见与传统是持肯定态度的，“这些条件完全不具有这样一种程序的或方法的性质，以致作为解释者的我们可以对它们随意加以应用——这些条件其实必须是被给予的。占据解释者意识的前见、前见解，并不是解释者自身可以自由支配的”[⑤]。这意味着解释者之偏见是被给予的、不可避免的，每个人都深深地镶嵌在自身的传统、偏见之中。个人不可能完全消除或改写个人的历史、不可能排除自身的偏见，历史和偏见是个人得以形成的必要条件。解释者之偏见不但不必加以消除，相反，偏见是使理解得以可能的有利因素。每个时代都有自身对文本予以理解的方式，文本的意义并不取决于作者与原初读者，而是由解释者所处的历史处境来规定的。[⑥]理解是解释者、文本、作者三者之间的“视域融合”产生的效果历史，而解释者的偏见正是构成解释者之视域的合法性基础。伽达默尔说：“能被理解的存在就是语言。”[⑦]语言具有本体论意义，语言不再是一种手段，“语言并非只是一种生活在世界上的人类所适于使用的装备，相反，以语言为基础，并在语言中得以表现的是，人拥有世界”[⑧]。“语言的游戏”中，人不再是游戏的主

① 海德格尔 . 存在与时间［M］. 陈嘉映，王庆节，译 . 北京：生活 • 读书 • 新知三联书店，2006：173.

② 海德格尔 . 存在与时间［M］. 陈嘉映，王庆节，译 . 北京：生活 • 读书 • 新知三联书店，2006：176.

③ 伽达默尔 . 哲学解释学［M］. 夏镇平，宋建平，译 . 上海：上海译文出版社，2004：15.

④ 伽达默尔 . 诠释学Ⅱ：真理与方法［M］. 洪汉鼎，译 . 北京：商务印书馆，2010：554.

⑤ 伽达默尔 . 诠释学Ⅰ：真理与方法［M］. 洪汉鼎，译 . 北京：商务印书馆，2010：418.

⑥ 伽达默尔 . 诠释学Ⅰ：真理与方法［M］. 洪汉鼎，译 . 北京：商务印书馆，2010：419.

⑦ 伽达默尔 . 诠释学Ⅰ：真理与方法［M］. 洪汉鼎，译 . 北京：商务印书馆，2010：418.

⑧ 伽达默尔 . 诠释学Ⅰ：真理与方法［M］. 洪汉鼎，译 . 北京：商务印书馆，2010：418.

体，“虽然游戏者好像在第一种游戏里都在起作用，而且正是这样游戏才走向表现，但游戏本身却是由游戏者和观赏者所组成的整体。事实上，最真实感受游戏的，并且游戏对之正确表现自己所意味的，乃是那种并不参与游戏，而只观赏游戏的人”[①]。伽达默尔提升了解释者（观赏者）的主体性地位，解释者不再是传统解释学视野下被排斥的意义主体。

（二）从“作者中心论”到“读者中心论”

在传统解释学中，在作者、文本、读者（解释者）三者关系中，作者始终处于中心地位。文本的意义是由作者赋予的，文本是作者的人格延伸；读者必须消除自身的偏见，去探究作者的创作意图、重构作者的创作情景。传统解释学这种以作者为意义中心的套路是典型的“作者中心论”。哲学解释学认为，“文本的真实意义并不依赖于作者及其最初的读者所表现的偶然性”[②]。作品的意义是由读者来决定的，“只是为观赏者——而不是为游戏者，只是在观赏者中——而不是在游戏者中，游戏才起游戏作用”[③]。在哲学解释学视野下，解释者（读者）处于中心位置，读者是意义的赋予者。读者的偏见不再是需要加以清除的因素，相反，偏见是读者视域得以形成的合法性基础。在作者、文本与读者三者的关系中，读者处于核心位置，哲学解释学是典型的“读者中心论”模式。从传统解释学到哲学解释学的转换，是从方法论到本体论、从“作者中心论”到“读者中心论”的转换，而这个转换使得传统解释学支撑的著作权作者中心主义面临着合法性危机，在哲学上，当“作者中心论”已经转换为“读者中心论”，著作权领域的作者中心主义就必将面临“读者中心论”的压迫。

五、后现代哲学转向

（一）后现代哲学转向

作者中心主义的哲学基础为现代性哲学，现代性哲学之主体性、人的理性对作者中心主义予以了强大的理论支撑，而哲学上的后现代转向摧毁了现代性哲学的根基，现代性哲学的主体性、理性被后现代哲学予以无情解构。从现代性到后现代性的哲学转换中作者中心主义遭遇严峻的挑战，后现代哲学转向颠覆了以理性主义为基础建构起来的作者中心

① 伽达默尔．诠释学Ⅰ：真理与方法［M］．洪汉鼎，译．北京：商务印书馆，2010：161.

② 伽达默尔．诠释学Ⅰ：真理与方法［M］．洪汉鼎，译．北京：商务印书馆，2010：419.

③ 伽达默尔．诠释学Ⅰ：真理与方法［M］．洪汉鼎，译．北京：商务印书馆，2010：162.

主义。后现代的时间维度被认为在1870年前后。1875年被汤因比确认为从现代进入后现代的时间点。[①]从哲学的维度，哈桑认为后现代具有反精英主义、反独裁主义、扩散、无政府主义、黑色幽默、戏仿、粗俗、否定等特征；[②]利奥塔则把后现代归结为对元叙事的不信任，詹姆逊把后现代视为深度模式的消失、平面化。后现代哲学与现代性哲学理性主义相反，它是非理性主义，后现代肯定疯狂的价值，福柯认为现代性的理性是建立在将邻居——癫狂——囚禁起来而建构起来的，非理性是理性用暴力的方式构建的；德勒兹、加塔利肯定了精神分裂非理性的作用，非理性可以对现代性固化的元素予以消解，“在德勒兹与加塔利看来，革命的典范并不是纪律严明的政党人士，而是分裂主体，是那些抗拒资本主义的自明之理，拒斥俄狄甫斯情结，拆解社会符码，打破再辖域化之铜墙铁壁而进入到流动、强度和变化领域，从而威胁着整个资本主义秩序的人”[③]。后现代哲学破解了现代性哲学对基础的依恋与怀旧，从“树-根”理论转向“块茎”理论，从国家思维、城邦思想转向游牧思想，后现代哲学是开放、平面化的思想方式，摒弃了现代性哲学中的封闭、结构化、层级化的思维。后现代哲学背离了现代性哲学堂皇叙事模式，放弃了所谓解放、进步等宏大话语，而是诉诸小型叙事，通过“讲故事”的方式来阐述事理。在后现代哲学中，经历了从上帝之死到人之死，人作为一个近代构造物而终将消失。后现代的非理性主义、反本质主义以及人的终结，瓦解了现代性哲学的核心原则，从而给建基于现代性哲学基础之上的作者中心主义造成合法性危机。

（二）后现代哲学转向对作者中心主义的消解

后现代哲学之非理性主义使得作者的创作不再是理性的建构，作品不再是合乎逻辑的、线性发展的、完整的作品，在非理性的主导下，文学作品的创作充满非理性的特质，碎片化、无逻辑、拼贴、戏仿、非线性是其主要特征。随着基础的坍塌、主体的死亡，作者不再是作品的意义所在，作者也不是作品的本质和中心。作者与作品中角色、小说的叙事与作者写小说本身、作品故事与对故事的评价混为一谈、相互交错，作者与作品相互渗透、界限模糊，造成了主客不分的态势。作者中心主

---

① 汤因比．历史研究：上卷［M］．郭小凌，等译．上海：上海世纪出版集团，2010：41-42.

② 哈桑．后现代转向［M］．刘象愚，译．上海：上海人民出版社，2015：104.

③ 凯尔纳，贝斯特．后现代理论：批判性的质疑［M］．张志斌，译．北京：中央编译出版社，1999：119.

义模式下作者是作品的父亲，作品是作者的个性表达、人格的写照，而在后现代哲学套路之下，文学创作不是从作者到作品的纵向活动，而是从作品到作品、从文本到文本的横向运动。互文性、模仿、复制的合法化破除了现有抄袭、剽窃理论的正当性与合法性，作者中心主义引领下的基本套路被后现代哲学深度消解。

哲学基础的变迁使得作者中心主义在各方面遭遇了合法性危机，它所建构的独创性被结构主义的深层结构所消解，被福柯的作者功能异化理论所削弱，还被巴特所认为的“文本是一种无限远隔的模仿”、海德格尔的“语言说人”、伽达默尔的“游戏的主体是游戏本身”这些理论所贬低。当写作成为模仿，成为被语言支配的客体时，作者的独创性就荡然无存，这就造成了作者文学财产权最为根本的危机。结构主义的文学观念切断了作品与作者人格之间的关联性，否定了作品是作者人格的表达与精神的外化，将作品与作者的人格区分开来，从而使得作者的精神权利失去了依据。作品与普通物品没有什么区别，既然和普通物品一样与作者的人格没有关联，作者就没有理由获得额外的精神权利。哲学解释学及接受美学将作者确定无疑的作品解构为半成品、图式观相、开放的作品，它们需要读者来具体化，需要读者最终将其完成，如此一来，作者不是作品的唯一决定者，读者与作者视域融合共同确定文本的意义。读者的价值得到哲学解释学的肯定，读者不仅重构作者的创作意图，还具有创造意义的功能。因此，作者没有理由成为“君临”于其他权利主体之上的法律主体，等级化的著作权－邻接权格局失去了哲学基础。作者中心主义所面临的危机不是浅层危机，而是根本性的危机；不是片面的、个别的危机，而是全面的、系统性的危机，它意味着著作权传统面临范式的转换，一个全新的著作权法即将来临。

小 结

作者中心主义是作者权体系的法律文化与核心理念，其理论缘起于西方著作权法学教授的理论抽象，美国哥伦比亚大学教授简· 金斯伯格认为作者中心主义是法国大革命的产物，戴维·桑德斯以及丹尼尔·伯基特也持相同的观点。他们认为作者中心主义的理论套路是将作者神圣化，认为作者与作品之间存在“血缘”关系，作品是作者人格的化身。作者中心主义产生的历史背景为法国大革命时期，法国当时的著作权法被称为“革命的版权”。作者中心主义在以法、德两国为代表的大陆法系国家广泛传播，最终形成了与版权体系的功利主义文化相抗衡的势力。作者中心主义的价值内涵包括作者是作品的创造者，作品是作者人格的延伸，作者权是一种自然法权利。作者中心主义制度内涵包括作者的精神权利制度、著作权－邻接权等级化权利格局、作者对作品的充分支配。作者中心主义将作者置于权利的中心位置且作者的权利地位凌驾于其他相关主体之上，它因此不同于功利主义模式将作者放在与其他主体平等的地位：在版权体系中并无比作者地位更低的邻接权主体、在作者与公众之间处于相对平等的关系。版权领域功利主义是作者中心主义的“平行线”，功利主义支撑了著作权的半壁江山——版权体系，在版权体系中版权被视为刺激作者创作的必要的“恶”，在作者创作动力不足的情况下要赋予作者一定时期的垄断权，以达到使公众获取足够的、有价值的作品之目的。功利主义的哲学来源为边沁、穆勒的功利主义哲学，以及马克斯·韦伯的工具理性。在作者中心主义对版权体系渗透的同时，功利主义对作者权体系也施加了一定的影响，两者相互渗透、相互影响。作者中心主义之产生有深厚的历史哲学背景，支撑作者中心主义的哲学理论有浪漫主义、康德与黑格尔的人格权理论、传统解释学、主体性哲学范式和现代性哲学。作者中心主义建构了作者与作品之间的密切关系、为作者谋求了神圣的创造者地位、设计了以作者为中心的著作权权利格局。但随着时代的更迭、哲学的变迁，哲学理论中的结构主义、语言哲学、哲学解释学兴起，主体性哲学的衰落以及后现代哲学转向，作者中心主义遭遇了深刻的哲学危机与合法性的拷问，以作者中心主义理念为基础的作者权体系的整体法律制度在新的背景下应当被重新审视，应当建构与哲学文化、时代背景相一致的著作权法律制度。

第二章　著作权作者中心主义的结构主义批判：作品先于作者

浪漫主义是作者中心主义的哲学基础之一，其以人格为媒介将作者与作品紧密地联系在一起，而结构主义的兴起则切断了作者与作品之间的关联性。结构主义起源于索绪尔的语言学，后被运用到多个领域，其强调结构的决定性作用，强调整体决定部分、共性决定个性。文学领域中的俄国形式主义、新批评文学以及文学结构主义理论流派是结构主义在文学领域的体现，认为作品是自给自足的、封闭的符号体系，强调作品的深层结构对作者独创性的消解作用。由于文学结构主义认为文本是对深层结构的转换，因而，基于同一个深层结构而转换而成的作品之间必然具有某种相似性，这就使得在著作权法的实践中有必要对传统的独创性、抄袭标准予以重新定位。

第一节　什么是结构主义

结构主义起源于索绪尔的语言学，作为一种基础性理论结构主义被运用到了多个领域，包括文学领域。而要对文学中的结构主义进行深刻、透彻的研究，就必须回到结构主义的理论源头，以结构主义的基础理论作为论述的逻辑起点。

一、结构主义的代表性学说

结构主义起源于索绪尔的语言学中所蕴含的结构主义思想，除索绪尔语言学结构主义外，结构主义代表性学说主要包括列维 - 斯特劳斯的人类学结构主义、阿尔都塞的马克思主义结构主义，分述如下：

（一）索绪尔的结构语言学

索绪尔是瑞士语言学家，他的代表作《普通语言学教程》是其学生根据索绪尔生前手稿整理而成的。该书开创了结构主义思想，而索绪尔被誉为“结构主义之父”。索绪尔的结构主义思想可以从他的几组概念中体现出来：

1. 语言和言语

索绪尔区分了语言和言语，认为语言是言语的确定部分，语言是一个自足的整体和一套分类原则；语言是社会的产物，是一套社会规约；而言语是个人的行为，具有多维庞杂的特性。语言是同质的，而言语是异质的。在语言和言语的关系中，语言比言语更具有优越性，语言是第一位的，而言语是第二位的，“语言是一种规约，这种被认同了的符号的性质其实并不重要。发音器官的问题在言语问题中明显是占第二位的”[①]。索绪尔认为，“发音机能——不论是否与生俱来的——只有借助于某种集体创造并提供给个体使用的工具才能起作用；因此，如果说语言使得言语有了统一性，那绝不奇怪”[②]，“语言不是说话者的功能，它是个人被动地被同化的产物”[③]。语言是一个符号系统，语言的独立性在于人们既不能独自创造语言，也不能自行更改语言，它是一份社会成员签订的契约，也就是说，语言为每个个体所共有，但不为每个人的意志所左右。索绪尔是在语言系统中来研究言语的，而系统概念的提出正是和结构这一概念相等值的。

2. 共时性和历时性

共时性和历时性是结构主义另一组十分重要的概念。结构主义之共时性研究方式是指结构主义是通过剔除时间因素（T ＝ 0）来对事物进行研究的。索绪尔之前的语言学是从历史的维度来研究语言的变化以及语法、语音、词汇的发展规律的，而索绪尔并不否认这种历史维度的历时性语言研究所具有的价值；但他更强调以某个时间点切取语言的横断面来研究语言的状态以及语言系统中各要素之间的相互关联性与逻辑关系。“共时语言学关心的是联结共存要素和在说话者的集体思维中形成系统的逻辑关系和心理关系，而历时语言学，研究各项非同一个集体意识所感觉到的相连要素间的关系，这些要素一个代替一个，彼此间不构成系统。”[④]语言是一个系统，组成系统的各要素必须在共时的关系中被考量。共时性是依靠集体惯例的力量将规则强加于个人之上，它内在于系统之中而具有普遍规律性，而历时性事实则外在于系统而不具有普遍性。历时性犹如一步棋的走动，而棋局变化的前后的平衡状态是共时性状态；棋之走动不属于前后的状态，而只有状态才是最重要的。

① 索绪尔．普通语言学教程［M］. 刘丽，译．北京：中国社会科学出版社，2009：12.
② 索绪尔．普通语言学教程［M］. 刘丽，译．北京：中国社会科学出版社，2009：12.
③ 索绪尔．普通语言学教程［M］. 刘丽，译．北京：中国社会科学出版社，2009：12.
④ 索绪尔．普通语言学教程［M］. 刘丽，译．北京：中国社会科学出版社，2009：121.

3. 句段和联想

语言要素之间的关系存在两个维度：句段关系和联想关系。索绪尔指出语言具有时间上的线性特征，这排除了同时说出两个要素的可能性，而只能按序排列在语言的链条中，这是句段关系；还存在一种可能性是当人们使用某一个语词时，会在记忆中联想到其他相关词汇，如当使用“学校”时，会想到大学、中学、教授、学生、图书馆等，这些词汇具有某种内在的联系。“句段关系是一种现场的关系，它是以两个或更多的在一个现实序列中出现的要素为基础的。与此不同的是，联想关系却是把不在场的要素统一在潜在的记忆序列中。”① 而雅各布逊从句段关系的“连续轴”与联想关系的“同时轴”引申出换喻与隐喻一对概念，前者是毗邻性的关系，而后者是相似性的关系；隐喻在浪漫主义和象征主义流派中占优势，而换喻则在现实主义文学中占主导。②

4. 能指和所指

索绪尔反对以本质主义套路来对事物命名，名称与事物之间并无本质的物理相关性。一个语言符号包括一个概念和一个音响形象；概念指向具体的事物，而音响形象并非实质性的声音而是在人们意识中产生的心理印迹；索绪尔分别用所指和能指代替了概念与符号。索绪尔认为符号具有任意性，“能指和所指之间的联系具有任意性。因为我们说符号是能指和所指相结合的产物，所以也可以简单地说：语言符号具有任意性”③。能指和所指并无自然的、本质的联系，它们之间的联结是在不同社会群体中约定俗成的产物。同样的植物树，中文称之为树，而英文为tree。这种不同的命名说明能指与所指是任意的而非本质的，语言仅仅是一种形式而不含任何物质的成分。

索绪尔的贡献主要在于：一是将语言学研究从以历时性为主转为以共时性为主，着重对语言进行静态结构研究，并强调结构的语言比个人的言语更具有优越性；二是指出语言是一种自我满足的体系，它与外界并没有自然的、本质的联系；三是语言符号是任意性的，对语言符号的识别只能借助于它与其他语言符号的差异性。

乔姆斯基对索绪尔理论进行继承和发展，发明了深层结构与表层结构这组概念。乔姆斯基继承索绪尔的研究成果，在语言与言语的基础上

---

① 索绪尔．普通语言学教程［M］．刘丽，译．北京：中国社会科学出版社，2009：152.

② 雅各布逊．隐喻和换喻的两极［M］．张祖建，译 // 伍蠡甫，胡经之．西方文艺理论名著选编：下卷．北京：北京大学出版社，1987：429-431.

③ 索绪尔．普通语言学教程［M］．刘丽，译．北京：中国社会科学出版社，2009：82.

推出深层结构与表层结构的转换生成语法学说。索绪尔认为语言是关于语法规则的集合体，是人们共同达到的契约惯例，而言语为个人的语言行为；语言好比象棋规则，而言语则是每一盘游戏棋局。乔姆斯基认为语法中的句法部分决定每个句子的深层结构和表层结构；深层结构决定句子的语义，而表层结构决定句子的语音。句法是一个规则系统，这些规则生成一套基础语符列，而其相关联的基础词标记则构成深层结构的基本单位；句法部分还包括转换次部分，它的关注点是从基础生成句子、生成表层结构。[①]深层结构也指语言能力，而表层结构指语言的运用；深层结构要经转换才能到达表层结构，才能从深层结构的抽象的内在结构转换成具体的话语结构。深层结构是有限的，而表层结构是无限的，正如洪堡特所言，语言是有限手段的无限运用。[②]

（二）列维-斯特劳斯的结构主义

列维 - 斯特劳斯是法国结构主义者，他将索绪尔结构主义语言学运用到人类学与神话领域，创造了结构主义人类学与结构主义神话学，论述如下：

1. 亲属关系

人类最基本的关系就是亲属关系，而列维 - 斯特劳斯认为亲属关系的结构与语言的结构具有相似之处。亲属关系与语言系统相似，而表达亲属关系的词项与音位相似。表达亲属关系的词项必须进入亲属关系才有意义，正如音位必须进入语言系统中才有意义一样。决定亲属关系意义的不是孤立单个的成分，而是亲属关系的结构，“一个亲属关系的系统的本质并不在于那种人与人之间在继嗣上或血缘上的既定客观联系；它仅仅存在于人的意识当中，它是一个任意的表象系统，而不是某一实际局面的自然而然的发展”[③]。如同词汇意义不是从事物中抽象出来的，而是在语言的系统中产生的一样，父亲之所以为父亲只有在整体的亲属关系中才得以成立。亲属关系的整体与部分的关系如同音素系统与音素之间的关系，不同的成分可以组合成不同的亲属关系。

---

① 乔姆斯基．句法理论的若干问题［M］．黄长著，林书武，沈家煊，译．北京：中国社会科学出版社，1986：15-16.

② 洪堡特．论人类语言结构的差异及其对人类精神发展的影响［M］．姚小平，译．北京：商务印书馆，1997：75.

③ 列维 - 斯特劳斯．结构人类学：1［M］．张祖建，译．北京：中国人民大学出版社，2006：47.

2. 神话理论

列维 - 斯特劳斯也将结构主义运用于神话学的研究中来，他对神话进行深层结构分析后发现神话具有与语言相似的结构规律。列维 - 斯特劳斯把神话的意义同样归结到了系统之中，“如果神话有某种意义的话，这个意义不可能存在于神话孤立的单位中，而只能存在于将这些部分组成一个整体的方式中”[①]。神话同语言一样，是由构成单位组成的，而神话之构成单位比语言的构成单位更高级、更复杂。“神话的真正构成单位不是一些孤立的关系而是一束束的关系，只有以这种关系束的组合形式，这些构成单位才获得能指的功能。”[②]神话意义存在于一束束（组）的关系之中，研究神话就是研究神话因素在结构上的相互关系。列维 - 斯特劳斯把索绪尔的语言与言语套用到神话上，神话结构相当于语言，它是人类无意识结构之产物、是抽象无形的，而神话故事相当于言语，是各种神话结构的派生物、是神话结构的具体体现。“如果神话故事是由所有不同的讲法构成基础的话，结构分析就应该把它们统统考虑进去。”[③]所有神话故事都有共同的深层结构，而所有神话故事都只是神话深层结构的不同的表述方式而已。

3. 列维 - 斯特劳斯的贡献

一是将结构主义语言学运用于人类学与神话学，在结构系统中而不是从孤立单个的亲属关系与神话故事中寻求亲属关系与神话的意义；二是揭示神话从表面来看，是离奇古怪的故事、是思维混乱而不合科学逻辑的，但实际上，在神话中却包含着一种人类共同的集体无意识之思维方式，它受集体意识的“信息编码”支配，而这些信息旨在解决人类面临的一些根本性的矛盾，如生与死、自我与他人、自然与文化。这种共同的思维结构解释了世界上的神话尽管在内容上是千奇百怪的，但在结构上存在惊人的相似。

（三）阿尔都塞的结构主义

法国哲学家阿尔都塞用结构主义解读了马克思的经典著作，在其《保卫马克思》一书中表达了马克思主义结构主义思想理论，其主要观点包括：

---

① 列维 - 斯特劳斯 . 结构人类学：巫术、宗教、艺术、神话［M］. 陆晓禾，黄锡光，等译 . 北京：文化艺术出版社，1989：46.

② 列维 - 斯特劳斯 . 结构人类学：巫术、宗教、艺术、神话［M］. 陆晓禾，黄锡光，等译 . 北京：文化艺术出版社，1989：48.

③ 列维 - 斯特劳斯 . 结构人类学：巫术、宗教、艺术、神话［M］. 陆晓禾，黄锡光，等译 . 北京：文化艺术出版社，1989：54.

1. 意识形态与科学之对立性

以科学对抗意识形态是阿尔都塞的核心观点之一，他对意识形态的理解是：意识形态是具有独特逻辑和独特结构的表象（形象、神话、观念或概念）体系，它是社会历史生活的一种基本结构。意识形态是表象体系，却与意识毫无关系，它是作为结构而强加给人们的，“它们作为被感知、被接受和被忍受的文化客体，通过一个为人们所不知道的过程而作用于人”[①]。这是将索绪尔的语言结构主义运用到了意识形态之上，意识形态与语言一样具有自身的逻辑结构，语言的结构对言说者来说也是被强加的结构体系。意识形态不是独立的，它是一切社会总体的有机组成部分，意识形态在整体中发挥作用。尽管意识形态是一种结构化的产物，但它是非科学的，在阿尔都塞看来，“‘意识形态的’即是错误的、神秘的和应该被拒斥的；‘科学的’即是与客观真理自然一致的”[②]。意识形态是具有阶级性的、历史性的，而科学是超阶级、超历史的，因而科学具有真理性与永恒性，而意识形态缺乏真理性，它是一种强制性和信仰性质的理论。

2. 两个“马克思”

阿尔都塞基于意识形态与科学之对立的理论见解，对马克思的理论历程以 1845 年为基准进行了“认识论断裂”之划分，“在马克思的著作中，确确实实有一个认识论的断裂；据马克思自己说，这个断裂的位置就在他生前没有发表过的、用于批判他过去的哲学（意识形态）信仰的那部著作:《德意志意识形态》”[③]。这个断裂把马克思分为了两个“马克思”，即 1845 年断裂前的意识形态阶段和 1845 年断裂后的科学阶段。青年马克思是人道主义的马克思，而成熟时期的马克思把人道主义归结为意识形态而加以批判，致力于反人道主义、反历史主义和反经验主义的科学社会主义理论的创建。[④]

3. 反历史主义

阿尔都塞认为 1845 年断裂后的马克思理论是反历史主义的，而反历史主义正是结构主义理论之核心所在。结构主义是重共时性研究而轻历时性研究的，在对事物进行研究时是通过剔除时间因素、截取事物横断

---

① 阿尔都塞 . 保卫马克思［M］. 顾良，译 . 北京：商务印书馆，2010：229.

② 沙夫 . 结构主义与马克思主义［M］. 袁晖，李绍明，译 . 济南：山东大学出版社，2009：33.

③ 阿尔都塞 . 保卫马克思［M］. 顾良，译 . 北京：商务印书馆，2010：15.

④ 沙夫 . 结构主义与马克思主义［M］. 袁晖，李绍明，译 . 济南：山东大学出版社，2009：106；张之沧，林丹 . 当代西方哲学［M］. 北京：人民出版社，2007：281-282.

面来予以分析的，而马克思反历史主义正是抛开事物的历史维度，仅从当前事物的系统结构中来进行理论研究。马克思在认识论断裂后“制定出建立在崭新概念基础上的历史理论和政治理论，这些概念是：社会形态、生产力、生产关系、上层建筑、意识形态、经济起最后作用以及其他特殊的决定因素等等”[①]，“马克思在历史理论中用生产力、生产关系等新概念代替个体和人的本质这个旧套式的同时，实际上提出了一个新的哲学观”[②]。阿尔都塞认为，不可能追溯生产的一般根源，生产总是指在一定阶段的有结构的社会整体之中的生产。一切简单范畴都意味着社会是一个有结构的整体，它不是原始的过程；而正是有结构的整体才能赋予简单范畴以意义。[③]简言之，范畴的意义是由结构而不是由历史所赋予的。从结构主义的角度，马克思的反历史主义乃是由结构主义共时性所决定的。

4. 反人道主义

青年时代的马克思是康德的自由加上理性的人本主义，是费尔巴哈共同体的人道主义。[④]人道主义在马克思新的认识论中被确定为意识形态，而意识形态作为科学的对立面是应加予批判的。“马克思同一切哲学人本学和哲学人道主义的决裂不是一项次要的细节，它和马克思的科学发现浑成一体”[⑤]，科学与人道主义的对立是成熟马克思走向反人道主义的必然结果。成熟的马克思不再从人的本质来说明社会与历史，而是从生产力、生产关系、经济基础以及上层建筑的整体结构中来解释人类历史与社会构成；人不再是理性与自由，而是生产关系的总和，“必须把人的哲学神话打得粉碎；在此绝对条件下，才能对人类世界有所认识”[⑥]。阿尔都塞认为马克思反人道主义的原因是：结构对主体的驱逐以及整体对部分在逻辑上的优先性。

二、结构主义的基本观点

（一）整体性

结构主义反对孤立看待事物的原子论，也不把事物当作事物各元素的简单相加，而是从事物的整体性来进行研究。索绪尔不是从孤立单个

① 阿尔都塞. 保卫马克思［M］. 顾良，译. 北京：商务印书馆，2010：222-223.
② 阿尔都塞. 保卫马克思［M］. 顾良，译. 北京：商务印书馆，2010：225.
③ 阿尔都塞. 保卫马克思［M］. 顾良，译. 北京：商务印书馆，2010：189-190.
④ 阿尔都塞. 保卫马克思［M］. 顾良，译. 北京：商务印书馆，2010：218-220.
⑤ 阿尔都塞. 保卫马克思［M］. 顾良，译. 北京：商务印书馆，2010：223.
⑥ 阿尔都塞. 保卫马克思［M］. 顾良，译. 北京：商务印书馆，2010：226.

的语音来确定语言的意义，而是把语音放置于语言的整个系统中来确定语言的意义；列维-斯特劳斯也是把亲属关系放在整体的亲属关系结构中来确立具体的亲属关系的。皮亚杰把整体性作为结构主义的性质之一，“各种结构都有自己的整体性，这个特点是不言而喻的。因为所有结构主义者都一致同意的惟一的一个对立关系，就是在结构与聚合体即与全体没有依存关系的那些成分所组成的东西之间的对立关系”①。亚当·沙夫也把整体性视为结构主义性质之一，认为结构主义首要原则是把研究对象作为一个特定整体来对待，“认为整体中的各元素相互联系，整体的结构决定每一个元素的位置，任何元素位置的变化都会导致其他元素的变化，因而导致系统的变化。结构方法既强调元素对于系统的依赖性，又强调整体大于元素之总和或部分之和”②。结构主义认为，只有通过解释部分之间的关系才能正确解释整体与部分的关系，结构主义必须首先研究事物的整体诸要素的复杂网络结构。“整体对部分来说具有逻辑上优先的重要性。因为任何事物都是一个复杂的统一整体，其中任何一个组成部分的性质都不可能孤立地被理解，而只能把它放在一个整体的关系网络中，即把它与其他部分联系起来才能被理解。”③

（二）共时性

共时性是结构主义最为直观的特征，它就是仅从某个时间点通过切取事物横断面的方式来研究事物的结构规律，结构主义内含着“时间为零”（T=0）的基本前提。共时性重视静态的形态学规律之研究，轻视历时性的因果性规律的研究。索绪尔认为，“静态语言学的研究往往比历史语言学更难。演变的事实更具体和醒目；它们和相连续的要素可观察到的关系很容易抓住；要追寻这一系列的变化很容易，甚至很是有趣的。但是围绕价值和共存关系的语言学却显示出了更大的困难性”④。亚当·沙夫同样强调同时性规律较因果性规律更为重要，寻求形态学规律是结构主义思潮最初的理论动机，“当科学不关注事实的起源而关注事实的结构时，也会发现规律，在这种情况下发现的规律就是结构性规律、同时性存在规律。没有这类规律，就没有结构主义这个有歧义的语词的任意意

① 皮亚杰．结构主义［M］．倪连生，王琳，译．北京：商务印书馆，1984：4.

② 沙夫．结构主义与马克思主义［M］．袁晖，李绍明，译．济南：山东大学出版社，2009：6.

③ 陈晓明，杨鹏．结构主义与后结构主义在中国［M］．北京：首都师范大学出版社，2002：57.

④ 索绪尔．普通语言学教程［M］．刘丽，译．北京：中国社会科学出版社，2009：123.

义上的结构主义”[①]。共时性与历时性相比只存在一个维度，即对事物各个元素及元素之间的关系进行当前的审视，而历时性存在两个维度：一个向未来的前瞻性视角和一个回顾性逆时向后的视角。[②]结构主义具有反历史主义的特征就在于结构主义者认为共时性在逻辑上优于历时性，事物内在结构起主导作用，而演变过程起次要作用。“事物的内在结构是一个封闭的、自足的、处于时间之外的关系网络，因此，结构的演变不是一个在时间上有连续性的发展过程，而是不同结构之间的相互转换或一种结构的不同的外在变体。也就是说历史不是一个在时间上不断演变、发展的过程，而是被看作是一个特殊系统的特有的发展方式。”[③]共时性是结构主义的基本特征，而共时性对时间、对因果性规律的拒绝必然导致对历史主义的拒斥，因而，反历史主义是结构主义共时性特征使然。

（三）深层结构与表层结构

在结构主义者看来，“事物的内在结构不是客观事物本身所具有的，而是人的先天构造能力所创造的，是人的心灵无意识机制所产生的”[④]。结构主义语言学对语言的深层结构予以探究，“透过无意识的语言现象进入语言现象的有意识的深层结构”[⑤]。索绪尔将言语研究分为语言与言语，这种区分即深层结构与表层结构之分类。索绪尔认为语言纯粹是社会的，是独立于个人的，是心理的，而言语则为个人的部分，是心理物理的；语言以存储在某一集团每个成员大脑中的全部印象的形式而存在，为所有人共有，但言语则完全是个人意志左右下的产物；[⑥]索绪尔把语言这一深层结构作为语言学研究的主题，认为语言是集体无意识下的产物，是语言共同体心理上的约定俗成的规约，是必须共同遵守的内在结构。语言的产生离不开言语，是对言语的无限次的经验归纳的结果，而言语是从语言中演绎生成的，是语言的深层结构通过人的中介而形成的表层结构。乔姆斯基在索绪尔语言与言语的分类基础上发展了新的语言学理论：生成转换语法理论，即认为人具有先天的语言能力通过有限的语言规则

---

① 沙夫．结构主义与马克思主义［M］．袁晖，李绍明，译．济南：山东大学出版社，2009：11.

② 索绪尔．普通语言学教程［M］．刘丽，译．北京：中国社会科学出版社，2009：109-110.

③ 陈晓明，杨鹏．结构主义与后结构主义在中国［M］．北京：首都师范大学出版社，2002：59.

④ 陈晓明，杨鹏．结构主义与后结构主义在中国［M］．北京：首都师范大学出版社，2002：62.

⑤ 列维－斯特劳斯．结构人类学：1［M］．张祖建，译．北京：中国人民大学出版社，2006：32.

⑥ 索绪尔．普通语言学教程［M］．刘丽，译．北京：中国社会科学出版社，2009：22-23.

演绎无限的句子，将语言的深层结构转换成表层结构。[①]结构主义者尽管同时讨论语言（深层结构）和言语（表层结构），但其理论重点是探究事物的深层结构、发现事物元素之间的内在规律。

（四）反哲学主体或反人道主义

结构主义并不认同人的主观能动性与创造性的价值，认为结构不是主体对事物的强加，相反，人是结构的一种功能性表达。诚如布洛克曼所言，当我们说我们生活在结构的世界里，那就是说“不是一个个性的、历史过程的、多多少少是自由决定的、视野敞开的世界里，而是在一个规划的世界里，一个被看成一份音乐总谱（列维-斯特劳斯语）的世界里，或者一个符号阵列中（拉康语）”[②]。利科则将结构主义称为“没有先验主体的康德学说”，而福柯将结构主义称为“无作者思想、无主体知识、无同一性理论”[③]。结构主义将人从社会生活的中心放逐出去，人的主体性地位被彻底地颠覆和否定，是真正意义的反人道主义。结构主义排斥人的主观能动性、力求客观性，追求一种超历史的科学精神，而势必导致缺乏对人类本身的人文关怀。结构主义与反人道主义也就成为对同一主题的正反表达，即反人道主义从正面否定人，而结构主义从反面拒斥人。

第二节　结构主义对作者中心主义的消解

作者中心主义是在浪漫主义、人格权理论、主体性哲学以及浪漫主义诠释学支撑下建构起来的，而作者权体系中的独创性概念则是这些哲学思想的凝聚点与精神外化。独创性建构了作者中心主义，而结构主义之深层结构理论与独创性具有天然的对立关系，因此，结构主义在消解作者之独创性的同时，也就消解了作者中心主义。

一、独创性神话

（一）著作权独创性理论

独创性（originality）在作者权体系中是构成作品的必要条件之一，

① 乔姆斯基．句法理论的若干问题［M］．黄长著，林书武，沈家煊，译．北京：中国社会科学出版社，1986：2.

② 布洛克曼．结构主义：莫斯科—布拉格—巴黎［M］．李幼蒸，译．北京：商务印书馆，1980：14.

③ 布洛克曼．结构主义：莫斯科—布拉格—巴黎［M］．李幼蒸，译．北京：商务印书馆，1980：13.

而在版权体系中独创性则是作品是否具有“可版权性”（copyrightability）的关键因素。独创性是作者权利的合法性基础与源泉，尤其是在作者中心主义的语境中，独创性让作者披上了神圣的外衣，它始终是作者权得以扩张的原始动力，所以从著作权法维度阐明独创性原理是必要的步骤。

1. 独创性和作者权体系

作者权体系中的独创性原理与作者人格有紧密的联系，可以把以法、德为代表的著作权法中的独创性称为作者人格创造主义。① 作者权体系中的独创性包含了作者的人格因素，只有体现了作者人格的独创性才具有合法性基础。独创性与人格的紧密联系与浪漫主义哲学，康德、黑格尔的人格权理论相关联，浪漫主义认为创作乃是作者内心的表达，而作品是作者个性的映射。兰德斯和波斯纳认为，“随着哲学、美术和音乐中浪漫主义运动的兴起，创造性被重新认为是人格的表达”②。康德认为作品的创造者把作品归功于他的天才，而“天才就是天生的内心素质，通过它自然给技艺提供规则”③。黑格尔也把独创性视为“揭示出艺术家的最亲切的内心生活”④。康德和黑格尔都将独创性与作者个人内心生活联系起来，作品的创造就是作者人格的延伸，因此，深受浪漫主义哲学和康德与黑格尔人格权理论影响的作者权体系之独创性概念，是与作者人格紧密联系的。独创性是著作权的合法性基础，而作者人格是独创性的源泉，独创性成为沟通作者人格与著作权之间的媒介。

在作者权体系中独创性概念暗含着创造性的可量化的要求，德国《著作权法》第 2 条第 2 款所称著作仅指个人的智力创作。而第 3 条对不受保护的音乐著作的非实质改作，不当独创著作保护。从这两条款看，德国《著作权法》对独创性有实质性的量的要求，要求作品具备“最小的独创性”，即所谓“小硬币”标准。⑤ 法国《知识产权法典》（法律部分）第 L.112-4 条规定，智力作品的标题具有创造性的，同作品一样受到保护。这可以推论，在法国创造性是作品获得著作权保护的前提条件。德利娅·利普希克也认为，独创性必须具备创造性的量的要求，“独创性

① 吴伟光．论作品的独创性：版权制度的本质与独创性要求的标准［A］// 知识产权与创新驱动论坛暨中国知识产权法学研究会 2013 年年会论文集，2013：419.

② 兰德斯，波斯纳．知识产权法的经济结构［M］．金海军，译．北京：北京大学出版社，2005：81.

③ 康德．判断力批判［M］．邓晓芒，译．北京：人民出版社，2002：150-151.

④ 黑格尔．美学：第一卷［M］．朱光潜，译．北京：商务印书馆，1979：373.

⑤ 雷炳德．著作权法［M］．张恩民，译．北京：法律出版社，2005：116.

存在于作品的有创造性和个人特性的表达方式或表现形式之中，哪怕这种创造性和个性的分量十分微小。没有这一起码的条件，就没有保护这一说"[①]。作者权体系的"小硬币"标准是作者权内在合法性向外扩张的必然要求，是一种自生自发的"内部秩序"。[②]而在版权体系中，美国在 Feist 判例中也确立了"最低限度的创造性"（at least minimal degree of creativity）[③]。在此判例之前美国版权法的独创性标准是"额头流汗"，其对版权的保护范围过宽，过多地保护了作者的利益。而"最低限度的创造性"提高了作品可版权性的标准，其旨在刺激作者为公众创作更具有想象力的作品。[④]美国的"最低限度的创造性"却是一种源于外部安排的"外部秩序"，因为美国版权法属于功利主义模式，是以公众利益为导向的版权体系，美国提高创造性标准的目的在于平衡作者与公众之间的利益关系。

作者权体系之独创性不仅仅要求是个性的、具有最低限度的创造性，而且必须是智力的创造。即使体现了人格利益，但没有智力性创造，也不能构成作品，"一封再现私生活的平信不属于作品；同样，练习发声的歌咏课也很难被认为能够构成作品"[⑤]。这里，平信只有人格的本能显露，谈不上智力性创造，而歌咏者尽管体现了个人的特色，但同样谈不上是一种智力性创造。美国版权法中的"额头流汗"原则按照作者权体系的独创性标准，显然不属于智力创造，而仅仅是一种体力劳动。还有，"技能与判断型"的独创性标准也是不符合作者权体系的独创性标准的，这种独创性标准认为，技能是创作中的实践能力，而判断是创作中形成的评价、选择能力。在这种标准之下，临摹作品中内含着"技能"而摄影作品中内含着"选择、判断"，因此可以使临摹作品与摄影作品均具有"可版权性"。但是，作者权体系国家的著作权法拒绝把这些作品视为著作权客体，如德国《著作权法》就否定对临摹作品的著作权保护，而将摄影作品

---

① 利普希克 . 著作权与邻接权［M］. 联合国教科文组织，译 . 北京：中国对外翻译出版公司，2000：43.

② 哈耶克理论：他将通过某人把一系列要素各置其位而控制起来确立的秩序称为人造秩序或外部秩序，而自我生成，源于内部的秩序称为自生自发秩序。本书认为作者权体系的独创性的量的要求是一种源于内部的内在秩序，是作者人格权张扬的必然逻辑；而美国版权中最低创造性标准是功利主义指导人为建构的标准，是一种平衡利益的外部手段。哈耶克 . 法律、立法与自由［M］. 邓正来，张守东，李静冰，译 . 北京：中国大百科全书出版社，2000：52-75.

③ Feist Publication, Inc. v. Rural Telephone Service Co.，499 U. S. 340（1991）.

④ 吴伟光 . 论作品的独创性：版权制度的本质与独创性要求的标准［A］// 知识产权与创新驱动论坛暨中国知识产权法学研究会 2013 年年会论文集，2013：421.

⑤ 雷炳德 . 著作权法［M］. 张恩民，译 . 北京：法律出版社，2005：51.

归结在邻接权的保护范围。

以结构主义为理论视角来分析独创性，它是以共时性为维度而排除历时性。也就是说，著作权法之独创性排除了时间因素，它不要求新颖性、首创性；它不与已存在的作品做时间上的比较，而只与已存在的作品做差异性的对比。不因为李白在唐朝写了月亮题材的《静思夜》，宋朝的苏轼就不能再写与月亮有关的《明月几时有》。如果自古就有著作权法的话，苏轼的《明月几时有》并不因为没有“新颖性”而丧失“可版权性”，这也是著作权与专利权的不同之处。独创性只强调在同一时间点、在业已存在的作品之间不存在相同的表达方式（作者独立创作所造成的偶然雷同除外）、不存在相互复制与抄袭。

2. 独创性在著作权法中的功能

独创性是如此的重要，以至于尼默尔教授认为，“因为作者是发启人，事情的第一推动者、创造者和原创者，所以，作品如果没有独创性，就不能说它是作者的产品”①。这句话意思是，没有作品之独创性，就没有作者的诞生。独创性起着双重型构的重大使命：一方面，它是作品的构成要素，没有独创性就不能形成作品；另一方面，它也塑造了作者，作者的人格形象都包含在独创性的意蕴之中。独创性一方面型构权利客体，而另一方面型构权利主体。② 由此可见，独创性在著作权法中具有相当重要的地位。在物权法中，有体物的权利客体可以通过对物的现实占有与登记内容来标示；专利权客体通过创造性、新颖性来标示；商标权客体通过显著性来标示，而著作权客体是由独创性来标示确立的。独创性越显明，则越可以得到义务主体的尊重与避让；独创性越显明，著作权客体就越具有合法性基础，独创性与著作权客体之合法性呈正比例关系。而主体方面，有体物通过占有与登记证书来确立；专利权主体和商标权主体也可以通过登记证书来确认，而著作权主体是自动取得权利，在此情况下，作者则由独创性来确立，通过具有人格印记的独创性来确立作者的存在。有独创性才有作品，有作品才有作者，从独创性—作品—作者的逻辑顺序中可知：作者是依赖于独创性才得以存在的。作者是通过独创性写作来自我建构的，写作之前作者不是作者，只有通过独创性的创作过程——作者将个性化的、人格化的内在素质外化为文字媒介——

① NIMMER M B，NIMMER D. Nimmer on copyright：volume 1［M］. San Francisco：Matthew Bender，2007：2-7.

② 吴伟光 . 论作品的独创性：版权制度的本质与独创性要求的标准［A］// 知识产权与创新驱动论坛暨中国知识产权法学研究会 2013 年年会论文集，2013：423.

作者才得以成为作者。

3. 独创性与作者中心主义

在从“上帝—真理”到“作者—作品”范式的转换中，作者中心主义将作者推高至神圣的位置。上帝是创世者，而作者是创造者，作者的创造能力是作者得以登上神坛的阶梯。作者中心主义凭借对作者独创性的建构而谱写了“上帝之死”后的新神话。作者中心主义具有深厚的人文主义哲学基础，对人之创造性推崇备至。浪漫主义改变了以前艺术创作的基本模式，认为艺术不再是对自然现实的再现，不再是这种“镜式”模仿；艺术是作者内在素质的表现，是作者内心的向外投射，是作者内在能量的光芒。浪漫主义文学理论所主张的是一种“灯式”模式，在由“镜”到“灯”的理论变迁中，实际上是对模仿理论的否定，是对人的创造能力的肯定。康德理论也是作者中心主义哲学基础之一，他认为，不是人要被动地去发现自然的规律，而是人要为自然设立规律；不是人要被动地去适应自然，而是自然要迎合人的需要。这些哲学理论论证了人的创造性，也就为论证作者获得文学财产权奠定了理论基础；从“人之创造性”到“作者之独创性”的转换中，我们知道，独创性不仅仅是基于实在法的强制性规定，而更多地源于哲学上的深思熟虑。

（二）美学意义上的独创性理论

1. 美学意义中的独创性

（1）康德的独创性

康德的独创性理论是与天才理论联系在一起来讨论的，其核心观点包括如下几点。

①独创性是天才的第一特征。天才不是指学习规则的能力，而是一种给艺术提供规则的才能或禀赋。天才不是对既有的规则的把握与领悟，所以，天才必须具有独创性，必须具有首创精神，才得以制定艺术规则。“由于这种才能作为艺术家天生的创造能力本身是属于自然的，所以我们也可以这样表达：天才就是天生的内心素质，通过它自然给艺术提供规则。”[①]独创性是天才的根本要素，没有独创性就谈不上是天才；而如果是天才，就一定具有独创性。

②天才不是模仿别人而产生的，而是要成为别人模仿的对象。既然天才不是学习既有的规则而是制定规则的人，那么，天才不是模仿者，

① 康德．判断力批判［M］．邓晓芒，译．北京：人民出版社，2002：150.

而只能是被模仿者，“每个人在这点上是一致的，即天才是与模仿的精神完全对立的。既然学习无非是模仿，那么学习能力（接受力）作为模仿能力，这种最大的能耐毕竟不能被看作天才”[①]。自然禀赋为艺术提供规则不是通过某种公式来规范的，不是通过概念化的方式来规定的，而是通过事实从作品中来抽象规则；它不是仿造的典范，而是被追随的典范。[②]

③天才创作是无意识的。康德认为，天才自己并不能描述自己创造规则的过程，天才的创作过程是一个自然的过程，天才自己并不知道为何有这些理念在他这里聚集、汇合。他甚至是随心所欲地进行某种创作，天才的创作处于无意识的状态；这是一种与生俱来的才能，天然就摆脱了规则的束缚。这是康德的先验唯心主义的理论体现：人具有某种与生俱来的能力，而不是必定要借助后天的经验才可获得知识。康德的天才创作是无意识的这个观点，实质上就是其先验唯心主义哲学在美学领域的延伸。

（2）黑格尔的独创性

同康德一样，黑格尔对独创性的阐述也是同天才理论联系在一起的，“艺术家的主体性与表现的真正的客观性这两方面的统一就是我们所要略加研究的第三点，以前我们分裂为天才与客观性两方面来看的东西在这里就可以统一起来。我们可以把这种统一称为真正的独创性的概念”[③]。天才与客观性的统一即独创性，这是黑格尔的理论套路。

①关于天才。“天才是真正能创造艺术作品的那种一般的本领以及培养和运用这种本领中所表现的活力。”[④]黑格尔的哲学基本观点是理念要有客观的现实，要有媒介的外化与表达，而艺术是艺术理念的现实形象，只有天才才可以熟练且完备地完成这种外化。黑格尔部分承认天才的天生可能性，在宗教、科学方面要想达到一定的认识水平除了与生俱来的禀赋，还得需要后天的教育与文化修养。但是黑格尔认为在艺术方面则存在无需后天努力的天才，“艺术创作，正如一般艺术一样，包括直接的和天生自然的因素在内，这种因素不是艺术家凭自力所能产生的，而是本来在他身上就已直接存在的”[⑤]。

②关于客观性。黑格尔认为，“使艺术家得到灵感的那种真正的内

---

① 康德．判断力批判［M］．邓晓芒，译．北京：人民出版社，2002：152.
② 康德．判断力批判［M］．邓晓芒，译．北京：人民出版社，2002：153.
③ 黑格尔．美学：第一卷［M］．朱光潜，译．北京：商务印书馆，1979：369.
④ 黑格尔．美学：第一卷［M］．朱光潜，译．北京：商务印书馆，1979：360.
⑤ 黑格尔．美学：第一卷［M］．朱光潜，译．北京：商务印书馆，1979：361.

容（意蕴）不能丝毫部分地仍保留在主体的内心里，而是要完全揭示出来”[①]。完全照抄外部现实的纯然外在的客观性，还处于隐蔽凝聚的状态而不能挣扎出来的，还没有真正展现内心生活而只能是隐约暗示出来的表现方式，都不是真正的客观性。黑格尔追求作者与作品的高度统一性，作品能充分揭示作者的本质，作品中不存在深刻的不可言说的东西，“作品就足以见出艺术家的最好的方面和真实的方面；他是什么样的人就是什么样的人，凡是只留在内心里的就还不是他”[②]。

③独创性。黑格尔认为独创性是主体和对象的融合和统一，而不是两者的互相外在与对立。独创性一方面要表达艺术家的内在本质，而另一方面，独创性只能通过对象的特征来显现，“独创性是从对象的特征来的，而对象特征又是从创造者的主体性来的”[③]。从独创性—对象特征—创造者的逻辑架构可知，黑格尔把人视为独创性的本源与起点。独创性必须与偶然幻想的任意性分开，真正的独创性必须排除主观任意性，艺术家的主体性不能任意打断主题的合理进程。独创性还必须保持作品的整体统一性，使作品的各部分是统一的，而情节的推动也必须靠内在的动力，而不是靠外部拼凑。

2. 著作权法与美学之独创性的关系

（1）两者的差异

著作权法对独创性的要求是最低限度的独创性，只寻求构成作品的最低要求和基本资格，体现的是法律的中立与平等原则。而美学对独创性的追求则是最高程度的独创性，体现的是艺术的自由狂放的原则。著作权法最低限度的独创性要求产生人数众多的法律主体，而美学对独创性的无止境的追求只能产生寥寥无几的天才。著作权法对独创性的要求是自下而上的，而美学对独创性的要求是自上而下的，彰显法学与美学理论在原则上的对立关系：平等与自由的对立。

（2）两者的联系

著作权法中的独创性源于事实写者，而美学中的独创性源于艺术天才，因而，著作权法的独创性型构的是作者，而美学中的独创性型构的是天才作家、艺术家。美学中的独创性理论是著作权独创性理论的哲学基础，天才的独创性是著作权主体之独创性的天然支持者——尽管实际上两个独创性程度相距甚远。独创性体现的是人的创造性，体现的是人

① 黑格尔 . 美学：第一卷［M］. 朱光潜，译 . 北京：商务印书馆，1979：369.

② 黑格尔 . 美学：第一卷［M］. 朱光潜，译 . 北京：商务印书馆，1979：369.

③ 黑格尔 . 美学：第一卷［M］. 朱光潜，译 . 北京：商务印书馆，1979：373-374.

对外界的驾驭能力，这种创造性对作者来说是获得文学财产权的合法性基础，而对艺术家来说则是获得艺术风格的前提，独创性具有建构主体的功能。

二、结构主义与独创性的对立

（一）结构对创造的消解：结构先于作者

基督教认为，上帝是创造者，人类作为上帝的创造物，显然不能再成为真正的创造者，而至多是“再创造者”。人类是上帝的模仿者，人类文明的模式城市和村庄，也是按照上帝提供的模式天使之城和伊甸园来建造的。[①]从基督教的上帝创世的角度，人类的所谓创造深深根植于上帝所创造的既有的模式与范本之中，人类永远无法背弃这些模式与范本所内含的结构。从索绪尔语言学角度来说，结构是先于主体的，人们自以为是语言的主体，而实际上个人被无意识的深层结构所支配，“个人作为主体是由客体或现实中的结构所决定或建构的，因而个人并非真正意义上的（即有意识的）主体”[②]。拉康认为，作为说话的主体，我们都在（无意识地）说“他人”的话语，语言结构不为对话者所意识，在主体开始对话之前这些语言结构早已存在；他人的话语就是指符号或语言，“在对话中我们不仅在说自己的话语，而且在说他人的话语；我们在说话的时候，语言也在规范着我们”[③]。不是个人在有意识地说语言，而是无意识的语言结构通过个人在言说。在个人说话与语言结构之间，后者处于支配地位。索绪尔在语言与言语的分类中，也认为，语言结构优先于个人的言语，“语言存在于每个个体中，同时也是所有人共有的。而且不被存储者的意志所左右”[④]。主体并不能控制语言，相反，个人的言语却在语言的制约中，被语言所利用。“鸡仅仅是蛋所设计可以生产更多蛋的工具；同样，诗人往往仅是神话的工具，神话通过他们以后便能子子孙孙地延续下去。”[⑤]

---

① 弗莱．文论三种［M］．徐坤，刘庆荣，宋敏，等译．呼和浩特：内蒙古大学出版社，2003：148.

② 夏光．后结构主义思潮与后现代社会理论［M］．北京：社会科学文献出版社，2003：127.

③ 夏光．后结构主义思潮与后现代社会理论［M］．北京：社会科学文献出版社，2003：128.

④ 索绪尔．普通语言学教程［M］．刘丽，译．北京：中国社会科学出版社，2009：22.

⑤ 弗莱．文论三种［M］．徐坤，刘庆荣，宋敏，等译．呼和浩特：内蒙古大学出版社，2003：126.

（二）结构主义与独创性的对立

1. 对作者主体之对立

独创性理论与结构主义在主体方面处于对立的态势：独创性理论高举主体性的大旗，将作者或艺术家推向神坛，将作者视为上帝离场后的填充物。作者被浪漫主义视为可以发射光芒的灯、被康德视为可以为自然立法的主体，作者不再是自然的模仿者、自然规律的遵循者，而是充满主观能动性的创造者。然而，结构主义却完全扼杀了主体，结构主义寻求的是时间为零（T=0）的共时性的形态规律，在此前提下，主体完全没有了生存的可能性——因为没有无时间性的生命主体。结构主义将主体功能化，主体本身并不在结构中，主体只是结构转换过程中的一个“契机”，只是棋局与棋局之间变换的“外力”。福柯将结构主义称为无作者之思想、无主体之知识；而马克思将人放置在生产力、生产关系与经济基础的结构之中，认为人只不过是生产关系的总和。列维 - 斯特劳斯也悲哀地感到：不是我写书，而是书通过我而来。作者只不过占据一个位置，而只可以发挥编织文本的功用而已。结构主义是反人道主义的理论学说，否定人的主观能动性，放逐人在社会历史中的作用。在结构主义语境下，人的独创性被边缘化，人的独创性被定格为具有某种功能的转换器，至多是乔姆斯基所谓的具有先天能力的、可以将深层结构向表面结构转换的主体——而不可能成为为艺术设定规则的天才。

2. 对规则之对立

独创性理论认为，人为自然立法，天才为艺术设立规则。这样，主体对于规则而言具有逻辑的在先性，主体是规则的本源，而规则是人的创造物。而结构主义认为，规则是人类无意识的产物，如语言是全人类的产物，但对个体的每个人来说是被强加于身的东西。主体对语言结构来说处于无意识状态，主体被语言结构所决定。结构主义视域之下，规则先于主体，是规则制约主体，而非主体创立规则。

3. 整体与个性的对立

独创性强调个人的标新立异，而结构主义强调的是整体性，强调在一个系统中寻求各部分之间的关系。独创性追求的是天马行空式的自由、追求的是在没有任何参照物的大海中遨游；而结构主义则把个体置身于无边的网络之中，上下前后均有限制行动的规则与教条。独创性看到的是个性化的特征，而结构主义则意味着更多的是共性与模式。独创性给个体带来的是对文学财产权更多的合法性基础，而结构主义则是削弱了这个基础——因为个性化之表达才是获得著作权的根本条件。

第三节 结构主义文学对作者中心主义的消解

上一节是从结构主义的哲学视角来论述与作者中心主义之间的对立的，本节将回到文学结构主义视角，用文学理论本身来论述结构主义对作者中心主义的消解。用文学理论的“内部视角”来论述相关问题，要比用非文学理论之“外部视角”更具有理论上的说服力。

一、俄国形式主义文学对作者中心主义的消解

（一）俄国形式主义的基本理论

俄国形式主义文学理论兴起于20世纪初，它是结构主义文学的理论先驱，具有划时代的理论意义。19世纪欧洲文学理论类型繁多：现实主义认为文学是对社会现实与自然的复制，而浪漫主义则把文学视为对作者内心的表现；有人认为文学是对真理的体现，而有人则把文学视为哲学的附庸；有人把文学当作种族精神与时代精神的注释，而有人视文学为政治的传声筒。文学仿佛什么都是，但唯独不是它自己——它没有自身的特性，也没有人去研究文学的本体性是何物。而俄国形式主义理论开创了文学本体性研究的先河，他们认为文学“批评应该使艺术脱离神秘，并让自己去关心文学作品实际如何活动：文学不是伪宗教，不是心理学，也不是社会学，而是一种特殊的语言组织。它有自己的特定规律、结构和手段，这些东西都应该就其本身而被研究，而不应该被简约为其他东西”①。在俄国形式主义之前，也存在过形式主义的美学理论，康德就将美归结为无利害的鉴赏，“鉴赏是通过不带任何利害的愉悦或不悦而对一个对象或一个表象方式作评判的能力。一个这样的愉悦对象就叫作美”②。康德的这种美也就是脱离实际内容的纯粹形式美，也是一种形式主义。王尔德也主张艺术除了艺术本身而没有表现过任何其他东西，最高的艺术拒绝人类精神的负担，它从一种新媒介或新鲜素材中所得到的东西，要多于它从所有的艺术狂热、崇高激情或任何一次人类意识的伟大觉醒中所获得的东西。它沿着自身的谱系纯正地延续，它不象征任何时代，而时代却是它的象征。③王尔德的艺术主张是唯美主义的形式主义，与康德的纯粹美异曲同工，但是，他们的形式主义与俄国形式主义不同

① 伊格尔顿．二十世纪西方文学理论［M］. 伍晓明，译．北京：北京大学出版社，2007：3.

② 康德．判断力批判［M］. 邓晓芒，译．北京：人民出版社，2002：45.

③ 王尔德．谎言的衰落［M］. 萧易，译．南京：江苏教育出版社，2004：40.

之处在于，它们是一种宽泛意义上的形式主义，涵盖了所有艺术类别诸如美术、音乐的形式主义，而俄国形式主义仅限制在文学艺术的范围之中，是诗歌、神话、童话等语言类艺术的形式主义。俄国形式主义被认为是结构主义的思想根源，在布洛克曼的名著《结构主义：莫斯科—布拉格—巴黎》中，莫斯科被视为结构主义文学理论的起点城市，[①] 这无非喻指俄国形式主义是从莫斯科开始发源的。

雅各布逊是俄国形式主义流派的主要代表之一，他主张文学的科学化、主张回到文学自身进行理论研究，而反对主观性的文学批评。詹姆逊说，“与索绪尔语言学一样，俄国形式主义一开始便分离出事物的内在因素本身，将他们特定的研究对象与其他学科的研究对象区别开来，并对雅各布逊称之为‘文学性’的东西，即文学自身的区别性要素，进行系统的考察”[②]。雅各布逊认为，文学理论应当视“文学性”为研究对象，使文本成为文学艺术作品的构造技巧，而使艺术法则本身成为文学的真正研究对象。雅各布逊提倡语言的“诗性”，注重语言符号的物质性，而不是仅把它当作交流的手段；在诗性中，符号与其对象是脱节的：符号与所指之间的正常关系被打乱了，而这样就使得符号作为自身就存在价值的对象而获得了某种独立性。[③] 雅各布逊认为，存在两种基本的修辞方式：隐喻和转喻。隐喻是指相似性，而转喻是指相邻性，前者如李煜的诗句：“问君能有几多愁，恰似一江春水向东流”；而后者如张志和的诗句：“青箬笠，绿蓑衣，斜风细雨不须归”。雅各布逊认为隐喻多运用在浪漫主义流派中，隐喻在浪漫主义流派中占据优势地位，转喻则在现实主义流派中占据优势位置，现实主义作家循着毗连性的关系路线，从情节到气氛以及从人物到时空背景都采用转喻式的手法。[④] 隐喻比转喻更能使文学更多地与对象相分离，因而它更具独立性。

什克洛夫斯基是俄国形式主义的另一个主要代表，其1915年的作品《作为程序的艺术》是俄国形式主义宣言式论文。什克洛夫斯基主张对文学的内部规律予以研究；认为艺术是一个独立自足的整体，与现实生活没有直接关联性，他的名言是：艺术永远是独立于生活的，艺术作品的

---

① 布洛克曼．结构主义：莫斯科—布拉格—巴黎［M］．李幼蒸，译．北京：商务印书馆，1980：33.

② 詹姆逊．语言的牢笼：马克思主义与形式（上）［M］．钱佼汝，译．南昌：百花洲文艺出版社，2010：38.

③ 伊格尔顿．二十世纪西方文学理论［M］．伍晓明，译．北京：北京大学出版社，2007：86.

④ 雅克布逊．隐喻和换喻的两极［M］．张组建，译//伍蠡甫，胡经之．西方文艺理论名著选编：下卷．北京：北京大学出版社，1987：431.

颜色从不反映飘扬在城堡上空旗帜的颜色。[①] 他也反对内容与形式二分法，“形式不再被先验地看作是可把内容倾注于其内的容器。素材的确应该在其自足体中加以认识，自足体中素材的特性是来自它的运用”[②]，“一个新的形式不是创造出来用以表现一个新内容，而是为了从一个旧形式里去接受所失去的作为一种艺术形式的特征的东西”[③]。什克洛夫斯基认为，并不是内容决定形式，内容或素材有什么先于形式的价值所在，“艺术是一种体验人造物的方式，而在艺术里所完成的东西是不重要的”[④]。既然文学性来自形式，来自语言的构造原则，那么达成这些原则的方式是什么呢？什克洛夫斯基采取的方式是陌生化，即对那些习以为常的事物加以反常化、陌生化，“被人们称作艺术的东西之所以存在就是为了要重新去体验生活，感觉事物，为了使石头成为石头的。艺术的目的是提供作为一种幻象的事物的感觉，而不是作为一种认识；事物的‘反常化’程序及增加了感觉的难度与范围的高难形式的程序”[⑤]。陌生化不用通常的方式来指称事物，而是像描述第一次看到的事物那样去加以描述，去对日常语言进行有组织的“搬弄”。

（二）普罗普的民间故事形态

1. 普罗普的理论

如果什克洛夫斯基和雅各布逊主要开拓了文学的诗歌类型的形式主义理论，则弗拉基米尔·雅可夫列维奇·普罗普开创了叙事文学的形式主义理论。普罗普在文学史上是一个重量级人物，在《故事形态学》的中译本代序中，他被谢尔盖·尤利耶维奇·涅赫留多夫奉为“世纪人”，而在休斯的《文学结构主义》中被视为教皇，“假如一个宗派存在着的话，普罗普便是正统派的第一个教皇”[⑥]。普罗普对格雷马斯、托多罗夫及列维-斯特劳斯叙事理论产生了很大的影响。普罗普在他的名著《故事形态学》中用共时形态学的方式对 100 个俄国民间故事进行研究，他发现

① 布洛克曼．结构主义：莫斯科—布拉格—巴黎［M］. 李幼蒸，译．北京：商务印书馆，1980：57.

② 布洛克曼．结构主义：莫斯科—布拉格—巴黎［M］. 李幼蒸，译．北京：商务印书馆，1980：54.

③ 布洛克曼．结构主义：莫斯科—布拉格—巴黎［M］. 李幼蒸，译．北京：商务印书馆，1980：55.

④ 什克洛夫斯基．作为程序的艺术［M］. 方珊，译 // 伍蠡甫，胡经之．西方文艺理论名著选编：下卷．北京：北京大学出版社，1987：383.

⑤ 什克洛夫斯基．作为程序的艺术［M］. 方珊，译 // 伍蠡甫，胡经之．西方文艺理论名著选编：下卷．北京：北京大学出版社，1987：383.

⑥ 休斯．文学结构主义［M］. 刘豫，译．北京：生活·读书·新知三联书店，1988：93.

每个民间故事总包含31种功能，而且排列顺序也总是相同的：（1）一位家庭成员离家外出；（2）对主人公下一道禁令；（3）打破禁令；（4）对头试图刺探消息；（5）对头获知其受害者的消息……（26）难题被解答；（27）主人公被认出；（28）假冒主人公或对头被揭露；（29）主人公改头换面；（30）敌人受惩罚；（31）主人公成婚并加冕为王。[①]普罗普还归纳出这些功能的7个行动范围相应的7种角色：加害者、赠予者、相助者、公主（要找的人）及父王、派遣者、主人公、假冒主人公。[②]他发现民间故事看似千奇百怪、互不联系，但其背后有一个共时性结构系统、相似的叙事结构。他发现民间故事在结构方面具有四个相同点：一是角色功能是故事稳定性因素，它们不依赖于由谁来完成及怎样完成；二是故事已知的功能数量是有限的；三是功能项的排列顺序永远是同一的；四是故事的构成都是同一类型。[③]普罗普的故事形态学超出了对某一具体作品的个性研究，而是对同类型作品的共性研究，并着眼于相同作品的内在故事结构。普罗普对民间故事的叙事结构进行的理论研究是结构主义叙事学的源头所在。

2. 普罗普叙事学的继承者

普罗普的叙事学理论被格雷马斯、托多罗夫及列维-斯特劳斯加以继承和发展。

（1）格雷马斯

格雷马斯对普罗普的民间故事叙事模式进行了继承性改造，使之更简洁规范。他认为，"普罗普的体系仍然过于经验主义，可以用行动者的概念把他的描述进一步抽象化。行动者既不是一个特定的叙事，甚至也不是一个人物，而是一个结构单位"[④]。格雷马斯主要对普罗普的七种角色进行了整合，将之划分为三个相互对立的范畴：主体和客体，相当于普罗普角色中的主人公与公主；发出者和接收者，相当于派遣者和要找的公主的父王；辅助者与反对者，相当于赠予者和加害者、假冒主人公。[⑤]格雷马斯认为这几组相互对立的范畴是最基本的语义结构，是叙事学理论要寻找的共同"语法"。

---

① 普罗普．故事形态学［M］. 贾放，译．北京：中华书局，2006：24-58.

② 普罗普．故事形态学［M］. 贾放，译．北京：中华书局，2006：73-74.

③ 普罗普．故事形态学［M］. 贾放，译．北京：中华书局，2006：18-21.

④ 伊格尔顿．二十世纪西方文学理论［M］. 伍晓明，译．北京：北京大学出版社，2007：101.

⑤ 格雷马斯．结构语义学［M］. 蒋梓骅，译．天津：百花文艺出版社，2001：257-263.

（2）托多罗夫

托多罗夫将叙事结构与陈述句的结构相类比而发现它们之间存在类似之处，“为了研究一篇叙事的情节结构，我们首先应将这个情节以概要的形式呈现出来。其中，与故事的每个不同动作都有一个句子相对应。如果我们赋予这些句子一种标准形式，那命名和描写之间的对立就会更清楚地表现出来”[①]。正如句子由主谓宾组成一样，小说结构也如同句子结构：人物相当于主语，人物行动相当于谓语，而行动结果相当于宾语。托多罗夫认为主语是空洞的，必须由不同的谓语来填充。谓语之不同导致两种序列：一种是描写平衡或不平衡状态的序列，而另一种是描写过渡状态的序列，“叙事形容词是描写平衡或不平衡状态的谓语，而叙事动词则描写一种状态向另一种状态的过渡”[②]。在托多罗夫看来，小说都是在故事平衡与不平衡状态之间相互转换，他从句子的语法结构中洞见了小说叙事作品的内在结构。

（3）列维 - 斯特劳斯

列维 - 斯特劳斯是法国人类学家，他将索绪尔语言学中的结构主义理论用来研究神话结构；他对神话之结构主义的解读，仍是对普罗普叙事理论的延续与补足。列维 - 斯特劳斯认为，那些看似没有逻辑、不连贯的神话背后具有惊人的相似性；神话如同索绪尔语言哲学中的语言与言语的区分，各个具体的神话是“言语”，是异质的，而整体上神话的基本结构是“语言”，是同质的，而正因为这种同质性才导致各个神话背后具有的相似性。神话是由神话的深层结构决定的，具体的神话只是对深层结构的折射，“诗歌是一种不能翻译的言语，除非严重地歪曲它的意义；可是神话的神话价值即使在最拙劣的翻译中也被保留下来”[③]。也就是说，神话具体的表述并不重要，重要的是神话的深层结构。列维 - 斯特劳斯将俄狄浦斯神话用管弦乐总谱的方式来分解，从历时性和共时性的维度来解读该神话：从左到右历时性地阅读之横行，是故事情节发展的一个关系单位，而共时性地阅读之竖行，是具有共同特征的事件。“神话的共时—历时结构使我们能够把神话的各成分排列成历时序列，但这些序列却要沿着表格里的栏共时地阅读。因此，所有的神话都具有一种‘板岩’结

① 托多罗夫 . 叙事语法：《十日谈》[M] // 散文诗学：叙事研究论文选 . 侯应花，译 . 天津：百花文艺出版社，2011：58.

② 托多罗夫 . 叙事语法：《十日谈》[M] // 散文诗学：叙事研究论文选 . 侯应花，译 . 天津：百花文艺出版社，2011：59-60.

③ 列维 - 斯特劳斯 . 结构人类学：巫术、宗教、艺术、神话 [M]. 陆晓禾，黄锡光，等译 . 北京：文化艺术出版社，1989：46.

构，这种结构可以说是通过重复的手段显示出来的。”①列维-斯特劳斯认为，神话也是一种有逻辑的思维，是一种形象思维而不是抽象思维；神话更习惯于用类比的方式，通过具体的形象来解释世界的图景。

（三）俄国形式主义与作者中心主义的消解

1. 文学是自给自足的体系对作者中心主义的消解

俄国形式主义认为，文学是自足的符号体系，而这套符号体系与所指的对象并无直接的关联；能指独立于所指，艺术的颜色不反映飘扬在城堡上空的旗帜的颜色。这种理论主张是与作者中心主义相背离的，作者中心主义的文学理论并不把作品视为一个独立的体系，而认为作品是作者人格的延伸，是作者人格的一面镜子。显然，在作者中心主义看来，能指对应着所指，而艺术的颜色就是城堡上空飘扬的旗帜的颜色。俄国形式主义对文学理论的研究从“外部研究”回归到“内部研究”，文学不再是浪漫主义之作者内心的表现，也不是现实主义之对自然与社会现实的模仿；既不从作者的生平与个人经历中来解读作品，也不从作品的时代背景来分析作品，而是从作品的整体结构中来洞见个别作品，把具体的作品放在一个系统中进行共时性的解读。俄国形式主义并不认为素材高于形式，形式只是内容的容器，而是认为语言符号具有独立的价值，它不是作者用来交流的工具和手段，它自身具有某种独立的价值。也就是说，作者中心主义维度下的作品观——作品是作者的附庸，作品是作者的最初定在——并不被俄国形式主义所认可，相反，俄国形式主义切断了作品与外界的联系，彻底否定了以作者为中心的作品观。

2. 神话及民间故事的深层结构对作者中心主义的消解

作者中心主义最引以为傲的是作者的独创性，它是作者获得文学财产权的合法性基础。康德认为天才为艺术设立规则；费希特认为，自我设定自身与自我设定非我；萨特认为，存在先于本质，这些思辨的哲学观点为作者的独创能力予以了最富说服力的辩解。浪漫主义文学理论将作者的“独创性”推至历史的最高点——作者是可以独立放射光芒的发光体，而不再是只会折射现实的一面镜子。但是，作者的独创性无法超越普罗普的31种功能与7种角色的结构框架，也不能超出格雷马斯的三对“对立角色”的范畴，也不能在托多罗夫的语句结构之外来讨论叙事文学的情节构造，所有独创性都深嵌在深层结构之中，而所有的故事和作品

① 列维-斯特劳斯．结构人类学：巫术、宗教、艺术、神话［M］．陆晓禾，黄锡光，等译．北京：文化艺术出版社，1989：68.

都只是故事深层结构的具体表现。俄国形式主义用模式结构消解了作者的独创性，用共性取代了个性，俄国形式主义在深层次上抽掉了作者文学财产权最核心的合法性基础。

二、新批评文学运动对作者中心主义的消解

（一）新批评的基本理论

新批评文学运动20世纪20年代肇端于英国，30年代形成于美国，其名称来源于新批评运动的文学理论家兰色姆的理论著作《新批评》，而新批评文学理论被认为是俄国形式主义“最近的亲戚”。俄国形式主义文学理论是回到文学本身的内部研究，被布洛克曼视为结构主义的起源，而新批评同样也是一种形式主义或结构主义的文学理论。新批评和俄国形式主义的共同点有：都认为文学是自足的语言结构体；都反对从作者传记的方式解读作品；文学的语言十分重要。其主要不同之处在于俄国形式主义更强调科学的实证主义，更注重文学的科学性，而新批评则对科学比较排斥。

1. 艾略特的“逃避个性”

艾略特是新批评最重要的理论家之一，其在《传统与个人才能》这篇著名论文中表达了新批评的重要理论观点。艾略特对浪漫主义的文学观念持反对态度。浪漫主义文学理论是一种表现论——作品是作者内心的表达，是作者个性的体现、人格的延伸，但艾略特认为，“诗不是放纵感情，而是逃避感情，不是表现个性，而是逃避个性”[①]。成熟的诗人与不成熟的诗人区别并不在于个性的价值，而是可以将特殊的、多变的情感，自由地运用和化解在作品之中。“诗人没有个性可以表现，只有一个特殊的工具，只是工具，不是个性，使种种印象和经验就在这个工具里用种种特别的意想不到的方式来相互结合。”[②]在传统与个人之间，艾略特认为要坚守传统，认为传统比个人更有价值。“一个艺术家的前进是不断牺牲自己，不断消灭自己的个性。”[③]艾略特抵制浪漫主义个性的张扬，与浪漫主义对作者个性的态度是背道而驰的。

---

① 艾略特．传统与个人才能［M］．卞之琳，译 // 赵毅衡．“新批评”文集．天津：百花文艺出版社，2001：35.

② 艾略特．传统与个人才能［M］．卞之琳，译 // 赵毅衡．“新批评”文集．天津：百花文艺出版社，2001：33.

③ 艾略特．传统与个人才能［M］．卞之琳，译 // 赵毅衡．“新批评”文集．天津：百花文艺出版社，2001：31.

2. 兰色姆的本体论

兰色姆是新批评承上启下之代表人物，他的理论主张是一种本体论的文学理论。他认为重要的不是诗所云，而是诗本身；诗既不是现实主义所认为的对社会现实与自然的描述，也不是浪漫主义作者之自我表现，更不是读者反应论的读者的情感反应；而是要剔除文学活动的中间环节，把作品本身视为终端产品。这与艾略特的“逃避个性”的文学理论是统一的，都是要切断作者与作品之间的关联性，“当诗歌被看作是内容陈腐空泛，只能撩拨某些深藏心底的情感时，它的名声就变得不大好听了”①。显然，兰色姆反对作品是作者内在情感的表达。兰色姆认为，“诗歌作为一种话语的根本特征是本体性的”②，而诗歌之本体性不在于科学性，而在于通过诗歌去领悟世界的本体性。科学的世界是被简化、删减了的世界，而诗歌就是要唤起我们的感觉和记忆，去了解世界本体。“科学话语指涉的人类是可以界定的、本质的人，对它的界定包含一组稳定而通用于逻辑话语的意义。图像符号指涉的人显然可以模仿，或者可以想象，却无法界定。简言之，在图像符号中，抽象事物重新变得有血有肉。”③

兰色姆的本体论是双层本体论，一方面是诗本身，而另一方面是诗歌所言说的世界本体，显然，他的理论中有内在的矛盾之处，而这被称为调和冲突的平行理论。④兰色姆的本体论符合奎因的“本体论承诺”的理念，即没有把符号体系与世界彻底割裂，在作品的符号体系中依然存在本体性的承诺。

3. 维姆萨特与比尔兹利的意图谬见

维姆萨特和比尔兹利合作写了两篇论文《意图谬见》和《感受谬见》，他们的理论切断了作品与作者、读者两方面的关系，而主张对文学理论的批评应回到作品本身，显然，这与兰色姆的本体论理论主张是相一致的。

意图谬见是指将作者的创作意图与作品相混同的荒谬性，他们认为，就衡量一部文学作品成功与否来说，作者的构思或意图既不是一个适用的标准，也不是一个理想的标准。⑤维姆萨特认为意图谬见与感受谬见是心理主义的路径，导致对艺术技巧本身的忽视，“强调作者在构思方面的

① 兰色姆．新批评［M］．王腊宝，张哲，译．南京：江苏教育出版社，2006：191.

② 兰色姆．新批评［M］．王腊宝，张哲，译．南京：江苏教育出版社，2006：192.

③ 兰色姆．新批评［M］．王腊宝，张哲，译．南京：江苏教育出版社，2006：195.

④ 赵毅衡．“新批评”文集［M］．天津：百花文艺出版社，2001：22（引言部分）.

⑤ 维姆萨特，比尔兹利．意图谬见［M］．卞之琳，等译//赵毅衡．“新批评”文集．天津：百花文艺出版社，2001：234.

匠心就是诗的成因还并不就等于是承认了构思或意图即是批评家衡量诗人作品价值的标准”①。创作意图与作品有两个不同的价值标准，如同鉴定产品的价值一样，必须基于产品本身的功效来评判之，“一首诗只能是通过它的意义而存在——因为它的媒介是词句——但是，我们并无考察哪一部分是意图所在，哪一部分是意义所在的理由，从这个角度说，诗就是存在，自足的存在而已”②。他们认为，文学理论批判不能将作者文学传记与作品本身相混淆，两者是一种平行关系，像写诗那样地去写个人身世，与相反地以写个人身世的方式去写诗都是同样错误的。③研究文学作品与作者的生平、创作意图没有直接联系，“文学远远不是作家个人生活经历的再现，没有充分的证据证明作者只有心情抑郁时才写悲剧，兴高采烈时才写喜剧”④。韦勒克和沃伦在其《文学理论》中也提到作者创作意图与作品之间没有关系，拜伦写《与你再见》时在原稿上有没有泪痕并不重要，“这首诗是存在的，不管稿上有没有泪痕，拜伦个人的感情毕竟已经过去，现在既不可追溯，也没有必要去追溯”⑤。他们否定了作者的创作意图在作品评价中的作用。在研究“三 R”关系中，即在研究 writer（作者）、writing（作品）、reader（读者）三者关系中，回归到对作品本身的研究是维姆萨特和比尔兹利的理论主旨之所在。

（二）新批评对作者中心主义的消解

俄国形式主义是从文学形式来对作者予以否定的，而新批评理论则更多的是从正面直接否定了作者。虽然两者都是文本中心论，但不同的是：俄国形式主义是纯粹的本体论，而新批评跳出了本体论的框架——是先切断了作品与作者、读者的外部联结，而再回到作品之本体的套路。如前所述，浪漫主义理论是作者中心主义的理论基础之一，而浪漫主义的特征是个性的张扬——作品是作者个性的直接呈现，仿佛是在作者内心长久浸泡后的产物。而新批评则完全相反，艾略特认为作者不应该在作品中张扬个性，而是要消灭个性。他强调的是作者的消极能力，“像济

---

① 维姆萨特，比尔兹利．意图谬见［M］．卞之琳，等译．// 赵毅衡．“新批评”文集．天津：百花文艺出版社，2001：234.

② 维姆萨特，比尔兹利．意图谬见［M］．卞之琳，等译．// 赵毅衡．“新批评”文集．天津：百花文艺出版社，2001：235.

③ 维姆萨特，比尔兹利．意图谬见［M］．卞之琳，等译．// 赵毅衡．“新批评”文集．天津：百花文艺出版社，2001：243.

④ 马新国．西方文论史［M］．北京：高等教育出版社，1994：437.

⑤ 韦勒克，沃伦．文学理论［M］．刘象愚，邢培明，陈圣生，等译．南京：江苏教育出版社，2005：81-82.

慈和艾略特这样的诗人，强调诗人的消极能力，对世界采取开放的态度，宁肯使自己具体的个性泯灭，是客观型的”[①]。维姆萨特与比尔兹利也否定了作者的创作意图与作品的关联性，认为没有必要追究原稿上有没有泪痕。新批评文学理论与浪漫主义的文学主张截然对立，致使作者中心主义的理论基础遭遇强烈的冲击，使作者中心主义主导下的文学财产权合法性倍受拷问，因为作品不再是作者个性的一面镜子，作者与作品之间不再是混同关系，而是平行关系。从浪漫主义到新批评文学运动的理论变迁中，我们可以洞见作者中心主义已然“时过境迁”，合法性问题已迫在眉睫。

三、结构主义文学对作者中心主义的消解

（一）结构主义文学的基本情况

布洛克曼说过，“今天的结构主义，主要指法国结构主义，它与二战前的结构主义思想是相像的，只是背景有了改变，组成的方式不同了”[②]。结构主义以莫斯科的俄国形式主义为起点经布拉格最后来到巴黎。在这里，结构主义走向了成熟，也就走到了巅峰时期。结构主义依然是关于同一和差别的哲学主题，“自成一体的形式主义方法，试图在由科学和现象性所产生的差异的普遍性中确认同一性”[③]。法国结构主义名家包括列维 - 斯特劳斯、格雷马斯、托多罗夫、福柯、拉康、罗兰 • 巴特，关于前三位，在讨论俄国形式主义者普罗普时，对他们的相关理论作过必要的陈述，在此不再赘述。福柯在有些观点方面似乎强调话语规则制约个别的话语，寻求文化背后的结构秩序，“这些秩序也许不是唯一可能的或最好的秩序；于是这种文化发现自身面临着一个原始的事实：在其自发的秩序下面，存在着其本身可以变得有序并且属于某种沉默的秩序的物”。[④]他看到的是话语实践在深度中的陈述系统，“如果说有被说出的事物存在的话——仅限于它们——那么，就不应该向那些已经说出的事物或者向那些说出它们的人们，而是应该向话语性的系统，向这个系统掌

① 韦勒克，沃伦 . 文学理论［M］. 刘象愚，邢培明，陈圣生，等译 . 南京：江苏教育出版社，2005：78.

② 布洛克曼 . 结构主义：莫斯科—布拉格—巴黎［M］. 李幼蒸，译 . 北京：商务印书馆，1980：93.

③ 布洛克曼 . 结构主义：莫斯科 — 布拉格 — 巴黎［M］. 李幼蒸，译 . 北京：商务印书馆，1980：94.

④ 福柯 . 词与物：人文科学的考古学［M］. 莫伟民，译 . 上海：上海三联书店，2001：8.

握的陈述的可能性和不可能性询问这些事物的直接原因”[①]。福柯这些理论表达的是结构主义观点，但福柯的重点并不是停留在共时性的结构之中，他通过考古学、系谱学的研究方法，力图发现被传统所遮盖的结构，强调话语的历时性特征，福柯是从结构主义走向了解构主义，因而在此不做论述。拉康作为一个结构主义者，其主要贡献在于将结构主义与弗洛伊德的精神分析相结合，用结构主义语言学解释了弗洛伊德的意识、前意识和无意识。杰姆逊认为，“对于拉康来说最关键的模式仍然是能指和所指，我们在很粗略地将他的理论简化之后，可以说能指是意识，而所指则是无意识；无意识就是那些遭到隐抑的欲望，之所以成为了无意识，是因为孩童时代学会了语言。拉康认为学习语言就是暴力、隐抑和异化的开端”[②]。拉康认为，在故事小说中显示了主体在能指的变迁中处于被决定的地位，“对主体来说象征域是具有构造力的”[③]。文学是一种具有审美意义的话语，在拉康看来文学艺术是主体的象征，而象征是被结构化、符号化的语言秩序。拉康通过小说《被窃的信》论证了具有能指性质的象征秩序存在于主体之先，制约着主体的形成——因为这个“被窃的信”，这个“纯粹的能指”，决定了小说中三种不同角色的扮演，也决定了叙事中的无意识之重复。[④]很明显，拉康的能指对主体的优先性也是典型的结构主义套路。但罗兰·巴特是相对更为重要的结构主义文学理论家，他的结构主义文学理论主要包括：

1. 写作的零度

巴特认为，文学是语言的乌托邦，“一切写作都呈现出被言说语言之外的封闭性。写作绝对不是交流的工具，它也不是一条只有语言的意图性

① 福柯．知识考古学［M］. 谢强，马月，译．北京：三联书店，1998：144.

② 杰姆逊．后现代主义与文化理论［M］. 唐小兵，译．西安：陕西师范大学出版社，1986：212-213.

③ 拉康．关于《被窃的信》的研讨会［M］// 拉康选集．褚孝泉，译．上海：上海三联书店，2001：2.

④ 《失窃的信》是爱伦·坡的小说，故事大致情节为：主要的两个场景，第一个是在皇宫里，王后正好收到一封重要的信，该信如果被国王知道，王后的名誉与安全将受到威胁。此时恰好国王进来了，她便将信封面朝下随意放在桌面上，认为国王不会疑心。但这个细节被随后进来的大臣察觉，大臣用一封外表相似的假信换走了王后的信。信被窃后，王后派警长去大臣家里找信未果，她求助于私家侦探杜宾去寻找，杜宾认为大臣会同王后一样将信放在显眼之处，杜宾同样用假信换走了大臣从王后那里窃取的信。信成为一个纯粹的能指，是无意识领域中的欲望与权力的隐喻。这里存在两个三角关系：王后、国王、大臣；大臣、警长、杜宾。王后和大臣一样，将信随意放置，以为没有人注意，而国王与警长一样对显眼的重要之物视而不见，而大臣与杜宾均在平常处发现不寻常之物。同样的情节在小说中重复了两次，只是角色有所不同。坡．失窃的信［M］. 赵苏苏，等译．北京：群众出版社，2008：102-125.

在其上来去的敞开道路”①。他认为文学作品是独立自足的系统，是一个自我指涉的符号体系，而在隐约之中有着语言的制约。巴特认为政治性写作是毫无出路的，是一种写作的异化，“权势或权势的阴影永远以一种价值学的写作为终结，在这种写作中通常把事实与价值区分开来的距离在字词空间内被取消了，字词于是既呈现为描述又呈现为判断”②。他主张一种零度的或白色的写作，一种毫不动心的、纯洁的写作，其实质也就是一种价值中立的写作态度：不在写作过程中做个性情感的表达，也不做某种意识形态、某种观念的宣泄；而只能做一个绝对的写者——仅受语言结构的支配，政治性写作只能是对作者主体的遮蔽而非真正的文学类型。

2. 故事的结构

巴特就文学结构主义这样说过：“据说某些佛教徒依恃苦修，最终乃在芥子内见须弥。这恰是初期叙事分析家的意图所在：在单一的结构中，见出世间的全部故事：他们盘算着，我们应从每个故事中，抽离出它特有的模型，然后经由众模型，导引出一个包纳万有的大叙事结构。”③如同普罗普、列维 - 斯特劳斯一样，巴特同样认为文学结构主义乃在于在众多的故事中洞见其中的共性，从众多的故事中抽象出一个宏观的叙事结构。巴特认为语言学止于句子，句子是语言学有权处理的最后单位；而话语是一组句子，它显然是一种比语言学家的语言结构更高层级的另一种语言结构，有不同的规则和语法。巴特认为句子与话语具有某种同态的关系，“话语可成为一种大句子，正如句子，由于某些特点，可以是一个小话语”④，“从结构上说，叙事涉及句子，但永远不能归结为句子的总和。叙事是一种大句段，有如一切陈述句在某种意义上都是一个小叙事的素描”⑤。巴特借用语言学的概念，将叙事作品划分为功能、行动和叙述三个描述层次：功能层是叙述的最小单元，它构成叙事最基本的层次；而行动层是指人物对行动存有依附关系，“人物，至此为止只是一个名字、一个行动的承担者”⑥；在叙事作品中是行动决定人物，人物只是行动的参与者，这与托多罗夫的观点类似——人物只是一个空洞的主语，其必须有谓语来填充；而在叙事层，存在一种分布于给予者和接受者之间的交换功能——将作品向读者敞开的同时，也将读者带入作品的世界。一方面，

① 巴尔特 . 写作的零度［M］. 李幼蒸，译 . 北京：中国人民大学出版社，2008：13-14.
② 巴尔特 . 写作的零度［M］. 李幼蒸，译 . 北京：中国人民大学出版社，2008：14.
③ 巴特 . S/Z［M］. 屠友祥，译 . 上海：上海人民出版社，2012：1.
④ 巴尔特 . 符号学原理［M］. 李幼蒸，译 . 北京：中国人民大学出版社，2008：107.
⑤ 巴尔特 . 符号学原理［M］. 李幼蒸，译 . 北京：中国人民大学出版社，2008：107.
⑥ 巴尔特 . 符号学原理［M］. 李幼蒸，译 . 北京：中国人民大学出版社，2008：126.

它要打开叙述通向读者的大门，另一方面，又要封上叙述作品的大门，使叙述成为独立的言语。

（二）结构主义文学对作者中心主义的消解

早期的巴特是结构主义者，他认为文学是语言的乌托邦、一个自给自足的系统；他也认为，文学不是交流的工具，不是价值观念的媒介体；承载着意识形态的政治写作是没有出路的，这种写作不是真正意义上的文学类型，而至多是一种类文学。他主张一种毫不动心的零度写作，不在作品中体现作者的情感。显然，巴特的这种理论主张是与浪漫主义相左的——浪漫主义写作方式恰恰不是零度的写作，不是毫不动心的写作，相反，是将个人的情感毫无保留地倾注在作品之中，是将个人的价值观直接地与作品联结在一起，是“人在作品中，而作品折射人”。巴特的“零度的写作”将浪漫主义的写作方式置于类文学的境地，直接否定了体现价值观的浪漫主义之写作方式。格雷马斯在普罗普之故事形态学的理论基础上进行进一步的提炼和简约，把普罗普的 7 种角色简化为三对功能角色；托多罗夫把叙事的结构与陈述句的句子结构相类比，把叙事的结构类比为句子的结构：人物相当于陈述句主语，而行动相当于谓语，人物对行动的依附关系就如同主语的意义需要谓语来填充一样。列维 - 斯特劳斯认为具体的神话是不重要的，重要的是神话的基本结构；他认为诗歌是不可翻译的，而神话即使是最拙劣的翻译都可以传达神话的价值，共时性的结构对神话来说更为重要。巴特同托多罗夫一样，认为文学与句子之间存在同态关系，把话语视为一个大句子。尽管他们的理论各有不同，但都强调文学作品共性，强调作品的深层结构的支配作用，作者个人的创造性要受限于文学的结构模式，正如言语要受制于语言一样。一旦作者所写之故事逃不离普罗普的 31 种功能，故事人物仅仅拘泥于格雷马斯的三对对立角色，而整个故事结构只不过是一个放大了的长句子时，作者的所谓独创性就被严重地程序化与庸俗化了，而作者中心主义的合法性极大地消解在既定的结构之中而危机重重。

第四节 深层结构对作者中心主义的消解

结构主义并不是笼统地谈论结构主义，而是在结构主义理论中内含着深层结构与表层结构之分野，并且深层结构决定表层结构。深层结构属于人类共通的思维模式，属于人类的共同财富，任何人不得将属于深层结构的东西据为自身的私有财产，而仅有表层结构中的东西才具有可私权性。深层结构的“不可避免性”说明我们不能过分追捧作者的所谓独创性，在判定抄袭案件时也要从宽把握。

一、深层结构与表层结构

（一）语言哲学中的深层结构与表层结构

结构主义源于索绪尔的语言学研究，而索绪尔的语言学内含着深层结构与表层结构的思想，语言与言语的区分中语言属于深层结构，而言语属于表层结构；联想关系与句段关系的区分中联想关系属于深层结构，而句段关系属于表层结构；所指和能指的区分中，所指是深层结构，而能指属于表层结构。而雅各布逊在索绪尔联想与句段基础上发展而来的隐喻与换喻的区分中，隐喻属于深层结构，而换喻属于表层结构；而选择轴（联想关系）总是漂浮在组合轴（句段关系）的背后，是一种不在场的在场。而乔姆斯基的生成转换语法则直指深层结构与表层结构的概念，他认为语法是产生语言的句子的某种装置，“语法就是一套明确的规则，就像算术规则或代数式一样，把一个值代入公式就生成一个数值”[①]。深层结构的语法通过语言装置可以转换成表层结构，生成无限多个句子。弗雷格将函数式运用到语言学，将句子的句式类比为函数式，它是不饱和的，只有代入自变元的特定数目（词）后，函数式才有一个特定的值（意义）。[②]这种语言的函数式是深层结构，而代入特定词语而得到的句子则为表层结构。

深层结构是表层结构的本质与基础，不同的表层结构之间具有同根同源的关系。深层结构通过某种装置可以衍生无限多个的表层结构，表层结构是深层结构的衍生品、折射后的映像。深层结构具有同质性，而表层结构是异质的；深层结构如同象棋规则，而表层结构则如同每一步棋。

（二）文学作品中的深层结构与表层结构

语言学的结构模式对文学产生了重大影响，詹姆逊认为对于索绪尔的理论，“我们的兴趣则一直放在整个系统自身的统一性上，放在它作为其他思维方式的一个模式或一种比喻所能提供的启示上”，“它作为一种模式和比喻在文学批评、人类学以及最终在哲学本身这些领域中所产生

① 陈嘉映．语言哲学［M］．北京：北京大学出版社，2003：258.

② 陈嘉映．语言哲学［M］．北京：北京大学出版社，2003：87.

的解放思想的巨大影响”[①]。雅各布逊隐喻的相似性与换喻的相邻性之区分被运用在文学理论中，浪漫主义诗歌更多的是一种隐喻，注意力在符号本身，而现实主义散文则更多的是一种换喻，其关注点集中在符号所指的对象。隐喻是文本的深层结构，它是一种不直接道出的需要元语言加以解释的象征性代码，而换喻是一种表层结构，本身具有解释功能的元语言；隐喻与换喻是并存的，“相对于隐喻式批评来说，转喻批评具有元语言的性质，即隐喻的深层结构，最终还是要在组合轴上以一种具体的方式表现出来”[②]。鲁迅的《狂人日记》《阿Q正传》《药》的表层结构是对荒唐可笑人物的描写，如果仅做换喻式解读的话似乎并无多大的意义，但如果对这些文本做隐喻式深层结构的解读的话，则可以洞见中华民族苦难史的集体无意识——这种集体无意识在这种民族寓言式的文本里得以保存，共时性的深层结构、缺席的存在才是这种文学文本的价值所在。伊格尔顿（Terry Eagleton）认为结构主义文学观是，“一部作品的表层不过只是它那隐蔽着的深层结构的乖乖反映”，“作品所有表层特征都能还原成为一个本质，一个充满作品所有方面的单独中心意义，而且不再是作者的灵魂或圣灵，而是深层结构本身。文本实在只是这一深层结构的拷贝，结构主义批评则是这一拷贝的拷贝”。[③] 如坎贝尔的“千面英雄”，尽管各地的神话表象各有不同，但叙事结构如出一辙：启程—启蒙—回归；英雄从日常世界出发，冒着生命的风险，进入神奇的超自然的领域，经过与对手的战斗，最后获得为人类造福的力量而胜利回归。坎贝尔认为世界各路英雄尽管经历千变万化、各有不同，却具有共同的叙事结构，“触发深层创造中心的特殊力量，就是蕴藏在极短的枕边的童话故事中——好似一滴小水珠包含着大海的味道，一粒粉尘浓缩了生命的整体的奥妙”[④]。在坎贝尔看来英雄故事背后的深层结构是演绎离奇故事的根基，通过对故事深层结构的解读可以洞见所有英雄故事的奥秘。英雄的历程是函数式的常量，而世界各地的英雄是代入的自变量，作为深层结构的函数式决定了各路英雄的表层叙事的流动形态，所谓万变不离其宗。普罗普的民间故事的 31 种功能和 7 种人物角色，格雷马斯的三对人物角色，以及托多罗夫和巴特将文本类比为句子结构都是从故事表层话语中洞见了它们的深层结构，发现故事共时性的共同形态。结构主义文学的

① 詹姆逊．语言的牢笼：马克思主义与形式（上）［M］．钱佼汝，译．南昌：百花洲文艺出版社，2010：37.

② 李广仓．结构主义文学批评方法研究［M］．长沙：湖南大学出版社，2006：114.

③ 伊格尔顿．二十世纪西方文学理论［M］．伍晓明，译．北京：北京大学出版社，2007：98.

④ 坎贝尔．千面英雄［M］．朱侃如，译．北京：金城出版社，2012：1.

深层结构与表层结构的对立在某种意义上说，就是索绪尔语言学在文学领域的延伸：语言相当于文学故事的共同模式，为深层结构，而言语则相当于故事之表象，为表层结构。

（三）与思想与表达二分法（idea/expression）比较

结构主义文学理论的深层结构与表层结构二分法在纵向上将文本分为两部分：前者表现为集体无意识的模式结构、共通的语法规则，是隐喻的象征代码；而后者则表现为具体的言语、各类故事的表象，是个性化的话语表达；深层结构是同质的、共通的，而表层结构为异质的、不可通约的；文学的深层结构——正如乔姆斯基的转换生成语法所云——可以通过作者的先验能力转换成表层结构，而文本是对深层结构的拷贝的结果。

但在著作权理论中遵循的是思想与表达二分法，《伯尔尼公约》第 2 条第 8 款规定，本公约的保护不适用于日常新闻或纯属报刊消息性质的社会新闻，这意味着著作权法不保护属于思想的事实性素材；《与贸易有关的知识产权协定》（TRIPS 协议）第 9 条第 2 款规定，版权保护仅延伸至表达方式，而不延伸至思想、程序、操作方法或数学概念本身；《美国版权法》第 102 条（b）规定，在任何情形下，对作者独创作品的版权保护，不得扩大到思想、程序、方法、系统、运算方式、概念、原理或发现，无论作品以何种形式对其加以描述、说明、例解或体现；[①] 而我国《计算机软件保护条例》第 6 条规定，本条例对软件著作权的保护不延及开发软件所用的思想、处理过程、操作方法或数学概念。思想与表达二分法是著作权法的基石之一，其为公共资源与个人私有财产划清了界限，即思想属于公有领域的范畴而不能作为私有财产加以保护，而只有对作者的个性化表达才可授予私人财产权。

实践中，要确定思想与表达的分界线是十分困难的，它给人一种“只在此山中，云深不知处”的感觉。本书认为思想与表达的区分困难是由人们对思想表达二分法的误用所致——由于思想与表达二分法并非单个作品的构成性概念，因而，对单个作品进行思想与表达的区分是不可欲的。而实际上，思想与表达之间并非泾渭分明：思想一定是已经表达的思想，而表达一定是内含思想的表达。思想与表达是物质与重量的关系，正如康德的无任何功利的纯粹美在现实中是没有实例的一样，将思想与表达绝对分开也是不可能的。也正如俄国形式主义对内容与形式的阐述，

① COHEN J，LOREN L，OKEDIJI R，et al. Copyright in a global information economy [M]. New York：Aspen Publishers，2010：81.

内容与形式也不是泾渭分明的两件事物，“形式不再被先验地看作是可把内容倾注于其内的容器。素材的确应该在其自足体中加以认识，自足体中的素材的特性是来自它的运用”[①]，“素材与形式并不互相对立。素材本身就是形式，因为没有无构成的素材”[②]。思想与表达二分法在著作权的运用中更多的是一种隐喻上的用法，“思想和表达不应该作语义上的解释，而应当作一种隐喻上的用法：思想喻指不受保护的部分而表达喻指受保护的部分”[③]。思想与表达二分法主要适用于动态的司法过程中，而非静态的作品构成中，思想表达二分法不是一种能够预测某个作品属于版权保护范围的工具；相反，它是一种衡量侵权与否的方式——如果某个作品被判定被侵权，则为具有可版权性的表达，否则为无版权性之思想。[④]由于思想表达二分法更多是一种隐喻、一种动态中的适用方法，所以，以思想表达二分法对单个作品做静态的结构分析时并不具有可操作性。而结构主义的深层结构与表层结构之区分则可以对单个的作品做静态的形态分析，将深层结构与表层结构之区分运用到著作权上更具有可操作性：深层结构属于公有领域而不具有可私权性，而表层结构属于个人范畴才具有可私权性。深层结构与表层结构可以在某个时间截取作品之横截面，而通过这个面可以透视作品的形态结构，但思想与表达之间相互纠结、相互依存而浑然一体，无法通过截取横断面的方式来分析其层次结构，因此，在对单个作品进行结构分析时，深层结构与表层结构二分法比思想表达二分法更为便利、可行。

二、深层结构与作者的创造性

（一）深层结构与作者的创造性

作者的文学财产权来源于独创性，创造性是财产权的合法性基础。洛克的劳动学说之所以饱受质疑，就是因为劳动者将劳动与公共资源相混同后将不是自己创造的部分也划归个人所有。[⑤]洛克财产权理论缺少合法性基础就在于创造不足而掠夺有余。回到作者的文学财产权，在结构

① 布洛克曼．结构主义：莫斯科—布拉格—巴黎［M］．李幼蒸，译．北京：商务印书馆，1980：54.

② 布洛克曼．结构主义：莫斯科—布拉格—巴黎［M］．李幼蒸，译．北京：商务印书馆，1980：56.

③ GOLDSTEIN P. Copyright：principle，law and practice［M］. Boston：Little，Brown and Company，1989：78.

④ Herbert Rosenthal Jewelry Corp v. Kalpakian，446 F. 2d 738，（9th Cir. 1971）.

⑤ 洛克．政府论：下［M］．叶启芳，瞿菊农，译．北京：商务印书馆，1964：17-26.

主义者看来，作者的创作深嵌在文学的深层结构的背景之中，作者的创造性也就被消解在集体无意识的结构范畴里。正如列维 - 斯特劳斯所言，尽管世界上神话有千万个，却有相似的思维结构；也如坎贝尔所述，尽管世界上各路英雄有着各自不同的故事，却有相同的英雄历程。所谓作者的创造性无非是对深层结构予以改头换面，后以个性化的表达呈现出来，这就是伊雷格尔所言的，文本是对深层结构的拷贝。在深层结构的统领之下，尽管作者的表述各有不同，但具有内在的共通性与“家族相似性”。作者的创造性不是从无到有的创造，而只是在现存的模式基础上对业已存在的元素加以组合、加以拼接而已。康德的“人为自然立法”“天才为艺术设立规则”，费希特的“自我设定自身与非我”以及萨特的“存在先于本质”这些论调在结构主义者看来，都是高估了人的创造性，他们均忽视了人所处的深层结构之宏大背景。无论民间故事如何新奇，都只能发生在普罗普归纳的故事的 31 种功能之中；也无论悲剧如何感人至深，都摆脱不了波尔蒂对 36 种悲剧情境的归纳；[①] 而托多罗夫把叙事结构类比为句子结构：主语是空洞的，主语之意义要依靠谓语来填充。巴特同托多罗夫一样也看到了叙事小说与句子的同态关系，视叙事小说为一个大句子。由此，结构主义文学理论下的深层结构将作者的创造性设定在极其有限的范围之内，尤其相对人数无限的作者们来说，有一种“僧多粥少”的窘迫。

结构主义是反人道主义的，马克思主义结构主义认为，人不过是生产关系的总和，人的创造性只能锁定在特定的生产力、生产关系的深层结构的范畴之中；而结构主义文学则视作者为一种结构的功能，是深层结构借以发声的“器官”，不是作者创造了文本，而是文本凭借作者而来（列维 - 斯特劳斯语）。结构主义以集体无意识之深层结构消解作者之创造性，从而也就消解了作者文学财产权的合法性基础。

（二）深层结构与剽窃问题

首先，所谓剽窃，就是把别人的创作成果不露声色地当作自己的作品来使用。其关键点是使用了别人的成果而不予说明，这也是剽窃与复制侵权的最大区别——复制侵权不掩饰作品的真正作者。剽窃是一个在文学领域自古就有的现象，而著作权诞生后，剽窃才进入被法律规制的领域。在文学领域，古今中外剽窃现象蔚为壮观：“乔叟的很多诗歌，要么是直译别人的诗歌，要么就是意译他人的诗歌；莎士比亚有时几乎是

① POLTI G. The thirty-six dramatic situations [M]. Franklin：James Knapp Reeve, 1921：9-15.

对他所引用的出处进行逐字逐句的照搬；而弥尔顿在其作品《失乐园》中则尽可能地从《圣经》中窃取营养成分”[①]；美国电影剧本《西城故事》与莎士比亚的《罗密欧与朱丽叶》具有实质性相似，而莎士比亚的《罗密欧与朱丽叶》构成了对亚瑟·布鲁克的《罗梅乌斯和朱丽叶之悲剧故事》的侵权；[②]艾略特的长诗《荒原》就有对前人的引用，可只在附注做了一个简单的说明。[③]而劳伦斯·斯特恩的《项狄传》抄袭了罗伯特·伯顿的《忧郁的剖析》。[④]还有从他人作品借用短语作为标题的情形，如海明威的《太阳照常升起》取自《圣经》之传道书，《丧钟为谁而鸣》取自英国诗人约翰·多恩的文集，威廉·福克纳的《喧哗与骚动》源自莎士比亚的《麦克白》第五场。[⑤]在中国文学史上，可谓最血腥的剽窃者应该是非唐代的宋之问莫属，他为了占有其外甥刘希夷的诗句——“年年岁岁花相似，岁岁年年人不同”，竟然将刘希夷杀害灭口。[⑥]剽窃或借用在文学上如此之多，文学家自己怎么说的呢？艾略特对剽窃振振有词地辩护说，“不成熟的诗人模仿；成熟的诗人剽窃；坏诗人糟蹋他取来的东西，好诗人则使之成为更好的东西，或者至少变得不一样了”[⑦]。德国文学大师歌德则说，“人们老是在谈独创性，但是什么才是独创性！我们一生下来，世界就开始对我们发生影响，而这种影响一直要发生下去，直到我们过完了这一生。除掉精力、气力和意志以外，还有什么可以叫做我们自己的呢？如果我能算一算我应归功于一切伟大的前辈和同辈的东西，此外剩下来的东西也就不多了”[⑧]。而文学理论家弗莱则说，“诗歌只能形成于其他诗歌；小说只能形成于其他小说。文学而不可依赖外部只能是内部的自我型构”[⑨]。

因此，“剽窃”在文学界内部还是具有一定的合法性基础的。在兰德斯和波斯纳看来，剽窃是著作权兴起后产生的概念，是浪漫主义文学理

① FRYE N. Anatomy of criticism［M］. Shanghai：Shanghai Foreign Language Education Press，2009：96.

② 兰德斯，波斯纳．知识产权法的经济结构［M］. 金海军，译．北京：北京大学出版社，2005：85.

③ 波斯纳．论剽窃［M］. 沈明，译．北京：北京大学出版社，2010：65.

④ 波斯纳．论剽窃［M］. 沈明，译．北京：北京大学出版社，2010：64.

⑤ 波斯纳．论剽窃［M］. 沈明，译．北京：北京大学出版社，2010：76.

⑥ 常平．宋之问与《代悲白头翁》的著作权案［J］. 文史哲，2003（6）：27-28.

⑦ ELIOT T S. The sacred wood：essays on poetry and criticism. London：Methuen，1972：59.

⑧ 歌德．歌德谈话录［M］. 朱光潜，译 // 伍蠡甫，胡经之．西方文艺理论名著选编：上卷．北京：北京大学出版社，1985：442.

⑨ FRYE，N. Anatomy of criticism［M］. Shanghai：Shanghai Foreign Language Education Press，2009：97.

论支撑下的著作权观点。“随着哲学、文学、美术和音乐中浪漫主义运动的兴起，创造性被重新认为是人格的表达。著作权就因此得到一种提升，因为对作品的复制可以成为一种损害人格或不当挪用人格的方式。剽窃和伪造是通过限制复制而来保护人格的其他一些概念，它们的定义也随着浪漫主义创作论的兴起而得到了扩张。”① 浪漫主义者将作者的人格与作品发生混同，剽窃了作者的作品则是对作者人格的侵犯，因此，近代的著作权理论在浪漫主义的指引下，对剽窃也持否定的态度。

其次，剽窃乃是浪漫主义文学理论之兴起而建构起来的概念，是为作者中心主义的文学财产权之建构而贡献的“祭祀品”。从结构主义视角来看，剽窃具有某种“不可避免性”，许多的文学作品存在相同的深层结构，而文本只是对深层结构的拷贝。尽管深层结构是人类集体无意识，但对一个成熟的文学家来说，当然要研究尽可能多的文学作品、熟谙文学理论中的各种规律，学习掌握文学作品的深层结构对创作者来说，也是一个必须的功课，从理论自发到理论自觉的转变，更有利于文学作品的创作。如果说文本都是对深层结构的拷贝，那么文本之间就极有可能发生相似性——因为具体的文本是同根同源的。由于深层结构属于人类集体无意识，所以，作者即使在没有剽窃的主观故意也会掉进剽窃的陷阱之中。中国民间文学作品《梁山伯与祝英台》与莎士比亚的《罗密欧与朱丽叶》有着惊人的相似：都是青年男女主角相爱；都是男女主角的出身的家庭对男女爱情不利；男女主角均予以激烈反抗；男女主角均为爱殉情，以死抗争；死后都有合冢的结局。如果这两个作品发生在当下的著作权时代并有明确的作者的话，指控相互剽窃的案件就有可能发生。这当然是集体无意识制造的剽窃陷阱，是人类思维深层结构相似的结果。如前所述，文学作品的深层结构并非无限的，而深层结构转换生成的表层结构尽管各有不同，却会呈现“家族相似”的共性；表层结构尽管不同，却存在相似之感。新创作者要想具有“开天辟地”式的独创性是十分艰难的，正如弗莱所论述的，人类的创造至多只能是再创造，人类永远只能在上帝创造的模式下建构自身的文明模式：以伊甸园为模式建构乡村，而以天使之城建构城市。② 正因为创新的有限性，不剽窃就导致无法写作。无论作者愿意或者不愿意、知道或者不知道，都早已“被抛”

① 兰德斯，波斯纳．知识产权法的经济结构［M］．金海军，译．北京：北京大学出版社，2005：81.

② 弗莱．文论三种［M］．徐坤，刘庆荣，宋敏，等译．呼和浩特：内蒙古大学出版社，2003：148.

在业已存在的模式之中——正如无论我们同意与否，我们都处在业已存在的语言结构中一样，所有的创作都只能是“戴着镣铐跳舞”。所以，问题不在于剽窃还是不剽窃，而在于如何更好地剽窃、如何剽窃后而不留下痕迹——诚如艾略特所言：不成熟的诗人模仿，成熟的诗人剽窃。从芥子内洞见须弥山，从水珠中嗅到大海的气息，从粉尘中透见生命的奥妙——从个别文本中看到文本的深层结构，是剽窃的关键所在。剽窃不等于模仿，模仿是对表面结构的亦步亦趋，是对文本没有进行深度分析的简单抄袭。在结构主义的范畴内，无论是无意识的剽窃，还是处心积虑的剽窃，都具有某种必然性；它仿佛是一种宿命论，无论作者如何抗争，命运总是如期展开，结构的力量为作者策划好了作品的方方面面。

简单地说，在结构主义的视野下，剽窃或者是无意识的结果，或者是在有限的结构模式下作者不得不为之的结果。剽窃行为是将他人的作品消化后移植过来并将之隐匿在自己的作品之中，剽窃行为原本在文学领域是普遍的做法，并不属于法律与道德的范畴。而剽窃作为否定性的概念，是由近代著作权法建构起来的。剽窃是作者中心主义打压他人的“护身符”，是为作者树立权威的工具。

（三）深层结构之文本分析与案例解读

1. 文本分析

通过对文本的比较发现，各自孤立的文本具有惊人的相似性。而用现在著作权法的认定抄袭的比对方法，孤立文本之间甚至达到了剽窃的量化标准。也就是说，如果孤立的文本发生在当下的著作权时代，尽管它们并无相互剽窃的可能性，却构成相互剽窃。这对著作权法来说也许是一个讽刺，下面以中国张恨水版本的《梁山伯与祝英台》和英国莎士比亚的《罗密欧与朱丽叶》为例来分析两者的相似性。[①]

梁山伯与祝英台的故事梗概如下：中国古时有一个女孩名叫祝英台，十五岁时女扮男装去学馆读书。读书期间结识了同窗好友英俊小伙梁山伯，两人友谊甚好。祝英台女儿身的秘密被师娘知道，师娘为其保守秘密。三年后祝英台因父亲祝公远生病要回家，临行时祝英台将一信物交给师娘，委托她做媒人，让梁山伯务必到祝家提亲。尔后，梁山伯到祝家提亲，而祝父祝公远却为了攀附权贵将祝英台许配给马太守之子马文才，梁山伯因此抑郁而病死。祝英台在马文才迎亲回去的路上途经梁山

---

① 《梁山伯与祝英台》参考的故事版本为：张恨水．梁山伯与祝英台［M］．长春：吉林文史出版社，2002：1-280；《罗密欧与朱丽叶》参考的故事版本为：SHAKESPEARE W. Romeo and Juliet［M］. New York：Bantam，2007：1-166.

伯之坟墓，祝英台执意要到坟前拜祭。而在拜祭时，梁山伯的坟墓裂开了一条大缝隙，英台便纵身跳入山伯坟墓之中而与梁山伯最终合葬在一起。传说梁山伯与祝英台化为一对蝴蝶，生生世世、永远相随。

罗密欧与朱丽叶的故事梗概如下：英国的维洛那地区有两个富有的大家族卡帕莱特家族和蒙特鸠家族，两家是世仇，双方关系非常敌对。蒙特鸠家族的罗密欧为了见他久追不到的姑娘罗瑟琳，遂戴着面具参加了卡帕莱特大人举行的盛大晚宴。在舞会时，罗密欧却与卡帕莱特大人的女儿朱丽叶一见钟情，彼此相爱甚深并准备结婚。由于两家世仇之缘故，他们不得不寻求神父的帮助，在神父那里私自结婚。在结婚后的第二天，罗密欧在街上遇到了朱丽叶的表哥提拔特，双方发生冲突而罗密欧将提拔特杀死。罗密欧被亲王判决逐出维洛那，罗密欧被迫逃往曼多亚。这时，朱丽叶父亲为朱丽叶物色了一位丈夫巴里斯伯爵，朱丽叶只得向神父求助。神父授计朱丽叶在结婚前吃一种可以假死的毒药，以阻止巴里斯婚礼之举行，同时，神父将另外派人送信给罗密欧让他将假死的朱丽叶从坟墓中救走。后来，朱丽叶吃药假死，但是罗密欧在神父的信使到达之前，就听到了朱丽叶已死的消息，不知内情的罗密欧服毒死在了朱丽叶的身边。而等到朱丽叶醒来时发现罗密欧已死，遂将刀剑刺向自己的心脏殉情而死。后两大家族和好，互为罗密欧和朱丽叶铸造纯金雕像。

两作品的相同之处：

（1）都是青年男女纯洁的爱情故事，青年男女均无独立的政治、经济地位；

（2）都有掩盖真实身份的情节：祝英台女扮男装求学，而后者罗密欧戴面具参加晚宴；

（3）都因为家庭反对而爱情受阻，女方父亲都是最主要的对手阻力；

（4）都有情敌，前者是马太守之子马文才，后者是巴里斯伯爵；

（5）都有帮助者：前者是师娘，后者是神父；

（6）都有私订终身：前者有英台赠送的信物，后者是私自结婚；

（7）都是男方先死，女方后死；

（8）男方都有重要性格缺陷：前者的梁山伯性格软弱不能解决现实问题，后者的罗密欧任性冲动；

（9）女方都是完美的化身，性格执着、冷静，讲究谋略，是爱情结局得以完美的主要推动者；

（10）女方对爱情更坚决：前者祝英台处于更有利的地位而殉情，后者罗密欧因杀人而逃亡，朱丽叶有更好的选择却仍对罗密欧痴情不改；

（11）都获得了某种形式的永恒：前者是梁山伯与祝英台死后化蝶，永世相随；而后者两人死后被铸成金雕像，永垂不朽。

两个故事的深层结构有如函数式的常量，具有高度的相似性，而故事情节有如函数之自变量，因为代入了不同的人物而有所不同。在民间文学中，人物角色并不是最为重要的因素，无论罗密欧与梁山伯，还是朱丽叶和祝英台，都只是空洞的主语，其人物内涵需要情节行动来填充。两者都没有跳出普罗普归纳的七种人物角色：加害者（祝公远与卡帕莱特）、提供者（祝英台提供信物与神父提供假死药）、相助者（师娘与神父）、公主及父王（祝英台及父亲祝公远；朱丽叶及父亲卡帕莱特）、派遣者（师娘与神父）、主人公（梁山伯与罗密欧）、假冒者（马文才与巴里斯伯爵）。两作品在其结构上也都体现了故事中深层结构的二元对立：权威与自由的对立；父权与子女的对立；死亡与生命的对立；世俗与纯情的对立；物质与精神的对立；男性与女性的对立；年长者与年少者的对立；生命与爱情的对立；死亡与永恒的对立。由此证明：两作品的深层结构具有内在的统一性。

尼默尔（Nimmer）教授的版权理论中有一种模式测试法（pattern test）以判定作品之间是否构成实质相似（substantial similarity），是否构成侵权。[①] 尼默尔教授认为，基本的主题思想相同不能构成实质相似，同样是为了爱情而舍弃生命的主题思想，不同的作者都可以在此主题下写作，但是情节故事的推进、事件次序与人物角色之间的互动关系如果相同就构成实质相似。《梁山伯与祝英台》与《罗密欧与朱丽叶》两文本的“事件的次序”与“角色的互动”有着惊人的相似，依尼默尔教授的理论则构成了实质性相似。如果这两个作品产生在有著作权法的当下，就存在相互指控剽窃的可能性。

近代著作权法为了证明作者文学财产权的合法性基础而建构了独创性和剽窃概念，以此为作者中心主义保驾护航：独创性从正面树立了文学财产权的合法性基础，而剽窃从反面为作者消除了权利的障碍。独创性是与浪漫主义及康德、黑格尔人格权理论相对应的，而结构主义将作者的独创性划定在深层结构的同一性中。由于作者之创造性仅仅是对深层结构的转换与拷贝，因此，不同的作品将会有相似的表达，不同地域、没有实际联系的作者也有可能创作出“实质性相似”的作品来。

---

① NIMMER M B，NIMMER D. Nimmer on copyright：volume 1［M］. San Francisco：Matthew Bender，2007：13-38.

深层结构消解了作者的独创性，而作者始终被定格在深层结构的范畴之中。

2. 案例解读

在这里，我们对本书导论中琼瑶诉于正著作权侵权一案所提出来的问题予以回应，将以“深层结构”理论为视角，对该案件中的抄袭问题予以解读。[①] 从一审判决结果来看，北京市第三中级人民法院认定了于正（原名余征）抄袭了琼瑶（原名陈喆）的作品，于正的《宫锁连城》（简称《宫》）与琼瑶的《梅花烙》（简称《梅》）在人物设置、人物关系、故事情节发展方面构成了实质相似。两部作品的相似之处列举如下：

（1）《梅》与《宫》的故事背景相同，都是以清朝为故事的时代背景、都是描写地位显赫的家族，前者写的亲王府，后者写的将军府。

（2）都是写家族中第一夫人为了保住家庭地位而要生男孩，可都已经生了三个女孩，现在又面临生产，而且都存在一个怀孕在身的竞争者。

（3）为了生男丁，其应对措施都是偷龙换凤，而实际上也是这样做的，结果都通过偷换来的男丁保住了家庭地位，尽管竞争者也都生了一个男丁。

（4）两个作品中被遗弃的女婴身体上都有特殊的标记，前者是母亲倩柔留下的梅花烙，而后者是有朱砂印。

（5）两个女婴都被普通人收养长大成人，可巧合的是长大都被恶少调戏，前者是多隆，后者是佟家麟。

（6）更为巧合的是两个女孩都在被恶少侵犯时，被“英雄救美”，而且英雄都是故事中男女婴对调的那个男孩。

（7）故事中收养弃婴的好心人都被坏人打死了，而女孩们都面对亲人的遗体，孤苦伶仃。

（8）对调的男婴与女婴长大后发生恋情，可都是阻力重重。因为这两个男青年都很能干，都被皇帝招为驸马。

（9）两个男青年都对女孩痴心不改，居然两个人都在结婚之初拒绝“同房”。

（10）两个男青年都被仆人“带坏”了，而仆人被父亲责打时，居然都出于主仆情谊挺身而出，替仆人挨了一板子。

（11）将女孩接到家里藏匿，最终私情败露，被公主发现。

（12）家族中的第一夫人都发现了这个藏匿在家的女孩身体上的印

① 参见北京市第三中级人民法院（2014）三中民初字第07916号民事判决书。

记，也就是确认了她们就是当年被自己遗弃的女婴。

（13）女孩都已死亡，但男孩都没有殉情而死，一个留下若有所思的背影，另一个遁入空门。

以上两部作品的相似之处，按照尼默尔教授的模式测试法，在“事件次序”与“角色互动”方面确实存在实质相似，但如果用深层结构的思维来审视，就可能会得出不一样的结论。

首先，如果通过把故事放在一个更大背景的方式来判断作品所要表达的意义，我们会发现当故事情节隶属于不同的结构时，它会呈现不同的意味。例如，一幅美人图可以是一幅单独人像作品，也可以成为“画中画”——在一幅表现宫廷生活的画卷里，它是宫廷画师笔下正在描绘的那个部分。再如在一部电影作品中，一个女人表情凝重的镜头，如果放在教堂婚礼中，则表示女子沉浸在幸福婚姻之中；如果放在葬礼中则表示女子的哀伤之情；如果放在考场里则表示女子在考试中处于高度紧张的状态；如果放在一个车站出口处则表示这女人正在焦急地等待某人的出现。也就是说单纯地在两部作品之间对比是没有多大意义的，还应该把各自的作品放在自身的大背景中来予以解读。本案中还有一个被告是湖南经视公司，该公司的抗辩理由中有一条是很有道理的，其认为，《宫》比《梅》的人物关系、情节表达、故事线索更为复杂，而不可能存在实质相似。其言下之意，《宫》与《梅》尽管存在这些相似之处，但《宫》隶属于一个更宏观的故事之中，具有更为丰富的内涵，而《梅》的意义简单，两者不可同日而语。可惜的是，湖南经视公司的抗辩理由未被法院采纳。

其次，对于同一个背景、同一个主题是否有无限种表达方式？我们知道，在著作权法中有一个原则是对一个事实的描述如果只有少数几个表达方法的话就不能享有著作权。如对地图线路、煤气管道线路的描绘就不能享有著作权，其原因很简单，就是有限的人类思维不能被个别人所垄断。同样的道理，除了地图、煤气管道，故事情节就真有所谓无限多种表达方式吗？即使有无限多种表达方式，难道相互之间就没有家族相似之感吗？如果某作家想写清代的故事小说，他到底有多少选择？是以平民生活为小说题材还是以上流社会的生活为题材？相对来说，平民生活平淡无奇而缺少读者市场，那么写上流社会生活状况为一个更为理性的选择。如果要写上流社会难道不能写皇亲国戚家里的事情吗？写亲王家里的事情是不可能去描写日常琐事的，不可能去描写家里有多少只羊、多少匹马、一年收入有多少银两而又开销了多少银两，而是应当去描述家族里最重要的人之生活。最好从女人下手，俗话说三个女人一台戏，因此，写女人有更多的看点。也不能描写一个女人生活四平八稳的生活，因为幸福的生活是相似的，而只有不幸的生活才各有各的不同。因此，必须描写那些在人生中存在很多缺憾的女人的生活状况。在男权社会里，女人最重要的工具价值就是为家庭添生男性成员，生男孩可直接奠定自身在家庭中的地位、决定自己受丈夫宠爱的程度。不孝有三，无后为大，这里“后”不是指女性后代，而是指男性后代。家族的事业要靠男人来传承，所以，在那样的时代最影响女性在家庭中地位的事情就是有没有生男孩。所以，当作家选择写清朝题材的小说时，其实也没有多少个选择，很容易选择从一个显赫家族的“第一夫人”来下笔，并且还必须写她没有生男孩。让我们做进一步的假设推论：假设这个女人已经生了三个以上的女孩，若要是再生女孩的话，轻则失去丈夫的宠爱，重则被其他女人所替代。因此，这个女人必须有万全之策——万一再生女孩就只能铤而走险、偷龙换凤。无论是琼瑶，还是于正，不约而同地选择了从一个贵夫人的“偷龙换凤”开始起笔。从表面上来看，这是他们自由的选择，但如果从深层次来分析，其实他们也没有多少选择，也只能在那些排列组合的套路中筛选。这是人类思维中的深层结构决定的，人总是被世界预定，而人不能预定世界。

再次，是否存在一个深层结构是作者们共同的“模仿源”的问题？无论在《梅》里，还是在《宫》里，都有一些情景给人以似曾相识之感。“偷龙换凤”与“狸猫换太子”相似；女婴身体印记与《红楼梦》里香菱的“胭脂痣”相似，也与金庸小说《天龙八部》里虚竹背部的印记相似；长大成人的绝色美女被恶少调戏的场景，与《水浒传》里林冲的漂亮妻子被高俅之子调戏相似；而英雄救美、被皇帝招为驸马以及爱情悲剧中女人死、男人遁入佛门的场景就更为稀松平常。实际上，琼瑶并不是“偷龙换凤”、在女婴身体上烙一个梅花印的最初“发明者”，这些文学套路可能源于无限远隔的模仿，也可能是人类思维中的深层结构在起作用。即使不受琼瑶作品的影响，于正也完全可以写出如此这般的《宫锁连城》——但也没有更多的“花样”。结构主义认为，文学作品是对深层结构的拷贝，深层结构是所有作者们共同的“模仿源”。导致的问题是，先到的作者们要比后来的作者们有更多的写作空间，而后来的作者会存在更多的诉讼风险。

最后，模仿如果是人类思维的必然方式，如果文学在本质上就是要去模仿的话，那么，通过相互模仿的方式产生的作品必然会存在“家族相似”。柏拉图认为，艺术是模仿的模仿；巴特也认为，文学作品是一种无限远隔的模仿。模仿究竟只是写作备选方式之一，还是不可绕过的“一道坎”呢？模仿是人类写作思维中的本质性特征，还是非本质性特征呢？本案中，即使于正抄袭了琼瑶的作品，那么，琼瑶就没有抄袭他人的作品吗？著作权法在保护琼瑶的著作权的同时，是否要追问她权利的合法性基础？是否要以一个相对来说公平的方式划定原告作者的权利边界呢？这个边界不但是她与“来者”之间的边界，而且是她与“古人”的边界。所有的人类创作活动都处在同一个“创作链”中，都是在创作中模仿、在模仿中创作，也就是说所有的创作都是通过模仿、借用他人成果来完成的。因此，法律并不能直接否定模仿，而是要否定简单低级的模仿。于正对琼瑶的小说尽管有所模仿，但与琼瑶作品情节相似部分是置放在一个更大的结构之中，在某种程度上说，这些相似的成分成为于正作品的一部分素材。因此，被告并没有简单模仿与抄袭，法院不能简单地认定两者之间存在实质相似。

作者中心主义习惯性思维是有罪推定，不会承认有所谓的巧合，也不会认为原被告作品之雷同是源于一个深层结构，是源于一个共同的模仿源。作者中心主义断章取义，把作者的创作当成最为本源的开端，而其他人之创作如果与作者的作品存在相似，法院不会排除合理怀疑。我们引入结构主义视角，用深层结构来消解作者的独创性，就是为了警示法官们在司法的过程中应当有更为宏观的视野，这样才能做到有目的地实现各方主体的利益平衡。

小 结

结构主义是以索绪尔的语言学为基础而建构起来的一套思想理论，它剔除了时间因素，在 T=0 的情况下注重研究事物的形态结构。结构主义是一种共时性的研究模式，是反历史主义的；结构主义也是反人道主义的，人在结构中被异化为一种功能，因为它强调结构内在的决定性作用。作者“独创性”理论是在浪漫主义以及康德、黑格尔人格权理论基础上建构起来的，用以论证作者之文学财产权的合法性基础；但结构主义消解了作者的独创性，结构主义认为，人不是艺术规则的天才创设者，人生来就处在结构的范畴中；人不是历史的创造者，相反人是被决定者，人不过是生产关系的总和。作为结构主义的俄国形式主义把文学视为自足的符号体系，认为，艺术作品的颜色不反映飘扬在城堡上空的作者的旗帜的颜色，切断了作者与作品的联系；新批评作为俄国形式主义最近的“亲戚”，直接否定了作者与作品的内在关系，认为诗人不是要表达个性，而是要逃避个性；法国结构主义文学同样视文学为自足的符号体系，同样主张作者与作品的分离，作者应当秉持零度的写作态度，不得在作品中表现个人的政治主张。无论作者的创造性被浪漫主义如何夸大，作者的创造性总处在深层结构的范畴中——童话故事跳不出普罗普归纳的31种功能，悲剧总在波尔蒂的36种悲剧情境之中，叙事小说在结构上只是与“主谓宾”句子具有同态关系。质言之，结构主义能在一粒芥子中洞见须弥山，在一粒水珠中嗅到大海的气息。

在结构主义视野下，作者苦心创作的文本只是对深层结构的拷贝，作者的独创性仅为一种结构功能。“剽窃”与“独创性”一样，是随浪漫主义的兴起而为作者文学财产权之正当性辩护、为作者权利的行使保驾护航而建构起来的著作权概念。结构的集体无意识特征使得剽窃的发生具有一定的必然性，剽窃是作者在深层结构的宏观背景之下难以逃离的陷阱。在世界文学史上，即便是相互孤立的文本，在表达上也有可能遭遇实质性相似，深层结构消解了作者中心主义独创性的合法性基础。在司法过程中，法官应当对被告接触作品的事实让原告承担更多的举证责任，而不是实行举证责任倒置。法官也不能对被告实行有罪推定，司法过程中要对原告的独创性进行价值评估，听取被告可能产生巧合的合理辩解，把所有创作行为放置在“创作链”历史长河中，以更宏观的视野来确定抄袭是否成立。

第三章　著作权作者中心主义的语言哲学批判：形而上学的终结

康德、黑格尔人格权理论也是作者中心主义的哲学基础之一，著作权人格权理论深深地植根于康德、黑格尔哲学理论之中。康德、黑格尔从哲学、美学、法学甚至著作权等多维度论述过人格权问题，可以说作者中心主义深受康德、黑格尔理论之影响。但语言哲学的兴起，其哲学套路的根本性转向使得康德、黑格尔传统形而上学的理论套路遭受拷问。以维特根斯坦为代表的分析语言哲学与海德格尔为代表的人文主义语言哲学，分别以自身的理论套路对传统哲学的主体性予以了消解——这意味着语言哲学消解了作者中心主义的合法性基础。

第一节　康德、黑格尔人格权理论解读与语言哲学转向

一、康德、黑格尔人格权理论解读

康德、黑格尔的人格权理论是从其哲学体系中引申出来的，是内在于他们的哲学体系之中的。无论康德还是黑格尔，对人格权都存在多重维度的论证，即从哲学到美学，到法学，再到著作权，因此，要阐述康德、黑格尔的人格权理论必须以哲学源头为起点，予以多维度、多视角的方式来进行论述。

（一）先验的形而上学：德国古典哲学

康德、黑格尔人格权理论隶属于德国古典哲学，要对康德、黑格尔人格权理论予以解读则有必要首先了解德国古典哲学思想文化的时代背景。而这里有必要提及的是德国古典哲学与浪漫主义具有相同的时代背景，浪漫主义是德国古典哲学的思想文化背景中的重要组成部分，“在欧洲，没有一个国家和领域能躲避它的冲击，在那段时间里，它在哲学、艺术、社会、伦理乃至社会政治革命中，都扮演着第一位的角色”。① 罗素认为，“德国唯心论全部和浪漫主义运动有亲缘关系。这种关系在费希特很明显，在谢林更加明显” ②。正因为有浪漫主义的影响，所以，德国古

① 叶秀山，王树人 . 西方哲学史：第六卷［M］. 北京：人民出版社，2011：72.

② 罗素 . 西方哲学史：下卷［M］. 马元德，译 . 北京：商务印书馆，1976：246.

典哲学同浪漫主义一样都强调人的主观性：浪漫主义强调个人内在的个性表达，而德国古典哲学强调的是人的先天能力，两者都崇尚天才式的独创性，反对模仿。

从哲学自身发展的角度，德国古典哲学的产生在唯理论与经验论相互争论不休的背景中，何以获得普遍性、必然性的知识是当时哲学面临的根本问题。康德作为德国古典哲学的开创者，受休谟怀疑论的启示而从独断论的迷梦中惊醒，探讨作为科学的形而上学何以可能，“理性不经批判的独断应用则会导向无根据的、人们可以用同样明显的截然相反的主张与之对立的主张，从而导致怀疑论”。[①] 人的天然禀赋中是否具备先验能力从而获得普遍的知识是康德哲学的核心基础。

康德既不认为唯理论的先天能力可以闭门造车地获得普遍必然性的知识，也不赞同经验论在没有可靠基础的前提下可以获得真理，康德的做法是将二者结合起来，将唯理论中的先天能力和经验相融合起来才能构成知识。康德认为，人类有三种认识能力：感性、知性和理性。感性与经验相结合形成数学知识；知性与经验相结合形成自然科学知识；而理性却不是与经验相结合，而是企图超越现象去把握物自体，由此而形成的知识为形而上学——不是真正的知识。感性知识是人的感性直观形式，包括空间与时间两种形式，空间与经验之结合形成几何知识，而时间与经验之结合形成代数知识。由于人的先天的空间、时间观念具有普遍性与必然性，所以，如此获得的数学知识也具有普遍性与必然性。

知性与经验相结合形成自然科学知识，知性不是直观，而是一种思维能力。它具体的形态可以归结为四个大类、十二个范畴：量包括单一性、复多性与全体性；质包括实在性、否定性与限定性；关系包括依存性与自存性、因果性与隶属性及共联性；模态包括可能性与不可能性、存在与不存在、偶然性与必然性。[②] 我们所说的任何句子都隐含在这些范畴之中。范畴不是源于后天的经验培养，而是来自人类的先天领悟力。人的知性将自然界纳入各种范畴中，是人的先天领悟力为自然强设了所谓的客观规律。不是人的认识符合自然，而是自然规律符合人的认识。“自然的一切显象，就其联结而言都从属于范畴，自然依赖于范畴，把它们当做自己必然的合规律性的根据。”[③]

感性与知性是康德认为的获得普遍必然知识的先天能力，但人的理

① 康德．纯粹理性批判［M］．李秋零，译．北京：中国人民大学出版社，2011：43.
② 康德．纯粹理性批判［M］．李秋零，译．北京：中国人民大学出版社，2011：93.
③ 康德．纯粹理性批判［M］．李秋零，译．北京：中国人民大学出版社，2011：124.

性不能获得普遍必然知识，“我们的一切知识都始自感官，由此达到知性，并终止于理性；在理性之上，我们没有更高的东西来加工直观的材料并将其置于思维的至上统一之下了”①。理性没有像感性与知性一样与经验这个对象结合，因而理性不能产生真正的知识。人类理性总是渴求超越现象去探索物自体，把不能在时间与空间中存在的东西当作现象来研究，如把灵魂说成是不灭的实体，视上帝存在于此岸世界。这是用探求现象的方法去探求物自体中的概念，因而，是十分荒谬的。现象与物自体二分法是康德哲学最根本的理论基础，这个区分是确定人的先天认识能力是否可以达成普遍性知识的分水岭。

康德是德国古典哲学的开启人，之后，有费希特和谢林继承了康德的先验哲学。罗素认为，“费希特抛弃了物自体，把主观主义发展到一个简直像沾上某种精神失常的地步。他认为‘自我’是唯一的终极实在，自我所以存在，是因为自我设定自己；具有次级实在性的‘非我’，也无非因为自我设定它才存在”②。费希特绕开了物自体，建立了以“绝对自我”为起点的哲学体系，从自我中推演康德的范畴体系，而罗素认为谢林主观程度也不稍差，而且他和德国浪漫主义者有密切关系。③谢林则是超越费希特的“自我”，以“主客同一”的“绝对”作为其基础哲学，以自然哲学来补充哲学的哲学套路。从康德到费希特，再到谢林，先验哲学之主体性得到了极大的继承。

黑格尔吸收了康德、费希特和谢林的哲学理论，而建构了思辨的概念王国。尽管有学者认为黑格尔是对康德哲学的背叛，④但是黑格尔哲学也是与康德哲学一脉相承的。康德将人的认识能力限定在现象领域，而对人类理性予以强烈的批判使传统哲学遭受致命的打击，如何重建科学的形而上学是黑格尔的一个重要哲学目标。他认为一个国家没有哲学就如同一个庙宇里没有神像一样，他必须重建被康德所摧毁的形而上学。黑格尔反对康德的现象与本质的二元对立，他认为，思维与存在是同一的。宇宙是绝对精神的外化，宇宙的运行是绝对精神的自我运动、自我发展与自我完善的过程。思维是事物的本质，而事物是思维的表现，现象一定是本质的显示，人类能够从现象间接把握自在之物。自然与人类的精神并不是对立的，而是内在相通的，自然通过对自身的否定性扬弃，

① 康德．纯粹理性批判［M］．李秋零，译．北京：中国人民大学出版社，2011：247.
② 罗素．西方哲学史：下卷［M］．马元德，译．北京：商务印书馆，1976：262.
③ 罗素．西方哲学史：下卷［M］．马元德，译．北京：商务印书馆，1976：263.
④ 赖欣巴哈．科学哲学的兴起［M］．伯尼，译．北京：商务印书馆，1983：61.

而可以进入人类精神阶段。黑格尔直接否定了康德的物自体不可认识的哲学论断，他认为，人的理性与物自体之间并非存在不可沟通的鸿沟，而世界的本原是可以认知的。“人应尊敬他自己，并应自视能配得上最高尚的东西。精神的伟大和力量是不可低估和小视的。那隐蔽着的宇宙本质自身并没有力量抗拒求知的勇气。对于勇毅的未知者，它只能揭开它的秘密，将它的财富和奥妙公开给他，让他享受。”①

黑格尔认为，“实体在本质上即是主体，它是自满自足的，同时是自在而自为的，这就是‘绝对即精神’这句话所要表达的观念”②。黑格尔的“绝对即精神”比康德的“人为自然立法”“人将知性的范畴强加给自然”具有更强意味的主体性，因为黑格尔把自然法则等同于精神法则了。

（二）康德、黑格尔的美学观念

1. 康德美学

（1）《判断力批判》之起源

康德之所以关注美学并不是因为他对艺术有什么特别的喜好，而是出于他的哲学理论构架的完善，是他前期批判哲学理论的逻辑延伸。康德的美学思想主要体现在他的《判断力批判》这一哲学理论作品中，是对《纯粹理性批判》和《实践理性批判》之间的理论裂缝的修补。在前文中已经对纯粹理性做过论述，康德区分了知性与理性，知性的先验范畴与经验相结合可以获得可靠的普遍必然的知识，其范围局限于现象中，知性不能跨越现象去把握物自体。而人的理性是一种去把握物自体的欲求，理性对物自体的追求是一种以有限追求无限的超感性的对象，只会产生理性的二律背反，而不可能获得普遍必然知识。理性除了认识的功能外，还有一种追求道德完善的伦理功能，人在理性的认识能力方面不可能获取普遍性知识，但人作为理性的存在物，完全可以不根据感性的欲望去行动，这证明了理性的自由本性，这也是人与动物区别之所在。理性的一个根本性标志就是自由，它是一种不受自然界的必然性所支配的能力。人的自由是先验的自由而非经验的自由，作为先验的自由除了善良意志外不能受任何的约束，理性、自由与道德之间是一种先验必然的联系，“但自由在思辨理性的一切理念中，也是唯一的这种理念，我们先天地知道其可能性，但却看不透它，因为它是我们所知道的道德律的重要条件”③。自由是道德的前提，是理性所追求的目标，自由属于意志的领域。

---

① 黑格尔．小逻辑［M］．贺麟，译．北京：商务印书馆，1980：36.

② 黑格尔．精神现象学［M］．段远鸿，译．北京：中国华侨出版社，2012：6.

③ 康德．实践理性批判［M］．邓晓芒，译．北京：人民出版社，2003：2.

这是康德在《实践理性批判》中所讨论的人的理性根据自身的道德律对自己发布命令，人作为道德的主体只能服从于意志自由。康德认为，道德只看动机不看效果，“在一切道德评判中最具重要性的就是以极大的精确性注意到一切准则的主观原则，以便把行动的一切道德性建立健全在其出于义务和出于对法则的敬重的必然性上，而不是建立在出于对这些行动会产生的东西的喜爱和好感的必然性上”①。只有不含利害关系的纯义务性的道德行为才符合真正道德法则，人在知性认识方面作为一个感性主体可能要受自然规律的制约，但人作为道德主体不受任何限制，是自由的主体。对于人来说仅把握现象界中的必然性并不能满足要求，而只有通过实践理性，作为意志自由的道德主体，才能满足人的理性之最高要求。康德说过：“有两样东西，人们越是经常持久地对之凝神思索，它们就越是使内心充满常新而日增的惊奇和敬畏：我头上的星空和我心中的道德律。”②这是康德对纯粹理性与实践理性的总结陈词，人作为认识主体与道德主体的结合才是人之理性的理想状态。纯粹理性批判与实践理性批判的理论建构，使康德的哲学领域出现了现象与物自体、自然与自由、知性与理性的对立。康德在《判断力批判》的导言中对这种对立有直接的表述，“我们全部认识能力有两个领地，即自然概念的领地和自由概念的领地；因为认识能力是通过这两者先天地立法的。现在，哲学也据此而分为理论哲学和实践哲学”，“但这两个领地虽然并不在它们的立法中，却毕竟在感官世界里它们的效果中不停地牵制着，不能构成一体，这是因为：自然概念虽然在直观中设想它的对象，但不是作为自在之物本身，而只是作为现象，反之，自由概念在其客体中虽然设想出一个自在物本身，但却不是在直观中设想”。③康德建构了自然的领域和自由的领域，它们同源于人的理性却相互对立：自然在直观中能认识现象，却不能认识物自体；自由能在概念中把握物自体，却无法以经验的方式予以直观验证。一个是此岸的现象，而另一个是彼岸的物自体。正是基于这种对立，康德要在自由领域与自然领域之通途中架起桥梁。康德认为人的心灵有认识、愉快或不愉快的情感和欲求三种机能，分别对应知性、判断力和理性三种认识能力，正是通过对介于知性与理性之间的判断力进行批判而使自然与自由、认识与伦理之间得以沟通。“这个先天地、置实践于不顾地预设这条件的东西，即判断力，通过自然的合目的性概念而提

① 康德．实践理性批判［M］．邓晓芒，译．北京：人民出版社，2003：111-112.

② 康德．实践理性批判［M］．邓晓芒，译．北京：人民出版社，2003：220.

③ 康德．判断力批判［M］．邓晓芒，译．北京：人民出版社，2002：8-9.

供了自然概念和自由概念之间的中介概念，这概念使得从纯粹理论的理性向纯粹实践的理性、从遵照前者的合规律向遵照后者的终极目的之过渡成为可能。”[①]

（2）《判断力批判》中的主要美学理论

康德哲学一致性是在审美判断力中继续执行其所谓的“哥白尼革命”——从地心说转为日心说，即不是主体去认识客体，而是客体迎合主体。正如知性不是去发现自然现象的客观规律，而是人将知性的范畴强加给自然一样，审美判断也不是为自然提供规律，而只是进行反思。“审美判断力却对其对象的认识毫无贡献，因而必须仅仅被列入判断主体及其认识能力的批判，只要这些认识能力能提供这些先天原则，而不管这些先天原则还有什么另外的（理论或实践的）运用。”[②]审美判断只是主体判断力的验证，对象之审美特征是依审美主体吸取它的方式而呈现自身。因此，在判断力批判中，人的主体地位是十分显明的。

康德的鉴赏判断也是从知性范畴的四大类来论述的：从质的方面要求审美无利害、从量的方面是无概念的普遍性、从关系上是无目的的合目的性、从模态上是无概念之必然性。康德认为，在审美中不能有丝毫的利害在内，否则就不是纯粹的鉴赏判断了，“鉴赏判断则只是静观的，也就是这样一种判断，它对于一个对象的存有是不关心的，而只是把对象的性状和愉快及不愉快的情感相对照”[③]。在审美判断中也不能基于快适和善，而只能基于纯粹美的愉悦，“在所有这三种愉悦方式中惟有对美的鉴赏的愉悦才是一种无利害的和自由的愉悦：因为没有任何利害，既没有感官的利害也没有理性的利害来对赞许加以强迫”[④]。而无目的的合目的性，这里的无目的是从主观和客观两方面而言的。主观方面鉴赏判断不能基于个人之利害关系，客观方面不能基于对象本身的某种特性，如一栋房屋，主观上不能因为人可以舒适地住在它里面，而客观上也不能基于房屋本身的坚固性。而合目的性只能是对象本身之形式合乎审美之要求，“构成鉴赏判断的规定根据的，没有任何别的东西，而只有对象表象的不带任何目的的主观合目的性，因而只在对象借以被给予我们的那个表象中的合目的性的单纯形式，如果我们意识到这种形式的话”[⑤]。康德以

① 康德．判断力批判［M］. 邓晓芒，译．北京：人民出版社，2002：31-32.
② 康德．判断力批判［M］. 邓晓芒，译．北京：人民出版社，2002：30.
③ 康德．判断力批判［M］. 邓晓芒，译．北京：人民出版社，2002：44.
④ 康德．判断力批判［M］. 邓晓芒，译．北京：人民出版社，2002：45.
⑤ 康德．判断力批判［M］. 邓晓芒，译．北京：人民出版社，2002：56-57.

此区分自由美和依附美，自由美是独立存在之美没有任何概念目的，而依附美是依附于一个概念、服从于某个目的的美。

康德的美学思想也体现了他的主体性哲学理念。康德认为艺术不是自然的，而是人工产品，是人类的主观意图下的产物，是人的理智所把握到的自然。艺术也不同于科学，艺术是审美范畴的实践理性，艺术品是审美判断力的对象，而科学属于知性认知的范畴，是一种纯粹理性知识。艺术只是一种普遍性，而科学体现的是必然性，“只有那种我们即使最完备地知道但却还并不因此就立刻拥有去做的熟巧的事，才在这种意义上属于艺术”①。艺术还不同于手艺，前者是自由的艺术，而后者是雇佣的艺术，“我们把前者看作好像它只能作为游戏，即一种本身就使人快适的事情而得出合乎目的的结果；而后者却是这样，即它能够作为劳动，即一种本身并不快适而只是通过它的结果吸引人的事情，因而强加于人”②。自由、无利害关系是康德哲学贯穿始终的一个基本点，体现了康德对人格尊严的最高追求。

康德将天才与独创性紧密联系在一起。他认为，独创性是指天才的不可模仿性与不可学习性，这是艺术天才不同于科学之处——科学知识可以模仿与学习。在科学领域天才不能被称为天才，因为科学家死了，其知识依然可以运用，而艺术领域的天才一旦死亡，其艺术也随之而亡。康德认为，天才能为艺术设立规则，能为艺术立法。这也是“人为自然立法”在美学领域的扩展，体现了其哲学理论的一致性。康德的“先验能力”在天才观里有所体现，“天才自己不能描述或科学地指明它是如何创作自己的作品来的，相反，它是作为自然提供这规则”③。康德认为，天才是自然世界的存在物，内含有物自体的元素和不可认识的超感性成分。这是将天才归置于神秘而不可言说的范畴，这也可以说是康德哲学中现象与物自体二元对立思想在其美学理论领域中的逻辑延伸。

2. 黑格尔美学

黑格尔的美学理论同康德的美学理论一样，也是在哲学体系中展开的，是其宏大哲学体系中不可分割的一部分，甚至可以说没有美学，黑格尔哲学就不能构成一个完整的体系。黑格尔认为，哲学就是绝对理念的运动过程，绝对理念经过逻辑阶段，然后外化进入自然界；在自然界，理念外化为人之后进入精神阶段；在精神阶段，首先是主观精神，包括

① 康德．判断力批判［M］. 邓晓芒，译．北京：人民出版社，2002：146.
② 康德．判断力批判［M］. 邓晓芒，译．北京：人民出版社，2002：147.
③ 康德．判断力批判［M］. 邓晓芒，译．北京：人民出版社，2002：151.

灵魂、人的意识和精神，然后是客观精神，要经历法、道德与伦理三个阶段；最后是绝对精神回到自身，要经历艺术、宗教和哲学三个阶段。绝对理念要经历逻辑、自然界、主观精神、客观精神、艺术、宗教和哲学几个阶段，从终点回到起点而形成一个封闭的圆圈历程，而艺术是其中不可缺少的一个环节。

黑格尔美学的核心观点是，“美是理念的感性显现”，“理念也要在外在界实现自己，得到确定的现前的存在，即自然的或心灵的客观存在。真，就它是真来说，也是存在着。当真在它的这种外在存在中是直接呈现于意识，而且它的概念是直接和它的外在现象处于统一体时，理念就不仅是真的，而且是美的了。美因此可以下这样的定义：美是理念的感性显现”。[①] 美作为一种理念要在事物中外化或展现，是理念的普遍性与特定事物的特殊性之统一，“只有在个性与普遍性的统一和交融中才有真正的独立自足性，因为正如普遍性只有通过个别事物才能获得真正的实在，个别的特殊的事物也只有在普遍里才能找到它的现实存在的坚固基础和真正内容（意蕴）”[②]。例如，小说的人物性格，既要表现人物性格的丰富性，也要显现出特殊的定性，还要将性格的整体性与定性融会在主体的自为存在里，而成为本身的性格，“人物性格必须把它的特殊性和它的主体性融会在一起，它必须是一个得到定性的形象，而在这种具有定性的状况里必须具有一种一贯忠实于它自己的情致所显现的力量和坚定性。如果一个人不是这样整一的，他的复杂性格的种种不同的方面就会是一盘散沙，毫无意义”[③]。也就是说人物既不能是抽象的概念，也不能是离开普遍性而一味地凸显个性，而应该体现两者之谐和统一。黑格尔认为，美是主体与客体的统一，是有限与无限、局限性与自由的统一，“这概念并不超越它的客观存在而和它处于片面的有限的抽象的对立，而是与它的客观存在融合成为一体”，“概念既然灌注生气于它的客观存在，它在这种客观存在里就是自由的，像在自己家里一样。因为概念不容许在美的领域里的外在存在，独立地服从外在存在所特有的规律，而是要由它自己确定它所赖以显现的组织和形状”。[④]

黑格尔的天才理论与康德的有所不同，尽管康德也说：“天才只能为美的艺术的作品提供丰富的材料；对这材料的加工以及形式则要求一种

① 黑格尔．美学：第一卷［M］．朱光潜，译．北京：商务印书馆，1979：142.

② 黑格尔．美学：第一卷［M］．朱光潜，译．北京：商务印书馆，1979：230.

③ 黑格尔．美学：第一卷［M］．朱光潜，译．北京：商务印书馆，1979：307.

④ 黑格尔．美学：第一卷［M］．朱光潜，译．北京：商务印书馆，1979：143.

经过学习训练的才能”[①]，但康德主要认为天才是一种自然的状态，天才创作时是处于一种自身都不能明确言说的灵感状态，强调的是天才先天的才能与自然属性。而黑格尔尽管也承认艺术家与天才虽然包含自然的因素，但这种天才仍需要思考与后天的练习与熟练的技巧。而且，不同的艺术种类有不同的要求。音乐对先天才能要求更多，而对后天的才能要求较少。但诗歌则不一样，“诗歌要靠内容，要靠对于人，人的深心愿望，以及鼓动人的种种力量，作出内容充实意义丰富的表现，所以理智和情绪本身都必须经过生活经验和思考的锻炼，经过丰富化和深湛化，然后天才才可以创造出成熟、内容丰富的、完善的作品”[②]。因此，黑格尔认为，歌德和席勒早期的作品十分生硬粗野，而他们成熟后创作的诗歌才是“第一流”的。

人进行艺术创作在于认识自己与思考自身，一方面，以内在的方式观照自己，另一方面，通过实践活动，通过对外在事物的改变来实现自己，在艺术作品的样式中进行自我创造或是创造自身。“当他一方面把凡是存在的东西在内心里化成‘为他自己的’，另一方面也把这‘自为的存在’实现于外在世界，因而就在这种自我复现中，把存在于自己内心世界里的东西，为自己也为旁人，化成观照和认识的对象时，他就满足了上述那种心灵自由的需要。”[③]

黑格尔将艺术分为三类：象征艺术、古典艺术和浪漫艺术。象征艺术理念本身还不够确定，理念还没有在本身找到所要的形式，理念与形象之间只是某种十分粗糙的象征关系，例如用狮子象征强壮。而古典艺术则克服了象征艺术之缺陷，达成了理念与形象之协调。但到了浪漫艺术，这种协调又被破坏，“浪漫艺术又把古典型艺术的那种不可分裂的统一取消掉了，因为它所取得的内容意义是超出古典型艺术和它的表现方式范围的”[④]。简单地说，象征艺术中是形式大于内容，物质压倒精神，象征艺术体现一种神秘主义色彩。古典艺术是内容与形式的协调阶段，而浪漫艺术则是内容大于形式的阶段，精神从物质溢出。这也如孔子所云：“质胜文则野，文胜质则史。文质彬彬，然后君子。”[⑤]“质胜文”对应浪漫型艺术，“文胜质”对应象征型艺术，而“文质彬彬”则对应着古典艺术。

① 康德．判断力批判［M］，邓晓芒，译．北京：人民出版社，2002：154.

② 黑格尔．美学：第一卷［M］．朱光潜，译．北京：商务印书馆，1979：36.

③ 黑格尔．美学：第一卷［M］．朱光潜，译．北京：商务印书馆，1979：40.

④ 黑格尔．美学：第一卷［M］．朱光潜，译．北京：商务印书馆，1979：99.

⑤ 参见《论语・雍也》，其译文为：质朴多于文采，就会流于粗俗，文采多于质朴，就流于浮夸。只有质朴和文采相协调，才是一个谦谦君子。孔子的这句话同样可以用在文艺评论上。

黑格尔对浪漫型艺术之“重内容、轻形式”的论述与浪漫主义的“重作者内在表现、轻技巧”的艺术风格是一致的。

（三）美学中的人格：美学与法学的偶遇

从德国古典哲学到康德、黑格尔的美学理论的归纳中，可以洞见康德、黑格尔理论中对人格的尊重。在哲学上，康德认为“人为自然立法”，人具有先天的感性与知性能力可以对经验材料加以形式化，而黑格尔认为“实体即主体”“绝对即精神”。在美学上，康德认为，天才为艺术创立规则，艺术的本质是人的理智对自然的把握，是一种无目的之合目的性的纯粹游戏，而黑格尔认为，艺术是人在艺术作品中的自我创造与自我认识，艺术是“理性的感性显现”，是人的理念之外部实现。德国古典哲学与美学具有十分深远的人格特质，人格是德国古典哲学与美学中不可或缺的因素。

康德、黑格尔的法学思想延续保持了他们在哲学与美学思想中所包含的人格因素。康德视书籍为作者对公众的讲话，将作品与作者之人格予以混同；视作者权是一种先验的权利，把作者人格视为不可转让的、天赋的自然权利。黑格尔视作品为作者人格的最初定在，作品作为一种外部形式体现了作者的思想个性。18 世纪晚期以及 19 世纪早期正是各种哲学流派、政治事件相继诞生而又相互影响的历史时期，德国古典哲学、康德及黑格尔的美学理论、浪漫主义文学及解释学与以法国大革命为背景的“作者中心主义”都产生于这个时期，这就是所谓的美学与法学的偶遇。当然，不仅是戴维·桑德斯所称谓的浪漫主义美学与法学之偶遇，[①]而且是德国古典哲学、美学以及浪漫主义文学、解释学与著作权法学的“世纪大聚会”；不是著作权法选择了人格权，而是人格权选择了著作权法作为自身的一种表达方式。在人格尊严被充分肯定的历史时代，法国著作权必然呈现“作者中心主义”特征。康德、黑格尔著作权人格理论是法律对康德、黑格尔哲学及美学理论中的人格因素加以吸收利用的结果，也是著作权法对哲学理论的吸收与认同的结果。

二、哲学的语言学转向

康德、黑格尔的哲学采用主客二分的认识论哲学套路，其拔高了人的主体性。在认识论的哲学视野下，人是“君临”于客体之上的主体。而

① 关于法学与浪漫主义美学的偶遇可参见 SAUNDERS D. Authorship and copyright［M］. London：Routledge，1992：237.

语言哲学的兴起，使得哲学在范式上发生了重要的转变，即从认识论到语言学的转变。这也使得哲学的主题随之发生了转变，即从“认识何以可能”转变到“表达何以可能”。而在语言学转变的路径上也并非千篇一律的，大致上，可分为分析语言哲学与人文主义语言哲学（欧陆语言哲学）两大路径。

（一）语言哲学转向

哲学家阿佩尔将西方哲学分为了古代哲学、近代哲学与当代哲学三个阶段，分别以对物的本质分析之本体论、意识分析之认识论、语言分析之语言论为各自的“第一哲学”。[①] 存在、认识与表达问题，与希腊古代智者高尔吉亚所言的“不可知论”的三个原则相一致。[②] 可以说，古代本体论是关于“有与无”的问题，近代认识论是关于“可知与不可知”的问题，而当代语言哲学则是关于“可言说与不可言说”的问题。从认识论哲学到语言哲学之转向，是当代哲学最为重要的特征，语言问题成为哲学研究的焦点。本体论古代哲学研究的是世界的本原是何物，如柏拉图把世界的本原归结为理念，赫拉克利特将世界的本原归结为“火”，而奥古斯丁则将世界的本原归结为上帝。认识论近代哲学研究的是人的认识能力问题，笛卡儿的“我思故我在”确立了一个确定无疑的主体，“自我”是认识客观世界的“阿基米德点”；康德将人的认识能力归结为先验的感性直观与知性范畴，人的认知能力止于现象，而不能进入物自体的领域，从而为人的认识能力划清了界限。语言哲学的代表人物维特根斯坦延续并发展了康德哲学。康德为人的认识能力划定了界限——只能认识现象，而不能认识物自体；维特根斯坦对人的表达能力划定界限——对凡是可以说的东西都可以说得清楚，而对于不能谈论的东西必须保持沉默。[③] 海德格尔认为，语言不是人类交流的工具，而语言是存在之家；不是人说语言，而是语言说人。海德格尔是语言本体论的哲学套路。

语言哲学是对表达能力划定边界以及如何表达。前期维特根斯坦认为，语言与世界具有同构的逻辑关系，通过逻辑的方式对可以言说的东西予以言说清楚。这是逻辑分析的路径，而海德格尔则强调语言的非工具性、非逻辑性。他的语言哲学是通过非逻辑的语言、诗的语言让真理

① 孙周兴 . 语言存在论：海德格尔后期思想研究［M］. 北京：商务印书馆，2011：71-72.

② 张志扬，陈家琪 . 形而上学的巴比伦塔：论语言的空间与自我的限度［M］. 上海：同济大学出版社，2004：8. 该三原则是：一是无物存在；二是即使有物存在也不认识；三是就是认识了也不可表达。

③ 维特根斯坦 . 逻辑哲学论［M］. 贺绍甲 . 译 . 北京：商务印书馆，2011：23.

自我显现与自我开示。海德格尔的语言转向是一种不同于分析哲学的新路径，属于人文主义路径。海德格尔开辟了欧陆语言哲学的新方向，形成了与英美分析语言哲学并驾齐驱的新的哲学范式。

（二）分析语言哲学与人文主义语言哲学

1. 分析语言哲学

分析语言哲学经弗雷格之起源后，经历了逻辑原子主义、逻辑经验主义、日常语言和逻辑实用主义四个阶段。对于分析语言哲学之起源，依达米特的观点，弗雷格是分析语言哲学之父。弗雷格导致了哲学的语言学转向，其他分析哲学家必须在他的著作基础上来从事分析语言哲学研究工作。[①] 弗雷格试图用概念文字来打破语词对人类精神之统制，尽管它没有完美地描述思想，但也不会差很远。弗雷格认为概念文字的发现本身就是对逻辑的促进，逻辑总是与日常语言紧密结合在一起。他认为，可以用自变元和函数这两个概念代替主词和谓词，可把内容理解为自变元的函数在概念之形成中发生作用的结果。[②] 弗雷格坚持三个原则：一是区别心理的与逻辑的、主观的与客观的东西。他通过逻辑主义以区分传统的心理主义哲学。二是要在句子中研究词语的意谓，而非孤立地研究词语的意谓。这是弗雷格的语境原则。三是区别概念与对象。概念是意义不完整的函数，任何概念都需要自变元的对象来填充。概念词只是一个空位，只有通过对象的补足才能取得真值。[③]

罗素与维特根斯坦创建了逻辑原子主义哲学，罗素认为，世界是由事实和信念构成的，事实存在各种不同的事实，而事实本身无真假之分；世界可以分解为许多分散而独立的东西，对事实的分析应从个别、具体的事实开始；分子命题指包含了其他命题的命题，分子命题的真假取决于组成它的那些命题的真假。[④] 罗素认为，逻辑是哲学的本质，真正的哲学论题，都可还原为逻辑问题，“这并非出于偶然，而是由于这个事实，即每一哲学问题，当我们给以必要的分析和提炼时，就会发现，它或者实际上根本不是哲学问题，或者在我们使用逻辑一词的意义上说是逻辑问题”[⑤]。维特根斯坦认为，“世界是事实的总体，而不是事物的总体”，

---

① 达米特 . 分析哲学的起源［M］. 王路，译 . 上海：上海译文出版社，2005：14.

② 弗雷格 . 概念文字［M］// 弗雷格哲学论著作选辑 . 王路，译 . 北京：商务印书馆，1994：4.

③ 弗雷格 . 算术基础［M］. 王路，译 . 北京：商务印书馆，1998：8-9.

④ 江怡 . 分析哲学教程［M］. 北京：北京大学出版社，2009：91-92.

⑤ 罗素 . 逻辑是哲学的本质［M］. 陈启伟，译 // 陈波，韩林合 . 逻辑与语言：分析哲学经典文选 . 北京：东方出版社，2005：166.

“世界分解为诸事实”；[①]“对象是简单的”，“对象构成世界的实体”。[②]“留声机唱片、音乐思想、乐谱、声波，彼此之间都处在一种图示的内在关系之中，这就是语言和世界之间具有的关系，它们的逻辑结构都是共同的。”[③]前期维特根斯坦也持有逻辑原子主义哲学理念，同罗素一样，他也将哲学问题归结为语言逻辑，“哲学家们的大多数命题和问题，都是因为我们不懂得我们语言的逻辑而产生的”[④]。

在逻辑原子主义哲学基础上发展而来的是逻辑经验主义哲学，它形成于 20 世纪 20 年代中期的奥地利，以石里克、卡尔纳普为代表。他们的核心观点是严格区分分析命题与综合命题，拒斥形而上学。卡尔纳普认为“形而上学既不想断言分析命题，也不想落入经验科学领域，它就不得不使用一些无应用标准规定的，因而无意义的词，或者把一些有意义的词用这样的方式组合起来，使它们既不产生分析的（或矛盾的）陈述，也不产生经验的陈述。在这两种情况下，假陈述都是必然的产物”[⑤]。这给超验的形而上学以致命的打击，纯粹思辨的哲学被判定为无意义的东西了。逻辑经验主义另一个重要原则是经验证实原则，“没有一种理解意义的办法不需要最终涉及实指定义，这就是说，显然是全部要涉及经验或证实的可能性”[⑥]。而随着维特根斯坦的哲学转向，他提出了几乎与前期完全相反的哲学理论。他前期注重语言的逻辑，认为语言同世界在逻辑上是同构的关系，可以把能说的说得清楚，试图建构一种理想的语言形态。但后期维特根斯坦则注重日常语言，认为语言的意义不在于逻辑，而在于语言的游戏，在于语言的具体使用，“我们所谈论的是处于空间时间中的语言现象，而不是某种非空间、非时间的幻象”[⑦]。这是对弗雷格的语境原则的继承。后期维特根斯坦抽空了语言中的逻辑元素，以日常语言形态取代理想的语言形态。

分析哲学的第四个阶段逻辑实用主义，起源于奎因对逻辑经验主义两个教条的批判，“一是相信在分析的，或以意义为根据而不依赖于事实的真理与综合的，或以事实为根据的真理之间有根本的区别。另一个教

① 维特根斯坦．逻辑哲学论［M］．贺绍甲，译．北京：商务印书馆，2011：25.

② 维特根斯坦．逻辑哲学论［M］．贺绍甲，译．北京：商务印书馆，2011：27.

③ 维特根斯坦．逻辑哲学论［M］．贺绍甲，译．北京：商务印书馆，2011：42.

④ 维特根斯坦．逻辑哲学论［M］．贺绍甲，译．北京：商务印书馆，2011：41.

⑤ 卡尔纳普．通过语言的逻辑分析清除形而上学［M］．罗达仁，译 // 陈波，韩林合．逻辑与语言：分析哲学经典文选．北京：东方出版社，2005：267.

⑥ 石里克．意义和证实［M］．洪汉鼎，译 // 陈波，韩林合．逻辑与语言：分析哲学经典文选．北京：东方出版社，2005：218.

⑦ 维特根斯坦．哲学研究［M］．李步楼，译．北京：商务印书馆，1996：70-71.

条是还原论：相信每一个有意义的陈述都等值于某种以指称直接经验的名词为基础的逻辑构造”[①]。奎因认为，前者之间的根本区分是不存在的，以同义性为前提的分析概念是不清楚的，分析概念中依然内含着经验的因；而第二个经验证实原则，因为感性经验的主观性和私人性无法证实一个命题，应该从整体性来证实命题的意义。奎因的理论主张是理论并不在于符合经验，而在于有用，他主张彻底的实用主义，“在修改他的科学遗产以便适合于他的不断的感觉提示时，给他以指导的那些考虑凡属合理的，都是实用的”[②]。奎因除批判逻辑经验主义的两个教条外，另一个重要理论是他的“本体论承诺”。奎因关注本体与共相这些要被逻辑经验主义从哲学中予以清除的东西，他认为本体论是逃不开的“柏拉图胡须”。[③]当我们谈论某个事物，就必须接受某种本体论的论断，“当我们说有大于一百万的素数时，我们便许诺了一个包含数的本体论；当我们说有半人半马怪物时，我们便许诺了一个包含半人半马怪物的本体论”[④]。实际存在与语言中的存在并不相同，前者是本体论的事实问题，而后者是本体论的许诺问题，奎因的本体论指的是本体论的许诺，这完全是语言的使用。科学的认识论是建立在约定论的基础之上的，我们说某种东西存在，就是约定某种东西存在，就是作出本体论的许诺。本体论承诺并无正误之分，人们应当以宽容的、具实验精神的实用主义原则来裁判命题之正误。

2. 人文主义语言哲学

分析语言哲学是一种科学化、逻辑化的语言哲学路径，而另有一条路径是非逻辑化、非科学化的语言人文主义路线。[⑤]这条路线是从维科，经洪堡特，再到卡西尔、克罗齐，最后到海德格尔、伽达默尔，而海德格尔是关键人物，“海德格尔的语言思想，可以说完成了欧洲大陆人文哲学传统的语言转向”[⑥]。这条人文主义路线也足以对抗分析语言哲学，“这个没有成为主流的思想传统只是到 20 世纪才显出了它的光芒，发展为足

---

① 蒯因．经验论两个教条［M］// 从逻辑的观点看．江天骥，等译．上海：上海译文出版社，1987：19.

② 蒯因．经验论两个教条［M］// 从逻辑的观点看．江天骥，等译．上海：上海译文出版社，1987：43.

③ 非存在之谜，非存在必定在某种意义上存在，否则那不存在的东西是什么呢？这个非存在之谜的绰号即柏拉图胡须。

④ 蒯因．经验论两个教条［M］// 从逻辑的观点看．江天骥，等译．上海：上海译文出版社，1987：8.

⑤ 孙周兴．后哲学的哲学问题［M］．北京：商务印书馆，2009：196.

⑥ 孙周兴．语言存在论：海德格尔后期思想研究［M］．北京：商务印书馆，2011：73.

以与逻辑主义传统及其现代延续（英美分析哲学）相对抗的、声势浩大的欧陆人文语言哲学的大潮流”[①]。

维科认为，语言起源于诗性的语言，“在诗的起源这个范围之内，我们已发现了语言和文字的起源”[②]。而且认为想象性的诗歌要早于理性的散文，“由于人性的必然，诗的风格比散文的风格先起，正如由于人性的必然，寓言故事或想象性的共相比理性的共相先起，哲学的共相正是通过散文的手段来形成的”[③]。显然，维科的语言观属于人文主义套路。洪堡特反对将语言肢解而对语言进行科学化分析，“在一切意欲深入到语言的生动本质的研究中，我们始终必须把这类连贯的言语视为真实和首要的对象，因为，把语言分解为词和规则，只不过是经科学分析得到的僵化的劣作罢了”[④]。洪堡特认为，语言不是人类知性在有逻辑、有意识的状态下创造的产品，语言属于人类的天赋，“正因为如此，我从未设想过，一种逻辑上高度一致、形式上丰富多样的语言结构必须建立在大量思维训练的基础之上，并且经过长时间的教化，只是这段历史已湮没不闻”[⑤]。语言是人类的天赋、自然的产物，语言绝不是人类理性构建、科学设计的产品。语言参与了观念的建构，体现了人类内在的精神气质，表现了每个人的世界观。“词不是事物本身的模印，而是事物在心灵中造成的图像。任何客观的知觉都不可避免地混杂有主观成分，所以，撇开语言不谈，我们也可以把每个有个性的人看作世界观的一个独特的出发点。”[⑥]洪堡特为日后的现代语言转向奠定了一定的理论基础。

在语言哲学领域，卡西尔和克罗齐也作出理论贡献。卡西尔也反对把语言视为逻辑化的产物，“神话、宗教、艺术、语言到底是什么的问题是不可能以纯粹抽象的方式通过一个逻辑定义来回答的”[⑦]，“因为与概念语言共存的还有情感语言，与逻辑语言或科学语言共存的还有诗意想象的语言。语言最初并不是用于表达思想或观念，而是用来表达情感和爱

① 孙周兴．后哲学的哲学问题［M］．北京：商务印书馆，2009：195.

② 维科．新科学［M］．朱光潜，译．北京：商务印书馆，1989：250

③ 维科．新科学［M］．朱光潜，译．北京：商务印书馆，1989：243.

④ 洪堡特．论人类语言结构的差异［M］// 洪堡特语言哲学文集．姚小平，译．北京：商务印书馆，2011：421.

⑤ 洪堡特．论与语言发展的不同时期有关的比较语言研究［M］// 洪堡特语言哲学文集．姚小平，译．北京：商务印书馆，2011：24.

⑥ 洪堡特．论人类语言结构的差异［M］// 洪堡特语言哲学文集．姚小平，译．北京：商务印书馆，2011：338.

⑦ 卡西尔．人论［M］．李化梅，译．北京：西苑出版社，2009：79.

慕的。它仅仅表达了理性的外在以及真正具体的宗教生活的幻影”①。语言、神话、宗教等编织了一个符号之网，人类不再是直接面对物理的世界，人被包裹在符号之网中，人只有通过语言符号才能看见世界。卡西尔认为，人不应定义为理性的动物，而应该是符号的动物，语言符号对人类来说具有本质的意义。而克罗齐认为艺术即直觉，而直觉与逻辑无关。他认为直觉也是知识，也可以显示真理，而不仅仅只有理智的审辨才是知识。② 语言与艺术是统一的，语言的哲学就是艺术的哲学，所以，语言不是一种心灵的创造，是非逻辑的、直觉的产物。③ 克罗齐反对逻辑主义的理想语言，“语言并不是一种军械库，装了已制好的军械；也不是一部字典，搜集了一大堆抽象品；也不是坟园中抹油防腐的死尸”④。从维科到洪堡特，再到卡西尔和克罗齐，尽管各自的理论千差万别，但都有一个共同点：那就是对逻辑主义的超越与排斥，都是以人文主义的视角对语言哲学做出各自的理论诠释。

海德格尔是最重要的人文主义语言哲学的代表人物，他建构了语言的本体论哲学。他认为，不是人说语言，而是语言说人；语言不是人的工具，语言是人的存在之家。“存在在思想中达乎语言。语言是存在之家。人居住在语言的寓所中。思想者和作诗者乃是这个寓所的看护者。”⑤ 海德格尔认为，人与世界是源始地在一起的关系，人与存在者首先是存在关系，然后才是认知关系。海德格尔消解了人与世界的主客认知关系，真理不是主体的认知与客体相符合，美也不是浪漫主义天才的主观体验与创造，真理是对事物的解蔽与澄明。艺术的创作本质上就是让真理敞开，“由于艺术的诗意创造本质，艺术就在存在者中间打开了一方敞开之地，在此敞开之地的敞开性中，一切存在遂有迥然不同之仪态”⑥。而语言也不仅仅是传达观点的一种工具，语言通过对存在者首度命名而显现出来，“惟有语言才使存在者作为存在者进入敞开领域之中。没有语言的地方，比如，在石头、植物和动物的存在中，便没有存在者的任何敞开

① 卡西尔．人论［M］．李化梅，译．北京：西苑出版社，2009：36.

② 克罗齐．美学原理［M］．朱光潜，译．北京：商务印书馆，2012：21.

③ 克罗齐．美学原理［M］．朱光潜，译．北京：商务印书馆，2012：165.

④ 克罗齐．美学原理［M］．朱光潜，译．北京：商务印书馆，2012：171.

⑤ 海德格尔．关于人道主义的书信［M］// 路标．孙周兴，译．北京：商务印书馆，2000：366.

⑥ 海德格尔．艺术作品的本源［M］// 林中路．孙周兴，译．上海：上海译文出版社，2004：59.

性，因而也没有不存在者和虚空的任何敞开性”[①]。“词语破碎处，无物存在”[②]，唯有词语才能使物存在，在词语缺失的地方，在没有被语言命名的地方，便无物存在。

自古希腊以来，语言被视为人的活动，直到洪堡特将这个观点发展到极致：语言被视为人的精神活动，把它视为一种世界观。海德格尔认为，“语言之本质现身乃是作为道示的道说。道说之显示并不建基于无论何种符号，相反，一切符号皆源出于某种显示”[③]。海德格尔阐述了“道说”与“人言”的关系，人言从属于道说，而道说要借助人言发声，道说要通过人言“道成肉身”。海德格尔反对主体形而上学的哲学理念，以非逻辑化的方式去化解人之主体性膨胀，避免逻辑化的科学精神对人性造成扭曲。

海德格尔语言本体论理论得到伽达默尔的继承与发扬，“我们现在认识到，这种关于事物本身行动的说法，关于意义进入语言表达的说法，指明了一种普遍的、本体论的结构，亦即指明了理解所能一般注意的一切东西的基本状况。能被理解的存在就是语言”[④]。伽达默尔这句“能被理解的存在就是语言”乃是海德格尔“语言是存在之家”的延伸或翻版，也是属于语言本体论的理论观点。伽达默尔认为，游戏的主体是游戏本身，“游戏的真正主体并不是游戏者，而是游戏本身。游戏就是具有魅力吸引游戏者的东西，就是使游戏者卷入到游戏中的东西，就是束缚游戏者于游戏中的东西”[⑤]。在语言的游戏中，不是我们在游戏语言，而是相反。“我们说的是语言游戏本身，这种游戏向我们诉说、建议、沉默、询问，并在回答中使自身得到完成。”[⑥]很明显，这与海德格尔的“语言说人”的说法是统一的，伽达默尔的哲学理论与海德格尔的哲学理论始终具有非常亲密的关系，在非逻辑化的人文主义风格上也保持了高度的一致。

---

① 海德格尔．艺术作品的本源［M］// 林中路．孙周兴，译．上海：上海译文出版社，2004：61.

② 这是德国诗人斯蒂芬·格奥尔格诗作《词语》中的最后一句，参见格奥尔格．词语破碎之处：格奥尔格诗选［M］．莫光华，译．上海：同济大学出版社，2010. 全诗如下：我把远方或梦之奇迹，带着前往我国的边地，我苦苦守候命运女神，从泉源寻得她的名称，随即我将它牢牢握住，如今它光彩穿越疆土我也曾历经漫漫长途，带去一颗柔美的珍珠，搜索良久她给我答复：“无物安睡在此深处”，它随即从我指间遁逃，我国就再未获此珍宝，缘于悲哀我学会放弃：词语破碎处无物存在。

③ 海德格尔．在通向语言的途中［M］．孙周兴，译．北京：商务印务馆，2009：252.

④ 伽达默尔．诠释学Ⅰ：真理与方法［M］．洪汉鼎，译．北京：商务印书馆，2010：667.

⑤ 伽达默尔．诠释学Ⅰ：真理与方法［M］．洪汉鼎，译．北京：商务印书馆，2010：157.

⑥ 伽达默尔．诠释学Ⅰ：真理与方法［M］．洪汉鼎，译．北京：商务印书馆，2010：688.

第二节 语言哲学与人格权理论的对立

康德、黑格尔人格权理论与其哲学套路一脉相承，由此，康德、黑格尔人格权理论所支撑的著作权理论框架也具有康德、黑格尔哲学理论风范。语言哲学与康德、黑格尔哲学套路的对立，也必然动摇后者所支撑的著作权制度的合法性基础。

一、作为形而上学的人格权理论

康德、黑格尔的人格权理论是作者中心主义的哲学基础，而人格权理论隶属于传统形而上学的哲学套路，作为形而上学的人格权理论具有如下几个方面的特征：

（一）作者与作品之间的主客关系

人格权理论首先体现在作者与作品关系方面。康德视书籍为作者对公众之讲话，将作品等同于作者；视作者人格权为不可转让的天赋的自然权利、一种先验的权利。黑格尔视作品为作者人格的最初定在，作品是作者思想的外部形式。康德认为，艺术不是自然，而是人工产品，是人类的主观意图下的产物；而黑格尔认为美是“理念的感性显现”。人进行艺术创作，一方面，以内在的方式观照自己，另一方面，通过对外在事物的改变来实现自己，在艺术作品的样式中进行自我创造或是创造自身。康德、黑格尔哲学理论中所内含的作者与作品的关系乃是一种主客关系，作者是作品的创造者，作者将自身的个性外化在作品之中，将作品视为实现自身理念的一种途径方式。作者是主体，而作品是被支配的客体。主客关系是主体性哲学最基本的哲学模式，主体与客体之间是外在的对立关系，而主体性哲学的范式本身无法解决主体与客体相对立的这一根本性问题。康德、黑格尔人格权理论之作品观体现了典型的主客对立关系——作者创造了作品，作品是作者人格的对象化。

（二）天才作者之唯我论

在作者观念上，人格权理论体现了哲学上的唯我论。康德认为，天才为艺术制定规则，艺术是天才作者的特殊产物。他对科学天才与艺术天才予以区分，认为科学天才是可以学习和模仿的，而艺术天才具有不可学习性和不可模仿性。康德认为，艺术天才具有物自体的、神秘的自然属性，因而夸大了艺术作者的主体性。黑格尔认为，美是理念的感性显现，作者在作品中实现自我；艺术品是作者的外化之物，是作者外部的最初定在；天才也具有自然的因素，尤其是音乐天才不需要太多的后天训练就可以达成。所谓哲学上的唯我论，乃是自笛卡儿以来建构的哲学范式——笛卡儿的“我思故我在”认为存在一个孤立的“自我”，这个“自我”是一个不证自明的、确定无疑的“阿基米德点”，可以通过怀疑一切的方式来获得普遍性知识。这种模式在逻辑上首先设定一个能思之“我”，继而再研究这个思维主体与物质世界的关系，哲学之重心从探究世界的本质转到“我在”，而“我”成为世界的中心。“唯我论”最大的特征就是在世界上存在一个先验的、无须加以证明的“自我”，而在自我与世界、主体与客体的区分中，两者并非对等的关系，而是主体“君临”于客体之上，客体为主体所认识、利用。康德的天才论具有明显的“唯我论”特征，他认为，天才为艺术设定规则，是艺术领域的立法者，而不是规则的遵循者。天才属于物自体的范畴，是不可追问、毋庸置疑的。黑格尔也认为，天才是与生俱来的天然属性，天才之合法性同样是不证自明的。美是理念的感性显现，艺术品是主体与客体之融合、实现作者自身的外部证明，将作者始终归放在“焦点”位置。

（三）作品的本质：作者本质主义

由于人格权理论根源于德国古典哲学，因此，人格权理论必然是一种本质主义的哲学套路。对于本质主义，罗蒂认为“自希腊时代以来，西方思想家们一直寻求一套统一的观念，这种想法似乎是合情合理的；这套观念可被用于证明或批评个人行为和生活以及社会习俗和制度，还可为人们提供一个进行个人道德思考和社会政治思考的框架”[①]，“我们应当摒弃西方特有的那种将万事万物归结为第一原理或在人类活动中寻求一种自然等级秩序的诱惑”[②]。在神学上，本质主义是将意义归结为上帝，而在形而上学上，本质主义则将意义与真理归结为具有理性思维的人。而康德、黑格尔之美学观念也是本质主义的套路，康德认为，艺术要符合审美的无利害性、无目的合目的性，就是满足人的意志自由的要求，就是将人当作了艺术的目标与根本。是天才为艺术设定规则，是主体的范畴强加给客体，而不是主体迎合客体。黑格尔同样是将作者归结为艺术品的源头，将艺术品视为作者通过改变世界的方式来创造自我的途径。艺术品是作者在外部世界实现自身，是外部的最初定在。艺术品是为了

① 罗蒂．哲学和自然之镜［M］．李幼蒸，译．北京：商务印书馆，2003：6.

② 罗蒂．哲学和自然之镜［M］．李幼蒸，译．北京：商务印书馆，2003：10.

实现作者的价值而存在的，作者是艺术品的精神家园。在神学时代，上帝是意义的源头，而在理性时代，人是意义的根源，由此实现了从“上帝真理”到“作者作品”范式的转换。人们如果试图发现作品的意义，要到作者那里去寻求；如果对作品的理解不一致，也要到作者的创作意图中去寻求解释。质言之，康德、黑格尔人格权理论就是以作者为中心的“作者中心主义”、以作者为本源的“作者本质主义”。

（四）主观心理主义的论证模式

人格权理论用来论证“作者中心主义”的套路乃是心理主义模式。无论康德的“天才为艺术创立规则”，还是黑格尔的“美是理念的感性显现”，都是一种心理主义的论证模式，是纯粹思辨的结果。用经验逻辑主义的话来说，这种传统形而上学的论证方式是没有意义的，“形而上学的虚假句子、价值哲学和伦理学的虚构句子，都是一些假的句子；它们并没有逻辑的内容简介，仅仅能够引起听到这些句子的人们在感情方面和意志方面的激动”[①]。康德、黑格尔哲学属于先验哲学，它们并不能为经验所证实，而黑格尔哲学尤为抽象，具有思辨性。黑格尔认为，哲学是绝对精神通过外化到自然界，再经过主观精神与客观精神，最后再回到绝对理念的过程。这是从理念到理念、从概念到概念的纯粹思辨的过程，它既没有用客观的逻辑来推演，也没有用经验的方式来证实，因此，它是既不真也不假的东西，只能是一种主观心理主义的情感表达。康德、黑格尔哲学都是建立在未经证实的假设基础之上的。所谓人的先验能力、生而知之的天才都属于理论上的假设，属于将待论证的问题用括号括起来而不置可否的空洞说教，因而，它属于哲学上的独断论。康德批判他之前的哲学为独断论，当他受休谟的启示从独断论的迷梦中惊醒后，便开展了他的哲学批判，开始建构他的科学的形而上学体系。而康德建构的“科学的形而上学”在实际上依然存在着理论上的“黑洞”，那个不证自明的先验主体以及那个为自然设定规则的天才，都属于这个“黑洞”中的残留物。

二、语言哲学对形而上学的拒斥

作者中心主义的哲学基础之一乃是德国古典哲学。随着哲学的发展变迁，认识论向语言哲学的转向，形而上学遭遇到批判与拒斥。语言哲学对形而上学的拒斥极大地动摇了作者中心主义的哲学基础。

---

① 卡纳普．哲学与逻辑句法［M］．洪谦，译 // 洪谦．现代西方哲学论著选辑：上册．北京：商务印书馆，1993：460.

分析语言哲学对形而上学的拒斥，从逻辑原子主义哲学中就有所体现。前期维特根斯坦认为，对能说的可以说清楚，而不能说的必须保持沉默。维特根斯坦认为，形而上学中世界的本原、宗教中的上帝属于哲学中不可言说的范围而必须保持沉默，由此开始了对形而上学的批判。而逻辑经验主义则对形而上学予以更为有力的批判，“在形而上学领域里，包括全部价值哲学和规范理论，逻辑分析得出反面结论：这个领域里的全部断言陈述全都是无意义的”①。凡是不能为经验所证实的断言都是无意义的，像康德与黑格尔纯思辨的形而上学完全超越了经验的范围，它们是无意义的。还有伦理学和美学也同样不能为经验所证实，因而它们也是虚假的陈述。②逻辑经验主义对形而上学的拒斥是最为坚决、最为激烈的。后期维特根斯坦对形而上学的本质主义予以批判，他认为事物没有一个确定的本质与意义，只有在具体的语境中、在“语言的游戏”中事物才具有意义；世界上也没有性质相同的事物，而只存在“家族相似”。奎因尽管提出了本体论的承诺，以缓解分析语言哲学与形而上学之间的根本对立，但它依然与传统形而上学是对立的——因为形而上学承认绝对确定的真理，而奎因的逻辑实用主义则是以实用作为判断是非的标准，没有所谓真理。分析哲学以意义、逻辑、指称替代了形而上学的感性、理性、观念，抛弃了自笛卡儿以来而形成的主客二元对立的形而上学模式。分析语言哲学是以逻辑的方式来洞察语言与世界的同构关系，认为语言就是世界的图像，而形而上学坚持主客二元对立，只能在先验与经验之间摇摆。

人文主义语言哲学主要是海德格尔对主体形而上学的拒斥，海德格尔认为，近代以来的形而上学是主体形而上学，是追问存在者而遗忘存在的哲学。尽管近代哲学高举主体性的大旗，但这个主体是先验的与抽象的，所谓的理性与自由、人格与尊严都只是构建主体的华丽辞藻，而人——海德格尔称之为此在——如何存在的状态却被人遗忘。海德格尔认为人在世界中不是空间物理关系，人与世界是一种源始地“在一起”的关系，是一种“依寓于”的存在关系。“此在绝非首先是一个仿佛无需乎在之中的存在者，仿佛它有时心血来潮才接受某种对世界的关系。只因

① 卡尔纳普．通过语言的逻辑分析清除形而上学［M］．罗达仁，译 // 陈波，韩林合．逻辑与语言：分析哲学经典文选．北京：东方出版社，2005：249.

② 卡尔纳普．通过语言的逻辑分析清除形而上学［M］．罗达仁，译 // 陈波，韩林合．逻辑与语言：分析哲学经典文选．北京：东方出版社，2005：249.

为此在如其所在地就在世界之中，所以它才能接受某种对世界的关系。”[①] 正因为“人与世界”是一种内在的始源关系，所以，近代主体性哲学将人“提”出来，将“人与世界”确定为一种外在的、主体与客体之间对立的认识关系是不正确的，“如今人们习以为常仍把认识当作是主体与客体之间的一种关系，而这种关系包含的真理却还是空洞的。主体与客体同此在与世界不是一而二二而一的”[②]。海德格尔对主体形而上学的主客模式持批判立场。主体形而上学在方法论上是唯我论，笛卡儿的“我思故我在”中的“我思”具有不言而喻的确定性，它也是近代哲学的“阿基米德点”。然而，笛卡儿的这个理论前提却是没有根基的，因为笛卡儿并没有对“我”——这个能思之物——的存在方式予以论证，“笛卡儿发现了我思故我在，就认为找到了一个可靠的新基地。但他在这个基本的开端处没有规定清楚的正是这个思执的存在方式，说得更准确些，就是‘我在’的存在的意义”[③]。笛卡儿将人与物质客体对立起来，“孤立之我”是外在于世界的，“孤立之我”没有存在的根基和赖以依存的世界。海德格尔则逆转了笛卡儿的“我思故我在”，认为应该为“我在故我思”，只有此在源始地“在世界之中”才有得以立足的根基，只有首先存在了才谈得上认识。主体形而上学将人“提到”世外再讨论这个“孤立之人”与“被提走了人的世界”之间的关系，把人当作主体，而把世界当作客体。这种主体性哲学显然是遗忘了人的存在状态，忽视了人所存在的根基。基于对主体哲学中主客二分的认识论模式的批判，海德格尔提出他的语言本体哲学观点，他认为语言是人的存在方式，“话语对于此在之在即现身与领会具有构成作用，而此在又等于说在世的存在，所以，此在作为有所言谈的在之中已经说出自身”[④]。而西方语言学自古希腊以来就是以逻辑主义为特征的语言学，人们把语言工具化，把语言视为一种意义的表达。但这种主体性哲学的行事方式，是海德格尔要予以批判的，“把语法从逻辑中解放出来这一任务先就要求我们积极领会一般话语这种生存论环节的先天基本结构”，“哲学研究终得下决心寻问一般语言具有何种存在方式。

① 海德格尔．存在与时间［M］．陈嘉映，王庆节，译．北京：生活·读书·新知三联书店，2006：67.

② 海德格尔．存在与时间［M］．陈嘉映，王庆节，译．北京：生活·读书·新知三联书店，2006：70.

③ 海德格尔．存在与时间［M］．陈嘉映，王庆节，译．北京：生活·读书·新知三联书店，2006：28.

④ 海德格尔．存在与时间［M］．陈嘉映，王庆节，译．北京：生活·读书·新知三联书店，2006：192.

语言是世内上手的用具吗？抑或它具有此在的存在方式？”。[①] 传统哲学的语言观把语言视为主体的现成在手的用具，视为一种表达、象征和体验，而海德格尔则认为语言构成了“此在”的存在的意义——语言不是表达，而是“此在”存在的方式。随着对主客体二元模式的消解，相应的真理观则从“符合论”转换到“去蔽论”——真理不是主体对客体之正确认识，而是真理的自我显现。

第三节 维特根斯坦和海德格尔语言哲学对主体的消解

康德、黑格尔人格权理论主要是从建构人之主体性地位之维度来为作者的财产权辩护的，而分析语言哲学的主要代表维特根斯坦与人文主义语言哲学代表海德格尔之哲学理论都消解了传统哲学之主体性。随着哲学上主体的消解，相应的著作权上作者的神圣地位也随之被消解。

一、维特根斯坦的“世界的界限”与“语言的游戏”

分析语言哲学是对近代主体哲学的转向，主体哲学是主客二分的认识论，而分析语言哲学则消解了主客二元之对立的表达论——语言如何正确地表达思想。分析哲学的本质是逻辑，弗雷格主张要区分心理和逻辑的、主观和客观的东西，而维特根斯坦也认为，“我们不能思想非逻辑的东西，否则我们必须非逻辑的思想”[②]。逻辑比人似乎更有话语权，而人不得不依照逻辑而说话，显然，分析哲学的研究方法不再是主观性的、心理主义的认识论，也不再是以主体的能动性为基础的认识论哲学模式，分析哲学本身就是一种消解了主体的哲学范式。

（一）世界的界限

维特根斯坦哲学本身是消解了主体的哲学，但他又在某种程度上引入了一个“主体”。显然，他所引入的主体不是传统意义上的“唯我论”中的我，也不是笛卡儿“我思故我在”之中那个怀疑一切的我，更不是康德式的可以使在人与自然的关系中发生逆转的先验的我。维特根斯坦认为“没有思考着或想象着的主体这种东西”，他认为如果他写一本名为《我所发现的世界》的书，在这本书里唯独不能谈到的就是主体，“主体不属于世界，然而它是世界的一个界限”，主体与世界的关系好比眼睛与

① 海德格尔 . 存在与时间［M］. 陈嘉映，王庆节，译 . 北京：生活 • 读书 • 新知三联书店，2006：193.

② 维特根斯坦 . 逻辑哲学论［M］. 贺绍甲，译 . 北京：商务印书馆，2011：31.

视域的关系，眼睛不在视域之中，“你会说这正好像眼睛和视域的情形一样。但事实上你看不见眼睛”[①]。“世界是我的世界：这表现在语言（我所唯一理解的语言）的界限就意味我的世界的界限”，“由于世界是我的世界而使自我进入哲学之中。哲学上的自我并不是人，也不是人的身体或心理学所考察的人的心灵，而是形而上的主体，是世界的界限——而不是它的一个部分”。[②]维特根斯坦在这里反对的是唯我论有意识的主体，不是物理的、肉体的主体，只是一个标志、一个哲学意味上的主体。维特根斯坦所主张的“唯我论”收缩为一个无广延的点，是排除了一切内容的语言主体。它与笛卡儿、康德建构的近代主体性哲学是完全不同的哲学理论，而可以相反地说，维特根斯坦消解了近代哲学的主体性原则。

（二）语言的游戏

语言的游戏同样是对主体的消解。弗雷格认为，词语只有在句子中才有意义，建构了语境原则。显然，说出话语的人并不能决定所说之话的意义，所说之话在不同的语境其意义不同，话语的决定权在于语境而非说话者。维特根斯坦也举例说明了一个语境原则，“请想象一幅画画着一个拳击手摆着一种特定的拳击姿势。那么这张画可以用来告诉某个人应当怎样站立，应当采取怎样的姿势，或者他不应当采取怎样的姿势，或者是告诉他某个特定的人曾经站在某个地方，等等。人们也可能（用化学语言）把这张画称为命题基”[③]。这个例子说明的是一个特定的姿势并没有一个确定的意义，可以设想多种不同的语境而作出不同的解读。由此可知，画画的人并不能决定画的含义，不同的人可以作出不同的解读，是语境而不是作画的主体决定画的含义。

维特根斯坦前期认为语言与世界在逻辑上是同构的，语言与世界之间有某种对应的关系，而后期维特根斯坦看到了语言与世界并不存在对应的关系。他从一个例子中开启了他的问题，他举例说：他派某人去买五个红苹果，并将此信息写在纸条上。这人将纸条交给店主，店主打开装有苹果的抽屉，再在一张颜色样本表上找到“红”这个词，然后店主念出基数直到“五”。他开始追问“五”这个词的意义，“但是，‘五’这个词的意义是什么呢？——这里根本谈不上有意义这么回事，有的只是‘五’这个词究竟是如何被使用的”[④]。“五”这个词在现实中并无一个与之

① 维特根斯坦．逻辑哲学论［M］．贺绍甲，译．北京：商务印书馆，2011：86-87.

② 维特根斯坦．逻辑哲学论［M］．贺绍甲，译．北京：商务印书馆，2011：87.

③ 维特根斯坦．哲学研究［M］．李步楼，译．北京：商务印书馆，1996：17.

④ 维特根斯坦．哲学研究［M］．李步楼，译．北京：商务印书馆，1996：3-4.

相对应的事物，像“五”这类词只有在生活中、在日常实践的使用中才可以体现意义。“五”没有本质上的意义来源，不是某个主体赋予它含义，它也没有一个物质的对应物，它只有在语言的使用中、在“语言的游戏”中才有意义。

“语言的游戏”的非私人性决定了语言绝非个别主体的语言，“我是怎样使用词来表示我的感觉的？像我们通常做的那样吗？那么，我的那些感觉语词是否与我对感觉的自然表达联系在一起呢？如果这样的话，我的语言就不是一种‘私人的’语言了。还会有别的人和我一样懂得它”[①]。“语言的游戏”中从来没有私人性的、个别的主体语言，而只能是主体间性的语言的游戏，只能是一种取得共识的主体之间的语言的游戏。显然，语言游戏中的那个“我”不同于近代主体哲学中那个唯我论的主体——把他人当客体或他者，只可以怀疑他人而从不容怀疑自我的那个“我”，是受限于“语言的游戏”之规则的“我”。有“语言的游戏”，就应该有游戏之规则，但游戏规则并非某个主体事先建构与预设的。我们据以进行的规则是什么？是一个描述了词的使用的假设吗？是使用记号时可以查找的规则吗？显然不是，“难道不是也存在着这种情况吗？其时‘我们一边玩，一边制定规则’，甚至还有这种情况，我们一边玩一边改变规则”[②]。语言的游戏规则没有本质主义源头，不是个人的创设，也不是预定不变的，而是在使用的过程中形成的。“语言的游戏”具有任意性，并非某个游戏主体的内心的确定性表达，“语法的规则可以称之为任意的，如果这意味着语法的目标仅仅是语言的目标”[③]。语言的游戏规则只为语言本身的目的而存在，而与游戏人的心理活动无关。游戏者只需遵循游戏规则，而为何如此游戏的心理动机是不应予以追问的。“语言的游戏”是封闭的、自治的，它只与游戏的结果有关，而与游戏者的心理动机无关，也不追问单个词语之物理对象，“我们谈论语言时就像我们在陈述象棋游戏的规则时谈论棋子那样，并不描述棋子的物理属性”，“‘词到底是什么东西？’这个问题就类似于象棋中的棋子是什么东西”。[④]“语言的游戏”既不是游戏者有意的预先创设，也不是要去映射物质对象，它切断了与人的联系、切断了与世界的联系，而成为一个独立、自治、封闭的符号系统。

---

① 维特根斯坦．哲学研究［M］．李步楼，译．北京：商务印书馆，1996：137.
② 维特根斯坦．哲学研究［M］．李步楼，译．北京：商务印书馆，1996：58-59.
③ 维特根斯坦．哲学研究［M］．李步楼，译．北京：商务印书馆，1996：209.
④ 维特根斯坦．哲学研究［M］．李步楼，译．北京：商务印书馆，1996：71.

维特根斯坦的“世界的界限”与“语言的游戏”都驱逐了近代哲学中所建构的主体，“世界的界限”是将人设定为一个界限或标志，以取代那个有意识的形而上学的主体。而“语言的游戏”将语言理解为自治的语言系统，不是由人建构语言的规则、赋予语言以意义，而是在游戏的过程中建构规则，在语言的游戏过程中寻求语言的意义。这样，也就消解了人的主体性意义——人并非语言意义的源头。

二、海德格尔的“语言说人”

海德格尔的哲学是存在主义哲学，他批判以往的哲学是追问存在者的哲学，而将存在遗忘、将人何以存在遗忘。以此为起点，他论述了人与世界的关系，认为“人与世界”是源始地共同存在的关系。不存在没有世界的孤立的自我，也不存在没有人的世界，它们本身就浑然一体、不能分开，更不可能是主客之间二元对立关系。也正因为海德格尔哲学消解了人与世界之间的主客二元对立关系，所以也就带来了真理观的变迁：不再是主观与客观相符合的“符合论”，而是真理自行开示的“去蔽论”。消解了主客关系的哲学理念体现在语言观上则是：语言不再是一种被人利用的工具，而是存在之家，是语言使世界得以显现，没有语言就无物存在。不是人说语言，而是语言说人，是语言在言说。这就是海德格尔“语言说人”的哲学线索，其根源于海德格尔对主客二元对立关系的消解。

前面已论述，语言是存在之家，语言不是此在在世的用具，而是此在的存在方式。从“人说语言”到“语言说人”是海德格尔语言思想的一个关键点，在《在通向语言的途中》中，海德格尔论述了从“人说语言”到“语言说人”，从“人言”到“道说”的转换。所谓人言，在传统上人们认为，人言就是人的发声的表达，是人对外的表述，而声音成为一个关键的要素。但海德格尔并不是如此认为，他认为发声的语言并不是人类的固定的、从不失去的能力，而人在某些时候会失去对发声的控制，“语言——人们以为它是一种说话，人们把说话看做人的活动，并且相信人有说话的能力。但说话并不是一项固定财产。由于惊奇或恐惧，人会突然失语。一个人无比惊奇，深为震动，这时，他便不再说话了——他沉默了。任何人都会由于一场变故而失语，这时，他不再说话，但也没有沉默，而只是喑哑无声”[①]。而且声音并非人类表达中不可或缺的因素。“某人能说话，滔滔不绝地说话，但概无道说。与之相反，某人沉默

① 海德格尔．在通向语言的途中［M］. 孙周兴，译．北京：商务印书馆，2009：239-240.

无语，他不说话，但却能在不说中道说许多。”[①] 人言并不是人类的发声器官之衍生物，方言之不同也并非各地的人们的发声器官有所分别所导致，“方言的差异并不单单、而且并不首先在于语言器官运动方式的不同。在方言中各个不同地说话的是地方，也就是大地。而口不光是在某个被表象为有机体的身体上的一个器官，倒是身体和口都归属于大地的涌动和生长——我们终有一死的人就成长于这大地的涌动和生长中，我们从大地那里获得了我们的根基的稳靠性”[②]。海德格尔将人归属于大地、将人言归属于大地，而大地有内在的生命涌动和生长，“语言是口之花朵。在语言中，大地向着天空之花绽放花蕾”[③]。语言是大地绽放的花朵，人言有声，而大地无声，人言也就归属于道说——也就是所谓的寂静之音。人言是大地的肉身因素，大地“道成肉身”为人言。这样，海格德尔的语言观也就消解了近代哲学中的主客关系——语言不再是人的活动与表达，语言不再是洪堡特所谓的世界观，而是消解了主、客体关系的真理之“自行开示”。

所谓“大道之说”是大道用人来言说，用“人言”为自身开辟道路。“大道居有人，使人进入为大道本身的用之中。如此这般居有着作为成其本身的显示之际，大道乃是使道说达乎语言的开辟道路”，“这种开辟道路把语言（即道说）的语言（语言的本质）带向语言（即有声表达的词语）”。[④] 人与大道有归属关系，大道之中居有人，语言是存在之家，而“此在”以语言之家为家，人在大道中有栖居之所，人已经栖居在道说之中。正因为人与大道有这种归属关系，所以，人能听大道。也不是说在听之先，而是听在说之先，“说乃是顺从我们所说的语言的听。所以，说并非同时是一种听，而是首先就是一种听”[⑤]。海德格尔认为，我们能听，乃是因为我们本身归属于这一切，“此在作为本质上有所领会的此在首先寓于被领会的东西”[⑥]。我们只有在这种能听的基础上才能听到声音，“我们从不也永不首先听到一团响动，我们首先听到辚辚行车，听到摩托车”，“甚至在明确地听他人的话语之际，我们首先领会的也是所云；更确切地说，我们一开始就同这个他人一道寓于话语所及的存在者。并非反过来我们首先听到说出的声音”。[⑦] 人归属于大道之中，大道是一切法

---

① 海德格尔．在通向语言的途中［M］．孙周兴，译．北京：商务印书馆，2009：250.
② 海德格尔．在通向语言的途中［M］．孙周兴，译．北京：商务印书馆，2009：199.
③ 海德格尔．在通向语言的途中［M］．孙周兴，译．北京：商务印书馆，2009：199.
④ 海德格尔．在通向语言的途中［M］．孙周兴，译．北京：商务印书馆，2009：261.
⑤ 海德格尔．在通向语言的途中［M］．孙周兴，译．北京：商务印书馆，2009：252.
⑥ 海德格尔．存在与时间［M］．陈嘉映，译．北京：生活·读书·新知三联书店，2006：191.
⑦ 海德格尔．存在与时间［M］．陈嘉映，译．北京：生活·读书·新知三联书店，2006：191.

则中最温柔的法则，“大道赋予终有一死者以栖留之所，使终有一死者居于本质之中能够成为说话者。如果我们把‘法则’理解为对那种让一切在其本己中在场并且归于其范围的东西的聚集，那么，大道便是一切法则中最质朴和最温柔的法则”[①]。“大道在其对人之本质的照亮中居有终有一死者，因为它使终有一死者归本于那种从各处而来、向遮蔽者而去允诺给在道说中的人的东西”，“终有一死者有所应答的道说乃是回答。任何一个被说的词语都已经是回答，即应对的道说，面对面的、倾听着的道说。使终有一死者进入道说的归本把人之本质释放到那种用之中，由此用而来人才被使用，去把无声的道说带入语言的有声表达之中”。[②]

这里，海德格尔实现了从“道说”到“人说”的转换：人本归属于大道上、栖居于大道之中，人不能逃离大道的温柔法则；人能听大道之说并且应答，大道的无声得以人言之有声表达，“不可言说”的大道最终转化为“可以言说”的人言。海德格尔的公式是把作为语言的语言带向语言，“大道居有人，使人进入为大道本身的用之中。如此这般居有着作为成其本身的显示之际，大道乃是使道说达乎语言的开辟道路”[③]。人言是道说所开辟的道路，人言受大道之说的指派而将语言传达给人。从根本上讲，不是人说语言，而是语言让人说，是语言说人；人不是语言的主人，不是人在使用语言，而是语言利用人——语言通过人开辟道路，通过人得以发声。

传统上，语言被认为是人的说话活动，语言是分音节的声音和含义的载体，“语言造就了大量的词语和规则，但即使在词语和规则中，语言也从来不是一种既成的质料，而是一种运作，是一个精神的过程，就像生命表现为一种机体的过程一样”[④]。语言始终是人的一种活动，在人与语言的关系中，人始终占主导地位，语言只是人的世界观的表达方式。海德格尔认为，传统的语言观并不能揭示语言的本质，只有将语言根植于道说之中，才能揭示语言的本质。传统语言观是建立在主客二元对立基础之上的，始终把人当作主体，而把语言视为客体。而海德格尔的语言观则将人归属于道说之中，认为人本栖居在语言之中，人能听到大道之说。人本身就是大道所开辟的道路，人言本身就是道说的有声表达。人与语言不是对立关系，而是一种可转化的、内在的融合关系。不是人说语言，而是语言让人说、语言说人，因此人被消解在道说之中。海德格

① 海德格尔．在通向语言的途中［M］．孙周兴，译．北京：商务印书馆，2009：258-259.

② 海德格尔．在通向语言的途中［M］．孙周兴，译．北京：商务印书馆，2009：260.

③ 海德格尔．在通向语言的途中［M］．孙周兴，译．北京：商务印书馆，2009：261.

④ 洪堡特．论人类语言结构的差异［M］// 洪堡特语言哲学文集．姚小平，译．北京：商务印书馆，2011：297.

尔是从消解传统主体性哲学的主客关系来消解作为主体之人的，而海德格尔所构造的世界也不再仅是由主体与客体两者所组成的世界，而是由天、地、人、神四方所组成的世界。[①]人之主体性消失在天地人神所组成的世界之中，“君临”于世界之上的主体已然不再存在。

海德格尔的“大道通过人言开辟道路”与基督教的“道成肉身”有所类似。《新约・约翰福音》第一章第一节中：“太初有话，话与神同在，话就是神。”第一章第十四节：“话成了肉体，支搭帐幕在我们中间，丰丰满满地有了恩典，有实际。”这是说，不但人要借助语言，而且神也要借助语言才得以存在。话与神同在，有神就必须有语言，而没有语言，神也不能存在。神凭借超自然的力量实现人神之间的转化，借助肉身来到实际世界中，给人以恩典与救赎，神通过肉身来显示真理。在神与语言的关系中，也不是神支配语言，神也不是语言的主人，而语言本身就是主体，语言本身就是神，语言借神的“道成肉身”去表达自身。在语言、人、神的三方关系中，语言处于最高位置，其次是神，而人是语言与神的载体，人是语言与神的发声的器官。海德格尔的“大道通过人言开辟道路”与基督教的“道成肉身”之区别在于，前者是通过人与大道的归属关系而发声，而后者则通过“人神转化”超自然力量来发声。其相同之处在于，都是语言说人，人被语言所利用。

第四节　语言范式对作者中心主义的消解

人格权理论建构了作者中心主义，人格权理论归属于形而上学使得作者中心主义刻上了形而上学的烙印。而从传统形而上学到语言哲学的转向，直接动摇了作者中心主义的合法性基础，分析语言哲学与人文主义语言哲学两种语言哲学范式化解了形而上学的哲学套路，继而消解了作者中心主义的哲学基础。两种语言范式的联系：一是反传统形而上学，分析哲学与人文主义语言哲学都反对传统哲学中的主客二分法，反对“君临天下”的主体。在维特根斯坦的哲学中，自我不是形而上学意义的主体，而是一个界限；海德格尔哲学的主体也不是与世界对立的主体，而是与世界源始地在一起的关系。维特根斯坦在“语言的游戏”中消解了主体，而海德格尔则是用“语言说人”的方式化解了人与语言的关系的优

---

① 后期海德格尔对世界的规定：海德格尔把天地人神统一的四重整体称为世界。天乃是“天空”，地乃是“大地”，人乃是“终有一死者”，神乃是“永恒的神”。海德格尔．在通向语言的途中［M］．孙周兴，译．北京：商务印书馆，2009：13.

势地位。二是都是用语言的方式来诠释真理。维特根斯坦是在“语言的游戏”中把握本质与真理，而海德格尔则是通过诗性的语言来使真理自我解蔽、自行开示。两者的区别在于，分析语言哲学除后期维特根斯坦外都注重逻辑分析、命题的真假，而人文主义语言哲学则与之完全对立。海德格尔认为，哲学要从逻辑中解放出来，反对科学化、逻辑化的哲学套路，而重视文学语言，尤其是诗语言对真理的揭示作用。

上一节内容主要是以语言哲学的原理来对形而上学之主体予以消解，被消解的“哲学主体”是上节内容的焦点，而本节则将待消解的对象从哲学主体转移到艺术领域的作者，以便从更为微观的视角来消解作者中心主义。

一、分析语言哲学范式对“作者中心主义”的消解

（一）语境原则

前面有论述到，弗雷格和维特根斯坦都有一个“语境原则”。弗雷格认为词语的意义是由句子决定的，概念是意义不完整的函数，任何概念都需要自变元的对象来填充。概念词只是一个空位，只有通过对象的补足才能取得真值的东西。[①] 也就是说单纯的概念和词语是没有意义的，它们必须结合具体的语境才有具体的意义。同理，维特根斯坦也在《哲学研究》中举例说明过，在一幅画里一个拳击手摆着一个拳击姿势，而这并没有一个固定的意义。这张画可以用来告诉某个人应当怎样站立、应当采取怎样的姿势，又可以是认为他不应当采取怎样的姿势，还可以是表达某个特定的人曾经站在某个地方。[②] 这个拳击手的姿势用维特根斯坦的话来说只是一个命题基、一个词根，放在不同的场域与不同的词语相结合则有不同的意义。这里，是语境决定了词语及句子的意义。而说出那些句子和词语的人以及画作的创作者一旦完成说话或者画完画作，就失去了对句子、词语、画作的控制，其在说话与创作时自以为存在的意义已不复存在，而至多只能是不同语境中存在的某种意义的可能性之一。如此一来，作者的中心位置被动摇了，而语境成为确定意义的决定性因素。

同样的道理，将文学作品放在不同的语境中也有不同的意义，不同的人可以有不同的解读。例如，我国古代名著《金瓶梅》自诞生以来就

① 弗雷格．算术基础［M］. 王路，译．北京：商务印书馆，1998：8-9.

② 维特根斯坦．哲学研究［M］. 李步楼，译．北京：商务印书馆，1996：17.

被认为是过度地描写性爱内容的淫秽作品，也是历史上著名的禁书之一，但后来它的价值逐渐被认可。如，明朝文学家冯梦龙将它与《水浒传》《三国演义》《西游记》合称为“四大奇书”，而当下，它也被确认为具有极高价值的文学作品。还有许多死后才成名的作家，也是遭遇了类似的语境问题。由于不同的时代具有不同的审美情趣，也就可能造成有些作品或许会遭受冷遇，或许会受到吹捧。如艾米莉·勃朗特所创作的《呼啸山庄》，在当时并不为世人所接受，直到后来，才逐渐被世人所喜爱。而在画家中，有更多这样的例子，如荷兰画家凡·高生前穷困潦倒，所作之画在生前无人问津，但在死后其画作《向日葵》价值连城；法国画家莫奈的遭遇也是如此，其名作《印象·日出》在他生前展览时被人讽刺，而后来却被认为是“旷世之作”。分析语言哲学的“语境原则”消解了作者主体性地位，“语境—意义”的范式取代了“作者—意义”的范式。

（二）维特根斯坦之“语言的游戏”

在“语言的游戏”中，游戏的主体并不能事先确定游戏的规则，而只能在游戏的过程中确定游戏的规则——一边破坏规则，一边制定规则。“在我确已下棋之前，我是不知道我要进行什么样的游戏呢，还是所有的规则都已包含在我的意向活动之中了呢”，“在游戏的规则表中，在教人下棋的活动中，在日复一日地下棋的实践中”。[①] 在语言的游戏中游戏者并不具有支配的地位，与其说是游戏者在建构游戏，不如说是游戏自身建构自身；人并不能预知游戏的全部内容，人反而受到游戏的制约。维特根斯坦前期认为，语言与世界在逻辑上是同构的，语言与世界有指涉关系，但后期维特根斯坦则否定这样的指涉关系。如“五”就没有一个对应的实体，而只有在“语言的游戏”中才可以洞察“五”到底是什么。

我们谈论语言并不能谈论词语的性质，就如同在玩象棋游戏时并不讨论棋子的物理性质。“语言的游戏”是一个向内指涉的自足体系，既与外部世界没有对应关系，也不表达游戏者个人的内在的心理状况。语言规则也是任意的，为何如此规定，而不那般规定是没有理由的，其无法解释且无须解释。“我们通常需要反思我们说过的东西，但我们却无须反思语言游戏本身。理解某人说话，并不是由这些话所带来的某种内在过程（即内心的反思），正如理解怎样下棋并不是随着棋子的移动而产生的内心活动。”[②] 游戏者个人内心活动与语言游戏本身并无关系，“致人迷误

① 维特根斯坦．哲学研究［M］．李步楼，译．北京：商务印书馆，1996：119.

② 江怡．分析哲学教程［M］．北京：北京大学出版社，2009：152.

的对比：痛的表达是一声叫喊——思想的表达是一个命题”[①]。

同理，游戏者个人思绪与个人的际遇与游戏中具体动作并无关系。在文学作品中，作品是向内指涉的符号体系，作品之形成受制于文学作品这一语言的游戏的内在规律。而作者被卷入这场游戏时，遵循的是文学本身的规则，与个人之际遇无关。这里，如果要去考究手稿上有没有眼泪，就如同在象棋游戏时讨论棋子的物理属性一样，是在做与“语言的游戏”没有内在关联性的局外事情。

二、人文主义语言哲学范式对“作者中心主义”的消解

（一）海德格尔之“语言说人”对作者的消解

前面对海德格尔之“语言说人”的具体内容有所阐述，“语言说人”也体现了海德格尔的语言本体论。语言是存在之家，人通过语言才能认识世界。人不是语言的主人，相反，人居住在语言中，人是语言这个寓所的看护人。在人与语言的关系中，人从主人的地位降格为看护者。人寓居于语言的大道之中，人归属于大道，正因为这种归属关系，所以人能倾听与应答，可以将无声的道说转化为有声的人言。大道通过人言开辟道路，以人言的方式传达寂静之音，因此，是人成为语言利用的工具、语言发声的器官。不再是人说语言，而是语言让人说，是语言说人。“语言说人”在外部人看来，无疑属于惊世骇俗之言，但从内部的视角看，则是海德格尔哲学的逻辑延伸。以往哲学追问存在者，却将存在本身遗忘，将此在的存在方式遗忘。海德格尔认为，人与世界不是主客之间的二元对立关系，而是同根同源、浑然一体的源始性在一起的关系。如此一来，人不再是“君临天下”的主体，而只是大地、天空、神圣者和终有一死者“四方游戏”中的一极，人的主体性地位已然被消解。

在作者与作品的关系中，作品以自己的方式开启存在者之存在，“在艺术作品中，存在者之真理自行设置入作品中了”[②]。也就是说，作品具有某种独立的力量，能自为地依据于自身。如此一来，作者或艺术家的作用则是次要的，“作品要通过艺术家而释放出来，达到它纯粹的自立。正是在伟大的艺术中（我们在此仅谈论这种艺术），艺术家与作品相比才是

① 维特根斯坦．哲学研究［M］．李步楼，译．北京：商务印书馆，1996：156.

② 海德格尔．艺术作品的本源［M］// 林中路．孙周兴，译．上海：上海译文出版社，2004：25.

某种无关紧要的东西，他就像一条为了作品的产生而在创作中自我消亡的通道”[①]。这说明是作品在通过艺术家开辟道路，是作品在借助艺术家之创作得以通达与显现。艺术家成了被作品利用的工具、一条使作品得以产生的通道。显然，不是艺术家在创造作品，而是作品中“自行设置的真理”通过艺术家来显示。是语言说人，而不是人说语言。真理不是通过虚空的、不确定的东西来实现，也必须依靠历史性的“此在”来完成；但是，人之创作不是自由的创建，而是一种汲取，“所有创作便是一种汲取（犹如从井泉中汲水）。毫无疑问，现代主观主义直接曲解了创造，把创造看作骄横跋扈的主体的天才活动”[②]。作品始终不能作为一种艺术家的创造之物，艺术家始终只是作品的看护者、保存者。

海德格尔在《在通向语言的途中》中，借用了诗人格奥尔格的《冬夜》[③]，以此来说明“语言说人”对作者主体性的消解。海德格尔认为，谁是作者并不重要，诗歌之伟大就在于它可以掩盖诗人。这首诗不是对一个冬夜的具体描写，也不是创造了某个冬夜的虚构作品。“诗人在创造之际构想某个可能的在场着的在场者。通过创造，诗歌便为我们的表象活动想象出如此这般被构想出来的东西。在诗歌之说话中，诗意想象道出自身。诗歌之所说是诗人从自身那里表说出来的东西。”[④]人说话，是因为人栖居在语言中，能倾听到寂静之音、应合于语言。诗人之所说、之所创作的作品，实际上是诗歌本身在通达，是诗歌在诗人处开辟道路。诗人在海德格尔看来，始终只是一个被诗歌利用的工具、一个为诗歌所支配的客体。

（二）伽达默尔的“游戏的主体”

海德格尔说，“语言是存在之家”，而伽达默尔说，“能被理解的存在就是语言”。可见，伽达默尔与海德格尔的观点一样，都是语言本体论。

---

① 海德格尔．艺术作品的本源［M］// 林中路．孙周兴，译．上海：上海译文出版社，2004：25-26.

② 海德格尔．艺术作品的本源［M］// 林中路．孙周兴，译．上海：上海译文出版社，2004：64.

③《冬夜》全诗如下：雪花在窗外轻轻拂扬，晚祷的钟声悠悠鸣响，屋子已准备完好，餐桌上为众人摆下了盛筵。只有少量漫游者，从幽暗路径走向大门。金光闪烁的恩惠之树，吮吸着大地中的寒露。漫游者静静地跨进；痛苦已把门槛化成石头。在清澄光华的照映中，是桌上的面包和美酒。海德格尔．在通向语言的途中［M］．孙周兴，译．北京：商务印书馆，2009：7-8.

④ 海德格尔．在通向语言的途中［M］．孙周兴，译．北京：商务印书馆，2009：10.

语言不是人类的工具，“我们永远不可能发现自己是一种与世界相对的意识，并在一种仿佛是没有语言的状况中采用理解的工具。毋宁说，在所有我们关于自我的知识和关于外界的知识中，我们总是早已被我们自己的语言包围”[①]。语言不是人自由使用的工具，在人与语言的关系，人处于被包围、被决定的地位。伽达默尔说过，“我们说的是语言游戏本身，这种游戏向我们诉说、建议、沉默、询问，并在回答中使自身得到完成”[②]。这是海德格尔之“语言说人”的改写或翻版。在语言的游戏中，人作为游戏者总是被束缚在“语言的游戏”之中，人不是游戏的支配主体，而游戏的主体是游戏本身。这也与维特根斯坦的“语言的游戏”存在相通之处，维特根斯坦认为，游戏者并不是语言规则的制定者，游戏者在游戏之前并不知晓所有的游戏规则，规则仅存在于日复一日的实践之中。伽达默尔将维特根斯坦的“语言的游戏”对主体性的消解说得更为直接、更为透彻——不仅否定了人的主体性地位，而且肯定了游戏本身的主体性地位。

分析语言哲学和人文主义语言哲学都否定了人的主体性地位。人在语言的游戏中丧失了主体性地位，人不但不是语言的主人，反而沦为语言的工具、沦为语言的发声器官。这极大地动摇了人格权理论所支撑的作者中心主义之合法性基础。人格权理论认为，作者在创作时居于主导地位，写作的过程是作者将自身人格的精神素质外化在作品之中的过程，而作品只是作者人格的载体而已；是人说语言，而不是语言说人。分析语言哲学和人文主义语言哲学通过“语言的游戏”“语言说人”消解了人的主体性作用——作品比作者更重要，伟大的作品能使作者消失；作品不是作者情感的表达，也不是对现实的描绘，而是作品通过作者得以显现自身。

小 结

康德、黑格尔的人格权理论一直是著作权作者中心主义的重要理论支柱，从康德、黑格尔的哲学，到美学，再到法学在理论上具有内在的统一性和逻辑上的必然性，人的主体性地位与意志自由之人格是内含其

① 伽达默尔．人和语言［M］// 诠释学Ⅱ：真理与方法．洪汉鼎，译．北京：商务印书馆，2010：186.

② 伽达默尔．诠释学Ⅰ：真理与方法［M］．洪汉鼎，译．北京：商务印书馆，2010：688.

中的理论线索。康德在哲学上认为，先验的感性与知性是人类获得普遍知识的基础，人可以为自然立法；在美学上，是无利害性与无目的之合目的性的美学原则，天才为艺术制定规则；而法学上，是将作品与作者人格相勾连，人的主体性原则和人格因素始终是隐含在康德人格权中的核心要素。黑格尔在哲学上认为，实体即主体，绝对即精神，意志自由必须有某种外部的实现；在美学上则认为，美是理念的感性显现，艺术是艺术家在外部世界创造自身；在法学上则认为，财产是自由的最初定在，作品是作者的精神体现，作品转化为媒介后可以作为法律上的“物”。同样，人格因素也是黑格尔理论中一以贯之的要素。人格权理论作为作者中心主义的支撑，不是因为康德、黑格尔对著作权情有独钟，而是因为他们哲学体系的自然延伸。人格权成为作者中心主义的哲学基础，是法学与人格权的历史偶遇。传统哲学经历了语言哲学的转向，而语言哲学是迥异于传统哲学的理论套路，哲学基础的变迁致使人格权理论遭遇到合法性危机。语言哲学分为分析语言哲学、人文主义语言哲学两种范式，前者以逻辑为基本，而后者则要把哲学从逻辑中解放出来。前者提倡科学的语言，而后者则提倡诗性的语言。两者的共同之处是对传统形而上学的拒斥。分析语言哲学认为，传统哲学是非逻辑的、非科学的知识，是既不真也不假的无意义之命题，至多是一种意志的激动。人不是形而上学的主体，而只是一个界限。人文主义语言哲学也消解了传统哲学中的人的主体性地位，“人与世界”不是外在的、主客对立的关系，人不是“君临天下”的、与世界对立的主体；“人与世界”是同根同源、浑然一体的源始地在一起关系。在人与语言的关系中，语言不是人的工具，人不是语言的主人。在语言的游戏中，人不是语言游戏的主体，也不是游戏的本源。游戏不是人在预先所能确定的，而是在语言的游戏过程中、在日复一日的实践中形成的。语言是存在之家，所能被理解的存在是语言；不是人说语言，而是语言让人说，是语言说人。人栖居于语言中，被语言所包围。人归属于语言，而正因为有这种归属关系，人才能倾听，继而才可以应答，可以将无声的“道说”转化为有声的“人言”。在作者与作品的关系中，不是作者在创造作品，也不是用作品来描绘现实，而是真理自行设置入作品之中，是作品借助作者予以显现自身。分析语言哲学和人文主义语言哲学消解了人的主体性地位，也消解了作者的主体性地位，从而使“作者中心主义”遭遇合法性危机。

第四章　著作权作者中心主义的主体范式批判：主体的退隐

主体性哲学范式也是作者中心主义的哲学基础之一，作者中心主义属于主体性彰显的法律文化模式。从笛卡儿到康德，西方哲学建构了主体性的哲学范式，对人的理性倍加推崇，人成为“君临”于客体之上的主体。但随着对理性的质疑以及语言哲学的兴起，主体性哲学日趋衰落，自尼采宣布“上帝死亡”始，在哲学领域充斥着浓郁的“死亡情结”——福柯宣布了“人之死”、巴特宣布了“作者之死”。面临主体范式的衰退以及文学领域的“作者之死”，著作权领域的作者中心主义难以独善其身，必将面临合法性基础的拷问。

第一节　主体范式的兴起与衰退

中世纪是神的时代，神是唯一的统治者、唯一的主体性存在，而人只是上帝的奴仆、随从，无任何主体性可言。到了启蒙时代，人的理性被发现后，人的主体性地位被建构起来，在哲学上形成了以笛卡儿为代表的主体性哲学范式。但主体性哲学范式好景并不长，它首先被叔本华、尼采所质疑，继而又被弗洛伊德、福柯无情地解构，最后被语言哲学范式所取代。主体范式的衰退使著作权作者中心主义陷入合法性危机之中。

一、主体范式的兴起

人作为主体性存在并不是自始就存在。在神的时代，人不过是神的创造物，人带着原罪在世间卑微地生活，人的主动性与创造性在神的压制下荡然无存。福柯说人是近期的产物，“他是完全新近的创造物，知识造物主用自己的双手把他制造出来还不足200年”[①]。人的主体性实际上是随着文艺复兴和启蒙运动而显现出来的，笛卡儿是主体性哲学的奠基人，在笛卡儿之前，有奥古斯丁和蒙田对人之主体性的自发性追问。奥古斯丁有十分强烈地把握自我的渴求，“由于内心的渴望，我更恨自己渴望还不够。我追求恋爱的对象，只想恋爱；我恨生活的平凡，恨没有陷阱的

① 福柯．词与物：人文科学的考古学［M］. 莫伟民，译．上海：上海三联书店，2001：402.

道路；我心灵因为缺乏滋养的粮食，缺乏你、我的天主而饥渴”[①]。这是向内的一种渴求，而这种向内的渴求是借助上帝才得以实现的，因为“我的天主，假如你不在我身，我便不存在，绝对不存在。而且‘一切来自你，一切通过你，一切在你之中’”[②]。奥古斯丁内在化的自我指称是以上帝为中介的，没有上帝，一切都是虚无。同时，上帝也是言说的根源，“求你怜悯我使我能够说出”，“我相信，因此我说”[③]。奥古斯丁证实我得以存在、可以言说的逻辑是“我信故我说”。尽管要借助上帝，但毕竟开启“我之说”，我因为信仰，所以存在。“只有求助上帝的你之时，我自己和世界才向我开启，因为只有求助上帝，才能开启表现自我生活的前景。”[④]奥古斯丁“我信故我说”与笛卡儿的“我思故我在”都确立一个确定性的“自我”，它们的区别在于奥古斯丁的论证路径是信仰，而笛卡儿的论证路径是理性的怀疑。

蒙田是文艺复兴时的作家，他一生都在追问“自我”，欲求弄清自己。他认为，身体的各个部分是支离破碎、互相独立的，“我们身上是不是也有一个什么器官，经常拒绝按照我们的意志采取行动，或者经常违反我们的意志贸然行动。每个器官都有自己的情欲，情欲的苏醒与沉睡都不需要我们的批准”[⑤]。世界也是在变化中，“世界只是一个永动的秋千。这里一切事物不停地摇摆：地球、高加索山地、埃及金字塔，随着‘公摇’也‘自摇’”[⑥]。在这变化多端的格局，如何发现普遍一致的自我呢？“谁若愿意审视自己的话，没有一个不会发现自己的内心有一种固有的占主导地位的脾性，抗拒外界的教育和一切情欲引起的风暴。至于我自己认为较少受到阵阵冲击，几乎总是稳稳当当留在自己位子上，像那些笨重的躯体”，“对待一些具有普遍性的问题，我从童年就站在了我那时必须保持的立场上”。[⑦]蒙田在变化多端的世界格局与自身身体独立分裂的双重困境中，寻找那个不变、确定的自我，通过对自身的人生经验的探索与对自身的审视和怀疑而最终发现：不管世事如何变迁，自我的身体如何衰老，从童年到老年的我依旧是同一个自我——情状相同、性情不变。蒙田同笛卡儿一样用的是怀疑的方法，不同之处是笛卡儿的怀疑是对外

---

① 奥古斯丁 . 忏悔录［M］. 周士良，译 . 北京：商务印书馆，1963：35.

② 奥古斯丁 . 忏悔录［M］. 周士良，译 . 北京：商务印书馆，1963：2.

③ 奥古斯丁 . 忏悔录［M］. 周士良，译 . 北京：商务印书馆，1963：4-5.

④ 毕尔格 . 主体的退隐［M］. 陈良梅，夏清，译 . 南京：南京大学出版社，2004：22.

⑤ 蒙田 . 蒙田随笔全集：第一卷［M］. 马振骋，译 . 上海：上海书店出版社，2009：92.

⑥ 蒙田 . 蒙田随笔全集：第三卷［M］. 马振骋，译 . 上海：上海书店出版社，2009：15.

⑦ 蒙田 . 蒙田随笔全集：第三卷［M］. 马振骋，译 . 上海：上海书店出版社，2009：21-22.

的，他对自我是不加以怀疑的，“自我”是一个先验的、无根的基本原则，而蒙田的怀疑是对自我的怀疑，是指向自身的怀疑，通过经验来肯定确实的、具有普遍一致性的“自我”；蒙田是自发性地从经验性的自我身上寻求确定性，而笛卡儿是从抽象之我、非经验之自我身上寻求确定性，“我们从蒙田和笛卡儿那里看到了两种明显不同的主体性概念。蒙田追求的是无休止地在自我身上获取经验的过程，而笛卡儿则在抽象的一般之我身上发现了一种确凿知识的基础”[①]。

笛卡儿无疑是近代哲学的标杆人物，是近代哲学的始祖。[②]笛卡儿的“我思故我在”，在历史上第一次建构了一个思维主体，这个思维主体是哲学的第一原理，是近代哲学的“阿基米德点”。与奥古斯丁“我信故我说”之信仰原则不同，笛卡儿不但不信仰，反而秉持怀疑原则，他通过普遍怀疑的方式来寻求可靠的东西，“我要在这条路上一直走下去，直到我碰到什么可靠的东西”[③]。笛卡儿把这个可靠的东西视为获得普遍知识的“阿基米德点”，这个“阿基米德点”是确定无疑的，它是一切可靠知识的根基。笛卡儿经过一番广泛的怀疑后，终于发现，尽管他可以怀疑一切，但唯独不能怀疑自己，“对一切事物仔细地加以检查之后，最后必须做出这样的结论，而且必须把它当成确定无疑的，即有我，我存在这个命题，每次当我说出它来，或者在我心里想到它的时候，这个命题必然是真的”[④]。而我是什么呢？“是一个思维的东西。什么是思维的东西呢？那就是说，一个在怀疑，在领会，在肯定，在否定，在愿意，在不愿意，也在想象，在感觉的东西”[⑤]。笛卡儿之所以为近代哲学的标杆人物还在于他通过“我思”证明了上帝的存在，“我在这里用来证明上帝存在的论据，它的全部效果就在于我认识到，假如上帝不存在，我的本性就不可能是这个样子，也就是说，我不可能在我心里有一个上帝的观念；我再说一遍，恰恰是这个上帝，我在我的心里有其观念”[⑥]。上帝的存在是笛卡儿思维主体逻辑推演的结果，他实现了人神关系的大逆转。“唯有笛卡儿在西方近现代哲学史上才是实施人—物关系和人—神关系大颠倒的‘哥白尼式’革命的第一人和哲学英雄”[⑦]。笛卡儿改变了人类卑微低下的历史，赋

① 毕尔格．主体的退隐［M］. 陈良梅，夏清，译．南京：南京大学出版社，2004：32.
② 罗素．西方哲学史：下卷［M］. 马元德，译．北京：商务印书馆，1976：79.
③ 笛卡尔．第一哲学沉思集［M］. 庞景仁，译．北京：商务印书馆，1986：22.
④ 笛卡尔．第一哲学沉思集［M］. 庞景仁，译．北京：商务印书馆，1986：23.
⑤ 笛卡尔．第一哲学沉思集［M］. 庞景仁，译．北京：商务印书馆，1986：27.
⑥ 笛卡尔．第一哲学沉思集［M］. 庞景仁，译．北京：商务印书馆，1986：53.
⑦ 段德智．主体生成论：对“主体死亡论”之超越［M］. 北京：人民出版社，2009：12.

予人类自信乐观的形象；人不再是受神任意支配的无知盲从者，而是可以认知世界，甚至可以推演上帝存在与否的积极性主体。古希腊的哲学家苏格拉底的“认识你自己”并没有建构起人的主体性，苏格拉底认为自然是神的安排、受神的支配，人没有能力去认识自然；人只能是神的谦卑的随从，否则就是亵渎神灵。笛卡儿建构的近代主体哲学被称为人类的第二次原罪，[①] 其原因在于人类获得了只有上帝才具备的认识能力。

与笛卡儿（1596—1650）几乎同时代的弗兰西斯·培根（1561—1626）对人的定位具有双重性：一方面人是消极被动的，“人作为自然界的臣相和解释者，他所能做的、所能懂的只是如他在事实中或思想中对自然进程所已观察到的那样多，也仅仅那样多：在此以外，他是既无所知，亦不能有所作为”[②]。另一方面却是积极主动的，他提出的口号是：知识就是力量，“人类知识与人类权力归于一；因为凡不知原因时即不能产生结果”[③]。当人类拥有知识，掌握了工具就可以解释自然，而他的新工具即经验归纳法。培根对人的定位尽管有消极的一面，但在那个时代提出人可以借助知识认识自然实属不易。知识成为人化被动为主动的媒介，为人之主体性的树立起到了摇旗呐喊之作用。

而真正对笛卡儿哲学予以继承发扬的当属德国古典哲学，康德被休谟从独断论的迷梦中惊醒后，对怀疑论予以改进，不仅仅是我是否要怀疑，而是要致力于我何以有怀疑的可能；也就是，不是追问人的先天综合判断是否可能，而是致力于先天综合判断何以可能。康德认为人的先天感性能力与经验相结合和先天知性能力与经验相结合均可以获得可靠的知识，通过对人的先验能力的划界初步证明了人的主体性地位。而康德对人之主体性确立的经典表述则是“人为自然立法”，不是主体去迎合客体，而是客体符合主体，“应当说明通过范畴先天地认识对象的可能性，无论它们怎样对我们感官出现，而且不是按照它们的直观的形式，而是按照它们的联结的规律来认识，因此也就仿佛是给自然规定规律，甚至是使自然成为可能”[④]。人为自然立法，将自然置身于人的知性认知的范畴，使得自然规律服从人的认知能力。这同样是一场哲学领域的“哥白尼革命”。“如果我们假定对象必须遵照我们的认识，我们在形而上学

---

① 《圣经·创世记》之三：人类第一次原罪是亚当、夏娃受蛇的引诱偷吃伊甸园的智慧之果而获得了认知能力，能辨识善恶。亚当、夏娃偷吃禁果，被上帝逐出伊甸园。

② 培根．新工具［M］．许宝骙，译．北京：商务印书馆，1984：7.

③ 培根．新工具［M］．许宝骙，译．北京：商务印书馆，1984：8.

④ 康德．纯粹理性批判［M］．李秋零，译．北京：中国人民大学出版社，2011：121.

的任务中是否会有更好的进展。这种假定已经与对象的一种在对象被给予我们之前就应当有所断定的先天知识所要求的可能性有更大的一致性。这里情况与哥白尼最初的思想是相同的。”[①]尽管康德认为人的理性不可能认识物自体，但人在道德的领域是自由的，在自然律与道德律的区分中，人尽管要受自然界必然性的限制，但在道德领域是没有限制的。在康德看来，人既是先验主体，又是道德伦理主体，使笛卡儿建构的抽象的怀疑主体更为充实饱满。

康德之后是费希特继承发展了主体性哲学原则，“他认为‘自我’是唯一的终极实在，自我所以存在，是因为自我设定自己；具有次级实在性的非我，也无非因为自我设定它才存在”[②]。费希特认为不是由物引起人的感觉，感觉是人对自己某种状态的感觉，“我在我自身感觉，不是在对象中感觉，因为我是我自己，不是对象；所以，我感觉到的只是我自己和我的状态，而不是对象的状态”[③]。费希特是近代主体性哲学中自我学本质最为明确的表达者，是对笛卡儿主体性哲学的继承与发扬。另外，在德国古典哲学家中谢林是不可不提的，罗素认为谢林尽管其为人“比较温厚近人，但其主观程度也不稍差”[④]。其同一哲学认为“自我是它自己的产物，既是创造者，同时也是被创造者”[⑤]。其同一律A=A的论证方式将自我假定为不证自明的东西，其主观性也是昭然若揭。

黑格尔作为德国古典哲学的终点，显然延续了主体性原则，黑格尔哲学中最为体现人之主体性原则的是：人之意志自由不能仅仅停留在抽象的层面，而应该具有现实性，人可以通过某种外化的形式实现自我。“尽管康德与黑格尔这两种哲学的形态不同，但它们在本质上却同属主体性哲学的范畴，都是通过对人、对理性与自由的本性的理解，来达到对现代性的建构——在康德那里，表现为人为自然与道德立法，在黑格尔那里，则表现为把握了现代社会的绝对知识或绝对精神在道德伦理、社会国家等领域实现自身的过程。”[⑥]自笛卡儿以来，哲学是一种二元结构，思维是思维，存在是存在，主体难以解释客体，而黑格尔确立的实体即主体则将二者融为一体，思维与存在是同一个东西，而宇宙即同一个东西的自我运动、自我发展与自我实现，即是绝对精神的自我运动、自我

① 康德．纯粹理性批判[M]．李秋零，译．北京：中国人民大学出版社，2011：14.
② 罗素．西方哲学史：下卷[M]．马元德，译．北京：商务印书馆，1976：262.
③ 费希特．人的使命[M]．梁志学，沈真，译．北京：商务印书馆，1982：37.
④ 罗素．西方哲学史：下卷[M]．马元德，译．北京：商务印书馆，1976：263.
⑤ 谢林．先验唯心论体系[M]．梁志学，石泉，译．北京：商务印书馆，1976：37.
⑥ 陈嘉明．现代性与后现代性十五讲[M]．北京：北京大学出版社，2006：43.

实现的过程，精神与自然的相互转化，合理性与现实性之间的相互印证。黑格尔的“实体即主体”实质上把康德之“人为自然立法”推向极致，并非人的知性经验为自然立法，而自然规律本身就是精神的法则，绝对就是精神。黑格尔哲学所呈现出的主体性显然超越了康德哲学，更超越了笛卡儿哲学的主体性。康德、笛卡儿哲学中人的主体性仅仅是某种可能的能力，某种可以怀疑一切的经验，而黑格尔哲学主体性则不同，其超越了“肉身”的限制，如同有某种超自然的力量可以在精神与物质、合理性与现实性之间自由转化。绝对精神自己认识自己、自己实现自己，作为主体的绝对精神具有一种不言而喻、不证自明的绝对性，它自身就是一种绝对实体——笛卡儿之主体性仅为相对实体而已。黑格尔哲学之主体性实属不同凡响。

主体性哲学的兴起，是一个相对漫长的过程。奥古斯丁的“我信故我说”与蒙田的“自我审视”是主体性哲学兴起的前奏与铺垫，而笛卡儿通过“我思故我在”建构了一个确定无疑的主体性基点，其是主体性范式的发端。而从康德到费希特，再到谢林，最后到黑格尔的德国古典哲学则给予主体性哲学最为完美的诠释，使主体性哲学达到顶点。

二、主体范式的衰退

（一）主体范式的危机

物极必反，主体哲学的范式到黑格尔基本上到达顶点。之所以说是基本上到达顶点，就是在黑格尔之后出现了叔本华的意志哲学，而叔本华的哲学具有双重性：一方面是主体哲学的延续，另一方面，叔本华出现不同的声音，在叔本华哲学里有对主体哲学的反动的成分。叔本华对康德比较欣赏，他采用了康德现象与物自体的区分，他认为物自体就是意志，“一切表象，不管是哪一类，一切客体，都是现象。唯有意志是自在之物”[①]。叔本华认为，世界是我的意志的表象，“主体就是这世界的支柱，是一切现象、一切客体一贯的经常作为前提的条件；原来凡是存在着的，就只是对于主体而存在”[②]。世界为主体而存在，而主体是世界的前提与条件，内含着深刻的主体性。但叔本华认为人一半为主体，一半为客体；作为认识者人是主体，作为被认识的对象人的身体即客体。叔本华将世界分为意志与表象——意志属于自在之物，它是自由的，而这个

① 叔本华 . 作为意志和表象的世界［M］. 石冲白，译 . 北京：商务印书馆，1982：165.

② 叔本华 . 作为意志和表象的世界［M］. 石冲白，译 . 北京：商务印书馆，1982：26.

世界中的所有的现象都是意志的客体性。作为现象的事物，作为客体都是必然的，是因果链中无可避免地要处于被决定的位置。而人与大自然其他任何部分一样都是意志的客体性，只不过人是意志最完善的现象罢了。既然人成为意志的客体，成为因果链中被决定者，因而，人的主体性地位被根本性地动摇了。叔本华认为，人不过是意志的工具，受意志的支配；意志不服从理性的制约，人自己有时都并不知道自己行事的真实动机。叔本华这种“人受命运摆布”的悲观主义人生观恰好证明人的主体性正在丧失。

笛卡儿的主体性哲学遭遇哲学的语言学转向后，受到了致命的打击；主体范式与语言哲学似乎是不能共存的对立物，语言哲学的产生是以主体哲学的消亡为代价的。笛卡儿的主体性原则受到维特根斯坦语言哲学的强力批判，笛卡儿之“我思故我在”是主体性原则的“阿基米德点”，其“思我”与“我思”是两个维度。笛卡儿的“思我”，即反思之我，作为一个能怀疑的我是自我确证的自我；至康德则是先验的我，同样是不证自明的；费希特的“自我设定自身”与黑格尔之“绝对精神”的自我实现，主体性哲学之主体俨然是一种自给自足、自我确证的所在。而“我思”则是关于主体的本质规定性，理性思维是主体的基本内涵；主体是主语，则理性思维与认识活动是谓语。主体是空洞的，要靠谓语来填充，“我思”与“思我”实际上是相互型塑、循环论证的套路。主体凭借理性思维可以论证上帝之存在，从而实现人神颠倒，可见，笛卡儿对理性思维是推崇之至的。但是，维特根斯坦从两个维度瓦解了笛卡儿之主体性哲学，一方面，维特根斯坦消解了笛卡儿之“思我”这一主体；另一方面，消解了其“我思”这一理性思维的可能性。维特根斯坦认为主体不属于世界，而仅仅为一个界限，就如同眼睛不属于视域一样。哲学之我不是指人，既不是人的身体，也不包括心灵。这样笛卡儿哲学中那个“能思之我”被消解了。就“我思”而言，维特根斯坦将笛卡儿之哲学的一部分内容划归为“不可言说的”范围。维特根斯坦认为除了自然科学的命题是可以言说的外，其他的都与哲学无关，不可言说；对那些神秘的东西，我们必须保持沉默，不可以言说，它们自己显示自身。[①] 显然，自笛卡儿以来的主体性哲学言说的范围远远超出了自然科学的范围，他们谈论了道德、宗教这些不可言说的部分，这是维特根斯坦所要反对的。通过对笛卡儿主体性哲学之“思我”与“我思”两个维度的批判，主体性哲学之

① 维特根斯坦．逻辑哲学论［M］．贺绍甲，译．北京：商务印书馆，2011：104.

基础被削弱了、合法性被动摇了。

上一章谈到过维特根斯坦属于分析语言哲学，而海德格尔属于人文主义语言哲学（欧陆语言哲学），尽管套路有所不同，但反主体性哲学之套路是相同的。海德格尔认为笛卡儿建构了一个无根的自我，建构人与世界的对立与隔离，仿佛是先把人从世界中提走再讨论“孤立之自我”与“提走了人的世界”之间的关系。笛卡儿建构了主体与客体的二元对立并且将主体“君临”于客体之上，而海德格尔则化解了笛卡儿哲学中主客对立的关系。海德格尔认为，人与世界是源始地在一起的关系，是一种内在的、浑然一体的关系，而非外在的对立关系。人依寓于世界之中，而不是君临于世界之上。海德格尔以“此在与世界”替代“主体与客体”，将高高在上的主体之人性降格为与世界具有同根同源关系之人。海德格尔同样否认作为主体的人的认识客体的能力，也否定了主体性哲学的真理观；真理不是主体哲学的主观认识与客观相一致的“符合论”，而是“如林中空地”般的真理自我显现，海德格尔的真理观是“去蔽论”。真理之自我显现表明真理无须借助主体来揭示，人的主体性作用被否弃；主体的理性思维成了被废弃的“武功”，而主体被还原为一个空洞无物的主语。

如果叔本华、维特根斯坦和海德格尔对笛卡儿以来的主体性哲学的消解还只是一种隔空喊话的理论虚设的话，那么，弗洛伊德的精神分析则给主体哲学予以直接的冲击。我们知道主体的关键性功能是“我思”，理性思维是主体的最根本的本质规定性。但弗洛伊德的精神分析则完全否定人的自我意识，从而也就动摇了主体哲学的根基。弗洛伊德认为人的心理之常态不是意识而是潜意识，“精神分析所提出的第一个令人不快的主张是：心理过程自身是潜意识的，并且整个心理生活只有某些个别不快的活动和部分才是意识的”[①]。这就完全颠覆了主体哲学的人是理性思维的主张，弗洛伊德通过精神分析发现潜意识是人的常态，而意识却是偶然状态；人并不是受理性之支配，而是受非理性的支配。他认为，“在我们所谓自我的生活中表现出来的行为基本上是被动的，正如他所表明的，我们是在不知道的、无法控制的力量下生活着”[②]。弗洛伊德这些主张似乎在佐证叔本华的论点：人是意志的工具，受意志的摆布而并不能理性地安排自我。与叔本华的意志略有不同的是，弗洛伊德认为人是受性

---

① 弗洛伊德．精神分析引论［M］// 车文博．弗洛伊德文集：4. 张爱卿，译．长春：长春出版社，2004：11.

② 弗洛伊德．自我与本我［M］// 弗洛伊德文集：6. 杨韶刚，译．长春：长春出版社，2004：125.

欲的支配，无意识的生命冲动或性欲（libido）是人的全部行动及心理活动的内在驱动力。弗洛伊德主张泛性欲主义的理论，是性欲的本体论者。弗洛伊德的精神分析从内部瓦解了主体哲学的心理主义，直接撕开了披在理性主体身上的神秘面纱。

从以上叔本华、海德格尔及弗洛伊德的理论中也许依稀还有主体的幽灵在徘徊，但到了结构主义理论时，人的主体性就完全消失殆尽。在结构主义的时间为零（T=0）的基本规定性的理论框架下，人是完全没有生存空间的——因为作为主体的人必须在有时间和空间的前提下才能展开。利科将结构主义归结为无先验主体的康德哲学，而福柯将之归结为无作者之思想、无主体之知识。① 结构主义不是与主体哲学的简单对立，而是与主体哲学相绝缘，是一种排斥主体的反人道主义哲学。结构主义将结构上升为自给自足的系统，它可以实现结构的自我转换；结构不是人类对事物强加的东西，乃是人类无意识之产物。人对于结构而言只是一种功能性表达，正如列维 - 斯特劳斯所说的不是他写书，而是书借助他而来；作者是一个位置性功能，书之产生是必然的，而作者是谁却是一个偶然事件。结构是决定性的因素，索绪尔认为语言决定个别的言语；列维 - 斯特劳斯认为亲属关系是由整体的亲属结构决定的；阿尔都塞认为是结构而不是历史过程赋予范畴以意义，生产总是指在一定阶段的、有结构的社会整体之中的生产。结构主义理论家所有理论论述都没有时间的维度，都是在时间为零的静态结构中进行整体性阐述的，整体比部分、结构比主体在逻辑上具有无可辩驳的优先性。

（二）主体的死亡

自尼采宣布“上帝之死”后，哲学上充斥着死亡的情结，继而有福柯的“人之死”、巴特的“作者之死”。这些主体的死亡标志着主体范式的彻底破产，是宣告主体死亡的正式“讣告”。

1. 尼采的“上帝之死”

尼采宣布“上帝之死”有其必然性，他在青年时代创作《悲剧的诞生》时在笔记中写道，“我相信原始日耳曼人的话：一切神都必然要走向死亡”②。尼采借疯子之口宣布上帝死了，疯子大白天提着灯笼，声称是我们把上帝杀了，咱们大伙都是凶手，上帝死了，而我们是最残忍的凶

---

① 布洛克曼 . 结构主义：莫斯科 — 布拉格 — 巴黎［M］. 李幼蒸，译 . 北京：商务印书馆，1980：13.

② 海德格尔 . 尼采的话“上帝死了”［M］// 林中路 . 孙周兴，译 . 上海：上海译文出版社，2004：228.

手。[①] 作为创造了世界与人类的万能的上帝，何以可能被人杀死？尼采惊世骇俗的观点是：上帝是人类的作品。尼采说："兄弟们哟，我所创造的上帝，是一件人工品，是人的妄想，如同诸神一样！他是一个人，仅是一个人和自我可怜的碎片，真的，这种鬼魂是从我自己的灰烬和热焰中引出来的。他不是从彼岸中来的。"[②] 不是上帝创造了人，而是人创造了上帝，而且是从人的灰烬中引出来的可怜的片段。既然上帝只是人类的产品、一个被构造的"客体"，那么上帝就有可能被杀死、被毁灭。康德将上帝归结为道德公设，"道德原理只有在预设一个具有最高完善性的世界创造者的前提下才允许这一概念是可能的。世界创造者必须是全知的，以便在一切可能及在一切将来都对我的行为直到我意向的最深处都加以认识"[③]。而费尔巴哈对基督教本质的论述则是尼采之先导，费尔巴哈在其著作《基督教的本质》中论述，上帝的本质就是人自己的本质，人将自己对象化，把自己的本质当作别的本质而成为对象，"人认为上帝的，其实就是他自己的精神、灵魂，而人的精神、灵魂、心，其实就是他的上帝"[④]。人对上帝的这一偶像的膜拜，实质上是对自己的本质的膜拜。说到底，上帝是人将自身对象化的产物，人是上帝的创造者。"上帝是人的产物"这是上帝可以被杀死的前提条件，如果上帝真是三位一体、死而重生的万能的神，上帝之死就是一件不可能发生的事件。尼采正是基于上帝是人类的构造品和臆想的东西，是人类精神与心灵的碎片，是人类自身本质的对象化，来说明上帝并非无限与永恒的，而是有限与短暂的，上帝之死由此才成为可能。

尼采的"上帝之死"是否直接意味着主体哲学的死亡呢？尼采在《查拉斯图拉如是说》第一部分结尾时说："诸神都已死了，现在我们只愿意超人之生。"[⑤] 上帝死了，而超人来了，显然，尼采的"上帝之死"并不是主体的终结，而只是形而上学的最终完成。海德格尔认为，"按照尼采的看法，作为现代形而上学的原则，确定性惟有在强力意志中才真正找到了根据；当然，这里假定了一点，即，真理是一种必然的价值，确定性是真理的现代形态。这就表明，何种程度上可以说，在尼采关于作为一切现实的本质的强力意志的学说那里，现代的主体性形而上学达到完

① 尼采．快乐的科学［M］．黄明嘉，译．桂林：漓江出版社，2000：151.

② 尼采．查拉斯图拉如是说［M］// 尼采文集．楚图南，译．北京：改革出版社，1995：145.

③ 康德．纯粹实践理论批判［M］．邓晓芒，译．北京：人民出版社，2003：191.

④ 费尔巴哈．基督教的本质［M］．荣震华，译．北京：商务印书馆，1984：43.

⑤ 尼采．查拉斯图拉如是说［M］// 尼采文集．楚图南，译．北京：改革出版社，1995：189.

成”[①]。尼采的“上帝之死”伴随“超人之生”，主体并未消亡。但是，“上帝之死”确实也存在着主体的死亡——上帝是人的对象化、上帝的本质就是人的本质，杀死上帝就是杀死了被上帝观念所禁锢的世人（末人）。人何以要杀死上帝？乃在于进行价值重估——人是未完成、未定型的动物，只有不断地破坏，才能不断地创造。人要想成为人自身就必须不断进行价值重估，作为旧的价值体系的维系者上帝也就成为必须加以颠覆的首要目标。末人是上帝之死的陪葬者，超人之生是以末人之死为代价的。不管怎么说，尼采的“上帝之死”尽管没有导致主体的消亡，反而导致强力意志之超人的诞生，但毕竟杀死了旧有的价值体系所维系的那一批末人。尼采开创了主体死亡的先例，而真正意义的主体死亡即“人之死”则是由福柯来宣告的。

2. 福柯的“人之死”

继尼采宣布“上帝之死”后，福柯宣布了“人之死”。尼采宣布“上帝之死”的实质也是宣布了“人之死”，只不过是“末人之死”——属于上帝价值所维系的神学时代的“人之死”。上帝的本质就是人的本质，上帝是人的自我本质的对象化；上帝之死，实质也是人之死，“人和上帝有着奇特的亲缘关系，他们是双生兄弟同时又彼此为父子；上帝死了，人不可能不同时消亡，而只有丑陋的侏儒留在世上”[②]。但尼采在宣布上帝之死时，欢呼超人的诞生，而笛卡儿至康德建构的主体性哲学中那个确定无疑的、先验的主体或自我即具有超人的影子——“自我”是君临于天下的主体。如果说上帝是神学时代的偶像与精神领袖，那么，确定的、先验的人则是理性时代的偶像与精神领袖。人是上帝离场之后的填充物，是人类杀死上帝后重新树立的偶像，是价值重新评估后的新构思。

尼采以“上帝之死”的名义宣布了“末人之死”，而福柯则宣布的是人类新的构思的“人之死”。福柯认为人作为人类的新构思还不足200年，在18世纪末之前人并不存在。[③]作为人的构思，人在一个半世纪前才开始显现出来；人是知识的基本排列发生变化的结果，并且，人已接近终点。人将被抹去，如同大海沙地上的一张脸。[④]在福柯看来，人的产生是基于知识类型之变更，他根据词与物的关系归纳了四种知识类型：

① 海德格尔．尼采的话“上帝死了”［M］// 林中路．孙周兴，译．上海：上海译文出版社，2004：252.

② 福柯．人死了吗［M］．马利红，译 // 杜小真．福柯集．上海：上海远东出版社，1998：80.

③ 福柯．词与物：人文科学的考古学［M］．莫伟民，译．上海：上海三联书店，2001：402.

④ 福柯．词与物：人文科学的考古学［M］．莫伟民，译．上海：上海三联书店，2001：506.

（1）16世纪文艺复兴时期是相似，是词与物的统一；（2）17、18世纪古典时期是再现，词与物是再现关系，能指与所指达成一致；（3）19世纪词不再再现物，而是表示人对物的关系，表现为追根溯源与探寻事物背后的本质；（4）而在当代，词只表示其他词，词作为自给自足的符号体系仅为内部的自我指涉。福柯认为在文艺复兴时期与古典时期“词”具有强大的特权，占据了知识的核心位置，而19世纪的现代知识型是人占据了中心位置，才有人的概念。文艺复兴时期的知识充斥大宇宙、小宇宙的概念，古典时期视人为一种自然的物种，没有人的概念，只在现代的分析中才产生了现代人。[①] 自康德以来，人类学处于先验与经验的二元迷雾之中，作为确实的、连续的主体历史是人类的栖息之处与安睡之地，但精神分析、结构语言学的产生，使作为现代知识型支撑点的“人”受到质疑，取而代之的是结构无意识。有限的人不可能承载无限的建构，人作为新近的构思，“老”得是如此的快，将如同沙滩上那张脸，顷刻便消失殆尽。福柯在这里宣布了“人之死”，是对笛卡儿建构的主体性哲学的批判与反动。笛卡儿建构的主体性哲学就是理性主义压制非理性主义、大写的理性以独白的方式压制所有敢于对抗理性的东西、对癫狂等所谓的非理性予以禁锢与排斥以建构理性的秩序和价值观念，而福柯宣布“人之死”，就是对独白式理性的否定、对大写主体的否定，就是宣布作为确定无疑的基础的主体的死亡，宣布作为历史、知识与自由的本源的主体终结。

尼采的“上帝之死”与福柯的“人之死”具有同义之处：都是人之死；而不同之处在于尼采指的是“末人之死”，而福柯所指是大写的“理性主体之死”。尼采以酒神对抗日神，以强力意志非理性对抗上帝维系的价值体系，以主人道德替代奴隶道德；而福柯是以结构无意识来对抗理性、来消解大写的主体。福柯以宣布“人之死”的方式宣告了主体性哲学范式的破产。

① 刘北成. 福柯思想肖像［M］. 北京：北京师范大学出版社，1995：131.

第二节　主体范式衰退对作者中心主义的影响

巴特宣布“作者之死”是福柯的“人之死”在文学领域之延伸，同时也是结构主义理论在文学领域的运用。巴特否定作者的创造性，而将作者的创作归结为一种无限远隔的模仿；也否认了作者是作品的起源，而认为文本是一个具有无数源点的“编织物”。文学领域的“作者之死”对著作权作者中心主义造成巨大的冲击：“作者之死”意味着著作权中作者的精神权利与作品之独创性的终结。

一、巴特的《作者之死》及隐喻

（一）《作者之死》的内容[①]

《作者之死》是巴特 1968 年的作品，其文不长，但内容丰富、意味深远，其基本内容如下：

（1）写作即是使主体销声匿迹，作者步入死亡，而写作也就开始。一件事一经叙述就脱离了现实，不再对现实发生作用，是无对象的目的而不具有任何实际功用。巴尔扎克的《萨拉辛》如此谈到男扮女装的阉割男子，“那是一位女人，她经常突然露出惊怕，经常毫无理智地表现出任性，经常本能地精神恍惚，经常毫无原因地大发脾气，她爱虚张声势，但感情上却细腻而迷人”[②]。为何如此言说？是主人公，还是作者巴尔扎克？是因为作者的个人经验，还是因为女性哲学之理念？是普遍的智慧，还是浪漫色彩的心理？而这些都是不能加以确定的。而实际上，写作就是对起因的破坏。

（2）作者不是从来就存在的，作者是位近现代人物。在人种志里，叙事不是由作为作者的个人承担，而是由讲述人承担。启蒙运动后，法国的理性主义及个人对改革之信仰发现了个人之魅力，发现了“人性的人”。于是，文学方面赋予作者以更多的关注：人们探求作者的传记、关注作者个人历史与兴趣爱好。文学批评总是从生产作品的人一侧寻求对作品的解释：把波德莱尔的作品视为其个人失败的记录，而视凡・高的

---

①　参考《作者之死》英文版：BARTHES，R. The death of the author［M］//Image，music，text. HEATH S，trans. New York：Hill and Wang，1977: 142-148. 中文版：巴特 . 作者的死亡［M］// 罗兰・巴特随笔选 . 怀宇，译 . 天津：百花文艺出版社，2005：294-300.

②　巴特 . 作者的死亡［M］// 罗兰・巴特随笔选 . 怀宇，译 . 天津：百花文艺出版社，2005：294.

作品为其疯癫的记录。

（3）是言语活动本身在说话，而不是作者。陈述过程是一个空的过程，它可以在没有个人充实的情况下自行运转。超现实主义让手尽快地写作，写连脑袋都不知道的事情，可以接受多人共同写作的原则，从而使作者的形象失去了神圣性。

（4）以前的作者与作品之间是父与子的关系，作者先于作品，而现在作者与作品是同时态的关系。写作不再是一个记录、再现或确认的过程，而只是一个性能表现，是自我陈述式的自言自语式的大声说话，如同国王的“我诏示”。现在的抄写者埋葬了作者，不再有手赶不上思想或激情。

（5）书本本身仅仅是一种符号织物，是一种无限远隔的模仿。文本是多维空间、多种写作相互结合与争执，但没有一种是原始写作，文本是由各种引证组成的编织物，有成千上万的源点。作家只能模仿一种总是在前的但又从不是初始的写作，作者不再有激情、情感与个性。写作是分清而不是破译什么，“结构可以在其每一次重复和其每一个阶段上被后续、被编织，然而，却没有底，写作空间需要走遍，而不可穿透”①。

（6）读者的诞生以作者的死亡为代价。文本是由双重意思的词构成的，文本是多重力量汇聚一处，在此交汇点的不是作者，而是读者。文本整体性不在于起因之中，而在于目的之中，而这个目的性又不是个人性的：读者无历史、无生平与心理。古典文学中只有作者，没有读者，而现在为了写作有未来则要颠倒作者的神话，读者的诞生要以作者的死亡为代价。

（二）“作者之死”的理论分析

1. 是福柯“人之死”在文学领域的延伸

从尼采的“上帝之死”到福柯的“人之死”再到巴特的“作者之死”，具有理论上的连续性，尤其是巴特的“作者之死”与福柯的“人之死”之间更具有相似性，“作者之死”是“人之死”在文学领域的翻版。无论是上帝还是人，还是作者都是人的构思、人类本身的创造物。尼采说人的精神与灵魂就是上帝；福柯认为人是人类近期的构思，存在时间不足200年；而巴特则认为作者是近现代人物，是法国理性主义发现了人性魅力，将作者的个性赋予作品，由此建构作者的神话。“上帝之死”在于价值的

① 巴特．作者的死亡［M］// 罗兰・巴特随笔选．怀宇．译．天津：百花文艺出版社，2005：300.

重估，人作为未定型的动物必须不断地创造，只有破除旧的价值体系才能建构新的价值体系。上帝作为旧体系的象征必然被杀死；而人作为理性的动物压制着非理性，人类安睡在连续的、整体的历史之中，而精神分析、语言结构主义则将理性予以否定。人的作用表现为结构功能，“人之死”的必然性在于时间为零的静态结构中没有人的生存维度；而“作者之死”的原因在于文本的意义源于读者，而不是作者。读者取代作者是写作的必然，是打破作者神话的必然结果。三者的相同之处都颠覆了旧有的价值象征：上帝代表了神时代的价值观念，人是理性的化身与象征，而作者是文本意义的象征。而他们的相继死亡，就是新旧价值体系的相继更替。

2. 属于结构主义文学理论的范畴

福柯在《词与物——人类科学的考古学》中宣布了人的死亡，人将如同沙滩上的一张脸一样消失，了无痕迹。《词与物——人类科学的考古学》在出版早期被人认为是一部结构主义作品。在强调事物关系上，福柯受过结构主义者列维 - 斯特劳斯与拉康的影响。[①] 尽管福柯否认它是结构主义作品，但就人之死而言，乃是从结构主义角度而言的，福柯认为19 世纪词不是再现物，而是人对物的关系，人是词的意义与本源；在语言哲学兴起之时，词不再指向物，而是自我指涉的封闭体系。结构语言学的产生使作品话语成为无主体之思想，成为结构无意识的功能性表达，因此，笛卡儿哲学建构的思维性主体被结构主义完全消解了。巴特的《作者之死》同样是结构主义背景下的理论推演的结果，而巴特的早期的作品《写作的零度》就是一部结构主义作品，认为文学就是语言的乌托邦，写作是独立自足的系统，是一种自我指涉符号体系。他主张一种零度的写作方式：不在写作过程中作出个性化情感的表达，而只做一个绝对的写者——仅受语言结构支配。《作者之死》就是对《写作的零度》中结构主义理念的重申与再确认：（1）作品文本是无限、无底的编织物，写作是无限远隔的模仿；（2）文本不是作者在写作，而是语言的自我陈述、自行运转；（3）作者不再是文本的本源，文本是由成千上万的源点交汇而成的；（4）文本是结构的无意识的产物，作者是结构的功能载体。作者消失在无边无底的文本编织物的结构之中，结构已然埋葬了作者。

（三）“作者之死”的隐喻

巴特的“作者之死”，不是指作为生物体的作者的肉身的死亡，而是

① 福柯．词与物：人文科学的考古学［M］. 莫伟民，译．上海：上海三联书店，2001：15（译者序部分）.

指作为作品的创造者、作为作品意义的本源的消解，“作者之死”的隐喻在于：

（1）作者并非作品的创造者。文本是语言的自我建构，是话语本身在说话；陈述是一个可以脱离作者个人的空的过程，没有作者的填充也可以自行运转。巴特认为文本是一张无边无底的编织的网，它有无数个源点，作者之写作只不过是无限远隔的模仿；不能从作者个人传记、个性特征中寻求作品的意义，作品不是作者个性人格的反映。质言之，作品不是由作者所创造，而是文本自行构造的产物。

（2）作者并不先于作品。在浪漫主义的作品观看来，作者与作品的关系是父与子的关系，作者总是先于作品而存在的。而巴特认为，作者与作品是同时态的关系，作品不是对作者个性的再现，也不是对作者内在素质的描绘；现代的抄写者只是文本功能性的表现，他仅仅是文本的主语，“除了陈述过程的时态，没有其他时态，任何文本都永远是此时和现在写作的”[①]。手的速度可以赶得上激情的速度，而所谓激情无比、思想深邃的作者被功能性的抄写者所取代。

二、作为法律主体的作者：被建构的主体

（一）“作者”的法律之路

彼得·施恩克认为，“自我不可能是一个独立自足的实体；它纯粹是一个社会、文化、历史和语言的创造物”[②]。尼采认为上帝是人类自身的对象化的产物、人类的构思；福柯认为，理性的“人”也是人类近期的构思；巴特同样认为作者是一个近现代人物，是文学领域的神话。同理，在法律文化上作者概念同样是人类的构思，是特定时代的产物。既不是因为有事实上写作的作者，也并不是因为存在有关印刷书籍的法律，就一定会产生著作权意义的作者，“事实上写作的作者”成为“著作权意义上的作者”是一个漫长的历史过程。

1. 事实写作时代的作者：神或传统压制下的创作者

在神学时代，尽管有事实上的写作行为，但作者本身及整个社会的观念并没有接受作者的独立创作行为，作者的创作只能在神明的启示之下才可进行，或者创作只是后人对前人的古典著作的价值重述。在荷马

---

① 巴特．作者的死亡［M］// 罗兰·巴特随笔选．怀宇，译．天津：百花文艺出版社，2005：298.

② SCHLAG P. Understanding postmodern thought and its implications for statutory interpretation［J］. Southern California Law Review，1992，65：2505.

时代，诗人们都是向缪斯女神祈求创作的灵感，才能开启诗的创作。[①]柏拉图认为诗人是靠神赐予灵感才能创作，没有灵感、没有陷入一种癫狂的状态是不能创作的。诗人是长有羽翼的神明的东西，诗人们说出优美的句子全靠诗神的驱使，而不是靠技艺，“诗人并非借自己的力量在无知无觉中说出那些珍贵的句子，而是由神凭附着来向人说话”[②]。诗人完全依附于神来创作，根本无创作的独立性。柏拉图认为文学艺术是对现实的摹仿，而现实是对理念的摹仿，“彼专事摹仿之诗人。实与此辈同病。其与真理相距。亦有三级之隔”[③]。而亚里士多德也认为艺术是摹仿，“史诗和悲剧、喜剧和酒神颂以及大部分双管箫乐和竖琴乐——这一切实际上是摹仿，只是有三点差别，即摹仿所用的媒介不同，所取的对象不同，所采的方式不同”[④]。作为一种摹仿的技艺，创作的价值被贬低而不为世人所认可。

而在中国古代，创作同样不被认为是独立的创造，而是要回到传统中寻求合法性价值。孔子说“述而不作，信而好古”[⑤]。孔子与西方的苏格拉底一样都没有自己的著作，而留存于世的是他的言语记录——只对古典著作予以编纂与重述表明孔子对先贤与传统的尊重。中国文学对历史的重述是文学得以可能的基本方式，“在历史的演化过程中，通过对中国文学，尤其是中国古典诗歌的积累，中国文学形成了使用典故与重述古籍的传统”[⑥]。只有依附神灵才能创作的作者，仅仅是对理念予以摹仿而与真理隔了三层的作者，只能对历史予以重述、对古籍的价值进行重新提炼的作者，尽管是事实的执笔人，但由于缺少独立性而不能称为完全创作的作者，而只能是一个代行记录的“写者”。

2. 特许时期的作者：公权审视下的写者

在特许时代是有“版权”而无作者。版权是随着印刷术的出现而产生的，“无论东西方的知识产权法学者，都无例外地认为版权是随着印刷术的采用而出现的”[⑦]。而中国在唐宋时期就有了印刷术，因此，依版权与印

① 赫西俄德．工作与时日・神谱［M］．张竹明，蒋平，译．北京：商务印书馆，1991：26.

② 柏拉图．伊安篇［M］．朱光潜，译//伍蠡甫，胡经之．西方文艺理论名著选编：上卷．北京：北京大学出版社，1985：7.

③ 柏拉图．理想国［M］．吴献书，译．上海：上海三联书店，2009：286.

④ 亚里士多德．诗学［M］．罗念生，译//伍蠡甫，胡经之．西方文艺理论名著选编：上卷．北京：北京大学出版社，1985：42.

⑤ 《论语》第七章，述而篇。

⑥ ALFORD W. To steal a book is an elegant offense：intellectual property law in Chinese civilization［M］. California：Stanford University Press，1995：26.

⑦ 郑成思．版权法：上［M］．北京：中国人民大学出版社，2009：2.

刷的关联性原理，西方的版权历史可追溯到古登堡的活字印刷机的发明，而中国的版权历史可以追溯到唐宋时期。郑成思先生认为中国宋朝有版权制度，我国宋朝时期就有禁止他人私自翻印的版权标记，并有“追板劈毁”的制裁措施。[①]但安守廉认为尽管中国宋朝就有类似版权的规定，但并不能就此认为它是一种版权制度，宋朝的出版审查制度的主要功能在于阻止复制国家专用的材料以及防止异端邪说的出现，“更准确地说，对出版物的审查、对载有异端邪说印刷品的严格管控，更多是为了对思想的传播予以管控，而不是为作者、书商、印刷机构等主体来建构所谓的知识产权”[②]。

不仅仅是中国，在西方国家所谓的版权制度也是一种对思想予以控制的特许制度。在英国，16 世纪早期，英国官方挑选其可以信任的印刷商来出版书籍，由效忠王室的印刷商来独占经营，其具有控制向英国进口出版物的特权。[③]无论中国还是西方国家，在特许权时代，尽管有关于印刷复制的规定，但其法律的目的主要在于自上而下地对思想进行控制，是一种公法思维模式，而不是一种保障个人权利的私法思维模式。这段时期的作者主要不被认为是作品的积极创造者，而主要是“异端思想”的消极责任者。

3. 著作权时代的作者：作为私权利主体的创作者

英国 1710 年《安妮女王法》的颁布出台，标志着著作权意义的作者的产生。该法的作者概念具有现代著作权法作者概念的蕴涵，而该法的产生过程实际上也是建构著作权法意义上的“作者”的过程。英国 1662 年制定了《关于禁止印刷煽动、反叛或未经许可的图书和手册，规范管理印刷和印刷业的法令》，其又简称为“许可证法”（the Licensing Act），该法令赋予书商控制出版图书的合法地位，但其有效期仅为两年，尽管一直在续期，但至 1695 年未能延续它的效力。1707 年书商改变策略，将重点从合法控制图书审查转移到作者个人的“文学财产权”（literary property）。书商主动退让法律的主要位置，让作者走到历史前台，正是书商这一妥协退让，成就了划时代的大事件。英国终于在 1710 年制定了《将印刷图书的版本在一定期限内授予作者或买受人以激励知识创作的法

① 郑成思 . 版权法：上［M］. 北京：中国人民大学出版社，2009：4-5.

② ALFORD W. To steal a book Is an elegant offense：intellectual property Law in Chinese civilization［M］. California：Stanford University Press，1995：16.

③ 肖尤丹 . 历史视野中的著作权模式确立：权利文化与作者主体［M］. 武汉：华中科技大学出版社，2011：84.

案》即《安妮女王法》。

这不是书商的一时心血来潮的偶然事件，而是具有深刻的时代背景。当时经过启蒙运动，理性主义建构了人的主体性原则，增加了人的自信心；洛克的劳动学说也为作者之创作获得财产权提供了理论依据；天赋人权的自然权利观念也是促成作者观念形成的重要力量，书商顺应潮流，建构了现代版权法上的作者。如果说1710年《安妮女王法》是作者开始登上历史舞台的标志的话，则法国1791年《表演权法令》与1793年《作者权法令》则标志着作者占据了舞台的中心。尽管作者对出版商还存在一定依附关系，但作者俨然是版权法这座神庙中的神像，没有作者的神圣权利，版权法将无所依托。至此，事实上的作者与法律上的作者才合二为一，完成了从“事实判断”到“价值判断”的飞跃、从“写者”到“作者”的身份转换。

（二）法律概念“作者”的核心价值：作者身份

著作权法上的作者概念不是一个简单的事实描述，而是对价值观念的构造。版权绝对不只是对一份书稿的复制，而是围绕作者而展开的系列动作；没有对作者个人身份的认同，就没有现代的版权制度与著作权法。作者身份的建构是现代著作权法的逻辑起点。

1. 作者身份意味着作品的意义本源

没有作者的作品成了无本之木、无源之水。作者如同作品的父亲，作者与作品之间有亲密的血缘关系，正是基于这种血缘关系，现代著作权法才能建构作者的文学财产权的合法性基础。作品不是神赐灵感的偶然所得，也不是对现实的机械模仿，而是作者的独立构思、独立创作而成；作品是作者劳动的成果、作者人格的延伸。作者与作品的亲密关系必然要求作者对作品予以全面支配、控制，作者对作品而言就是意义的源头和需求探究的本质根据。

2. 作者身份的独立性是出版商取得出版权的可靠基础

没有作者的身份的独立性与神圣性，出版商的出版行为就缺少合法性依据。出版商就像庙宇的神职人员，如果没有作者这尊神像，他们就无法展开任何活动。而只有作者在法律上取得完整的权利后，出版商才能利用自身的经济优势从作者手里获得出版书籍的权利；而作者的权利越是完整，出版商就越是能从作者手里取得完整的权利。作者权利是所有著作权游戏的原动力，赋予作者天赋的自然权利能使作者权利具有更为可靠的合法性基础。尽管英国书商历史上为作者权利的振臂一呼不是仅为作者而图谋，更多是在为自身的利益而策划，但客观上建构了神圣的作者身份。

3. 作者身份的确认是作者权利得以扩展与延续的基础

作者身份在版权法中的确立是作者权利的原始基础，如果作者身份本身没有被确立，那么作者权利就会缺乏合法性基础，作者权的扩展因缺少动力而将行而不远。法国大革命期间诞生的作者中心主义确立了作者的身份，使作者披上了神圣的外衣，这是作者权利得以持续扩展的重要法宝。作者拥有物质和精神方面的双重权利，由此建构起来的著作权主体有如天授神权的“真命天子”，它是天命所归，而不是一个权利的武力征服者。作者权利种类与时俱增，以及作者权时效之持续增加都是缘于作者身份之确立；神圣的作者身份是作者中心主义著作权法的核心价值，也是著作权得以持续发展的原动力。

三、“作者之死”对著作权作者中心主义的启示

（一）精神作者的死亡

“作者之死”意味着精神上的作者之死亡，而非肉身的作者的死亡。如果肉身的作者已全部死亡，也就意味著作权法将面临历史的终结；而精神上的、人格意义上的作者的死亡则意味着披着神圣外衣的作者的死亡与终结。巴特认为作品并非作者的个性的反映，作者的精神人格并没有渗透到作品之中来。作者已退化为失去内在精神的抄写者，“继作者之死，抄写者身上便不再有激情、性格、情感、印象，而只有他赖以获得一种永不停歇的写作的一大套词汇”[①]。文本话语是脱离作者的自我运转，作者并不能驾驭作品，而是作品按自身的逻辑自我型构。也就是说，作品是自给自足的封闭体系，是向内的自我指涉；作者对作品而言是不存在的，作者从这个角度而言已经死亡。精神上的作者死亡意味着作者在著作权法中所获得的精神权利失去了合法性基础。

（二）天才作者与独创性的终结

“作者之死”意味着天才式作者的死亡、作者的独创性的终结。独创性是作者得以获得文学财产权的合法性根源，独创性是著作权的立法之基，可以说没有独创性就没有著作权——正如没有创造性就没有专利权、没有显著性就没有商标权一样。但巴特的“作者之死”彻底否认了独创性

① 巴特．作者的死亡［M］// 罗兰・巴特随笔选．怀宇，译．天津：百花文艺出版社，2005：299.

存在的可能性，他认为作者不是作品的唯一来源，作品来自无数个源点，“作家只能模仿一种在前的但又从不是初始的动作”，“书本本身也仅仅是一种符号织物、是一种迷茫而无限远隔的模仿”。[①] 巴特把写作归结为模仿，而模仿是与独创性存在根本性对立的。巴特的“作者之死”否定了作者的天才式的创作，消解了作者的独创性，也就动摇了著作权作者中心主义的根基。

（三）读者的诞生以“作者之死”为代价

读者的诞生以“作者之死”为代价，意味着读者在著作权法中的地位应重新审视。巴特认为，写作源于多重力量的汇聚，写作是多重文化对话与冲击的结果，而这个汇聚终点是不属于作者的，它属于读者——是读者决定了作品、话语的最终意义。而在古典文学批评中，只有作者，没有读者，巴特则把作者的神话颠倒过来，赋予读者十分重要的地位。作者中心主义建构的著作权是以作者为中心的权利格局，读者的权利被边缘化；在作者中心主义盛行的当下，作者的权利越来越丰满，而读者的权利则日益被挤压、被限制。巴特认为读者的诞生是建立在“作者之死”的基础之上的，要以读者的决定性作用取代作者的决定性作用，也就意味着，著作权以作者为中心的权利结构的现状应当加以改变，对读者的权利的重视是著作权法改革的重要目标。

第三节　作者功能异化以及作者与作品的断裂

在作者中心主义看来，作者是天才的创造者，作者的合法性基础源于其创作功能；没有创作，其精神与人格也就没有外化的方式，因此，创作是作者中心主义最为本质的功能。而福柯却在《作者是什么》一文中论述了作者功能的异化，作者获得“作者身份”并不源于创作，作者功能异化为话语实践。

一、作者功能异化

从浪漫主义的观点来看，作者创作了作品，作者与作品之间有内在的血缘关系——作者是作品的父亲，而作品是作者的人格的延伸。作者与作品之间存在一一对应的关系，作者是作品的本源，而作品是作者的

① 巴特．作者的死亡［M］// 罗兰・巴特随笔选．怀宇，译．天津：百花文艺出版社，2005：299-300.

一面镜子。作者的功能是不断地创作作品，作者通过创作而赋予作品以特定的意义。但作者的功能发生了异化，福柯认为作者的功能由创作异化为一种话语实践。福柯不同于巴特之处在于，巴特宣布“作者之死”，以结构主义的视角完全消解了作者的作用，而福柯没有断然否定作者的功能，而是保留了作者的存在空间，从话语实践的视角保留了作者的功能位置。

（一）福柯的《作者是什么》

巴特在 1968 年发表了《作者之死》，而福柯在 1969 年发表了《作者是什么》，作者问题在当时仿佛是不可回避的主题，福柯认为“作者”仍然是一个悬而未决的问题。《作者是什么》表明福柯从结构主义向后结构主义的转向，其在结构主义的基础上附加了历史性的时间因素，转向了话语实践。在结构主义中，作者必然要死亡，写作不再表现作者，而是变成符号的相互作用、成为能指的游戏。写作不是表达作者的情感，不是将主体嵌入语言之中，“实际上，它主要关心的是创造一个开局，在开局之后，写作的主体便不断消失”[①]。写作是与奉献生命相联系的，作者在写作中要刻意取消自我、取消自身的个性。在作品创造不朽的地方，就获得杀死作者的特权，作品本身成为作者的谋杀者，但在两个方面阻止了作者的消亡：一方面，没有作者的作品究竟如何呢？如果一部作品不是某个作者的作品，则构成作品的必需要件是什么呢？如果某个人不是作者，那么他写的东西就无法定义；如果一个人是作者，他写的一切，包括手稿、页边的注释、约会的提示以及洗衣账单，是否都可以包括在他的作品中？另一方面，当前的写作只是把写作经验转换成超验的匿名，“事实上，在赋予写作以一种原始地位时，难道我们不是仅仅以超验的方式，重写神学上对它的神圣始源的肯定？”[②]。在福柯看来，重复一些空洞的口号，如“作者已死”“上帝和人共同死亡”，是不能解决根本问题的，而是应该重新审视作者消失所留下来的空白。

福柯从作者的功能、作者名字是如何发生作用的角度来阐述作者消失所留下的问题。福柯认为，作者的名字不是一个单纯的指称，不是对某人的指示与符号，而是一种描写。作者的名字也不是一种词类成分，它是一种功能，表示一种分类方式，它可以把许多文本聚集在一起，也

---

① 福柯．作者是什么？［M］．逄真，译 // 王逢迎，盛宁，李自修．最新西方文论．桂林：漓江出版社，1991：447.

② 福柯．作者是什么？［M］．逄真，译 // 王逢迎，盛宁，李自修．最新西方文论．桂林：漓江出版社，1991：449.

可以将其与其他文本分开。一个作者的名字可以在诸多的文本中间确立关系，如同源同质关系，相互解释、相互证实的关系；它也是话语存在的一种方式，不会赋予词语短暂注意，包含作者的话语不会立马消失。作者的名字并不是一个专用名称而直接指向话语之外的真实的作者，“作者的名字仍然处于文本的外形线上——使它们彼此分开，限定它们的形式，表示它们存在方式的特征”，“作者的作用是表示一个社会中某些话语的存在、传播和运作的特征”。[①] 因此，作者的名字是一个可变之物，它只是伴随某些文本而排除其他文本，一封密信、一份合同有签名但没有作者；一份贴在墙上的告示有写者而同样没有作者。作者作为一种话语功能主要体现在四个方面：

（1）文本在之前属于刑事法典调整的对象，著作话语在最初并不是一种事物与产品，它只是一种合法与非法、神圣与世俗之间的一种行为，只有当话语达到违法的程度需要惩罚作者时，著作文本才确认作者。在著作作品成为一种有价值的财产以前，它只是一个危险重重的领域，而18世纪末、19世纪初版权制度确立时，这种危险的行为转化为强有力的文字规则。也就是说，作者功能是法律制度的产物。

（2）“作者—作用”并不是一个永恒的存在，文本并非总是需要作者的存在。有一个时期，小说、民间故事、史诗被承认与传播，其作者是匿名的，根本没有人追问它们的作者。17、18世纪后，文学的话语必须载有作者的名字才能被接受，匿名的作品必须极力寻求它的作者是谁——因为现在的文学作品完全受控于作者。

（3）“作者—作用”不是通过把话语简单地归之于作者而形成，而是一个复杂的建构活动。它从作品质量、风格、统一性及作者的历史事件来确定或排除有关文本，以此确立作者与作品的关系。

（4）作者的作用也不是对作品文本作为被动的材料进行单纯重构，而在于所有话语中都具有这种自我的复式性，“作者—作用”在话语中乃是使多个自我同时存在。作品文本中的叙述的自我与作者的自我有相似性，但并不完全同一，不同的文本之间具有不同的关系。

作者也不能局限于过于狭隘的范围来讨论，有些作者占据跨话语的位置，可以说是话语实践的拓荒者。如弗洛伊德就不能简单地仅将之归结为《梦的解析》的作者；马克思也不仅仅是《资本论》和《共产党宣言》的作者，他们都确立了话语方式的无穷可能性。作为话语实践的开拓者，

---

① 福柯．作者是什么？［M］．逄真，译 // 王逢迎，盛宁，李自修．最新西方文论．桂林：漓江出版社，1991：451.

他们开启的话语可能性不仅仅局限于与其自身相似的话语与文本，而与其相异的话语也成为可能，如索绪尔的结构语言学可以允许乔姆斯基的生成转换语法进入其话语体系之中。话语实践还存在“回归”与“重新发现”的情况，“回归”指原先隐藏在话语中的观点被回溯式地整理，而发现其中与之后的理论之间的牵连关系；而“重新发现”则是对原初的话语的全面的转变与概括，从而进入全新的领域。

福柯主张对话语形式引入历史的分析，用“作者—作用”揭示依据社会关系建构表达话语的方式。尽管对文本、对内部的结构的分析会导致对作者主体的创造性产生怀疑，但我们不能放弃作者的主体作用，宣布作者死亡了事，而是要抓住作者的功能作用，对它的从属系统与话语予以介入分析。质言之，就是取消主体的创造功能，代之以对它进行一种复杂多变的话语作用分析。“作者—作用”说明话语存在多种可能性，它不是一成不变的，甚至话语的流传根本不需要作者，话语总在大量无作者的情况下展开，而最后可归结为贝克特的话：谁在说话有什么关系？福柯认为，陈述主体不是文本的源头，而只是一个可以替换的空白主体，“陈述主体是一个确定的和空白的位置。它实际上可以由不同的个体填充；这个位置不是只此一次地被确定并一成不变地始终保留在某个本文、书或作品的行文之中，而是在变化”[①]。

（二）作者功能异化

作者功能异化主要相对传统的作者功能而言的。传统的作者功能是指创造作品的功能，其形成的时间是 17、18 世纪。对文本作者的追问是 17、18 世纪以来在人文主义理性精神指导下建构起来的套路，而在之前“作者是谁”是没有人去考虑的。作者传统的创作功能在结构主义的压迫下濒临死亡，但简单地宣布“作者之死”又不能解决全部问题，因为作者对作品寓意的界定尚有重大作用。人们并不能轻易地摆脱作者的影响，作者仍具有话语实践之功用。相对于传统的作者功能，福柯所谓的“话语实践”理论就是作者功能异化的表现：

（1）作者与作品并非一一对应的关系，作者具有话语衍生功能，可以辐射到非作者本人的文本。像马克思、弗洛伊德和索绪尔这些话语拓荒式作者不仅仅是自身作品的作者，能够被他们话语所涵摄的文本均可以视为他们的作品。这与传统的作者与作品之间一一对应的模式是有所不同的，其异化在于作者能涵摄实际上由其他人所创作的作品。

① 福柯．知识考古学［M］．谢强，马月，译．北京：三联书店，1998：103.

（2）作者并非作品不可或缺的本源，相反，作者作为一个陈述主体仅仅是占据了一个空白位置。作者相当于弗雷格的语言函数中的自变元，作者是可变的、可以替换的。其异化在于作者并非一个确定不变的意义源点，而只是占据了一个空白位置、一个节点。

（3）作者与作品的紧密联系并非一个永恒存在的东西，它是近代历史建构起来的话语模式，在建构这样的紧密联系之前没有人考虑谁是作品的作者。许多的作品在无作者的情况下展开，如民间文学、神话与寓言。其异化在于作者并非先于作品，不是作者在创造作品，而是作品利用作者在开辟道路。作者成为作品的客体，也就是海德格尔所谓的“语言说人”。

（4）作者与作品的关联性始终停留在法律的维度，取决于法律的价值判断。版权制度之前是刑事法律审视下追问作品的作者，当作品达到违法的程度时，为了惩罚作者而建构两者之间的联系；在版权制度后，建构了强有力的文学规则以确立作品是作者有价值的财产客体。前者建构的是法律上的消极责任人，而后者建构的是积极的法律权利人。与其说“作者创造作品”是一个事实的描述，还不如说是社会关系中的价值判断。其异化之处在于作者与作品之间的联结之关键并非在于两者之间的事实联结，而是取决于价值判断、法律的建构，是基于某种其他原因才追问谁是作品的作者。

二、作者与作品的断裂：作者是谁有何关系

（一）从浪漫主义到“谁在说话有何关系”

作者与作品的关系是一个动态的过程，在近代之前，没有考虑作品的作者是谁；作品的作者是近现代的人类的构思，是一个近现代人物。艺术在古代一直被蔑视，柏拉图认为它是对现实的模仿，与真理隔了三层；诗人之创作是神灵的庇佑，只有在神灵赐予灵感而陷入疯狂状态时才能创作——人之创作依附于神，并无创作的独立性。中国圣贤孔子也是“述而不著，信而好古”，基本上不认同自身的创作的独立价值，而所谓的创作也仅仅是对经典古籍的重新编纂与价值重述。在版权制度之前，作者一直被忽视，除非某作品有法律禁止的内容而要追究责任人，需要对作者予以惩处时才追问谁是作者。这是作者与作品的关系淡漠期，而紧密期是近代以来随着人文主义精神的兴起而逐渐建构起来的。法国的作者中心主义建构了作者与作品之间紧密联系的法律维度，而浪漫主义，

康德、黑格尔人格理论，浪漫主义解释学建构的是作者与作品之间紧密联系的哲学维度。浪漫主义文学理论视作品是作者人格的延伸、内在素质的外在表达，作者与作品之间是血肉相连的亲缘关系。而结构主义、语言哲学以及哲学解释学的兴起动摇了作者对作品的统治地位：结构主义视作品为结构自行编织的产物，不是作者创造了作品，而仅仅是作品借助作者而来；分析语言哲学认为文本的意义只是一个函数值，填入不同的自变量会有不同的意义，显然，文本意义也不是作者所决定的；海德格尔认为，语言不是人的工具，相反人是语言的工具；不是人说语言，而是语言说人，人沦为了语言的客体；哲学诠释学建构的是读者中心论，瓦解了浪漫主义诠释学的作者中心论；哲学解释学认为文本的意义源泉不是取决于作者，文本的意义来源于各种力量视域融合；福柯认为作者只是占据一个空白的地位，作者可以由不同的人来填充，借用贝克特的话来说就是“谁在说话有何关系”。结构主义、语言哲学以及福柯的作者话语实践理论建构了作者与作品之间的断裂关系：作者并非作品的意义本源，作品也并非作者的人格反映，作者对作品而言只是一个得以显现的载体、一个发声的器官、一种功能的运作。作者与作品之间亲密的血缘关系荡然无存，作品日趋“去作者化”而增强了独立性，少了依附性。

（二）作者与作品断裂对作者中心主义的消解

作者与作品的亲密联系是作者中心主义的理论根基，是作者取得文学财产权的合法性基础。作者是作品的创造者，作品是作者人格的一面镜子，基于人格要素而授予作者文学财产权才具有天然的合法性基础。作者的创造功能是其合法性的主要来源，而福柯将作者的创造功能予以了消解，作者的功能成了话语实践。作者成为构建作品统一性、连续性的象征符号，人们可以依据作者的名字来对作品予以鉴别，以确定其所写之物究竟是作品还是某种其他的话语。同一个名字，作为普通的人名与作为作者的名字具有不同的效果；同样是文字书写的文本在不同的话语之下也有不同的效果，有些是有作者的文本，而有些则是无作者的文本，后者如合同、私信就是有签名而无作者的典型。作者功能在不断扩展延伸，某些作者是某种话语的开拓者，他开启了某类话语的多种可能性，而与此相似或相异的话语都属于拓荒式作者名下的作品，尽管是由其他人执笔所写。传统的作者创造作品转变为作者的话语实践功能，作者是基于某种外在的原因而确定的，从而使文本获得确定的意义。作者的话语实践功能与传统的创造功能格格不入，作者与作品的断裂必然导致作者中心主义著作权体系的合法性倍受质疑。

第四节 “作者之谜”与著作权作者中心主义

福柯从结构主义的视角认为：作品是无作者之思想、无主体之知识，这多少有点隐喻的意味。而在文学的具体现实中，民间文学是某个群体集体创作、代际相传的结果，而孤儿作品尽管作品产生时有明确的作者，但由于各种原因而失去联系，因此，民间文学与孤儿作品是货真价实的无作者之思想。比民间文学与孤儿作品更为严重的是“作者商标化”问题的出现，作品与作者之关联性在于作者具有的商标功能，而不因其创作功能，这导致传统上基于创作而产生的作者与作品之联结关系完全断裂。从这些创作关系断裂的实例中，我们可以洞见作者中心主义中作者与作品的传统关系已然破产。

一、作者之谜：民间文学与孤儿作品

（一）民间文学

1. 民间文学的作者问题

著作权是基于作者创作而建构的权利体系，著作权法要求有明确的作者、有作者的创作行为，也有外化于物质载体之上的作品。现代著作权法将民间文学纳入著作权的保护范围，但其作者并不能被确定，这是与现代著作权法相冲突的方面。民间文学的作者从来都迥异于其他文学作品的作者，“无论神话还是民间故事，其作者都是佚名或是一个集体”。① 福柯也认为曾在一定的时期，民间故事、史诗和悲剧的作者是匿名的，没有人关注作者是谁。② 可以说民间文学是一种无作者的思想，或无主体之知识。③ 不但是民间文学的作者难以考证确定，而且，民间文学的创作行为本身也倍受“歧视”：弗莱把诗人与神话比喻成鸡与蛋的关系，且认为，鸡只不过是被蛋设计以此用来生产更多的蛋的工具，“同样，诗人往往是神话的工具，神话通过他们以后便能子子孙孙地延续下

---

① 罗海姆．神话与民间故事［M］// 维克雷．神话与文学．潘国庆，等译．上海：上海文艺出版社，1996：133.

② 福柯．作者是什么？［M］．逢真，译 // 王逢迎，盛宁，李自修．最新西方文论．桂林：漓江出版社，1991：452.

③ 布洛克曼．结构主义：莫斯科 — 布拉格 — 巴黎［M］．李幼蒸，译．北京：商务印书馆，1980：13.

去”[①]。这与海德格尔的“语言说人”是相同的道理，人已沦落为语言的工具，诗人成为神话发声的器官，其创造性主体荡然无存。而列维 - 斯特劳斯将神话归结为集体的、无意识的活动，[②]他认为神话是最能“翻译”的，“神话的实质并不在于它的文体、它的叙事方式，或者它的句法，而在于它所讲述的故事。神话是语言，它在一个特别高的层次上起作用”[③]。也就是说，讲述神话的“作者”是无关全局的次要角色，作者的表达技巧服从于故事结构。普罗普将民间故事的人物角色划分为 31 种功能，是角色功能来推动故事情节的发展，而作者不可以违背角色功能而任意调整故事情节。普罗普与列维 - 斯特劳斯一样将民间故事视为一种结构无意识，是结构而非作者在编写故事的过程中起到关键性作用。

民间文学的作者问题十分复杂：它既是共时性的，也是历时性的；既有历代人的创作，也有某个时期的人们的集中创造；它既是分散的，也是集中的；既可以是某个群体不确定的多数人在创造，也可能是集中的少数人在传承和改编；其创造行为既可能是故意的，也可能是无意识的；既可能是专业的，也可能是业余的。就民间文学作者的创造性而言，与其说诗人或艺术家是民间文学的作者，还不如说他们是民间文学的传承者。民间文学并无一个确定的起始时间，也无一个可以确定的创始人，把民间文学视为一个被刻意创作的作品是十分牵强的。正如弗莱所言，不是诗人创造了神话，而是神话把诗人当成了自身得以存续的工具。诗人并不是一个主动的创造者，而只是一个被动的载体；神话是主体，而人反倒成了客体。

2. 民间文学与著作权制度的协调问题

（1）民间文学的法律规定

从国际层面来看，1989 年联合国教科文组织在巴黎通过了《保护民间创作建议案》，将语言、文学、神话纳入民间创作的范畴，同时，要保护传承代表的合法权益。[④] 2003 年，联合国教科文组织通过了《保护非物质文化遗产公约》，将口头传说与表述纳入非物质文化遗产范围，让承传这种遗产的群体与个人最大限度地参与遗产的管理。[⑤]《伯尔尼公约》

---

① 弗莱 . 文论三种［M］. 徐坤，刘庆荣，宋敏，等译 . 呼和浩特：内蒙古大学出版社，2003：126.

② 梅列金斯基 . 神话的诗学［M］. 魏庆征，译 . 北京：商务印书馆，1990：78.

③ 列维 - 斯特劳斯 . 结构人类学：巫术、宗教、艺术、神话［M］. 陆晓禾，黄锡光，等译 . 北京：文化艺术出版社，1989：46.

④ 参见 1989 年联合国教科文组织《保护民间创作建议案》第 A 条、第 F（b）条。

⑤ 参见联合国《保护非物质文化遗产公约》第 2 条、第 15 条。

（1971 年版）把民间文学视为无作者之作品，[①] 该公约第 15 条第 4 款对作者不明的作品予以规定，对作者不明的确定为某成员国的未出版的作品，可以视为民间文学作品给予保护。国际上，对民间文学予以保护的主要是非洲知识产权组织《班吉协定》的参与国、拉丁美洲与亚洲的一些国家，而有些国家则明确否定了对民间文学的保护，如俄罗斯 1993 年版权法第 8 条则将民间文学视为不予保护的作品。[②]

我国自 1990 年《著作权法》制定以来，包括 2001 年、2010 年修订后的版本均将民间文学纳入著作权法的保护范围，只是授权由国务院制定具体保护办法。直到本次著作权法修改的专家第三稿依然延续了 1990 年《著作权法》以来的对民间文学予以保护的基本套路。[③] 作为对《著作权法》的授权式立法的回应，2014 年国家版权局出台了《民间文学艺术作品著作权保护条例（征求意见稿）》，它对民间文学艺术作品的特征有所体现，将民间文学定义为族群中不特定的人集体创作与世代传承，著作权归族群集体所有，且民间文学艺术作品的保护期限不受限制；对传承人的定位也比较符合民间文学艺术的特征，传承人不是著作权人，只能是享有表明身份与分享一些物质利益。[④] 但存在的问题是著作权人表明身份权是否妥当，民间文学艺术作品存在作者与作品的颠倒的主客关系，是民间文学利用人来延续生命，这里表明身份权应该从法理上不同于著作权法中作为精神权利的署名权，而它更有地理标记的意味。在一些部门规章、地方性法规中，我国存在着一些关于对民间文学传承人予以保护的规定，如我国文化部 2006 年颁布的《国家级非物质文化遗产保护与管理暂行办法》第 7 条、第 12 条；云南省人大常委会 2000 年通过的《云南省民族民间传统文化保护条例》第 15 条、第 16 条。但对传承人的保护迥异于著作权人的保护套路，如《云南省民族民间传统文化保护条例》第 27 条主要着重于对传承人的培养与选定，以及对其生活困难予以补助，并没有建构传承人的民间文学财产权。在我国的司法领域，保护民间文学艺术作品标志性的案例是 2003 年黑龙江饶河县四排赫哲族乡政府诉郭

---

① 郑成思．版权法［M］．北京：中国人民大学出版社，2009：144.

② 郑成思．版权法［M］．北京：中国人民大学出版社，2009：146-147. 另外，俄罗斯《2006 年联邦民法典》第 1259 条第 6 款依然将没有具体作者的民间文学作品列在著作权保护之外。参见《十二国著作权法》翻译组．十二国著作权法［M］．北京：清华大学出版社，2011：433.

③ 李明德、管育鹰、唐广良．《著作权法》专家意见稿说明［M］．北京：法律出版社，2012：53-55.

④ 参见 2014 年 9 月国家版权局发布的《民间文学艺术作品著作权保护条例（征求意见稿）》。

颂等侵犯著作权纠纷一案，该案判决确立了民间音乐作品由不特定的族群成员创作，因而应当由族群全体成员集体享有著作权的理念；同时还确立了族群有表明身份的权利。从该案例到《民间文学艺术作品著作权保护条例（征求意见稿）》说明我国在法律实践的过程中对民间文学艺术作品的态度是一致的、统一的。

从以上的论述中知道，对民间文学的保护显然不能按传统的著作权套路来实施。“作者不明”是民间文学纳入著作权常规保护最根本的障碍，而“作者不明”又是民间文学不能加以克服的本质特征，它甚至是民间文学的魅力所在。正因为如此，对民间文学的保护不能走一条著作权保护的常规道路，而“由国务院另行规定”这种例外的立法模式是对民间文学之特殊性质的内在回应，是一种比较切合民间文学具体情况的解决方案。

（2）民间文学作品的权利主体

著作权之所以授予作者以文学财产权，乃是基于作者的独创性，作者是作品的本源，而作品乃是作者人格的延伸。而民间文学的作者并不是民间文学真正的作者，只是民间文学的传承者，他们只是民间文学的载体与客体。传承者不是民间文学的创造者与本源，民间文学与传承人的个人人格之间没有直接的关联。如果把传承人视为民间文学的权利人，显然不符合著作权法的权利构造的法理逻辑。民间文学的作者与一般的文学作品的作者在著作权意义上的区别有：一是确定性不同，民间文学的作者不能确定。二是作者的贡献不同，民间文学的作者只是一个传承者、一个载体或媒介，而一般文学作品的作者是具有独创性的创造者，所以也就不能用一般文学作品的合法性基础来论证民间文学的合法性基础。三是民间文学作品的作者无法行使一般文学作品作者的权利，如发表权，因为民间文学作品早已流传于世，所以无所谓再行发表；又如修改权和保护作品完整权，因为民间文学作品本身就是在民间流传的，是一个群体历时性累积的结果。在流传的过程中，不断地有人对民间文学作品进行增加、改进、润色，其内容本身的特征就是流变不定的，显然，修改权对民间文学作品是不适应的。

对于民间作品传承人的法律定位问题，传承人究竟是著作权人、邻接权人，还是由特殊法律来确认为另外一种权利主体呢？关于是否为著作权人的问题，由于其不是民间文学作品的创造者，同时，也基于民间文学作品本身的特征，传承人并不能行使著作权人的某些权利，所以，将传承人认定为著作权主体是不适当的。当然，如果是对民间文学中内含的素材进行再创作而获得的新作品，这种情况下的创作者则可以按一般的著作权主体来处理，因为基于民间文学素材的创作与民间文学已不在同一范畴。传承人对民间文学作品进行表演、讲述，对作品进行传播再现，符合邻接权人的法律原理，有学者主张将传承人视为邻接性主体。[①]本书认为，基于传承人的传播性，而非创造性的本质，所以将之列入邻接权人的体系行列也是未为不可的。至于采取特殊例外的立法模式，视传承人为知识产权大家族中独特的权利主体是更为现实的路径，而现实的立法状况似乎正在将这个模式付诸实践。

民间文学作品是在大量无作者的状态下展开的，“有作品无作者”是民间文学作品的基本常态，因此，著作权法的文学财产权的合法基础不适合民间文学作品，民间文学作品财产权合法性论证应另辟蹊径。在著作权的框架下，作者与作品之间的断裂关系致使保护民间文学作品十分困难，应该在著作权框架之外来寻求民间文学的保护方式。民间文学的传承人是“最靠近”民间文学作品的权利主体，赋予其一定的权利资格可能是一个“次优”但十分可行的现实选择。尽管他们不是文本的创造者，而只是一个载体，但他们毕竟对民间文学的存在来说也是不可或缺的，完全有必要在制度层面上确立他们应有的法律地位。

（二）孤儿作品

1. 什么是孤儿作品

（1）孤儿作品的法律规定

孤儿作品作为一种客观事实并不是新近的产物，自古以来很多作品的作者并不是确定无疑的，如国外的《荷马史诗》和中国的《左传》，前者的荷马和后者的左丘明都只是相传的作者，并不是确定无疑的；《旧约圣经》也并无可以确定的作者；而我国文学名著《金瓶梅》的署名作者为“兰陵笑笑生”，然而对作者真正的探究则有“王世贞说”“屠隆说”“贾三近说”等。[②]另外，各种流传的民间文学、神话在某种意义上也是作者不明的作品，在广义上同样属于孤儿作品的范畴，因此，孤儿作品在事实上早就存在。而孤儿作品走入著作权法的视线却是不久之前的事情，其首先在美国引起关注。在美国之前，英国的 1988 年《版权、设计与专利法案》第 57 条对匿名或笔名作品进行了规定：使用人通过合理调查无法确定作者身份，且有理由推定版权已到期或者作者死亡 70 年以上的，不视侵权。[③]尽管没有出现孤儿作品（orphan works）的概念，但内容在实

① 苏喆. 民间文化传承中的知识产权［M］. 北京：社会科学文献出版社，2012：185.

② 杨美琴. 近年《金瓶梅》作者研究综述［J］. 上海师范大学学报，1990（2）：97.

③ The Copyright，Designs and Patents Act 1988，§57.

质上是对孤儿作品的初始界定。对孤儿作品的关注还是起源于美国谷歌的数字图书馆计划，谷歌公司试图取得商业渠道不能取得的作品使用权，包括对孤儿作品的使用。在谷歌与美国作家协会与出版商联合会的《和解协议》中也并无孤儿作品的概念，[①]而最早在法律文本上明确出现孤儿作品概念的是2006年美国版权局的《孤儿作品报告》。[②]美国版权局2006年在向议会提交的孤儿作品法案（2006 Orphan Works Act）中提及认定孤儿作品既包括作者身份不明的作品，也包括身份明确但作者下落不明的作品。[③]而欧盟的2012年10月的《孤儿作品指令》认为孤儿作品是权利人无法确定，或者即使权利人确定但不能追查到的作品。[④]

我国《著作权法》中没有孤儿作品的概念，但第19条对自然人作者死亡和法人作者终结、解散的著作权作了最终安排。同时我国《继承法》第32条规定无人继承或受赠的著作权财产由国家或集体所有，这是对可能出现的“孤儿作品”作出的安排。而国内在法律上最接近对孤儿作品予以规定的法律制度应该是我国《著作权法实施条例》第13条，该条规定，“作者身份不明的作品，由作品原件的所有人行使除署名权以外的著作权。而身份确定后则由作者本人与认定的继承人行使著作权”。

（2）孤儿作品的成因

关于孤儿作品的形成主要有法律上的与技术上的原因。[⑤]美国由于延长了版权保护的时间期限与减少了取得版权保护的前置形式要件，因此增加了作品的不确定性因素。从法律的视角，一方面，作者与作品的联结随着时间的延长而松散，其时间越长，权利主体越有可能存在消亡、转移、继承的情形。另一方面，由于取得权利的前置条件取消，著作权自动取得让作者权利的发生并不明朗，作者的初始信息不确定，为日后的作者与作品的分离埋下祸因。而从技术的角度，随着数字化与计算机技术的发展，艺术家很容易创造大量的音乐视听作品并传至网络上，而

① http：//www.ala.org/advocacy/copyright/googlebooks.

② United States Copyright Office. Report on Orphan Works（2006）[EB/OL].[2015-04-02]. http：//www.copyright. gov/orphan/.

③ 美国版权局接着在2008年再次向议会提交了孤儿作品法案（2008 Orphan Works Act），但仍未通过。尽管如此，这两个法案在著作权法历史却具有重要的意义。

④ Directive 2012/28/EU of the European Parliament and of the Council of 25 October 2012 on certain permitted uses of orphan works，L299/6[EB/OL].[2015-04-02]. http：//eur-lex. europa. eu/LexUriServ/LexUriServ. do?uri=OJ：L：2012：299：0005：0012：EN：PDF/.

⑤ SHERMAN D. Cost and resource allocation under the orphan works act of 2006：would the act reduce transaction costs，allocate orphan works efficiency and serve the goals of copyright law?[J]. Virginia Journal of Law and Technology，2007，12：7-8.

在以前作者要高度依赖出版商，否则很难将自己的作品展示给世人。现在计算机各种应用程序的发展使网络传播更为迅速，人们在网络上轻易就可以上传作品，人们也就轻而易举地可以从网络上获取作品，这样会导致确定作品的作者十分困难，造成孤儿作品的大量产生。另外，数字技术的独特性使得署名也成为问题，署名能被轻易删除或更改；数字技术使得作品原件概念消失，在数字技术领域不存在原件与复制件的物理差别的情况下，传统上从原作上鉴别作者的署名的途径被废除，这也增加了孤儿作品产生的概率。以上是客观的原因，应该还存在一些作者的主观因素，如作者自认为作品的独创性不足而从内心深处并不认同自身所创造的作品；也有作者是出于非功利性的动机而创作的，并没有从版权的角度来维护作品的流传与归属；还有一些作者使用假名、笔名，而致使真实的身份信息被隐藏，这些也都是造成孤儿作品的重要原因。

2. 孤儿作品的作者问题

（1）孤儿作品类型

①作者身份不明

孤儿作品的主要类型之一是作者身份不明，作者身份不明意味着作品的作者根本性缺失。作者身份不明给作品的命运带来更多的不确定性因素，甚至权利的起始时间都无从确定。

②作者明确但下落不明

知道作者是谁从事实与文学本身的角度来说这类作品并不是真正的孤儿作品，因为这类孤儿作品是有可以确定的“父亲”的，只是因为某种原因致使使用人不能与作者或权利人取得联系，从而导致作为法律客体的作品没有在权利人的监护之下。这类孤儿作品也是从使用人的角度来观察的，也许真正的作者并未与作品失去联系，或因资讯不达、信息不对称的原因而作者根本不知道有人在寻找自己，这种情况并不影响一般公众的非营利性使用，而主要影响那些要大量使用孤儿作品的营利性机构。

（2）使用孤儿作品对作者中心主义著作权的反动

①孤儿作品拷问著作权基本架构

在传统意义上，是从作者的传记来解读作品，作者的心理情绪、个人的人生经历对作品的解读具有十分重要的参照作用。作者中心主义将作者与作品始终联系在一起：法律之所以将文学作品视为权利对象，乃是基于它是作者的劳动成果、作者独创性的结晶；同时也是作者人格的体现、精神的外化。也就是说，作者中心主义的套路是：有作品必有作者，有作品就必定有作者人格的存在。而孤儿作品使作者成为一个“空白主体”、一个推论上存在的抽象“作者”。这是对著作权的一个反讽：有权利客体，却没有权利主体。本来著作权法应该是作者与公众（使用人）的利益平衡，现在却成了使用人与可能存在的作者之间的游戏——“不在场的在场”之作者却可以与使用人隔空对话，而实质上，孤儿作品法律制度是作者中心主义的“变态”表现。人格权是传统著作权的核心概念，但孤儿作品作者的缺席导致著作权人格的缺席，孤儿作品制度意味着传统著作权法之基本格局正在日益异化。

②孤儿作品颠覆了著作权法之立法目的：刺激创作的终结

著作权法的立法目的在于鼓励创作，如我国《著作权法》第 1 条规定，为保护文学、艺术和科学作品作者的著作权，以及与著作权有关的权益，鼓励有益于社会主义精神文明、物质文明建设的作品的创作和传播。英国《安妮女王法》及美国宪法中的版权规定都是为了刺激创作而制定的，因此，著作权立法的重要目的就是鼓励创作、刺激生产。但孤儿作品的出现是对著作权立法目的的损害。戴维·舍曼（David Sherman）认为一个长期的垄断权使作者没有动力再创造新的作品，由于作者担心作品成为一种孤儿状态而失去收益，所以作者更多地倾注于充分利用现有的作品以便收获利益，以防止作品的孤儿状态之发生。而孤儿作品的法律状态的不确定性，使得潜在的使用者很少敢于冒诉讼之风险而利用孤儿作品进行再创作，这也就损害了潜在的创作积极性而导致公众的利益受损。[①] 孤儿作品的大量存在本身就证明大量作者的创作动力并不在于物质的刺激与鼓励，对作品的大肆“抛弃”使之成为法律上的“孤儿”，至少证明著作权立法目的是部分失效的。

民间文学作品与孤儿作品均可谓无作者之作品、无主体之思想，是对新批评文学的作者“意见谬误”理论之沿袭，是一种从切断作者与作品之间关联性来解读作品的理论进路。民间文学作品与孤儿作品走进著作权法的领域，是对著作权基本理论的反动与讽刺：民间文学作品与孤儿作品意味着在著作权法的局部领域，作者已经死亡、作者已经终结。“作者已死”而著作权存在的意义又是什么呢？答案也许是当下的出版商仍

① SHERMAN D. Cost and resource allocation under the orphan works act of 2006：would the act reduce transaction costs，allocate orphan works efficiency and serve the goals of copyright law?[J]. Virginia Journal of Law and Technology，2007，12：9.

需要一个“不在场”的作者在场，来使业已存在的著作权制度继续运转。作者可谓尽管肉身已死，但灵魂依在，作者在坟墓中仍在发挥作用。说到底，是作者中心主义的余威在支撑着民间文学作品与孤儿作品在当下著作权法律体系中的位置。

二、商标化的作者问题

（一）作者商标化

“作者”是一种身份、一种文化的建构，这是发生作者商标化可能性的逻辑起点。法律是一种文化，而在很大程度上法律就是一种建构与虚拟，如民法中的法人就是一种法律虚拟；著作权法中的法人作品、雇佣作品也同样是法律上的建构。著作权法中的作者并不是那个事实上的写者和那个捉刀代笔的人，著作权法对作者的确认往往不是对事实的一种描述与记录，而更多是一种身份的认同、一种价值的确立。作者权体系中的署名权就是赋予作者在作品上标识身份的权利，而在版权体系，美国 1990 年通过的《视觉艺术家权利法》也赋予作者在视觉艺术作品上标识身份的权利，以及对作品保持同一性的权利。①波斯纳认可福柯的观点，“把具体的作品归于作为作者的具体个人，以及这种归属所带来的所有伦理的、阐释的和法律的意涵，都是文化的建构物”，“‘作者身份’是一个功能性的而不是天然的称呼——意味着，作者一定要做一些自然确定的事情才会拥有作者身份”。②

既然作者只是一个文化建构的产物、一个功能性的身份标识，那么，作者商标化就有可能发生。在历史上，作者商标化的现象不乏其例，如彼得·保罗·鲁本斯的许多作品是其雇员和助理在其草图基础之上实际绘制而成的，尽管有他的督导，但其并未实际绘制，而只是在画作上署名而已。③伦勃朗将自己的名字签署在其助手的画作上，似乎确认了那些画作具有了他自己的水准，“这就好像是给劣质品牌产品贴上一个声誉卓著的商标一样——这是商标侵权的最常见形式”④。显然，鲁本斯与伦勃朗的做法其实就是属于“作者商标化”的情况。还有美国总统杜鲁门的

① 参见《美国版权法》第 17 章第 106A 节。
② 波斯纳．法律与文学［M］．李国庆，译．北京：中国政法大学出版社，2002：507-508.
③ 波斯纳．论剽窃［M］．沈明，译．北京：北京大学出版社，2010：114.
④ 波斯纳．论剽窃［M］．沈明，译．北京：北京大学出版社，2010：29.

女儿玛格丽特·杜鲁门将自己的署名权转让给一个悬疑小说作家，[①] 似乎总统的女儿更可能创作出更优秀的小说作品，“玛格丽特·杜鲁门”作为一个名人的名字具有名牌商标的标识作用，它成为作品得以畅销的保障。有些文本更依赖于某个权威人物，与其认定为作者“写作”，还不如认定为“审定 / 授权”。[②] 如司法判决书（假设判决书有版权的话）尽管是法官助理所写，但签署的是法官的名字；又如教授在大学里主导的课题，尽管教授没有亲自写作，但教授是课题组所有论文的天然的合作作者，课题论文必须签署教授的大名；电影导演运动的成功也使导演成为电影的“作者”，尽管电影是由众多的演员、摄影师、作曲家、音响师等共同完成的；尽管摩西没有撰写《摩西五经》，马太也没有撰写过《马太福音》，但作者头衔并没有给予实际写作者，而是给予能使作品获得权威的人。[③]

人们需要利用权威人物的显著名声来使文本作品获得世人的认可，而作品如果标有名声显著的作者名字，就有可能获得良好的市场回报，这正如，驰名商标可以使一个名不见经传的工厂生产的产品得以畅销一样。作者商标化是人格商品化的结果，“对人格越来越多的社会和法律承认，是与产品的个人化生产和匿名生产之间在成本和收益上的变化相关的”[④]。由于现代的市场通常是非个人化的大型市场，从而有一种信息需求，这个需求要通过品牌名称个人化的工具来供给。某些名人或权威人物的名字就具有可以商标化的人格利益，他们的名字所标注的作品是人们可以信赖的商品，可以使消费者不至于要依赖检验的程序才可以评价作品的质量高低。[⑤] 中国当下的流行小说作家郭敬明、韩寒等的名字便具有了驰名商标的作用。他们可以通过公司化运作、聘请职业“写者”来创作作品（雇佣作品），而他们只需在雇佣作品上署名，便可获得商业上的成功。

在法律实践中，我国最高人民法院《关于审理著作权民事纠纷案件适用法律问题的若干解释》第 13 条、第 14 条的规定就是对作者商标化的

---

① 波斯纳 . 论剽窃［M］. 沈明，译 . 北京：北京大学出版社，2010：49.

② 波斯纳 . 论剽窃［M］. 沈明，译 . 北京：北京大学出版社，2010：31.

③ 波斯纳 . 论剽窃［M］. 沈明，译 . 北京：北京大学出版社，2010：32.

④ 兰德斯，波斯纳 . 知识产权法的经济结构［M］. 金海军，译 . 北京：北京大学出版社，2005：82.

⑤ 兰德斯，波斯纳 . 知识产权法的经济结构［M］. 金海军，译 . 北京：北京大学出版社，2005：83.

法律确认。[1] 最高人民法院这两条司法解释确认，在没有合同约定的情况下，由他人执笔，本人审阅定稿并以自己的名义发表的讲话、特定人物的自传体作品，由审阅定稿的讲话人、特定人物享有著作权。这两条司法解释确认了一个最重要的原则，就是作者获得作品的著作权并不依赖于创作行为，作者与作品之间的联结并不在于创作关系，而是依赖于作者独特身份所建构的关系。作者的身份在这里发挥了商标功能，可以使作品获得大众的认可和市场的声誉。

（二）商标化视野下的作者与作品关系

作者商标化是作者功能化的表现，福柯认为作者身份是一种文化建构，“福柯则推翻了作者；解构诋毁文本的可理解性和前后一致性，这与德里达一同破坏了作者的权威”[2]。这意味着，作为创造性主体、作品意义本源的唯一权威解释者的作者已被推翻，作者只是一种功能性的主体。在商标化的语境中作者的创造性功能已让位于标识功能，作者已然退化为一种著名的标识或记号，是方便消费者搜寻作品的工具。如果说在民间文学作品与孤儿作品中作者与作品之间的关系是不确定的话——或许作者与作品之间还存在某些联结，且以创作功能为纽带，那么，作者商标化视野下的作者与作品之间的关系则完全断裂——商标化的作者根本没有创作行为，作者在作品上署名完全是为了使作品获得某些效果。在传统意义上，作品的名义作者与实际作者是统一的，不存在这种名义作者的人格与作品内含人格相矛盾之处；而作者商标化则是将作者名字中固有的人格因素嫁接在他人创作的作品之上，误使读者根据名义作者的人格因素来解读作品，显然也是欺诈公众、侵害公众利益的行为。传统著作权法的出发点是要保护作者的人格利益，使内含作者人格利益的作品免受侵犯，传统著作权所保护的作者人格与作品中内含的人格是统一的，而商标化的作者的人格与作品中内含的人格是不一致的，是分裂的。也就是说，作者商标化动摇了传统著作权法的根基，因为著作权法声称要保护的作者人格是建立在“欺骗”公众的基础之上的。

---

① 参见最高人民法院《关于审理著作权民事纠纷案件适用法律问题的若干解释》（2002年）第 13 条：“除著作权法第十一条第三款规定的情形外，由他人执笔，本人审阅定稿并以本人名义发表的报告、讲话等作品，著作权归报告人或者讲话人享有。著作权人可以支付执笔人适当的报酬。”第 14 条：“当事人合意以特定人物经历为题材完成的自传体作品，当事人对著作权权属有约定的，依其约定；没有约定的，著作权归该特定人物享有，执笔人或整理人对作品完成付出劳动的，著作权人可以向其支付适当的报酬。”

② 波斯纳．法律与文学［M］. 李国庆，译．北京：中国政法大学出版社，2002：286.

小 结

主体性哲学范式是作者中心主义的哲学基础之一。主体性哲学范式的兴与衰使作者中心主义经历了从强盛到衰退的历史过程，当下后现代哲学中主体死亡的情结使作者中心主义面临严重的合法性危机。主体性哲学范式经历了奥古斯丁的“我信故我说”及蒙田的“不断从经验的自我身上寻求确定性”的启蒙过程，直到笛卡儿的“我思故我在”才真正建构了主体性的哲学范式。笛卡儿将人的理性拔高到前所未有的高度，人类理性可以推演上帝的存在。而到了康德之“人可以为自然立法”，意味着主体性哲学范式已基本完成。物极必反，主体性哲学首先被叔本华的“意志哲学”所撼动，叔本华认为人一半是主体、一半是客体；意志是世界的自在之物，人的意志不受理性的约束，反而是人被意志所支配、所主宰。继而，尼采重估一切价值，宣布“上帝已死”，这也就同时宣布了在基督奴隶道德约束下的末人的死亡，尼采拉开了主体死亡的序幕。维特根斯坦宣称人并不是形而上学的主体，而仅仅是世界的界限，所谓的理性更多的是属于不可言说的范畴。海德格尔认为人与世界是源始地在一起的关系，否认人是“君临”于客体之上的主体。弗洛伊德也从根本上否认了人是受理性意识所支配的动物，相反，人的基本常态是受潜意识、前意识的支配。结构主义彻底清除了主体性的存在，福柯认为文本是“无作者之思想、无主体之知识”，而列维 - 斯特劳斯则认为不是人写书，而是书借助人而来。继尼采宣布“上帝之死”后，福柯宣布了“人之死”；福柯认为人是新近的产物，是人类新的构思，其存在不足 200 年；随着知识类型的变迁，人将被抹去，如同沙滩上的一张脸。

而巴特步尼采、福柯的后尘，在文学领域宣布了“作者之死”。他认为，不是作者在言语，而是语言自身在言说，文本可以在没有作者个人充实的情况下自行运转；文本不是作者的创造，而是一种无限远隔的模仿；文本是一张无边无底的、由成千上万的点汇聚而成的编织物，而作者不是文本意义的唯一本源；处在文本的多重力量交汇终点的不是作者，而是读者，读者的诞生是以作者的死亡为代价的。巴特的“作者之死”表明天才式作者的终结、作者精神权利的死亡。福柯认为简单地宣布“作者已死”不能解决根本的问题，福柯为作者在文本中留下了位置，认为作者功能异化为一种话语实践功能；作者身份是一种文化建构，作者具有确立文本意义、界定文本性质的功能作用。在著作权领域实践中，“作者的死亡”在民间文学作品、孤儿作品及作者商标化的作品中有所体现，民间文学作品没有确定的作者，是典型的无作者之思想；不是人在创造神话，而是神话通过人在延续。孤儿作品说明作者不是文本的意义的唯一来源，孤儿作品的作者以“不在场”的方式在场，乃是作者中心主义的“变态”表现，大量充斥无明确主体的著作权客体使著作权法原有合法性倍受质疑。作者商标化是作者功能异化的表现，其对作者的确认已不再是对一个事实的描述与记录，而是成为一种标识功能、一种使文本获得某种权威性的手段。

第五章　著作权作者中心主义的哲学解释学批判：读者的崛起

前三章中结构主义没有主体存在的空间，语言哲学也是否定人的主体性地位，而主体的衰落则直接宣布了主体的死亡。也就是说，前三章主要是从正面直接否定了作者的地位与作用，而本章的哲学解释学只是通过引入读者概念来否认作者的中心地位。读者概念的引入打破了结构主义、分析哲学以及主体死亡哲学对主体排斥所带来的沉寂与压抑，哲学解释学带来了理论上的人文气息。

第一节　哲学解释学的基本内涵

传统解释学属于作者中心主义的套路，而哲学解释学是读者中心主义套路；传统解释学是著作权作者中心主义的理论支撑，但在解释学内部发生了从传统解释学到哲学解释学的转变，著作权作者中心主义也就失去了原有的传统解释学的这一哲学基础。“青山依旧在，几度夕阳红”，尽管哲学基础已然变迁，但著作权作者中心主义依然存在，面对这个情况，比较务实的做法就是认真研究哲学解释学与作者中心主义之间的相容与相异之处，从哲学解释学的理论研究中找到对著作权制度进行调整、修改的途径与方式。本节对哲学解释学的基本内涵予以介绍，以此作为对作者中心主义进行哲学批判的理论铺垫。

一、哲学解释学的理论渊源与开创

哲学解释学之前的传统解释学是方法论意义上的解释学，而哲学解释学是本体论意义上的解释学，从方法论到本体论的转变意味着解释学不再是探究作者创作意图的一个方法，而解释本身就具有存在的意义与价值。哲学解释学在解释学方面与传统解释学有一定的继承关系，而哲学上主要是从胡塞尔的现象学中得到启示。

（一）传统解释学

哲学解释学之前的传统解释学的开创人为施莱尔马赫。施莱尔马赫曾加入柏林浪漫派，与浪漫主义者弗里德里希·施莱格尔具有亲密的联系，施莱尔马赫与著名的浪漫主义代表人物弗里德里希·施莱格尔于

1797年在柏林“同居”在一起。1799年，施莱尔马赫完成《宗教讲演录》这篇具有浪漫主义风格的作品。[①]自然而然施莱尔马赫之解释学具有浪漫主义的特色，其开创的传统解释学也可谓是浪漫主义解释学。传统的解释学主要是由施莱尔马赫和狄尔泰建立起来的普遍诠释学，在他们之前的解释学是一种特殊的解释学，包括神学解释学和法学解释学，前者如对《圣经》文本的解释所形成的学说，后者如对罗马法法律文本的解释所形成的学说。之所以为特殊的解释学是因为其认为就文本而言正常情况下是可以理解的，只有在少数情况下是难以理解的。在难以理解的情况发生时才有解释的必要。“作为理解的艺术的诠释学还不是普遍地（一般地）存在的，迄今存在的其实只是许多特殊的诠释学。”[②]在施莱尔马赫之前的解释学还是一种特殊解释学。

然而，施莱尔马赫认为对文本的理解误解不是偶然异常的，解释不是偶然的手段，相反，“误解是自行发生的，并且在每一点上我们都必须追求和寻找精确的理解”[③]。既然误解是自行产生的，则解释学成了避免误解的普遍使用的技艺了。施莱尔马赫区别了作品文本和作者的意图，“如果我们认为历史的解释单纯是原文事件的回溯，那么我们也可能犯错误。我们必须想到，被写的东西常常是不同于解释者生活时期和时代的另一时期里被写的；解释的首要任务不是要按照现代思想去理解古代文本，而是要重新认识作者和他的听众之间的原始关系”[④]。他主张重构作者的心理状态，在时间、心理、思想上设身处地地体验作者创作时的原意，让理解者与作者处于同一层次，才能达成理解。当然，这种理解也不是理解者与作者的相互理解，他不寻求以人类共通感为基础的理解，而是理解者对作者的意图的单方面理解，不关注真理的内容，而只关涉作者的意图和动机。施莱尔马赫提出的心理学解释，用心理转换的方式，理解者把自身置于作者的整个创作活动中，通过想象和体验去对作者的创作活动予以模仿，精确地像作者那样重述或重构作品的意义。并且理解者应当摆脱自身的境遇、观点，要消除自身这些消极的历史性和偏见，才能达成正确的理解。对作者意图的重构并不意味着，理解者所理解的创

① 卡岑巴赫．施莱尔马赫传[M]．任立，译．北京：商务印书馆，1998：32-36.

② 施莱尔马赫．诠释学讲演[M]．洪汉鼎，译//洪汉鼎．理解与解释：诠释学经典文选．北京：东方出版社，2006：47.

③ 施莱尔马赫．诠释学讲演[M]．洪汉鼎，译//洪汉鼎．理解与解释：诠释学经典文选．北京：东方出版社，2006：59.

④ 施莱尔马赫．诠释学讲演[M]．洪汉鼎，译//洪汉鼎．理解与解释：诠释学经典文选．北京：东方出版社，2006：55-56.

作意图必然受制于作者的创作意图，而理解者有可能比作者更好地理解作者。这个观点是起源于康德的“天才说”，康德在《判断力批判》中指出天才艺术家在很多情况下创作是一种无意识的过程。康德认为，“天才自己不能描述或科学地指明它是如何创作自己的作品的，相反，它是作为自然提供这规则的；因此作品的创造者把这作品归功于他的天才，他自己并不知道这些理念是如何在他这里汇聚起来的，甚至就连随心所欲或按照计划想出这些理念，并在使别人也能产生出一模一样的作品的这样一些规范中把这些理念传达给别人，这也不是他所能控制的”①。由于天才式作者创作时可能处于无意识的状态，“我们必须力求对他无意识保持的许多东西进行意识，除非他自己自我反思地成为了自己的读者。对于客观重构来说，他没有比我们所具有更多的材料”，② 所以施莱尔马赫认为理解者能比作者更好地理解作品。

如果说施莱尔马赫的解释学是心理解释学，狄尔泰则是一种历史解释学，后者使前者开创的古典解释学得以更加成熟，诠释学最终成为一种精神科学的方法论。要论述狄尔泰的解释学，得首先分析他对历史理性的批判，他认为在历史的世界里我们并不需要像在自然世界里那样去探究我们的概念与外在世界是否相符合，即不是追求主体与客体的同一性。他认为历史世界始终是一个由人的精神所创造的世界，“我自身就是一种历史的存在，探究历史的人就是创造历史的人”③。正因为这种主体与客体的同质性才使历史的理解得以可能。狄尔泰由此将历史学方法引申到一般精神科学，其认识的对象与认识的主体同样具有同一性，而使得认识得以可能。尽管精神科学得以可能，但其认识方法并不是按照自然科学的认识方法。自然科学的主要方法是观察、实验和按照普遍规律说明特殊事物，而精神科学则是使我们通过自身内部的经验去认识他人精神客观化物中的他人精神。狄尔泰的名言：我们说明自然，我们理解精神，说明就是用自然科学通用的因果解释方法，而理解则是通过自身的体验去进入他人内在生命，从而进入人类的精神世界，也就是自然科学说明自然事实，而精神科学理解生命。④ 他对理解的界定是：由外在感官所给予的符号而去认识内在思想的过程。而理解艺术的中心点在于对

① 康德．判断力批判［M］．邓晓芒，译．北京：人民出版社，2002：151.

② 施莱尔马赫．诠释学讲演［M］．洪汉鼎，译 // 洪汉鼎．理解与解释：诠释学经典文选．北京：东方出版社，2006：61.

③ 洪汉鼎．诠释学：它的历史和当代发展［M］．北京：人民出版社，2001：99.

④ 洪汉鼎．诠释学：它的历史和当代发展［M］．北京：人民出版社，2001：105.

包含在著作中的人类此在留存物进行阐释或解释。[1] 既然理解是理解者通过理解者的内在经验在感官呈现的外在符号上去领会他人的心灵或精神，则理解可以说是一种复制或模仿或再体验。“对陌生的生命表现和他人的理解建立在对自己的体验和理解之上，建立在此二者的相互作用之中。”[2] 狄尔泰把作品文本当作精神的客观化物，是生命的表现与一种精神性的表达。生命的共同性使对客观精神的理解得以可能。“因为创造性的作品也体现了一个时代和地区的观念、内心世界和理想的共同性。从我们呱呱坠地，我们就从这个客观精神世界获取营养。这个世界也是一个中介，通过它我们才得以理解他人及其生命。因为，精神客观化于其中的一切东西包含着对于你和我来说共同性的东西。”[3] 生命的同质性使得对他者的生命体验得以可能，而达到主体和客体、你和我的同一，狄尔泰论证了理解者可以通过体验被理解者的内心而达到理解客观精神化物的意义。

尽管狄尔泰和施莱尔马赫在理论上有所区分，但两者都仍属于浪漫主义解释学的范畴。他们的共同点是一方面他们均是客观主义立场，即解释者都必须消解自身的主观性、历史性，摆脱自己的前见和时代限制以达到被理解者的创作意图，设身处地地像文本的作者那样用那个时代的情境进行思考。另一方面他们所用的仍然是一种笛卡儿建立的主观认识客观的认识论，只是在认识的方法上区别了自然科学与精神科学，其用心理学、生命体验的方式取代归纳演绎、逻辑推理方式运用在精神科学上。

（二）从胡塞尔的现象学到海德格尔的本体论解释学

1. 海德格尔对胡塞尔现象学之继承

哲学解释学与现象学有深刻的渊源关系：海德格尔是胡塞尔的学生，胡塞尔的现象学是海德格尔的理论之源。《存在与时间》是海德格尔解释学理论的重要著作，在该著作导言中海德格尔阐述了现象学与解释学的关联，“现象学方法论意义就是解释”，“通过诠释，存在的本真意义与此在本己存在的基本结构就向居于此在本身的存在之领会宣告出来。此在

① 狄尔泰．诠释学的起源［M］. 洪汉鼎，译 // 洪汉鼎．理解与解释：诠释学经典文选．北京：东方出版社，2006：76-77.

② 狄尔泰．诠释学的起源［M］. 洪汉鼎，译 // 洪汉鼎．理解与解释：诠释学经典文选．北京：东方出版社，2006：93.

③ 狄尔泰．诠释学的起源［M］. 洪汉鼎，译 // 洪汉鼎．理解与解释：诠释学经典文选．北京：东方出版社，2006：97.

的现象学就是诠释学”[①]。而伽达默尔在其《诠释学Ⅰ：真理与方法》的导言中也同样将胡塞尔的现象学描述意识的方法应用到其写作中去。[②]胡塞尔对哲学解释学的形成有重要作用，其主要理论为：

一是关于停止判断或加括弧。胡塞尔把现象学的目标定位为精密科学的哲学，为了达到其哲学目标，他如同笛卡儿、康德一样要寻求理论上的“阿基米德点”，他把现象学还原视为这个确定的基点。而所谓现象学还原就是“所有超越之物（没有内在地给予我的东西）都必须给以无效的标志，即：它们的存在，它们的有效性不能作为存在和有效性本身，至多只能作为有效性现象”[③]。现象学还原也就是主张停止判断，要把以往哲学中关于自然客观世界的认识及传统人类积淀下来的知识放在括弧中存而不论；摆脱先入之见，与一切关于客观世界的知识决裂，使现象学不以任何理论假设为前提，使其每一个理论研究有绝对客观性；搁置判断，既不肯定，也不否定，不要用未经证实的原则作为哲学不证自明的前提。

二是关于本质还原与面向事物本身。本质还原又称为本质直觉还原，其基本原则就是面向事物本身，事物并不是物理世界的事物，而是意识中的任何东西，既包括意识中的客观事物，也包括意识中的纯粹理念。面向事物本身就是回到意识层面，把物质和精神层面的所有东西归结到意识领域；面向事物本身不是从客观事物出发，而是从意识出发来理解世界本质。本质还原的方法第一步是部分悬置，将认识的对象是否存在悬置起来，因为存在是人为假设的，通过悬置则可以获得纯粹现象；而第二步是直观个别事物而获得共相，即共同的本质。在胡塞尔看来，现象就是本质，直观现象就是收获了对本质的追寻。“我们能够去直观在诸思维中和在诸思维的实在因素中个别化的一般之物，在直观抽象中把握一般性，并且把纯粹建立在这些一般性中的本质联系在直观联系的思维中构造为自身被给予的事态。”[④]

三是关于生活世界。胡塞尔认为现象学要做到无假设、无前提，不仅要悬置自然世界中的客观存在，也要悬置历史中形成的理论知识与观点，其理论逻辑必然要求直接面对生活世界。胡塞尔认为生活世界是非课题的世界，与课题世界之不同在于课题世界是建构起来的，具有理论

① 海德格尔．存在与时间［M］．陈嘉映，王庆节，译．北京：生活·读书·新知三联书店，2006：44.

② 伽达默尔．诠释学Ⅰ：真理与方法［M］．洪汉鼎，译．北京：商务印书馆，2010：8.

③ 胡塞尔．现象学的观念［M］．倪梁康，译．上海：上海译文出版社，1986：11.

④ 胡塞尔．现象学的观念［M］．倪梁康，译．上海：上海译文出版社，1986：54.

前提的世界，它是片面的，而作为非课题世界的生活世界是直接面对的现实世界，是不言自明的。生活世界是直观的、非抽象的世界，没有逻辑与推理，也没有假设与反思。

胡塞尔的哲学中对海德格尔影响最大的方面应该是对主客二分的消解，“消融主体与客体的外在对立，使哲学回到本源的同一世界，成为胡塞尔现象学的基本立场”[①]。另外，胡塞尔对海德格尔的真理观，即去蔽论的形成有理论上的启示，胡塞尔认为真理就是意见与意见的对象相符合，而符合则是“对象基本上和直接上是有如它在某种方式里被认为的那样现前化”[②]，“现前”是感知行为使对象直接显现，真理就是可以直观到的，“直观不是意识表象本质，而是本质向意识呈现”[③]。海德格尔的“真理的自行开示”与之有相似之处。海德格尔充分利用了现象的理论精髓，利用现象学来阐释诠释学，“真正的理解之本质，便是为事物显现自身之力量所引导的存在之本质。这种观念是胡塞尔自己回到事物本身之意图的一种表达。现象学是存在之工具，它通过一条真正属于存在的方法之途径而为现象所引导”[④]。没有胡塞尔的现象学，很难想象会有海德格尔的本体论诠释学。

2. 海德格尔的本体论解释学

正如古典诠释学是主要由施莱尔马赫和狄尔泰两位大师开创确立一样，哲学诠释学也是由两位大师即海德格尔和伽达默尔开创确立的。而海德格尔对诠释学最重要的贡献在于实现了从方法论到本体论的转向。理解就是人把自己的可能性投向世界而为自己的未来筹划，筹划表明理解是人这种“此在”的存在本质。理解不再是主体认识客体的一种方法，而理解本身就是存在的基本形式，“现身情态（境缘性）是此之在活动于其中的生存论结构之一。领会（理解）同现身一样源始地构成此之在”[⑤]。当理解成为此在的存在方式时，理解就超越了主客认识模式，而实现了理解的本体论意义。海德格尔的理论来源于胡塞尔现象学，但海德格尔不同于胡塞尔将所有外在实在世界知识、理论或构造都置于括号中存而不论，而得到一个唯一主观性之纯粹自我，海德格尔反对不在世的抽象

---

① 韩秋红，庞立生，王艳华．西方哲学的现代转向［M］. 长春：吉林人民出版社，2007：114.

② 洪汉鼎．诠释学：它的历史和当代发展［M］. 北京：人民出版社，2001：157.

③ 洪汉鼎．诠释学：它的历史和当代发展［M］. 北京：人民出版社，2001：158.

④ 帕尔默．诠释学［M］. 潘德荣，译．北京：商务印书馆，2012：168.

⑤ 海德格尔．存在与时间［M］. 陈嘉映，王庆节，译．北京：生活·读书·新知三联书店，2006：166.

自我、缩小了的自我，主张应该将自我放回世界中，这样才能贯彻面向事物本身。现象学必须是一种“此在”的现象学，让“此在”如其所是那样将自身显示出来，让“此在”自己解释自己，使事物自身从隐蔽状态中显现出来，让真理自我显现。事物把自己从隐蔽状态带入光天化日之下，像砍伐树木成为林中空地而成为显示的东西。事物不是我们心灵或意识把意义投射到事物之上，不是将我们的范畴强加给事物。①

海德格尔的诠释学是此在的诠释学，他认为解释无不是前提地把握事先给定的事物，“把某某东西作为某某东西加以解释，这在本质上是通过先有、先见和先把握来起作用的”，“解释奠基于一种先把握之中”②。理解就是基于解释者的前结构的先行理解，前结构以不言而喻不可辩驳的方式构成了解释者的先入之见。这一点不同于古典诠释学之完全排斥解释者个人主观性，也是两者重要的分野。对循环解释的理解海德格尔同样将它上升到了本体论的高度，如果理解依赖于前理解，而前理解又依赖于前理解的前理解，则可能陷入一种无穷倒退的过程中，海德格尔对此认为：决定性的事情不是从循环中脱身，而是依照正确的方式进入这个循环。“领会的循环不是一个由任意的认识方式活动于其间的圆圈，这个用语表达的乃是此在本身的生存论的‘先’结构。”③海德格尔也道出了解释与语言的关系，在解释中勾连的东西更源始于语言所勾连的东西。“如果话语是展开状态的源始生存论环节，那么话语也就一定从本质上具有一种特殊的世界式的存在方式。现身在世的可理解性作为话语道出自身。可理解性的含义整体达乎言辞。”④他是从本体论意义上谈论语言的，所谓语言是存在之家，在世界与语言关系上世界只有通过语言才成为世界，即“词语破碎处，无物存在”，而语言也只有表现了世界才真正存在。在人与语言的关系上人永远是以语言的方式拥有世界，存在只有在语言中把自己送到人那里，所以，人存在是一种语言性的存在。没有语言，就没有人的解释。

海德格尔对哲学诠释学的最终形成的主要贡献有：一是将理解作为此在的存在方式，而不是行为方式，即解释不是手段，本身即目的，而

---

① 洪汉鼎．诠释学：它的历史和当代发展［M］．北京：人民出版社，2001：193-195.

② 海德格尔．存在与时间［M］．陈嘉映，王庆节，译．北京：生活·读书·新知三联书店，2006：176.

③ 海德格尔．存在与时间［M］．陈嘉映，王庆节，译．北京：生活·读书·新知三联书店，2006：179.

④ 海德格尔．存在与时间［M］．陈嘉映，王庆节，译．北京：生活·读书·新知三联书店，2006：188.

成为一种超越主客体认识论的解释学。二是指出任何解释都是在解释者在其前把握进行的；循环解释既不可避免也无须避免，循环解释乃是此在的存在方式。这为伽达默尔开创哲学诠释学奠定了基础。三是在本体论意义上论述了语言，人永远是以语言的方式拥有世界，而世界也是借助语言向人呈现。语言使存在物得以去蔽而敞开，是一种澄明的投射。[①]

二、哲学解释学的形成

如果说海德格尔是哲学诠释学的开创者的话，伽达默尔则是最终的完善者，是他使哲学诠释学得以确立。伽达默尔继承了海德格尔解释学的本体论，哲学诠释学不是提供关于解释方法的学说，而是进行理解如何可能的本体论问题的研究。“哲学诠释学的任务是在它的所有领域开放诠释学的维度，为我们关于世界的完整的理解，因此也是为所有理解显示自己的各种形式，展示诠释学的根本意义。”[②]他要继续实现从古典诠释学向本体论哲学诠释学的转向。伽达默尔批判现代科学的那种唯科学至上的思想，即便在自然科学领域，“科学总是经受方法论抽象的各种限制条件，而科学的成功有赖于如下事实即其他提问的可能性都被抽象所掩蔽”[③]，更遑论科学方法在精神科学领域能否导向真理。他认为古典诠释学像自然科学那样对文本追求客观、终极意义是虚妄而不可求的。

文本都属于传统的一部分，文本开始与解释者对话时，文本的真实意义并不依赖作者及最初读者所表现出的偶然性，文本的意义总是超越作者，这种超越性不是暂时的，而是永远的。理解不是一种复制的过程，而总是一种创造的过程，也就会开始这样的后果：只要我们在理解，那么就会产生不同的理解。所以，理解活动中真正的本质问题在于意义本身之不确定性，这种不确定对于意义确定性的追求，如同对客观真理的追求一样已成了一种乌托邦。同海德格尔一样，伽达默尔将语言的重要性上升到人与世界的关系是语言关系，“能理解的存在就是语言”，语言不是需要时就用而随后就可以弃之一旁的工具，“语言并非只是一种生活在世界上的人类所适于使用的装备，相反，以语言为基础，并在语言中得以表现的是，人拥有世界”，“但世界对于人的这个此在却是通过语言而表述的”。[④]

---

① 章启群．意义本体论：哲学诠释学［M］. 上海：上海译文出版社，2002：51-52.

② 伽达默尔．哲学解释学［M］. 夏镇平，宋建平，译．上海：上海译文出版社，2004：18.

③ 伽达默尔．哲学解释学［M］. 夏镇平，宋建平，译．上海：上海译文出版社，2004：10.

④ 伽达默尔．诠释学Ⅰ：真理与方法［M］. 洪汉鼎，译．北京：商务印书馆，2010：623.

要理解伽达默尔的哲学诠释学，对他的“游戏”概念不能不有深刻的把握。他说：“游戏的真正主体（这最明显地表现在那些只有单个游戏才有的经验中）并不是游戏者，而是游戏本身。游戏就是具有魅力吸引游戏者的东西，就是使游戏者卷入到游戏中的东西，就是束缚游戏者于游戏中的东西。”①这对于艺术作品的本体论的建构具有重要意义，它清除了游戏者的主观性，消解了主客观二分的旧套路，游戏的自我表现乃是艺术作品的存在方式。游戏只有在观赏者那里才获得完全的意义，“虽然游戏者好像在第一种游戏里都在起作用，而且正是这样游戏才走向表现，但游戏本身却是由游戏者和观赏者所组成的整体”②。对话是一种语言游戏，而与文学作品、传统之遗传物的每一次遭遇都是对话，在对话中真理才得以被揭示，而对话永不会停止，所以理解永远是在途中，永远存在于过去与现在之间无限中介的过程之中。③伽达默尔的游戏概念已将读者（观赏者）提升到本体论的意味上了，此乃是本书需要厘清的一个重要线索。

在对文本及传统遗传物的解读中，哲学诠释学必须面对我们置身于其中的世界的熟悉性和文本意义的陌生性。人们在不同的时代对同一文本却有不同的解释。奥古斯丁和马丁·路德对《圣经》就有不同的解读，即便是同一时代的读者对同一文本也同样有不同的解读方式，这些差异性源始于作者和读者之间的历史性，但伽达默尔不同于传统诠释学之读者必须克服这种历史间距所造成的主观偏见，以达到客观真实地把握作者的意图，而恰恰是这个偏见构成了读者的特殊的视域。它与作者原初的视域之间必然存在差距，而理解则正是在这种“视域融合”的过程中达到更高的层次。如同海德格尔前结构对理解的不可避免一样，伽达默尔对前见之于理解也是不可避免的，传统在伽达默尔看来不是一个需要加以消解的消极因素，而是取得了合法性地位的积极因素。“在我们经常采取的对过去的态度中，真正的要求无论如何不是使我们远离和摆脱传统。我们其实是经常地处于传统之中，而且这种处于绝不是什么对象化的行为，以致传统所告诉的东西被认为是某种另外的异己的东西——它一直是我们自己的东西，一种范例和借鉴，一种对自身的重新认识，在这种自我认识里，我们以后的历史判断几乎不被看作认识，而被认为是传统的最单纯的吸收或融化。”④这段话表明在哲学诠释学的视域中，传统起了

① 伽达默尔．诠释学Ⅰ：真理与方法［M］．洪汉鼎，译．北京：商务印书馆，2010：157.

② 伽达默尔．诠释学Ⅰ：真理与方法［M］．洪汉鼎，译．北京：商务印书馆，2010：161.

③ 严平．走向解释学的真理：伽达默尔哲学评述［M］．北京：东方出版社，1998：96.

④ 伽达默尔．诠释学Ⅰ：真理与方法［M］．洪汉鼎，译．北京：商务印书馆，2010：399.

积极的、使理解得以可能的作用，传统诠释学中读者必须克服的主观性在这里却成了不可或缺的东西。

效果历史是在视域融合之后随理解者和理解对象相互作用、相互融合而产生统一物而出现的。效果历史乃是“一种真正的思维必须同时想到它自己的历史性。只有这样，它才不会追求某个历史对象的幽灵，而将学会在对象中认识它自己的他者，并因而认识自己和他者。真正的历史对象根本就不是对象，而是自己和他者的统一体，或一种关系，在这种关系中同时存在着历史的实在以及历史理解的实在。一种名副其实的诠释学必须在理解本身中显示历史的实在性。因此我就把所需要的这样的一种东西称之为‘效果历史’”[①]。效果历史意味着文本的意义与理解者一道进入不断运动的过程中，它不是一种主体性行为，而是置身于传统过程中的行动，在此过程中过去和现在经常地得以融合，旧的东西和新的东西不断结合成某种更富生气的有效的东西。效果历史是哲学诠释学的灵魂，效果历史在历史的反思意识中，克服理解者与理解对象的时空间距，实现了对理解和意义的永无止境的发现。

三、哲学解释学的基本内涵

（一）解释学的本体论

哲学解释学与传统解释学的最大不同是从方法论到本体论的飞跃，传统解释学是将解释学作为解释者的一种技艺和方法，是认真地解释作者的意图，以避免对作者产生误解。而哲学解释学则不然，理解与解释是此在的存在方式，理解就是人把自己的可能性投向世界而为自己的未来筹划，筹划表明理解是人这种“此在”的存在本质。理解作为存在的方式，已然超越了主客二分的功利性工具模式。“此在”在生存过程中理解自身、显示自身，乃是一种本体论非方法论的哲学套路。相应的真理观也随之不同，方法论的真理是主观的意见与对象事实相符合，是解释者的意见与作者的意见相符合的套路，而本体论的解释学则是如海德格尔的真理观，是真理的“自行开示”。也如胡塞尔的现象学之事物的“本质还原”，没有主客二分的工具性质，解释者不是理性十足的探险者，而作者的内在世界与创作意图也不是一个待人开启的神秘之物，而是真理在作品自行设入，真理可以自行开启与去蔽。“本体论作为存在的现象学必须成为一种存在的‘诠释学’。但这种诠释学，理所当然的不是老式的语

① 伽达默尔．诠释学Ⅰ：真理与方法［M］．洪汉鼎，译．北京：商务印书馆，2010：424.

文学方法论，甚至也不是狄尔泰所设想的精神科学的一般方法论。它展现了被隐藏的东西；它建构的不是一种解释之解释（即依据文本的说明），而是首先将事物带出其隐匿之处的根本的诠释行为"①，本体论诠释学不是方法与旧式的解释，而是解释者显示真理的存在方式。

（二）读者中心主义

在传统解释学中作者是毫无疑问的中心，对文本的意义探究要以作者为本源，对文本的解读要结合作者创作时的传记故事、心理状态与情感情绪的状况；而解释者在解读作品时要重构作者创作的情景状态，解释学者必须泯灭自身的偏见，尽力与作者保持一致是解释者不产生误解的前提条件。在作者、文本与读者三者的关系中，作者居于中心位置。但在哲学解释学中，解释者（读者）的地位得到了逆转，实现了解释学领域的"哥白尼革命"，在作者、作品与读者三者关系中读者成为中心，读者的主观性与个人偏见不再是必须加以扼杀的前提。相反，读者的偏见是理解发生的前提条件，正是基于读者视域与作者视域的融合才使解释更具有效果历史。传统诠释学将探求事物客观准确性的静态结果作为解释的最终目标，而哲学诠释学视解释是一个永远"在途中"的动态的过程，只能得到一个相对的效果历史。传统诠释学所确立的作者中心地位在哲学诠释学里被彻底瓦解了，施莱尔马赫的"心理移情"、狄尔泰的"生命体验"之探寻作者意图的方式被伽达默尔的作者与读者的"视域融合"所取代；读者的主观历史性等偏见、作者与读者之间的时空间距不再是必须加以克服的消极东西，而它们恰好构成了读者得以理解作者的特定的视域；在艺术品及传统遗传物的本体意义上，只有在读者那里才能获得意义的升华。这样在传统诠释学中"被消失"的读者走到了世界的前台，"读者中心论"终于取代了"作者中心论"。

（三）传统与偏见的合法性

在解释学的领域解释者自身的偏见与个性之合法性是一个必须加以解决的问题。在传统解释学中，解释者的个性与偏见必须服从作者的创作意图，读者的个性与偏见完全被否定，不具有合法性基础，唯独作者的创作意图才具有存在的价值。而哲学解释学则赋予解释者的偏见以合法性地位，它是解释得以可能的前提条件，是发生效果历史的元素之一，没有解释者（读者）的偏见几乎不能产生哲学解释学意义的解释现象。对读者的偏见（前见）的肯定就是对传统的肯定，因为任何人都不能不受传

---

① 帕尔默．诠释学［M］. 潘德荣，译．北京：商务印书馆，2012：169.

统的浸染。无论我们的主观意愿如何，传统都会对我们发生作用；既然传统不可避免，不如对它予以合理利用。无论海德格尔还是伽达默尔都对传统给予肯定，认可它在解释过程中的合法性地位。

第二节　哲学解释学的读者中心论

哲学解释学的基本内涵中包括读者中心主义，是一种“读者中心论”的理论套路。读者中心论的逻辑前提是首先纠正传统解释学对读者偏见予以否定的做法，肯定了读者偏见的合法性；其次，确定读者在文本意义生成中的作用，读者、作者、文本三者视域融合是效果历史产生的原因；最后，“读者中心论”体现了对话式的文本观，文本是一个开放的系统，正是由于读者的参与才使文本得以完成，文本结构中预设了作者与读者之间的对话。

一、读者偏见的合法性

（一）读者（解释者）的意见从“非法”到“合法”

古典诠释学之前的神学解释学和法学解释学时期，是以解读圣经与法律文本为宗旨，完全没有解释者的地位；而到了古典诠释学时期解释者的地位依然没有改变，解释者自身的意图与观点仍是处于被泯灭的状态。施莱尔马赫认为解释者要通过心理转换的方式来与作者保持在同一层次、要去重构作者的创作意图，而同时摆脱自身的境遇、自身的历史性与偏见；其认为，越是摆脱了解释者个人的观点与意见，就越是能避免误解与作者达成一致。在施莱尔马赫看来，唯有作者的意图才是正当合法的，读者（解释者）的意图是消极非法的，是必须加以克服的。而狄尔泰认为认识的主体与客体具有同质性，探究历史的人就是创造历史的人，因为有了这种同质性，解释者得以通过自身生命之体验而进入他人的生命之中而理解他人。狄尔泰认为理解就是一种复制和模仿、一种对作者创作意图的再体验，显然，解释者自身的意见、自身的生命体验消解在作者的生命体验的阴影之中；唯有作者的创作意图才是合法的，需要加以确认、被体验，而解释者自身的生命体验只不过是进入他人内心而达到理解他人的一种手段。浪漫主义时代的特征是：一切以作者为中心，作者是唯一的合法“生产者”、意义的源泉、真理的化身；而所谓的解释者至多是一个文本的消费者，在意义生成过程中没有发挥生产性作用。

而到了哲学解释学的时代，读者实现了“哥白尼革命”：不是读者要一味地去挖掘作者的意图，而是作者的意图要借助读者的理解才得以呈现。意义是读者理解过程中一个动态的过程，而不是作者一旦创作完毕就“一锤定音”的静态格局，显然，读者个人的观点与意见取得了合法的地位。海德格尔认为，理解是基于解释者的先有、先见和先把握来起作用的，是基于先行结构的前理解来起作用的。解释者的先入之见是解释者的生存状态，是不可克服、不可避免的因素，因此，解释者的个人观点与意见具有天然的合法性。而伽达默尔同样认为解释者的个人之见是解释得以成立的前提条件，是视域融合发生的不可或缺的一方；我们本身就立足于传统之中，传统不是外在的、异己的东西，而是我们的范例与借鉴——我们不断地从传统中吸取营养。读者个人的一己之见或个人的传统经验不但不应当加以排斥，相反应该被予以肯定。解释者个人的观点与意见被肯定以及被视为合法的元素是完成从“作者中心论”到“读者中心论”转换的关键环节，是读者价值得以确立的合法性基础，读者也是借助自身意见之合法性而登上历史的舞台的。

（二）海德格尔对“先见”的论述

海德格尔在其早期思想中就对解释者的“先见”进行过论述。海德格尔认为理解不是一个外在的对象而由“此在”来占有，而是“此在”的一种存在方式。“此在（实际性）所是的自身最本己的可能性可称为生存。正是涉及这个本真存在自身，实际性通过解释性的追问被置于先有中，从这里而且在这里，实际性得到解释”，先有是一种置身其中的基本经验，而先把握是一种被规定的表达及问询方式；先有是存在的基本特征，是此在构成性的和决定性的方式，“也就是将我们置于与其解释倾向和忧虑相一致的此在中。基本概念并非后来拥有的，而是先就拥有了：把握的此在用基本概念的方式去把握”。[①]“此在作为什么预先被设定以及在基本特征上预先被规定”，“此在作为这样的（实际生命）被置于先有之中，现象的解释学描述的开端和实现方式方法的命运取决于先有的本源性和真实性”[②]。也就是说，“此在”是在一个世界中生命的实际存在，而“此在”在先有结构中显示自身、理解自身；先有是理解的本源与真实的际遇。海德格尔的“先有”摆脱了主客对立，先有不是一种主体对客体的认

① 海德格尔．存在论：实际性的解释学［M］．何卫平，译．北京：人民出版社，2009：20.

② 海德格尔．存在论：实际性的解释学［M］．何卫平，译．北京：人民出版社，2009：82.

识方式，先有本身表明人与世界是源始性的浑然一体的关系。

海德格尔在《存在与时间》中对其前述的观点予以进一步的阐述，“解释向来奠基在先行视见之中，它瞄准着某种可解释状态，拿在先有中摄取到的东西开刀”，“任何解释工作之初都必然有这种先入之见，它作为随着解释就已经设定了的东西是先行给定的，这就是说，是在先行具有、先行视见和先行掌握中先行给定的”。[①] 先有是此在生存环节的基本结构，在领会的筹划中，存在者是在它的可能性中展开的，“先行具有、先行视见及先行掌握构成了筹划的何所向。意义就是这个筹划的何所向，从筹划的何所向方面出发，某某东西作为某某东西得到领会”[②]。意义不是此在的属性，而是一种生存状态的性质，是在世界的展开状态中揭示出来的意义。海德格尔始终主张一种本体论意义的解释学理论，其先有总是根源于此在的实际生存状态之中。也正因为解释的先有结构，所以，所有解释都处于前解释的先结构之中，“对领会有所助益的任何解释无不已经对有待解释的东西有所领会”[③]，海德格尔的解释学不同于科学范畴的解释学，“科学论证不得把它本应该为之提供根据的东西设为前提”，科学论证要避免这种恶性的循环解释，但海德格尔的解释学则不然，“决定性的事情不是从循环中脱身，而是依照正确的方式进入这个循环。领会的循环不是一个由任意的认识方式活动于其间的圆圈，这个用语表达的乃是此在本身的生存论上的‘先’结构”[④]。循环解释学是人类处于先行结构之中的必然后果。解释者的解释总是建基于尚待解释的基础之上的，而理解却总是未完成的理解。在解释的领域中并没有前提与结果之分、前后之分，而解释的本身就是各种元素互为因果、相互解释的过程。“先有”是不可避免也无须避免的，海德格尔通过此在生存论的基本结构论证了先有的合法性。

（三）伽达默尔对“前见”的论述

伽达默尔坚定地肯定了解释者的“前见”的合法地位。同海德格尔观点一样，他认为人处在一种先在的结构之中，“其实历史并不隶属于

---

① 海德格尔．存在与时间［M］．陈嘉映，王庆节，译．北京：生活·读书·新知三联书店，2006：176.

② 海德格尔．存在与时间［M］．陈嘉映，王庆节，译．北京：生活·读书·新知三联书店，2006：177.

③ 海德格尔．存在与时间［M］．陈嘉映，王庆节，译．北京：生活·读书·新知三联书店，2006：178.

④ 海德格尔．存在与时间［M］．陈嘉映，王庆节，译．北京：生活·读书·新知三联书店，2006：179.

我们，而是我们隶属于历史。早在我们通过自我反思理解我们自己之前，我们就以某种明显的方式在我们所生活的家庭、社会和国家中理解了我们自己”，“在理性的绝对的自我构造的观念下表现为有限制的前见的东西，其实属于历史实在本身。如果我们想正确地对待人类的有限的历史的存在方式，那么我们就必须为前见概念根本恢复名誉，并承认有合理的前见存在”。① 伽达默尔直接表明了前见的合法性，要纠正过去对前见予以抵制的错误做法，“在我们经常采取的对过去的态度中，真正的要求无论如何不是使我们远离和摆脱传统。我们其实是经常地处于传统之中”②。传统不是外在的、异己的东西，而是与我们融合一体的所在，“理解甚至根本不能被认为是一种主体性的行为，而要被认为是一种置自身于传统过程中的行动，在这过程中过去和现在经常地得以中介”③。

伽达默尔认为循环解释“既不是主观的，也不是客观的，而是把理解活动描述为传承物的运动和解释者的运动的一种内在相互作用”，“作为一切理解基础的这种循环的意义，还有一个进一层的诠释学结论，这个结论我相称之为完全的前把握。显然，这也是支配一切理解的一种形式的前提条件”。④ 前见是构成我们视域的要件，我们诠释学处境是由我们自己带来的各种前见所规定的，所有个人前见构成了现在的某个视域，“如果没有过去，现在视域就根本不能形成”⑤。伽达默尔赋予传统、前见以合法性地位，认为前见具有先在性和被给予性，因而，前见是一个不可避免的东西，不但不能对其加以克服，相反要对它加以利用。“前见”概念在伽达默尔的哲学解释学领域具有十分重要的地位，是读者中心主义的立论基础。

二、作者、文本与读者的“视域融合”

（一）在作者中心论的语境中，作者处于权力中心

在作者中心论的视野下，作者处于权力的中心，具有绝对的话语权。文本也是语音中心主义之下的产物，是作者思想的记录，而对文本的意义考察也必须从对作者的意图考察中来行进。解释者或读者是不能产生意义的一方主体，解释者唯一可行的事情就是抑制自身的偏见，去重构作者的

① 伽达默尔．诠释学Ⅰ：真理与方法［M］．洪汉鼎，译．北京：商务印书馆，2010：392.
② 伽达默尔．诠释学Ⅰ：真理与方法［M］．洪汉鼎，译．北京：商务印书馆，2010：399.
③ 伽达默尔．诠释学Ⅰ：真理与方法［M］．洪汉鼎，译．北京：商务印书馆，2010：411.
④ 伽达默尔．诠释学Ⅰ：真理与方法［M］．洪汉鼎，译．北京：商务印书馆，2010：415.
⑤ 伽达默尔．诠释学Ⅰ：真理与方法［M］．洪汉鼎，译．北京：商务印书馆，2010：433.

意图。作者与读者之间不是平等的对话关系，而是不平等的君臣般的隶属关系。然而，随着读者自身地位的合法化以及读者个人的意见、观念与传统的价值被正面评估，作者与读者之间的关系发生了根本性改变，其从隶属关系转换为平等的对话关系。读者的偏见的合法化使理解不再是仅仅去重构作者的意图，而是要实现多种力量的视域融合。视域融合是读者“前见”合法化的逻辑延伸——既然读者的个人的价值不能被扼杀、不能被忽视，那么，其价值必然要在解释的过程中呈现出来。解释的结果也就从作者的单一意图变成作者、读者、文本三者之间的“复合性”意图。

（二）伽达默尔的视域融合

伽达默尔的发展起来的哲学解释学不是一种方法论，而是本体论意义上的解释学，其根本的任务不是要发展一种理解的程序，而是要澄清理解得以发生的条件。而我们从前面的论述中知道，解释者总是处于先行的结构之中，理解的条件不是解释者自身可以选择的，解释者是被“抛入”先行结构之中，其理解发生的条件是被给予的。“占据解释者意识的前见和前见解，并不是解释者自身可以自由支配的。解释者不可能事先就把那些使理解得以发生的生产性的前见与那些阻碍理解并导致误解的前见区分开来。”[①] 而时间距离在伽达默尔看来却成为理解得以发生的可能的条件，解释者之所以比作者更好理解作品不是因为把自身的意识回构到作者的原始创作的状态，相反，解释者与原作者之间的不可消除的历史距离使得解释者处于一种优越的位置。“每一时代都必须按照它自己的方式来理解历史传承下来的文本，因为这文本是属于整个传统的一部分，而每一时代则是对这整个传统有一种实际的兴趣，并试图在这传统中理解自身。当某个文本对解释者产生兴趣时，该文本的真实意义并不依赖于作者及其最初的读者所表现的偶然性。”[②] 而所谓的更好的理解也并不是说对原作者有更清楚的概念认识，而是我们只要有所理解，就总是在以不同的方式理解。时间与历史距离在传统解释学中是必须加以克服的东西，如今却成为哲学解释学中理解得以发生的要件，“重要的问题在于把时间距离看成是理解的一种积极的创造性的可能性。时间距离不是一个张着大口的鸿沟，而是由习俗和传统的连续性所填满，正是由于这种连续性，一切传承物才向我们呈现了出来”[③]。时间距离使每个解释者都处于历史的维度与境遇之中，“一切自我认识都是从历史地在先给定的东西开

① 伽达默尔．诠释学Ⅰ：真理与方法［M］．洪汉鼎，译．北京：商务印书馆，2010：418.
② 伽达默尔．诠释学Ⅰ：真理与方法［M］．洪汉鼎，译．北京：商务印书馆，2010：419.
③ 伽达默尔．诠释学Ⅰ：真理与方法［M］．洪汉鼎，译．北京：商务印书馆，2010：421.

始的，这种在先给定的东西，我们可以用黑格尔的术语称之为实体，因为它是一切主观见解和主观态度的基础，从而它也就规定和限定了在传承物的历史他在中去理解传承物的一切可能性”[①]。

视域在本质上属于处境的概念，而拥有了视域就知道如何去评价视域内一切东西的意义。理解的达成不是意见的完全一致，因为每个人都有不同的视域；视域也总是处于变化的，“一切人类生命由之生存的以及以传统形式而存在于那里的过去视域，总是已经处于运动之中”，“我们的历史意识所指向的我们自己的和异己的过去一起构成了这个运动着的视域，人类生命总是得自这个运动着的视域，并且这个运动着的视域把人类生命规定为渊源和传统”。[②] 视域不是使个人的个性植入他人个性，也不是要将他人受制于自己，而是要向更高的目标而提升。前见构成了个人独特的视域，没有个人的过去的历史，也就不可能形成现在的视域。无论历史的视域还是现在的视域都不是自为存在的，理解实际上是一个视域不断融合和的过程，“在传统的支配下，这样一种融合过程是经常出现的，因为旧的东西和新东西在这里总是不断地结合成某种更富有生气的有效的东西”[③]。视域融合不是要消除视域之间的差异，视域融合不是要消除文本与现在之间的紧张关系，而是要暴露这种关系；理解就是要筹划不同于现在的历史视域，使传统视域与自身的视域得以区分。所谓的视域融合也只是一个理解过程的阶段，随着历史的发展，这种融合的视域也随之发展而消亡。

从时间距离到历史距离，从处境到视域，伽达默尔建构了解释者在理解过程中的合法性基础，解释者的视域是时间距离和历史距离决定的，而这些不但不是要加以克服的要素，相反它们是理解得以发生的条件。视域融合也总是发生在没有终点的“在途中”，视域融合是解释者理解过程的运动状态。视域融合就是读者从自身的历史性出发来解读文本，在读者历时性的阅读过程中，意义不断被创造出来。理解也就不再是读者去复制作者的意图，而是在作者与读者视域融合之下文本自身的意义被不断地更新以及被不断地创造出新的东西。

（三）伽达默尔的效果历史

视域融合是一个动态的过程，而必然会发生一定的效果，“视域融合

---

① 伽达默尔．诠释学Ⅰ：真理与方法［M］．洪汉鼎，译．北京：商务印书馆，2010：427.

② 伽达默尔．诠释学Ⅰ：真理与方法［M］．洪汉鼎，译．北京：商务印书馆，2010：430-431.

③ 伽达默尔．诠释学Ⅰ：真理与方法［M］．洪汉鼎，译．北京：商务印书馆，2010：433.

的出现，即当理解者和理解的对象相互作用中所产生的融合的统一物出现时，‘效果历史’（effective-history）便形成了”[①]。“真正的历史对象根本就不是对象，而是自己和他者的统一体，或一种关系，在这种关系中同时存在着历史的实在以及历史理解的实在。一种名副其实的诠释学必须在理解本身中显示历史的实在性。因此我就把所需要的这样的一种东西称之为‘效果历史’。理解按其本性乃是一种效果历史事件。”[②]理解是一种动态过程，而其间产生的效果也是在不断产生而又不断消失，效果历史是自我与他者的统一体，是历史在当前产生的效果，而不是历史客观主义所主张的故意阻隔历史与当下之间的联系，否认理解发生的根本性前提，因而不可能达到真理。效果历史不是一种完美的精确性表达，也不是历史的完全的自我透明，效果历史只是一个动态的理解过程，其关键不在于正确性的真理表达，而在于有不同的理解与见解。正因为如此，伽达默尔认为效果历史永远不会完成，“效果历史绝不会完全受我们控制或由我们任意支配，与其说历史受意识支配，不如说意识受历史支配。无论什么时候我们理解，历史产生视域，永远不能最终澄清显现意义和值得探讨的任何事物”，“历史以这样的方式渗透到我们的实体中，以至于我们不能最终澄清它或同它保持距离”[③]。效果历史是视域融合的结果，而视域融合是解释者自身先入之见合法性的逻辑延伸，因此，效果历史处在“价值链”的末端而具有重要地位，“可以说效果历史的概念是伽达默尔哲学诠释学的灵魂”[④]。效果历史是解释者创造性的行为效果，是读者中心论的价值形态的最后呈现。

三、哲学解释学的文本观：对话式阅读

（一）“对话”的哲学理论

海德格尔的本体论语言哲学也体现为一种“对话”的模式。因为人栖居在语言之中，所以，人可以倾听寂静之音；也正因为能听，所以才能言说。海德格尔的“语言说人”是建立在对话的基础之上的，有一种内在的听说关系。伽达默尔的哲学解释学中的“对话”始终有一个基本原则，“理解借以开始的最先的东西乃是某物能与我们进行攀谈，这是一切诠释

① 章启群．意义的本体论：哲学诠释学［M］．上海：上海译文出版社，2002：96.
② 伽达默尔．诠释学Ⅰ：真理与方法［M］．洪汉鼎，译．北京：商务印书馆，2010：424.
③ 格朗丹．哲学解释学导论［M］．何卫平，译．北京：商务印书馆，2009：182.
④ 章启群．意义的本体论：哲学诠释学［M］．上海：上海译文出版社，2002：103.

学条件里的最首要的条件”[①]，“这种情形正如那种只是为了达到了解某人这一目的而与某人进行的谈话一样，因为在这种谈话中，我们只是知道他的立场和他的视域”[②]。伽达默尔认为理解就是基于自身的前见而形成了各自的视域，然后进行攀谈、对话而达到视域融合；理解就是说话者之间的相互理解。哲学解释学不同于古典诠释学的根本之处就在于哲学解释学是对话式的，而古典诠释学是独白式的解释学。古典诠释学只有作者在独白，而没有解释者的观点与意见，是解释者复制或重构作者的意图，而不是交互式的对话，作者是意义的终点。而哲学解释学认为作品的意义是读者在理解过程中与作者视域融合的结果。古典诠释学认为作品意义是作者创作一旦完毕就已经预设了的，因而是静态的，而哲学解释学认为意义是读者开始阅读时才开启，因而是动态的、不能确定的状态。

在伽达默尔的哲学语境中，始终保留了解释者的位置，“虽然游戏者好像在每一种游戏里都起了他们的作用，而且正是这样游戏才走向表现，但游戏本身却是由游戏者和观赏者所组成的整体。事实上，最真实感受游戏的，并且游戏对之正确表现自己所意味的，乃是那种并不参与游戏，而只是观赏游戏的人”[③]。游戏为欣赏者而存在，欣赏者才是作品的根本意义，这为解释者参与游戏，进行对话预留了位置。“所进行的游戏就是通过其表现与观赏者对话，并且因此，观赏者不管其与游戏者的一切间距而成为游戏的组成部分”[④]，“艺术作品的存在就是那种需要被观赏者接受才能完成的游戏。所以对于所有文本来说，只有在理解过程中才能实现由无生气的意义痕迹向有生气的意义转换”[⑤]。所谓的游戏、艺术作品和文本都必须借助观赏者才能得以完成，这样观赏者就处在了一个重要的，甚至处于比作者更优越的位置上了。艺术作品直到被欣赏才得以完成、作品必须经由与读者的对话才得以实现意义，这明显不同于古典诠释学的作者中心论的套路——作者一旦完成创作就算作品得以完成，无须与读者对话，只需作者独白就能完成。对哲学解释学来说，没有对话就没有作品的意义。

伽达默尔的效果历史是一种主体间性的视域融合，体现了一种“我—你”的主主关系，而不是一种“我—它”的主客关系，“我—你关系是一

① 伽达默尔．诠释学Ⅰ：真理与方法［M］. 洪汉鼎，译．北京：商务印书馆，2010：423.
② 伽达默尔．诠释学Ⅰ：真理与方法［M］. 洪汉鼎，译．北京：商务印书馆，2010：429.
③ 伽达默尔．诠释学Ⅰ：真理与方法［M］. 洪汉鼎，译．北京：商务印书馆，2010：61.
④ 伽达默尔．诠释学Ⅰ：真理与方法［M］. 洪汉鼎，译．北京：商务印书馆，2010：171.
⑤ 伽达默尔．诠释学Ⅰ：真理与方法［M］. 洪汉鼎，译．北京：商务印书馆，2010：240.

种对话关系、平等关系，我—它关系是一种占有关系，非平等关系”[①]。基于我—你之间的对话理论，伽达默尔建构了他的哲学解释学中的对话关系，“他将历史流传物（文本 / 传统）作为你而不是它（对象）来看待，本身包含有要在解释者和文本之间确立一种经验的对话关系的思想，我—你关系在他那里构成了对话关系的前提，因为任何理解都离不开对话，而对话不仅属于‘我’的领域，而且属于‘我们’的领域”。[②]所以，哲学解释学的真理观不是作者独白式的真理，而是主体间的对话式真理；这种真理不是由作者单方确定的，而是由作者和读者共同承载的真理。

（二）对话式文本

在哲学解释学语境中，文本乃是一个开放式的体系，伽达默尔说：“从解释学的立场亦即每一位读者的立场出发，文本只是一个半成品，是理解过程中的一个阶段，并且作为一个阶段必定包括一个明确的抽象。”[③]文本是一个半成品，直到被观赏者阅读才算完成，没有观赏者的参与，这文学作品的游戏就不能算是完整的。文学作品被作者创作完成之时只是一件“未完成的作品”、一个空缺的结构，其意义的最终完成需要读者来实现。“按照伽达默尔的理解，文本的意义不是由作者所决定的，而是由处于不同境遇之中的读者与文本互相作用所决定的。”[④]文本的理解是一种作者与读者的思想交流，是一个动态中的效果历史。伽达默尔视文本为半成品，也就说明了文本是非自律性的；文本自身不能开启意义的大门，而必须依靠理解者之理解才能存在、依靠文本与读者的对话才得以实现。在俄国形式主义、新批评及结构主义文学理论中，文本被视为一个具有自律性的封闭体系，既不表现作者的意图，也不指称外部世界；文本既不是表现作者，也不是模仿世界；文本是一个自我指涉的、自给自足的符号世界，不需要借助读者就可以实现自身的价值。而哲学解释学中的文本是非自律性的，是在与读者的对话中来完成的，读者的理解是文学作品本体论的存在形式，“在哲学诠释学看来，文学作品的真正本质就在于它能够超越创作者本身和创作活动本身进入理解者的理解事件中，并与作品所表现的世界进行交流和对话，并在这种对话和交流中建构艺术作品的意义世

① 何卫平 . 通向解释学辩证法之途［M］. 上海：上海三联书店，2001：229.

② 何卫平 . 通向解释学辩证法之途［M］. 上海：上海三联书店，2001：258.

③ 伽达默尔 . 文本与解释［M］. 刘乃银，译 // 严平 . 伽达默尔集 . 上海：上海远东出版社，1997：60.

④ 何卫平 . 通向解释学辩证法之途［M］. 上海：上海三联书店，2001：184.

界”[①]。正如伽达默尔对游戏的论述一样，游戏是为观赏者而存在的，而文学作品是为理解者而存在的。文学作品向读者敞开，读者则将自身的理解赋予作品，读者的理解是文学作品的本体论的存在方式。

哲学诠释学的文本是对话式的，而不是独白式的；它不再认为文本具有至高无上的地位，文本不再对意义起最终的决定性作用，文本必须与读者“相遇”才能够让意义呈现出来。文本是一个与理解者对话的“他者”，理解者与“他者”的视域融合是文学作品意义的生成途径。这是与“感受谬误”的新批评形式主义理论直接背离的，“感受谬见则在于将诗和诗的结果相混淆，也就是诗是什么和它所产生的效果。这是认识论上怀疑主义的一种特例，虽然在提法上仿佛比各种形式的全面怀疑论有更充分的论据。其始是从诗的心理效果推衍出批评标准，其后则是印象主义和相对主义”[②]。感受谬见要切断文本与读者之间的关系，反对将文本本身与文本在读者中产生的效果相混淆，而哲学解释学则认为文本不但不能切断与读者的关联关系，相反，文本必须从读者那里才能获得存在的价值。

（三）对话式文本观与独白式文本观的区别

对话式文本观与独白式文本观的不同之处在于它对读者的地位予以确立，对读者作用进行修正。伊格尔顿强调读者的积极作用，“读者来到文本面前之时并非某种文化处女，纯洁无瑕，与以前的社会和文学没有任何纠缠，只是一个毫无偏私的精神或一张白纸，而让作品去转刻上它自己的铭文”，“根本没有纯粹的文学反应；所有的反应，其中不少是对文学形式、对作品中那些有时令人嫉妒地保留给美学的方面的反应，都与我们是哪种社会的和历史的个人深深交织在一起”。[③] 读者的个人经历与偏见不再是要加以克服的因素，它们并非只具有负面作用，相反它们的存在可以更好地使作品的意义得以实现或具体化。读者不再仅仅是一个消费的“部门”，而相反成了生产的“部门”，“文学作品的诱惑使读者不再是文本的消费者，而成为了文本的生产者”[④]。读者的作用不是复制性地再现，而是创造性地生产，正如巴特在《作者之死》一文中所说的，在文本多重力量交汇的终点不再是作者，而是读者。在文本、作者和读者的三方

---

① 李建盛．理解事件与文本意义：文学诠释学［M］. 上海：上海译文出版社，2002：106.

② 维姆萨特，比尔兹利．感受谬见［M］. 黄宏熙，译 // 赵毅衡．“新批评”文集．天津：百花文艺出版社，2001：257.

③ 伊格尔顿．二十世纪西方文学理论［M］. 伍晓明，译．北京：北京大学出版社，2007：87.

④ 卡勒．论解构［M］. 陆扬，译．北京：中国社会科学出版社，1998：27.

关系中，读者取得中心位置，从前被边缘化的、被放逐的读者在哲学诠释学的文本观中终于得以走上前台、站在“舞台”的中央而光芒四射。

第三节　接受美学对作者中心主义的消解：结构召唤读者

接受美学是在哲学解释学启示下产生的文学理论流派，其充分肯定了读者的阅读在文学理论中的地位，将阅读上升到了本体论的高度。正因为其对读者阅读行为的价值的肯定，可以说接受美学是哲学解释学在文学领域的延伸与具体实践，是一种典型的读者中心主义。从狭义上讲，接受美学主要指尧斯、伊瑟尔的阅读理论，而本书对接受美学范围进行了扩展，将英加登的“图式理论”与艾柯的“开放的作品”理论也纳入其中，以期用更为丰富多样的理论视角来论证读者在文学作品中存在的价值。

一、接受美学与哲学解释学

哲学解释学认为文学作品只是一个半成品、一个开放的结构，文学作品的意义取决于理解者的理解；作品的意义是作者视域、文本视域、解释者视域三者相互融合的时间性事件，是一个动态的效果历史；理解是对话式的理解而非独白式的理解，作者不是真理的源头；对作品的解读不存在正确的理解，而只存在不同的理解。哲学解释学的文本观为读者的“介入”打下了理论基础，哲学解释学在文学领域的延伸表现为接受美学理论，可以说，接受美学理论是哲学解释学在文学领域的不折不扣的演绎。①

关于读者在文学中的地位作用，接受美学理论将之提到了本体论的高度，伊格尔顿说，“接受理论考察读者在文学中的作用，因而它是个相当新颖的发展。人们的确可以把现代文学理论大致分为三个阶段：全神贯注于作者的阶段（浪漫主义）、绝对关心作品的阶段（新批评），以及近年来注意力显著转向读者的阶段。读者在这个三重奏中历来地位最低——但这其实是很奇怪的，因为没有读者就根本没有文学作品。文学并非存在于书架之上：它们是仅在阅读实践中才能被实现的意义过程。为了使文学发生，读者其实就像作者一样重要”②。以前的文学理论把读者排除在文学活动之外，而接受理论则将读者作为一个积极性、创造性的因素加以肯定，将阅读活动作为文学内在的部分，是文学作品本体论的

① 何卫平．解释学之维：问题与研究［M］. 北京：人民出版社，2009：107.

② 伊格尔顿．二十世纪西方文学理论［M］. 伍晓明，译．北京：北京大学出版社，2007：73.

存在方式。从浪漫主义到形式主义或结构主义，其实是一个从作者中心论到文本中心论再到读者中心论的历史过程。在浪漫主义阶段，作者是真理的化身、意义的源泉；作品是作者人格的表达，探究作品的意义要与作者的传记故事及创作时的心理状态、人生际遇相结合；读者阅读的目的就是发现作者的创作动机与目的，把作者视为唯一的真理标准。而到形式主义、新批评及结构主义时期则把文本归结为一套自给自足的符号体系，是“不及物”的语言乌托邦，既不是作者的内在表达，也不是对客观世界的模仿；切断了文本与作者之间的联系，把根据作者意图探究作品意义的方法称为“意图谬见”；同时，也切断了与读者的联系，称之为“感受谬见”。结构主义文学认为文学是一种结构功能，是能指的游戏，结构主义文学理论认为“阅读也就是去发现作品的结构和结构何以发生功能的程序”[①]。在结构主义理论中，读者的作用依然处于边缘、次等的位置。而接受理论则视文本是一个开放的结构，读者的阅读是文学作品得以最终完成的创造性活动，将读者的作用放在中心位置。鲁迅就读者对《红楼梦》的阅读理解说，“单是命意，就因读者的眼光而有种种：经学家看见《易》，道学家看见淫，才子看见缠绵，革命家看见排满，流言家看见宫闱秘事”[②]。这是典型的接受美学理论的套路，读者可以基于自身的理解决定作品独特的价值与意义。

接受理论的套路沿袭了伽达默尔的理论路径，从对文本的结构分析中洞见读者的作用，从开放的文本结构中论证读者的阅读行为本体论意义所在。接受美学与英加登的现象学美学有深刻的理论渊源，接受美学理论家伊瑟尔也直接借鉴了英加登的理论。英加登的文本观是把文学作品视为一个“图式观相”，“在理论上，文学作品中只有图式观相的存在，这种图式观相让我们在阅读作品时，能够见到各种不同的、在事先设定的范围内变化的观相”[③]。英加登认为文学作品中存在无数的未定点，“文学作品，特别是文学的艺术作品，是一个图式化构成。至少它某些层次，尤其是客观层次，包含一系列‘不定点’。凡是不可能说（在作品句子的基础上）某个对象或客观情境是否具有某种特征的地方，我们就发现存在着一个这样的不定点”[④]。英加登认为文学作品是读者在阅读理解中对文本予以填充的图式结构，只有通过读者的阅读才能将作品具体化，“读者

① 李建盛．理解事件与文本意义：文学诠释学［M］．上海：上海译文出版社，2002：121.

② 鲁迅．绛洞花主・小引［M］// 鲁迅．鲁迅全集：第八卷．北京：人民出版社，1882：145.

③ 英加登．论文学作品［M］．张振辉，译．开封：河南大学出版社，2008：259-260.

④ 英加登．对文学艺术作品的认识［M］．陈燕谷，晓末，译．北京：中国文联出版社，1988：50.

阅读字里行间并且补充了再现客体在本文中没有确定的许多方面，通过对句子特别是其中名词的超明确的理解。我把这种补充确定叫做再现客体的具体化。在具体化中，读者进行着一种特殊的创造活动”[①]。

伊瑟尔提出了类似但有所区别的文本结构理论。他的“空白理论”不同于英加登的“未定点”，如果说未定点是指作品意向性客体或图式观相局部的未定性的话，空白则指本文系统整体中的空白之处，是部分之间的相互联结，也是想象的动力。英加登的未定点是指个别人物或事物的刻画不可能完整地呈现出来，而伊瑟尔认为文本中整体描述之间的断裂，是由于视点的改变而形成的空白，如同拍电影不可能不间断只使用一个长镜头来讲故事，其中必然存在“蒙太奇”剪辑手法。“空白暗含着本文各不同部分的互相联结，尽管本文自身并未这样明说。空白是本文看不见的接头之处。空白的从相互关系中划分出图式和本文的视点，同时触发读者方面的想象活动。因而，当图式和视点被联为一体时，空白就消失了。”[②]空白是通过视点的不断转换而发挥着一种引导功能，“实际上通过变动不定的视点调整各部分间的相互联结与相互影响，起着引导阅读的功能，它是统摄全局的句法之轴”[③]。另外，还存在因“否定”引起的空白，读者在阅读时会获得新视点，在新视点上读者具有向他所生活的世界发难的功能而会去否定那些实际生活中的规范，产生一种动态的空白，它处于读者“不再”与“尚未”的中途。读者抛弃了熟悉的规范，但还无法控制新的形势。[④]而正是因为存在这样的空白处、未定点，文本诱使读者参与交流与理解；文本的确定性为读者参与指明方向和确立框架，而未定点则使读者创造性活动具有可能性空间。

接受美学吸收了哲学解释学的基本理论将之应用在文学领域，使哲学解释学中的一些理论在文学领域得到“具体化”，如文本开放的结构、读者与文本的对话与交流、基于作者视域与读者视域的融合，作品才得以完成。接受美学的读者不再是哲学解释学中哲学维度的解释者，而是直接参与作品阅读活动的读者。

---

① 英加登．对文学艺术作品的认识［M］．陈燕谷，晓未，译．北京：中国文联出版社，1988：52.

② 伊瑟尔．阅读活动：审美反应理论［M］．金元浦，周宁，译．北京：中国社会科学出版社，1991：220.

③ 伊瑟尔．阅读活动：审美反应理论［M］．金元浦，周宁，译．北京：中国社会科学出版社，1991：254.

④ 伊瑟尔．阅读活动：审美反应理论［M］．金元浦，周宁，译．北京：中国社会科学出版社，1991：255.

二、接受美学的文本解读：读者处于文学活动的中心

（一）英加登的图式理论：作品乃草图

英加登是波兰的文学理论家，他是现象学哲学家胡塞尔的学生，所以其文学理论与现象学的理论有深厚的联系，胡塞尔的意向性观念被英加登运用到了文学作品方面。英加登认为纯意向性客体与实在客体的意向性客体在存在方式与本质上存在不同之处，并且认为文学作品比较适合作为纯意向性客体来研究，所以，他采用了胡塞尔现象学的基本理论来研究文学作品，尽管对胡塞尔的理论有所保留。英加登在《论文学作品》的导言中也明确阐明了将胡塞尔的现象学理论运用到了文学作品的研究中来。[①] 将文学作品视为一种意向性客体，"罗曼·英加登以现象学的意向性概念来描述他的文学艺术作品的特殊存在方式，文学是一种特殊的意向性客体，它不同于真实的客体，真实的客体是明确的和被理解的；它也不同于想象的客体，想象的客体是被建构出来的。文学艺术作品是有意向的客体，它既不是全然明确的，也不是完全自主的，它只引出一种'图式化'的结构"[②]。

英加登认为文学作品存在四级层次结构，即字音和建立在字音基础上的更高级的语音层次；意义单元或整体性层次；不同类型的图式观相、观相的连续或系列层次；再现客体层次。[③] 而第一个层次即语音层次是作品的外壳与外部表现，只有通过它才能进入文学作品中，"语言发音的层次是文学作品主要的重要组成，如果没有这个部分，整部文学作品也就不能存在了，因为意义整体的存在是语言发音材料的必然要求"[④]。意义层次是最为重要的层次，它构成了整个作品的结构，其作用有："语句的意思能够详细地构建文学作品其他的层次，或者至少是促成这种构建"，"构建文学作品的各种不同的材料中的意思单元"。[⑤] 图式观相是一个特殊层次，"文学作品的观相第一个和最重要的功能表现在它能使再现客体以作品的本身事先确定的方式明见展现出来。假如一部作品里根本就没有观相，再现客体就只有通过在阅读时空的假想来认定了，那也只能完全不明见地被想出来。读者所见到的就是一个没有观相层次的作品。再

① 英加登．论文学作品［M］．张振辉，译．开封：河南大学出版社，2008：14.
② 李建盛．理解事件与文本意义：文学诠释学［M］．上海：上海译文出版社，2002：131.
③ 英加登．论文学作品［M］．张振辉，译．开封：河南大学出版社，2008：49.
④ 英加登．论文学作品［M］．张振辉，译．开封：河南大学出版社，2008：80.
⑤ 英加登．论文学作品［M］．张振辉，译．开封：河南大学出版社，2008：195.

现客体乃是一些空洞的和纯‘概念’的图式”①。由于文学作品是意向性的客体，是未确定的、充满变数的客体，所以它存在着无数的未定点，“不仅再现客体的内容不是在各方面都得到了一致的确认，而且属于它的或者只是参与了共同再现和一致确认的特性的数目的增加也不是没有完的。只有一个图式，说明那未确定的位置数目的增加是无限的，而且几乎所有这些位置依然是没有被填充的”②。

在英加登看来，文学作品只是一个框架性的草图，存在无数空白或未确定之处，文学作品只是做了展示性的准备工作，而最后的呈现需要借助读者的“具体化”。“读者使本身不过是纸页上有序的黑色符号链的文学作品具体化。没有读者方面这种连续不断的积极参与，就没有文学作品。”③英加登对于读者的参与和具体化的过程由于内在的因素不同而可能存在不同的图式观相，“在某种程度上说，具有重构功能的再现客体要再现的读者从他直接的经验中得知的原型，因为不同的心理个体所感知的这同一个客体的那些观相，在许多方面都是不同的”④。因此并不是作品中描述的对象的所有属性都可以显示出来，它与读者的个人经验以及文学作品本身的属性相关，图式观相的实现与许多偶然因素有关。

文学作品中的未确定点是由文学作品意向性客体特征决定的，“不定点”不是偶然的与创作之失误所致，“相反，在每一部文学艺术作品中它都是必需的。不可能用有限的语词和句子在作品描绘的各个对象中明确而详尽无遗地建立无限多的确定点”⑤。也就是说在文学作品中始终写尽描述对象全部的细节，而且根据文学艺术手法的需要，则有必要将某些方面予以确定，而在其他方面要保持一种“不确定的状态”而仅勾勒一个大致的轮廓。“诗歌越是‘纯粹’抒情的，对本文中明确陈述的东西的实际确定就越少（大致说来）；大部分东西都没有说出。”⑥

英加登把文学作品的四个层次视为一个有机整体，所以在具体化时应该整体性地和有机性地来理解作品，读者不是任意地完全脱离作品，不去理会作品中的限制与约束，而是要按照作品的暗示来建构，“如果读

---

① 英加登．论文学作品［M］．张振辉，译．开封：河南大学出版社，2008：271.

② 英加登．论文学作品［M］．张振辉，译．开封：河南大学出版社，2008：247.

③ 伊格尔顿．二十世纪西方文学理论［M］．伍晓明，译．北京：北京大学出版社，2007：75.

④ 英加登．论文学作品［M］．张振辉，译．开封：河南大学出版社，2008：260.

⑤ 英加登．对文学艺术作品的认识［M］．陈燕谷，晓未，译．北京：中国文联出版社，1988：50.

⑥ 英加登．对文学艺术作品的认识［M］．陈燕谷，晓未，译．北京：中国文联出版社，1988：51.

者旨在重构作品并且在具体化中观照作品的真正形式，那么那就决不能随意进行图式化外观的现实化。因为事物和人物不应当仅仅由文学的艺术作品的语言手段意向性地投射；它们也应该通过适当选择的图式化外观呈现给读者”[①]。英加登的这一个对读者的限制的观点受到伊格尔顿的批评，“对于茵加登来说，文本现成地配备‘不定因素’而来，读者则必须将作品‘正确地’具体化。这就大大限制了读者的活动，把他时而贬低为不过一个文学零工，跑来跑去地填补着不定因素”[②]。但无论如何，作品之未定性的先天不足，使文学作品的存在方式不可能仅停留在作者创作完成之时，读者的参与是使作品这具骨骼之躯血肉丰满的必由之路，文学作品的存在方式必然是读者的具体化完成之时。

（二）伊瑟尔的空白理论：读者填补作品

伊瑟尔与尧斯是接受美学的“双子星”，但二者不同之处在于伊瑟尔更多继承英加登的风格，着眼微观层面的理论研究，而尧斯更多地继承了伽达默尔哲学解释学的风格，侧重宏观理论建构，但是二者相同之处在于都是将重心从作者及文本转移到了读者身上。[③]伊瑟尔的文本观与英加登的图式文本观念有相似之处，“伊瑟尔与茵格尔顿（Roman Ingarden）一样，都把本文看成是图式化方面的框架，有待读者的现实化、具体化”[④]。伊瑟尔在英加登的未定点理论基础上，演绎了他的空白理论，“空白在书中处于交流的中心位置。在过渡地带中，空白被赋予更为复杂的功能。空白主要还在于联系本文不同部分，如果我们从情节层次上考虑，理解就方便多了。大多数叙述中，故事线索突然中断，又从另一个视角或预料之外的方向继续下去，其结果造成意义的空白，有待于读者补充完成”[⑤]。文本的空白和不确定性具有诱导读者的作用，“尽管理解行为是由文本结构所引导的，但文学作品是一种不同于现实存在的虚构的文本，它并不具有现实对象的全部确定性，正是文本中的这种不确定性使文本

① 英加登．对文学艺术作品的认识［M］．陈燕谷，晓未，译．北京：中国文联出版社，1988：57.

② 英加登．对文学艺术作品的认识［M］．陈燕谷，晓未，译．北京：中国文联出版社，1988：78.

③ 姚斯，霍拉勃．接受美学与接受理论［M］．周宁，金元浦，译．沈阳：辽宁人民出版社，1987：366-367.

④ 姚斯，霍拉勃．接受美学与接受理论［M］．周宁，金元浦，译．沈阳：辽宁人民出版社，1987：387.

⑤ 姚斯，霍拉勃．接受美学与接受理论［M］．周宁，金元浦，译．沈阳：辽宁人民出版社，1987：377.

能够与读者进行交流，并诱使读者参与作品意向的生产和理解”[①]。显然，伊瑟尔的理论同英加登的理论一样，文本是没有完全确定的、未完成的作品，其最终需要读者的具体化，需要读者对文本予以填充。当然，他也继承了伽达默尔的视域融合理论，文学作品的终极存在方式是文本视域与读者视域相融合的结果，是作者与读者对话而产生了效果历史。

伊瑟尔对作品文本的解读着眼于文学是基于现实的虚构来论述的，他认为小说不同于现实，“一般认为，文学是虚构性写作，小说这个字眼就意味着印刷页上的词并不等于经验世界的任何既定现实，而仅仅表现某种虚设的东西”，“但不管其框架如何，认为小说自足独立于现实的假设则肯定是错误的”。[②] 伊瑟尔反对文学作品自足论。文学是告诉我们现实，从而把读者置于一个交流状态中，这类似于奥斯丁的言语行事理论中的非表达活动，在说话者与接受者之间必须有共同的语境或约定俗成的惯例才可以相互理解，才产生语言的意义。两者不同之处在于，“语言活动的成功，有赖于通过惯例、程式和坦诚性得以解决的未定性。惯例等构成言语活动纳入活动语境的参照框架。文学文本也需要解决未定性，只是小说从概念上讲并不具有这种参照框架。相反，读者必须靠自己去发现本文潜在的密码，这也就是发掘意义，发现的过程本身就是一种语言活动，它构成意义，使读者得以与本文交流”[③]。

而文本与读者得以交流的基础则是所谓的保留剧目，“本文的保留剧目包括本文中所有熟悉的领域。它们或以早期作品为参照，或以社会和历史规范为参照，或以本文产生的整个文化为参照”[④]。保留剧目不能是完全众所周知的，它必须对传统惯例进行重新选择和组织以产生新的联系和变化，其功能是双重的，一方面，提供了一个平台与共同的背景，另一方面，又使本文的信息与意义重新被组织。

本文的保留剧目由社会系统及文学传统中选取的材料构成，而这又需要一个显现的结构或形式，这就是伊瑟尔所谓的策略。它组织了文本的材料，也组织了交流材料的条件，既包括本文的结构，也包括读者的理解活动。而伊瑟尔采取的策略是背景—突前和主题—视野两组概念，

① 李建盛．理解事件与文本意义：文学诠释学［M］．上海：上海译文出版社，2002：132.

② 伊瑟尔．阅读活动：审美反应理论［M］．金元浦，周宁，译．北京：中国社会科学出版社，1991：65.

③ 伊瑟尔．阅读活动：审美反应理论［M］．金元浦，周宁，译．北京：中国社会科学出版社，1991：74.

④ 伊瑟尔．阅读活动：审美反应理论［M］．金元浦，周宁，译．北京：中国社会科学出版社，1991：84.

保留剧目是由对社会规范与传统惯例的选择构成的，既然有选择就不可避免地存在背景—突前的关系产生，不可避免地使被选取的因素突前，而未被选取的因素退后成为背景。然而突前与背景也是辩证的关系，两者随着选取的变化，可能突前成为背景或背景中的某些因素成为突前。背景—突前是一种文本与世界相联系的外在视点，而主题—视野则是本文的内在视点。“由选择产生了背景—突前关系，由此才能把握本文的世界。由组合来组织所选择的因素，使本文得以理解。选择建立外在联系，组合则建立内在联系。本文内组合的是整套视点体系，因为文学作品不仅是作者的世界观，它本身就是各种不同视点的汇集。”① 本文的视点具有多角度、多层次性，相互交织和影响，读者在一段时间内只能选取其中一个点来观察阅读，不能同时阅览所有的视点内容，而所选取的视角即主题，视点中所能见到的内容则构成视野。视野并非任意选择的，而是由之前的视野决定的，受制于叙述者、人物及情节的视点。这是伊瑟尔从正面阐述了文本的基本内涵，文学作品是对现实的虚构，其中有内容有传统的一面，也有被重新选取并组织的一面；文学作品在选取与组织过程中必然有所侧重其中之一而忽略其他，因此，作品并不是自足的，它与现实存在对立的一面。

伊瑟尔从另一面则直接指出了作品中存在间隙与空白，伊瑟尔的空白理论不同于英加登的未定点，英加登是从意向性客体的确定性中存在间隙来论述的，而伊瑟尔则是从交流功能的角度，空白存在于本文整体系统之中，是本文中各部分之间的联结处。② 而空白的功能在于唤起读者的审美创造力，引导读者进行建构活动，“也由于这个‘空无’，它们在开始交流时才成为活跃的动力。凡是在各部分间存在着互不贯通的交叉重叠之处，必然自动地存在空白，来打破本文的期待秩序”③。伊瑟尔理论中还存在一种否定的空白，保留剧目的具体选择中，有些熟悉的社会性标准被否弃，而读者对这一新的状况尚未控制，“这种否定在阅读过程的范式之轴上产生了一个动态的空白，因为这种无效状态意味着缺乏可供选

① 伊瑟尔．阅读活动：审美反应理论［M］．金元浦，周宁，译．北京：中国社会科学出版社，1991：116.

② 伊瑟尔．阅读活动：审美反应理论［M］．金元浦，周宁，译．北京：中国社会科学出版社，1991：220.

③ 伊瑟尔．阅读活动：审美反应理论［M］．金元浦，周宁，译．北京：中国社会科学出版社，1991：235.

择的标准"[①]。在"不再"与"尚未"之间形成了一个空白，否定也具激发读者去建构的功能。

伊瑟尔理论认为文本的非自足性说明了文学作品只能是一个虚构的假设，阿诺德·班奈特说"你无法将一个人完整地写入书中"[②]，伊瑟尔大概就是要说明这个意思。无论作品如何完整丰满，总是作者选择的结果，其写作过程也只能是从一个一个的视点来描写，电影中摇镜头全方位的手法在文学作品中没有办法予以实施，其不得不采取蒙太奇的剪辑手法，所以其中的间隙与空白是不可避免的。文学作品中这些空白唤起了读者的审美建构的欲望，而通过读者的建构，通过文本与读者的对话与交流，作品最终得以完成。

（三）艾柯的"开放的作品"：读者在阅读中的创造性

艾柯是意大利文艺理论家，与伽达默尔、英加登及伊瑟尔的理论具有一种相通之处：伽达默尔认为文本只是一个半成品，英加登认为文本是一个图式结构，伊瑟尔的文本观是文本仅为现实的虚构，其间存在大量空白，而艾柯则认为文本是开放的作品。在《开放的作品》中，艾柯列举了从形式上就呈现开放特征的作品：[③]斯托克豪森的《钢琴曲第十一》，作曲家将所有曲谱写在同一张纸上，演奏者可以选取其中任何一段作为开始段，然后赋予演奏者任意组合其他乐段的权利；卢恰诺·贝里奥的《长笛独奏变奏曲》仅确定音符的组合与强度，但演奏者可以根据整体时间来确定某个音符的持续时间；皮埃尔·布莱的《第三钢琴古奏鸣曲》第一部分十小节分别写在十张卡片上，演奏者可以相对随意地选择演奏顺序，而第二部分是圆形结构的四小节，可以从任何一小节开始演奏而与其他部分形成一个圆环状态。艾柯认为这些作品不同于确定的、封闭结构的古典音乐作品，它们是一种开放的作品，"这些新的音乐作品则是并没有封闭的、确定的信息，不是以单义的组织形式组织起来的，而是一种有多种可能的组织方式，使演奏者有可能自己去主动发挥。因此，这些作品不是已经完成的作品，不是要求在一定方向使之再生、在一定方向之内加以理解的作品，而是一种'开放'的作品，是演奏者在对它进行

① 伊瑟尔．阅读活动：审美反应理论［M］．金元浦，周宁，译．北京：中国社会科学出版社，1991：255.

② 伊瑟尔．阅读活动：审美反应理论［M］．金元浦，周宁，译．北京：中国社会科学出版社，1991：217.

③ 艾柯．开放的作品［M］．刘儒庭，译．北京：新星出版社，2010：1-3.

美学欣赏的同时去完成的作品”。[①] 如果说，伽达默尔说文本是一个半成品，英加登说文本是图式观相的草图的说法还仅仅是一种“隐喻”的表达方法的话，艾柯所列举的例子则是名副其实的未完成的作品、真正的“开放的作品”，没有隐喻的成分。这种开放的作品促使演绎者进行理性自由行动，“面对他要欣赏的作品，他必须为自己预先确立确定的形式”[②]。

艾柯也回顾了文艺理论的面向读者“开放”的历史，柏拉图在《诡辩》中谈到画家不是按物体的客体比例，而是按欣赏者观看角度的比例来描绘的；而《圣经》也不仅仅可以从字面上阅读，还可以从寓意、道义和神秘解释来阅读。巴洛克艺术风格也是一种动的风格，追求的是效果的不确定性，“巴洛克式的立体模块永远不容许有什么优先的、正面的、确定的视点，而是引导欣赏者不断地移动，以便从始终是新角度来欣赏作品，好像作品在不间断地发生变化”[③]。而浪漫主义之后第一次开放作品理论的自觉觉醒则是魏尔伦的《诗艺》中体现的：“因为我们希望有色调变化，不是色彩，只是色调变化！啊！只有色调变化，才能使梦配上梦想，使长笛配上号角！”[④] 而对开放性表达得更加直白的是马拉美，他认为应该避免把词的唯一的意思强加给我们，应该保持词的空白与诗的空间组合，“为客体命名等于压制对诗四分之三的享受，这种享受就在于慢慢地去猜测：慢慢地想它……这就是梦想……”[⑤]。要留有空白之处以给人以想象的空间，这种富有启迪性的作品会赋予演绎者以激情和想象力，可以使演绎者超越字面的意义来演绎作品。

艾柯认为卡夫卡的作品是非常开放的，“诉讼、城堡、等待、刑罚、疾病、变态、酷刑，所有这些都不是只从它们的直接字面意义来理解的局面。但是，同中世纪的寓意做法不同，这里附加的意义不是只有唯一的一种意义的含义，不是由某些百科全书确定的那种含义，它们不是在世界的任何秩序之上静止不变的”[⑥]。廷德尔借用瓦莱里的话“原文的真正含义并不存在”来发展自己的理论主张，认为“艺术作品是这样一种装置：任何人都可以随心所欲地使用它，包括它的作者。因此，这样的评论所追求的是把文学作品看做是一种有不断开放可能的东西，是一种保

① 艾柯．开放的作品［M］．刘儒庭，译．北京：新星出版社，2010：3.
② 艾柯．开放的作品［M］．刘儒庭，译．北京：新星出版社，2010：5.
③ 艾柯．开放的作品［M］．刘儒庭，译．北京：新星出版社，2010：8.
④ 艾柯．开放的作品［M］．刘儒庭，译．北京：新星出版社，2010：9.
⑤ 艾柯．开放的作品［M］．刘儒庭，译．北京：新星出版社，2010：10.
⑥ 艾柯．开放的作品［M］．刘儒庭，译．北京：新星出版社，2010：10-11.

留有无限含义的东西”[①]。而这种文艺上的开放态度与当代科学哲学的趋向相关联，当代科学放弃了秩序静止的、三段论式的观念，放弃了对因果关系中那种单义而单一方向的理解，而是随着局势和历史的变化采取开放的态度。

艾柯认为尽管读者可以演绎作者的作品，可以因为读者的干预而使作品多样化地被理解，但读者并不可以随心所欲地进行演绎、干预作品，读者被允许进入的世界永远是作者想要的世界。尽管作者向欣赏者们提供的是未完成之作品，而且并不知晓读者会用什么方式来完成这些“半成品”，但它们仍然是作者的作品。艾柯尽管认为读者对文本的演绎要以作者意图为基点，但艾柯这里所指的作者并不是经验作者，“作品文本就在那儿，经验作者必须保持沉默”[②]，“我们必须尊重文本，而不是实际生活中的作者本人”[③]。艾柯认为回到文本中来进行诠释活动，而不能从作者的传记、私人生活中来解读作品，文本永远是诠释的根本，“作品文本的存在无异于一支舒心剂，它使我们的诠释活动不是漫无目的地到处漂泊，而是有所归依”[④]。而要对文本进行合法的而不是漫无目的的过度诠释，艾柯建构了一个标准的读者，“既然文本的意图主要是产生一个标准读者以对自身进行推测，那么标准读者的积极作用就在于能够勾勒出一个标准的作者，此标准作者并非经验作者，它最终与文本的意图相吻合”[⑤]。文本隐藏在文本之中，而不同于经验作者的意图，它来源于经验作者，但进入文本后就脱离了原初的经验作者，读者则是要对内含于文本中的意图进行猜测与解读。标准读者的概念是为了建构文本与读者之间的辩证关系，一方面，作品是开放的，读者可以多样化地演绎与解释；而另一方面，读者对作品的解读要受制于本文，受制于标准作者的意图。

艾柯的开放的作品理论进一步丰富了接受美学理论，如果接受美学对作品的开放结构的主张还是一种隐喻的状态的话，则艾柯直接论证了作品的开放性。在哲学解释学与接受美学领域中，读者的理解与解释主要是针对封闭的古典作品的解读，而艾柯的“开放的作品”理论所从事的演绎工作则是对形式本身就是开放结构的作品的演绎，其演绎活动更具

① 艾柯．开放的作品［M］．刘儒庭，译．北京：新星出版社，2010：11.

② 李建盛．理解事件与文本意义：文学诠释学［M］．上海：上海译文出版社，2002：140.

③ 艾柯，等．诠释与过度诠释［M］．王宇根，译．北京：生活·读书·新知三联书店，1997：70.

④ 艾柯，等．诠释与过度诠释［M］．王宇根，译．北京：生活·读书·新知三联书店，1997：95

⑤ 艾柯，等．诠释与过度诠释［M］．王宇根，译．北京：生活·读书·新知三联书店，1997：68.

有直观性与可量化性。

三、作品结构召唤读者：隐含的读者

接受美学的理论中，读者已不是一个消极的阅读者，而是意义的积极生产者。接受美学理论家尧斯认为，文本的创作不是为语言学家，也不是为历史学家而阅读之物，文学作品是为接受者而创作的，[①]“在这个作者、作品和大众的三角形之中，大众并不是被动的部分，并不仅仅作为一种反应，相反，它自身就是历史的一个能动的构成。一部文学作品的历史生命如果没有接受者的积极参与是不可思议的。因为只有通过读者的传递过程，作品才进入一种连续性变化的经验视野”，“文学的历史性及其传达特点预先假定了一种对话并随之假定在作品、读者和新作品的过程性联系，以便从信息与接受者、疑问与回答、问题与解决之间的相互关系出发设想新的作品”。[②]读者是文本的一个积极的内在对话者，读者蕴含在作者设计作品之时。

伊瑟尔从文本的内在结构出发引出了“暗隐的读者”概念，从伽达默尔的哲学解释学，到英加登的现象学美学，再到接受美学，正如伊瑟尔所言，“不言而喻，任何有关文学本文的理论，如果不引进读者，都不会取得长足的进展”[③]。伊瑟尔所指“暗隐的读者包含着一部文学作品实现其效应所必需的一切规定。本文的规定取向并不是由某种外在的经验现实设制的，而是由本文自身设制的。暗隐的读者作为一种概念，深深地植根于本文的结构中；暗隐的读者是一种结构，而绝不与任何真实的读者相同”[④]。也就是说暗隐的读者是从文本中引出的，是文本的一种内在的必然，在文本预先的结构中就期待了接受者的出现，“暗隐的读者预先结构了每一位接受者的角色，即使本文有意忽视或排斥其可能的接受者，也不例外。因此，暗隐的读者的概念设制了召唤反应的结构网，促使读者去把握本文”[⑤]。暗隐的读者体现两个角色，一方面，作为本文结构

① 姚斯，霍拉勃．接受美学与接受理论［M］．周宁，金元浦，译．沈阳：辽宁人民出版社，1987：23.

② 姚斯，霍拉勃．接受美学与接受理论［M］．周宁，金元浦，译．沈阳：辽宁人民出版社，1987：24.

③ 伊瑟尔．阅读活动：审美反应理论［M］．金元浦，周宁，译．北京：中国社会科学出版社，1991：43.

④ 伊瑟尔．阅读活动：审美反应理论［M］．金元浦，周宁，译．北京：中国社会科学出版社，1991：43.

⑤ 伊瑟尔．阅读活动：审美反应理论［M］．金元浦，周宁，译．北京：中国社会科学出版社，1991：44.

的读者，本文以艺术的方式展现了作者的观点，本文对读者只是提供了一个立场，而并非有一个固定的意义在其中，需要读者根据自身的特性来具体化；另一方面，是作为结构活动的读者，文本的结构只是影响读者的起点，而最终读者要借助文本的提示而展开想象，从而在头脑中产生一系列的思维形象，暗隐的读者的功能才得以完成。文本的结构有不同的实现方式，而每一个实现代表了暗隐的读者的一种选择。伊瑟尔认为暗隐的读者是一种超越的范型，“它标示出：读者的角色只有用本文的结构与有结构的活动才能予以解释。本文的结构创造出一个读者的立场，暗合了人类感知活动的基本原则，就如同我们的世界观总是一种观察世界的角度”，“暗隐的读者创造了一个精神的形象，将本文引入读者的意识”[①]。显然，伊瑟尔的暗隐的读者是从文本的结构中引申出来的概念，它不是一个经验的或真实的读者概念，而一个精神的或者可称之为先验的读者，是审美反应理论的一种抽象。可以说暗隐的读者是文本结构的另一种表达方式，从文本方面来说是一种开放的结构、一个半成品的文本，而从作品需要最终具体化和现实的角度来说，则暗隐的读者就是对开放结构的填充，对半成品的完善。

其他文学理论家中，法国的让-保尔·萨特认为，“对一部作品的接受绝不是有关它的一个‘外在的’事实，即不是书评和销售这样的偶然问题。接受是作品自身的一个构成层面。每一个文学文本的构成都出于对潜在的可能读者的意识，都包含着一个它为其而写者的形象：每一部作品都在自己内部把伊赛尔所谓的‘隐含读者’编入代码，作品的每一种姿态里都含蓄地暗示着它所期待的那种‘接受者’”[②]。萨特认为创作就是作者向读者提要求或呼吁，“既然创作只有在阅读中才能臻于完备，既然艺术家必须委托别人来完成自己所开始的工作，既然只有通过读者的意识艺术家才能认为自己与作品的关系中是本质的，因此，一切文学作品都是一种吁求”[③]。显然，萨特认为作者的创作是面向读者的，读者的形象是作者创作之时就有的一个先验的存在，暗隐的读者伴随着作者创作之始终。

艾柯的标准读者概念也是从文本本身出发引出的概念，“文本被创造出来的目的是产生其‘标准读者’，我想重复强调一下，这种标准读者并不是那种能做出‘惟一正确’猜测的读者。隐含在文本中的标准读者能够

① 伊瑟尔．阅读活动：审美反应理论［M］．金元浦，周宁，译．北京：中国社会科学出版社，1991：47-48.

② 伊格尔顿．二十世纪西方文学理论［M］．伍晓明，译．北京：北京大学出版社，2007：81.

③ 萨特．为何写作［M］．许诗绮，译 // 伍蠡甫，胡经之．西方文艺理论名著选编：下卷．北京：北京大学出版社，1987：98.

进行无限的猜测”[①]。而标准读者的目的在于勾勒标准作者，以此探究文本的意图，使读者的演绎不是无限的或过度的诠释。除此之外，“读者”理念还包括里法代尔的“超级读者”、费什的“知识读者”和沃尔夫的“意向的读者”。“超级读者犹如神圣的探针，去发现本文中的意义潜势的密度”[②]，超级读者是以文本的客体性为主导，过于受制于文本；费什的知识读者的概念则完全抛弃了文本的客体性，是一种极端的读者中心主义，认为文本并非意义的媒介，认为基于文本的反应论乃是一种客体主义的错觉，而唯有阅读才是产生意义的根本所在；沃尔夫的意向的读者与萨特的读者观念有所相似，意向的读者是作者创作时即建构的读者观念“费施注意本文对读者的效应，而沃尔夫则以他的意向的读者开始重建作者头脑中的读者”[③]。作者要对当前读者及社会有相当之了解，需要虚构一个“意向的读者”以旨在实现作者与大众之间的对话。在这三个读者概念中，超级读者和知识读者过于极端，前者过于客观主义，而后者过于主观主义，与接受美学的“文本结构召唤读者”的理念不太相称，而唯有沃尔夫的意向的读者与萨特的读者理论有几分相似之处，还可以蕴含在接受美学理论的旨意之中。

从结构中引申出的读者这个先验主体，是西方哲学抽象思维的产物，是其逻辑推演的结果。尽管这些读者是先验的、精神层面的主体概念，与现实的、经验的读者相差甚远，但作为一种隐喻，其对现实中的读者还是有启示作用的，它们或多或少折射出了现实生活中经验读者的境遇。

第四节 读者中心论视野下的读者权利

传统解释学是作者中心主义的哲学基础之一，而传统解释学是典型的“作者中心论”。传统解释学完全否定读者的作用，反映在著作权立法上，读者的所谓“合理使用权”仅仅是一种“侵权阻却”的抗辩权，而本质上被定格为违法性质。而哲学解释学及接受美学对传统解释学中读者的价值予以“拨乱反正”，对读者的价值予以充分的肯定，而反映在著作权立法上则是要建构真正的读者权利。

---

① 艾柯，等．诠释与过度诠释［M］．王宇根，译．北京：生活·读书·新知三联书店，1997：68.

② 伊瑟尔．阅读活动：审美反应理论［M］．金元浦，周宁，译．北京：中国社会科学出版社，1991：39.

③ 伊瑟尔．阅读活动：审美反应理论［M］．金元浦，周宁，译．北京：中国社会科学出版社，1991：41.

一、作者中心主义视野下的读者权利

（一）作者中心主义视野下的读者权利制度考察

1. 作者权体系

所谓读者的权利在作者中心主义之作者权体系之立法体例中，一般是以著作权例外与限制的形式出现的，而在版权体系中是以合理使用的形式出现。作者中心主义发源地法国的著作权法——法国《知识产权法典》第 L.122-5 条规定，作品发表后，作者不得禁止他人在一定范围内使用作品；[①] 德国《著作权法》对使用权者权利的规定相对复杂，但也是从著作权人限制与例外的角度来予以规定的；[②] 除此之外，值得注意的是，德国《著作权法》中还有读者使用权的“正面”规定，其第 24 条是关于“自由使用”的条款，[③] 即规定：对他人著作进行与著作权无关的利用创作的独立著作，得以被利用的著作的著作权人许可，才予以发表或者使用。但这个“自由使用”的规定只是一个“零星”的立法条款，因此，不影响德国《著作权法》是以例外的立法体例来规定使用者权利的基本判断。日本《著作权法》也是以著作权之限制的形式来规定使用者的权利的，其第 30 条至第 49 条都是对著作权的权利予以限制的条款；[④] 中国《著作权法》同样是著作权限制的立法模式，其第 22 条和第 23 条对著作权人的权利予以了限制。[⑤]

2. 版权体系

尽管版权体系与作者权体系有不同之处，但我们第一章已论述作者中心主义呈扩张的态势而已然向版权体系渗透，因而版权体系与作者权体系有某些相通相似之处。版权体系在对使用者权利的立法体例上与作者权体系也是大致相同的，关于使用者权利的规定也是以著作权的例外的形式来呈现的。例如，美国《版权法》第 107 条规定，以评论、学术研究等之目的使用版权作品的系合理使用。[⑥] 英国《版权、设计与专利法

① 参见法国《知识产权法典》第 L.122-5。

② 参见德国《著作权法》第 44 条 a 至第 63 条 a、第 69 条 d 与第 69 条 e、第 87 条 c、第 95 条 b。

③ 参见德国《著作权法》第 24 条。梁哲玮 . 从德国著作权法对著作权之权利限制看著作权之合理使用［M］// 黄铭杰 . 著作权合理的使用规范之现在与未来 . 台北：元照出版有限公司，2011：60.

④ 参见日本《著作权法》第 30 条至 49 条。

⑤ 参见中国《著作权法》第 22 条、第 23 条。

⑥ 参见美国《版权法》第 107 条。

案》之第三章则用了大量的篇幅来规定对版权作品的合理使用，从第28条至第76条详细规定了不视为侵权的各种许可版权作品的行为。[①] 英国的版权例外是侵权阻却性质，“此等例外条款，系著作权侵害诉讼中被告抗辩的依据，审理著作权侵害诉讼的法院，并不主动逐项检视系争著作利用行为是否符合例外条款。换句话说，此等例外并非法律赋予著作权人的积极权利。此外，法院审酌被告抗辩的理由及其依据的例外的条款后，若认定系争著作利用行为落入例外范围，则此行为不构成著作权侵害”[②]。显然，读者使用作品的性质是侵权，只是基于作者的宽容才得以免除责任。英美版权国家除了立法上对使用者权利的规定外，还有司法判例来确定使用者权利是否属于“版权例外”的范畴。最早有关合理使用的判例是英国1740年的Gyles v. Wilcox案件，Hardwicke法官在判决中认为不能过多地限制他人对作品真实而合理之“节略”（abridge）[③] 但该判例还没有合理使用的措辞，直到1802年的Cary v. Kearsley判例中Ellenborough法官才使用了（use fairly），其认为可以合理采用他人的作品内容，但必须是促进科学进步和为了公众之利益，且不得有剽窃之动机。[④] 而关于fair use措词在英国的正式使用是在1839年的Lewis v. Fullarton判例中。[⑤] 经过一百多年的判例发展后，美国终于在合理使用方面出现了具有标志性的判例，在1841年的Folsom v. Marsh一案中，法官提出合理使用的三要素，包括使用的目的与性质、使用的数量与价值以及对原告市场的损害程度。[⑥]

（二）作者中心主义视野下读者权利性质分析

从上述的作者中心主义立法体系以及被作者中心主义所侵蚀的版权体系的法律实践中，我们可以分析出使用者（读者）的权利性质，是一种外在的、边缘化权利，也是民法的权利思维在知识产权领域的延伸与反映。在民法领域，建构了以财产权的权利人为核心，而其他人皆为义务主体的基本立法模式，如物权是一种对世权，除权利人外，其他所有的主体都有义务维持物权人的权利现状。物权人的权利是一种独立存在的实体性权利，而其他人作为义务主体仅仅拥有一种消极性的抗辩权。在

① 参见英国《版权、设计与专利法案》第28条至第76条。

② 谢国廉．英国著作权法关于合理使用之规范［M］// 黄铭杰．著作权合理的使用规范之现在与未来．台北：元照出版有限公司，2011：89.

③ Gyles v Wilcox（1740），26 ER 489.

④ Cary v. Kearsley，170 Eng. Rep. 679（XB. 1802）.

⑤ Lewis v. Fullarton（1839），2 Beav. 6 48 ER 1080（Rolls Ct.）.

⑥ Folsom v. Marsh，2 Story 100，9 F. Cas. 342，346（C. C. D. Mass. 1841）.

作者中心主义的视野下，作者拥有对作品绝对控制的权利，而其他人必须尊重并维护作者的权利；而读者能自由使用作者的作品，是基于基本人权、言论自由这些与著作权无关的法律事由，是基于宪法的保障，是一种外在于著作权法的公法模式。在作者中心主义视野下只有作者才是才智的贡献者、人类文化财富的创造者，而读者只是一个文化消费者；前者是需要激励的积极主体，而后者是需要加以防范的消极主体，也就是说，读者的权利不是著作权法内在的权利类型，而是著作权人对读者基本人权予以保障的文化施舍或馈赠，是一种在宪法维度、宏大叙事下的言论自由。之所以认为，读者使用权只是作者的一种施舍或馈赠，是因为读者使用作品的基本性质是“侵权豁免”，读者使用作者的作品在行为的起始状态就被预设为“侵权”，作者是基于其他因素的考量，才赦免了读者之“原罪”。

质言之，在作者中心主义的视野下，唯有作者的权利才是著作权法维度下的权利类型，而所谓读者的权利是一种外在于著作权法的权利类型，是宪法与基本人权维度下的非独立性的抗辩权，仅仅是著作权法的一个例外、一种人权的表达。读者在作者中心主义的著作权立法框架下，只能以“原罪之躯”谨小慎微地游走在著作权法的缝隙之间。

二、哲学解释学视野下的读者权利

（一）读者的权利哲学基础

在作者中心主义的视野下，唯有作者是意义的本源、具有创造性的生产性主体，而读者要消除自身的偏见只可去重构作者的意图，读者只是一个消极的消费性主体。因为没有创造、没有贡献，所以读者就不能在著作权法的框架内主张权利。而哲学解释学彻底颠覆了作者中心主义的基本论调，认为作者的作品只是一个具有开放结构的“半成品”、一个虚构的图式观相，作品中充斥着“未定点”与“空白处”，文本的意义最终依赖于读者的阅读与反应；读者的个人偏见不再是需要加以抹杀的元素——正是借助于读者的偏见才得以形成读者的视域，而读者视域与作者视域之融合所形成的效果历史才是作品最终生成的意义。读者的阅读行为（理解者的解释行为）不再是一种对作者意图亦步亦趋的探究，而是解释（阅读）行为本身就具有本体论意义；阅读不再是一种消费行为，而是一种生产行为、一种创造性行为，因此，读者在著作权法的框架之内，就不应当仅仅是一个边缘化的主体。在哲学解释学的视野下，读者必须内在于著作权法的权利结构之中，成为著作权法中真正的权利主体。读者有权使用或阅读作品不是基于作者的赦免和侵权责任的免除，而是行为本身就具有合法性，是读者从本质上讲就具有与作者分权的合法性基础。

（二）读者权利的现实与未来

1. 读者权利的理论探索

读者权利在作者中心主义堡垒中似乎很难取得突破，读者权的理论首先来源于版权体系国家。美国杰西卡·李特曼（Jessica Litman）教授对读者权利进行了较为深入的理论研究，她提出了独占阅读权（the exclusive right to read）的概念，她反对著作权人对作品以任何形式的全面控制；如果法律赋予作者（版权人）一方独占阅读权，将是对法律利益平衡的目标的破坏；① 如果把公众对作品的普通使用也视为公然的盗版的话，这将会损害国家的整体经济，必须认真探讨公众的利益而不要被版权人的美妙的言辞所迷惑——所谓如果没有版权人对作品全面的控制，国家的创造力将会枯竭、贸易赤字将会陡然增长。② 李特曼教授认为读者的创造性应该在著作权结构中得到体现，尽管作品依赖作者们的创作，但也依赖于读者们的合作，需要读者们的想象力与创造力才能最终实现，也正因为有读者们的创造力才使某些作品产生出“第二次生命”；③ 他认为著作权法把作者视为需要激励的一方，而对读者们予以贬低而将之置于合理使用的“贫民窟”境地，而实际上合理使用并不能满足保护读者权利的实际需要；④ 作者中心论的学者们习惯于把读者们当作消极的海绵体，作者们创造作品，出版商传播作品，而读者们仅仅付出一丁点代价就浸泡、吸收、消化作品；而实际上，我们应该承认阅读是一件具有创造力的活动，不同的读者将产生不同的哈利·波特及魔术师形象，我们的著作权法应该鼓励阅读。⑤ 另外，李特曼从美国版权法的历史渊源的角度，论证美国版权法是读者的版权法（readers' copyright），美国版权

① LITMAN J. The exclusive to read［J］. Cardozo Arts & Entertainment Law Journal，1994，13（29）：31-33.

② LITMAN J. The exclusive to read［J］. Cardozo Arts & Entertainment Law Journal，1994，13（29）：36-37.

③ LITMAN J. Creative reading［J］. SPG Law & Contemporary Problems，2007，70：175-177.

④ LITMAN J. Creative reading［J］. SPG Law & Contemporary Problems，2007，70：177.

⑤ LITMAN J. Creative reading［J］. SPG Law & Contemporary Problems，2007，70：179-180.

法的目的就是鼓励阅读；[①] 而对作者的回报是第二考虑的因素（secondary consideration）；[②] 如果仔细审察当前的版权法，将发现它写满了读者的DNA，其深层次上是为作品的使用与阅读，从而引诱作者创作。出版商传播作品之规定，在某种程度上说是在当前的版权法体系中融入了读者中心主义（reader-centric）条款，如果我们仅仅将读者作为版权法一个附带性的主体，我们将错失对版权体系的关键性的理解。[③] 而雷・帕特森（Ray Patterson）教授也从历史的角度考察英国版权法和美国版权法制定法律的目的主要在于促进阅读与保护公共领域，对读者的保护至少与对作者的保护是处于同一重要性位置的。[④]

这些对读者权利的肯定的理论探索，是对"作者中心论"的一次激情告白与强烈诉求，我们有必要重新审视读者的作用，重新理顺著作权法建构的初衷，应使读者内在于著作权法的结构之中而不是成为外在于著作权法的边缘化主体。

2. 加拿大 CCH 判例对读者"使用者权"的确立

教授们的理论研究并没有仅仅停留在纸上，在加拿大的司法实践中，使用者（读者）的权利在 CCH 案件中得到了司法的充分肯定。[⑤] 原告 CCH Canadian Ltd. 是加拿大一家图书出版商，被告 The Law Society of Upper Canada 是加拿大安大略省的一家律师协会，该律师协会运营有一家图书馆，是加拿大法律类文献资料最丰富的图书馆之一。图书馆为读者提供复印，并且可以根据读者的请求为读者提供复印邮递服务。原告认为被告的行为侵犯了其部分出版书籍的版权，而被告认为其是合理使用，不构成侵权。初审法院认定被告侵犯了原告的权利，但经联邦上诉法院及加拿大最高法院审理，认为要对合理使用作宽泛理解，不能过于限制使用者的权利，而法院最终确认被告没有侵犯原告的权利。这一判例在加拿大版权历史上具有重要地位，"该案确认'使用者'并将此权利作为版权法的核心概念。在法院的眼里，使用者权与作者权一样是版权

① LITMAN J. Readers' copyright［J］. Journal of the Copyright Society of the U.S.A.，2011，58：325.

② LITMAN J. Readers' copyright［J］. Journal of the Copyright Society of the U.S.A.，2011，58：325-326.

③ LITMAN J. Readers' copyright［J］. Journal of the Copyright Society of the U.S.A.，2011，58：320-330.

④ PATTERSON R. Copyright and the exclusive right of authors［J］. Journal of Intellectual Property Law. Intell Prop. L.，1993，1：5-11.

⑤ CCH Canadian Ltd. v. Law Society of Upper Canada，2004 SCC 13，［2004］1 S. C. R. 339，Supreme Court of Canada.

法的核心内容。CCH 案因此确认了公有领域在加拿大版权法理念中不可消减的中心价值”①。而法官对使用者权的解释是，“程序上被告应该证明自己对使用作品具有合理事由，但合理使用例外的作为版权法的内在的一部分比仅仅作为一个抗辩事由更适当，合理使用例外同其他版权法的例外一样，不应该被严格限制解释，正如瓦韦尔教授所言：‘使用者权不仅仅是一个枪眼。在矫正性法律框架下，版权人与使用权者应当赋予公正和衡平的解释。’”②“使用者权”经过加拿大法院司法判例予以肯定后，不再是一个在理论上进行推演的概念，而是一个可以在实践中有效对抗作者权利的权利类型。

小　结

传统诠释学主要由施莱尔马赫和狄尔泰开创，其主旨在于把解释作为一种避免误解的方法，解释者要消除自身的偏见，重构作者的创作意图，是典型的作者中心论；哲学解释学主要由海德格尔和伽达默尔开创，其理论主旨是不再把解释仅视为一种方法，而本身具有本体论的意义，理解是存在的方式；解释不是要消除与抹杀自身的前见，而是解释者与被解释对象之间的视域融合，解释者自身的偏见恰好是解释得以可能的条件，解释者具有自身独立存在的合法性基础，哲学解释学是典型的读者中心论。读者中心论体现的是对读者偏见的合法性确立，真理不是对作者意图的重构，而是作者、文本与读者三者之间的视域融合，读者中心论的文本观是对话式的而不是独白式的。

哲学解释学在文学领域有所扩展，接受美学就是哲学解释学在文学领域的理论实践，伽达默尔认为作品是阶段性的半成品，与接受美学具有深刻渊源关系的英加登则认为作品只是一个图式观相，伊瑟尔认为文本充满“空白处”与“未定点”，而艾柯认为作品是开放的结构，显然这些文本都是未完成的作品，需要读者予以具体化、现实化。读者不再是消极的消费者，而是一个积极的意义生产者。在著作权法领域，由于深受作者中心论的哲学影响，作者“一股独大”，而读者处于边缘化的位置；读者的合理使用权仅仅是著作权法的一个例外、一个“侵权阻却”的抗辩

---

① 德拉西诺韦尔．认真对待使用者权［M］// 盖斯特．为了公共利益：加拿大版权法的未来．李静，译．北京：知识产权出版社，2008：332.

② CCH Canadian Ltd. v. Law Society of Upper Canada，2004 SCC 13，［2004］1 S. C. R. 339，Supreme Court of Canada，Para. 48.

事由，即读者之使用权在本质上被认为是对著作权的侵犯，只因著作权人宽恕才得以豁免责任。而哲学解释学视野下读者的阅读也具有创造性价值，读者应该获得相应的权利。在版权体系中读者权的理论得到了深入的探索，加拿大 CCH 案例的司法实践为读者在著作权法中的法律地位的确立开辟了道路。

第六章　作者中心主义后现代哲学批判：解构主义

结构主义对浪漫主义的消解、哲学的语言学转向、主体性哲学范式的兴起与衰退以及传统解释学向哲学解释学的转变，动摇了作者中心主义的哲学基础，对著作权作者中心主义造成了巨大的哲学危机。从现代性到后现代哲学转向更深层次地瓦解了作者中心主义的哲学根基、颠覆了作者中心主义最基本的理论框架，作者中心主义被后现代哲学更进一步地深度消解。前面部分所论述的结构主义、维特根斯坦的“语言的游戏”、海德格尔的“存在主义”、弗洛伊德的“精神分析”以及罗兰·巴特的“符号论”处于现代性哲学与后现代哲学的中间阶段，是过渡性的哲学思想，类型上属于“准后现代”的范畴，[①] 与本章所述的后现代哲学逻辑上前后相继并不矛盾。

第一节　从现代性哲学到后现代主义哲学

作者中心主义的哲学基础为现代性哲学，现代性哲学之主体性哲学、理性主义对作者中心主义予以强大的理论支撑，而哲学上的后现代转向摧毁了现代性哲学的根基，现代性哲学的主体性、理性主义被后现代哲学予以无情解构。从现代性到后现代性的哲学转换中，作者中心主义遭遇严峻的挑战，以现代性哲学为基础建构起来的艺术体制被后现代文学理论所颠覆。

一、现代性哲学

（一）何为“现代性”

1. 词源考察

最早使用“现代性”的是公元5世纪的基拉西厄斯教皇一世，他使用现代性一词时认为，“它仅仅用于区分不同于先前教皇时代的当代，并不含有现在优越（除了现在在时间顺序中的排列）”[②]。也即现代性仅限于

① 高宣扬．后现代论［M］．北京：中国人民大学出版社，2005：231.

② 詹姆逊．现代性的四个基本准则［M］．// 王逢振．现代性、后现代性和全球化．王丽亚，译．北京：中国人民大学出版社，2004：13.

说话主体所在时代的那个当下。拉丁语 modernus（现代）在中世纪被创造出来，“根据《拉丁语言宝库》，‘现代’指的是‘在我们时代的，新的……当前的’它的反义词就像同一部词典所开列的，是‘古的，老的，旧的……’”[①]。“现代”一词追溯至 15 世纪“是指古代文化的恢复：现代人是‘新的古人’”[②]。

从时间上，为现代性确定一个历史起点是不可能的，“自 16 世纪一直到 19 世纪，每一个世纪都可以而且曾经被命名为第一个现代的世纪。例如，哥白尼体系在一定程度上都可以看做是现代性的奠基石，它可以追溯到 15 世纪，而号称是现代政治的精髓的民主政府，直到最近才成为西方政治中居主宰地位的形式”[③]。谢林在《关于时代的哲学》中认为，“现代是依赖未来而存在的，并向未来的新的时代敞开。这样现代的开端便被转移到了过去，即转移到了现代发端之际。综观整个 18 世纪，1500 年这个时代分水岭一直都被追溯为现代的源头”[④]。而“对哲学家而言，17 世纪必然是肇端之处，大家普遍同意它是现代哲学的开端”[⑤]。现代性作为一个历史概念，鲍曼认为它是指 17 世纪、18 世纪启蒙运动的资产阶级政治和文化，“我把现代性视为一个历史时期，它始于 17 世纪以来的一系列的深远的社会结构变革与思想转变，之后趋于成熟”[⑥]。福柯认为，“人们把现代性置于这样的日程中：现代性之前有一个或多或少幼稚的或陈旧的前现代性，而其后是一个令人迷惑、令人不安的后现代性”，“我自问，人们是否能把现代性看作为一种态度而不是历史的一个时期。我说的态度是指对于现时性的一种关系方式：一些人所作的自愿选择，一种思考和感觉的方式，一种行动、行为的方式”。[⑦]

而 17 世纪与 18 世纪的“古今之争”中产生了近代的现代性概念，“现代人拒绝了古典风格，诸如无时间性的美的概念，或对奥古斯都时代的崇敬，他们推崇当代，而当代的特征是对科学和进步的强烈信念”[⑧]。这

① 卡林内斯库．现代性的五副面孔［M］．顾爱彬，李瑞华，译．北京：商务印书馆，2002：19.

② 德兰蒂．现代性与后现代性：知识，权力与自我［M］．李瑞华，译．北京：商务印书馆，2012：13.

③ 卡洪．现代性的困境［M］．王志宏，译．北京：商务印书馆，2008：16.

④ 哈贝马斯．现代性的哲学话语［M］．曹卫东，译．南京：译林出版社，2011：6.

⑤ 德里达．论文字学［M］．汪堂家，译．上海：上海译文出版社，2005：17.

⑥ BAUMAN Z. Modernity and ambivalence［M］. Cambridge：Polity，1991：4.

⑦ 福柯．何为启蒙［M］．顾嘉琛，译 // 杜小真．福柯集．上海：上海远东出版社，1998：533-534.

⑧ 福柯．何为启蒙［M］．顾嘉琛，译 // 杜小真．福柯集．上海：上海远东出版社，1998：12.

里的现代性意指与被克服的野蛮时代相对立的时代，他们相信自己对美的法则比古代人有了更好的理解。波德莱尔在其《现代生活的画家》中认为，“现代性就是过渡、短暂、偶然，就是艺术的一半，另一半是永恒和不变”①。在波德莱尔看来现代性的美不仅仅是无时间性的永恒与不变，还包含变化不止与转瞬即逝，古典的艺术法则“永恒的规范”被现代性的艺术法则所替代。安东尼·吉登斯认为，“现代性指社会生活或组织模式，大约 17 世纪出现在欧洲，并且在后来的岁月里，程度不同地在世界范围内产生着影响”②。他对现代性进行了制度性分析，强调现代性与传统的断裂，“现代性以前所未有的方式，把我们抛离了所有类型的社会秩序的轨道，从而形成了其生活形态”③。施特劳斯认为，“现代性是一种世俗化了的圣经信仰；彼岸的圣经信仰已经彻底此岸化了。简单不过地说：不再希望天堂生活，而是凭借纯粹人类的手段在尘世上建立天堂”④。施特劳斯从宗教祛魅的视角对现代性予以了解读，对此岸的构建乃是现代性的基本特征。从以上五花八门的关于现代性的定义中，我们明白一个道理：没有人可以简单地对现代性进行定义，而只能从某个视角对它予以诠释、加以注解。

2. 现代性理论缘起：启蒙运动

现代性体现为人类近代史上一场深刻的综合性变革，涉及宗教、政治、文化、经济、社会、哲学各个方面，而现代生活与启蒙运动关系密切、不可分割。欧洲 17 世纪和 18 世纪的启蒙运动是一场思想运动，是运用理性破除宗教，用科学消除神话，使人类摆脱蒙昧状态的思想革命。“启蒙运动作为现代性历史发展的思想基础和哲学性导言，最早典型地显示出现代性精神的基本面貌和特征。”⑤ 启蒙运动最经典的定义是康德所云，“启蒙运动就是人类脱离自己所加之于自己的不成熟状态。不成熟状态就是不经别人的引导，就对运用自己的理智无能为力。当其原因不在于缺乏理智，而在于不经别人的引导就缺乏勇气与决心去加以运用时，那么这种不成熟状态就是自己所加之于自己的了。Sapere aude! 要有勇气运用你自己的理智！这就是启蒙的口号”⑥。康德言下之意，人类的理性是

① 波德莱尔．现代生活的画家［M］. 王秀江，译 // 江怡．理性与启蒙：后现代经典文选．北京：东方出版社，2004：31.

② 吉登斯．现代性的后果［M］. 田禾，译．南京：译林出版社，2011：1.

③ 吉登斯．现代性的后果［M］. 田禾，译．南京：译林出版社，2011：4.

④ 施特劳斯．现代性的三次浪潮［M］. 丁耘，译 // 贺照田．西方现代性的曲折与展开：上．长春：吉林人民出版社，2011：83.

⑤ 高宣扬．后现代论［M］. 北京：中国人民大学出版社，2005：108.

⑥ 康德．答复这个问题：“什么是启蒙运动？”［M］. 何兆武，译 // 江怡．理性与启蒙：后现代经典文选．北京：东方出版社，2004：1.

与生俱来的，并不缺乏，只是缺乏使用理智的勇气。这样康德从根本上肯定了人类的理性，理性是人类的一种先验能力。在康德看来，现代性也不是一个时代，而只是一种观念，一种与启蒙运动相联系的意识，"在康德那里现代性是与启蒙精神相联系的，它整体而言是一种观念，或一种文化冲动，是世俗理性的统治。康德丝毫没有把现代性看作一个时代的意思，相反，它代表了对认识结构和道德意识中的新视野的意识"[①]。福柯认为，"启蒙是一种事件或事件以及复杂的历史性进程的总体，这总体处于欧洲社会发展的某个时期。这总体包含着社会转型的各种因素，政治体制的各种类型，知识的形式，对认知和实践的理性化设想——所有这些，难以用一句话加以概括"[②]。他认为，"启蒙这一历史事件并没有使我们变成成年，而且，我们现在仍未成年"，"我认为可以赋予康德在思考启蒙时对现时、对我们自身所提出的批判性质询以某种意义"，"它应被看作是态度、气质、哲学生活。在这种生活中，对我们是什么的批判，既是对我们之被确定的界限作历史性分析，也是对超越这界限的可能性作一种检验"。[③] 霍克海默、阿道尔诺认为，"启蒙的纲领是唤醒世界，祛除神话，并用知识替代幻想"[④]。"启蒙运动是现代思想和文化的基本驱动力，阿多诺和霍克海默把它定义为'把个体意识与深陷于自然力量并由自然力量去决定的状态相区别开来并且从中解脱出来的事业'，这种状态是人类历史与文化的神话阶段的基本特征。"[⑤] 在启蒙运动之前，是中世纪的神学时代，人类信奉的是神的启示，即天启是人类获得行动的依据。而启蒙运动则是要斩断天启之路，要依靠人类与生俱来的理智而自救，要消除蒙昧与幻想，敢于担当，由此，实现了从"天启"到"自救"的转变。对宗教蒙昧的祛除，既现代性的产生扫清了障碍，更是为现代性的出现提供了思想基础。启蒙运动探索客观的、普遍的、必然性的知识标准以及对确定性的追问，为现代性的建构注入了根本性的原动力。"人们会发出追问，以弄清现代性是否构成启蒙的继续和发展或是否应当

① 德兰蒂．现代性与后现代性：知识，权力与自我［M］．李瑞华，译．北京：商务印书馆，2012：19.

② 福柯．何为启蒙［M］．顾嘉琛，译．杜小真．福柯集．上海：上海远东出版社，1998：537.

③ 福柯．何为启蒙［M］．顾嘉琛，译．杜小真．福柯集．上海：上海远东出版社，1998：542.

④ 霍克海默，阿道尔诺．启蒙辩证法［M］．渠敬东，曹卫东，译．上海：上海人民出版社，2006：1.

⑤ 卡洪．现代性的困境［M］．王志宏，译．北京：商务印书馆，2008：20.

从中看到对于18世纪的基本原则的断裂或背离。"[①] 福柯在论述启蒙与现代性时，认为启蒙与现代性并非断裂与错位的，认为在启蒙中孕育了现代性。现代性不是一个与启蒙运动不同的时代，而是应当把现代性视为一种态度，现代性缘起于启蒙运动之中。

（二）现代性哲学基本内涵与特征

1. 现代性哲学基本内涵

在柏拉图时代，哲学家所追问的是世界是什么，是一种本体论哲学，在这样的哲学背景下，并无"人"的独立性、主体性。人类艺术的灵感也是源于神的启示而非源于人类自身的思想。艺术是世界的模仿，而世界是理念的模仿，在哲学的殿堂中没有"人"的身影。中世纪基督教哲学建基于否定现实的"原罪说"，人类的精神依附于上帝，人类以上帝的启示为思想准则与行动指南。相应地，中世纪的哲学也就沦为"神学的婢女"，唯有上帝才具有哲学上的主体位置。经过启蒙运动的洗礼，哲学世俗化之后开始呈现现代性，现代性哲学的出现以人性的复苏、理性的回归为标志，理性成为人类最核心的正当性基础。何谓现代性哲学？现代性哲学与传统之分别主要不是时间上的，而是思想文化上的分野，它是源于17世纪启蒙运动的新式哲学，它实现哲学上从"追问世界是什么"到"认识世界何以可能"的重大转变、从本体论哲学到主体性哲学的转换、从天启哲学到人类理性哲学的转换。现代性哲学是世俗化了的哲学，人类的理性替代了上帝的神性，人意取代神意，人成为世界的主体。现代性哲学是主客二分、主体优先于客体的哲学。传统哲学并无人类的位置，只有神与上帝，而无人性的光芒。现代性哲学则是人类以理性作为基础，它是以人为主体的，并君临于客体之上的哲学。

2. 主要特征

（1）理性主义

理性主义是现代性哲学的首要特征，理性是现代性哲学得以成立的根本，是人类取代上帝用自己的智慧代替神性的法宝。康德认为启蒙运动就是人类脱离自己所加之于自己的不成熟状态，有勇气运用自己的理智。在康德看来人类先天就具有理性，只是缺乏使用理性的勇气而已。尽管康德号召人类使用理性，但他在《纯粹理性批判》里对纯粹理性展开了批判，人类的理性仅限于现象，而对物自体无能为力。人类仅能在感

① 福柯．何为启蒙［M］．顾嘉琛，译 // 杜小真．福柯集．上海：上海远东出版社，1998：533-534.

性与经验之结合所得的数学知识、知性与经验之结合所获得的自然科学知识、人的先天的感性与知性能力之结合使得所获知识具有普遍的意义。尽管人类的理性具有很大的局限性，但能为自然立法，实现了认识论上的“哥白尼革命”，康德奠定了人类理性的坚实基础。黑格尔对理性的论证达到了人类理性的巅峰，哲学上不再是感性地把握理念，而是以概念的方式、理性的方式把握。“哲学为观照历史而带来的唯一思想即‘理性’这一单纯概念；即理性是世界的主宰；即世界历史因而显示出种种合理的历程”，“在哲学里由思辨认识证明：理性——这里不考究宇宙对神的关系，仅只这个名词就算够了——既是无限力量也是实体；它自身是一切自然生命和精神生命的无限素材与无限形式——即推动该内容的东西。理性是宇宙的实体”。[①] 康德认为理性不可能认知物自体，而黑格尔则认为绝对理念能够实现自己，能够在人间得以实现，这即黑格尔在理性方面对康德的超越。马克斯·韦伯认为现代社会是一个理性化的、祛魅的世界，他将人类理性区分为工具理性与价值理性，“只有在人的行动动机就是为了完成这些无条件的要求时，它才能称之为价值理性”，“如果完全理性地考虑并权衡目的、手段和附带后果，这样的行动就是工具理性”。[②] 韦伯认为工具理性与价值理性的紧张关系是现代文明问题的根源。价值理性“在一定程度上与自然法的价值理想相连，唯其非常态、非理性的成分，反而有促动社会理性化过程的一面”，工具理性“行动只为追求功利的目的所驱使，势必会漠视人的情感、精神价值，把功利目标视为唯一目的，导致行为方式的常规化，使社会生活丧失多元价值的创造性”。[③] 韦伯所运用的价值理性与工具理性成为现代性哲学经典学说，它成为解释现代性哲学的基本分析框架和概念体系。法兰克福学派是介乎现代与后现代之间的过渡性批判理论，“作为现代批判精神的延续和发展，法兰克福的批判理论，首先是理性主义批判原则的一种新表现”[④]。“现代社会和现代文化中的理性批判的危机，不是因为理性原则本身，而是由于理性发展中所呈现的异化，导致了理性的腐蚀和蜕变。因此，他们认为，克服以往理性批判所造成的危机的主要途径，并不是要超出理性之外，通过理性同其他非理性力量的结合，而是真正地发挥理性本身的自我批判和反思能力。换句话说，他们相信，理性批判原则的所有矛

① 罗素．西方哲学史：下［M］. 马元德，译．北京：商务印书馆，2015：309.

② 韦伯．经济与社会：第一卷［M］. 阎克文，译．上海：上海人民出版社，2010：115.

③ 苏国勋．理性化及其限制：韦伯思想引论［M］. 北京：商务印书馆，2016：91.

④ 高宣扬．后现代论［M］. 北京：中国人民大学出版社，2005：169.

盾和危机，都可以靠理性本身的自我批判和反思来解决。”[①]法兰克福学派的技术理性批判对韦伯的工具理性予以了深化与衍生，“现代性在哲学中的自我解释，也归入工具理性批判”[②]。哈贝马斯重建理性的范式，“有了主体间性，个体之间才能自由交往，个体才能通过与自我进行自由交流而找到自己的认同，也就是说，才可以在没有强制的情况下实现社会化。这一方面意味着行为理论范式的转变：从目的行为转向交往行为；另一方面则意味着策略的改变，即重建现代理性概念策略的改变，要想重建现代理性概念，就必须使世界观非中心化”[③]。哈贝马斯推崇的理性是发生在主体之间的交往行为理性。

理性是现代性哲学的基础概念，启蒙运动、世界的祛魅的直接后果便是理性的彰显，它是现代性哲学的基本主题，现代性哲学家们对理性的批判不是对理性的否定，而是对理性的证成与夯实。尽管他们的角度不同，但对理性的首肯是其一致的原则，可以说，没有理性就没有现代性哲学。

（2）主体性

随着上帝的死亡，人类开始诞生。在现代性之前，人类在没有神或者神的启示几乎不能独立地思考与行为，连诗人的灵感都是依靠神的恩典；现代性始于启蒙运动，而启蒙运动开始了人类的理性发现之旅，人类凭借自身的理性而获得了独立性，人性第一次获得赞扬、第一次摆脱了神性的束缚，人类迎来了一个祛魅的、世俗化的崭新的世界，“人”就是这个世界的主人——如莎士比亚所言，人类是宇宙的精华、万物的灵长。

现代性哲学在某种意义上乃是主体性哲学，现代性哲学与人的诞生相伴而生。如果说理性是现代性哲学的首要特征，那么，主体性则是这个首要特征的载体。理性乃是人类的理性，人类是理性的主体；既非上帝、神明，也非其他物种，唯有人类才可占据理性的主体位置，唯有人类才是理性的适格主体。笛卡儿的“我思故我在”，证明了理性为人类谋取了合法性资本。“我怀疑一切，唯独不能怀疑我自己”，我成为现代性哲学不容置疑的“阿基米德点”，“我”是理性的主体，理性成就了人的

① 高宣扬．后现代论［M］．北京：中国人民大学出版社，2005：170.

② 哈贝马斯．交往行为理论：第一卷［M］．曹卫东，译．上海：上海人民出版社，2004：370.

③ 哈贝马斯．交往行为理论：第一卷［M］．曹卫东，译．上海：上海人民出版社，2004：375.

独立性。人与理性是相互型构、相互证成的关系，即人是理性的人，而理性是归结于人的理性。“人的理性不仅以工具的或者逻辑的方式行使功能，而且，它还是真正的第一原理的源泉，它能够深入探究必定在个体心灵之外真实存在的东西。笛卡儿的自然光明和康德的理性概念都是这种观念的范例。”①

笛卡儿乃是现代性哲学之父，后续的康德、费希特、黑格尔均是笛卡儿的扩展、衍生与完善。“在现代哲学和文化中，主体主义是最为举足轻重和最为强大有力的观点或者说范畴图型之一。在早期思想家——如笛卡儿、莱布尼茨、洛克、休谟和康德那儿，无论他们如何歧异纷呈——和在 20 世纪哲学家——如 A. J. 艾耶尔和马丁·海德格尔那儿，无论他们之间如何扞格不入，都可以找到主体主义范畴”，“主体主义像一棵苍老而又根深蒂固的橡树，深深地渗透在现代思想这块土壤中”。②“黑格尔发现，主体性乃是现代的原则”，“黑格尔看到，现代充斥着关系到自我的结构，黑格尔称之为主体性，他认为，‘说到底，现代世界的原则就是主体性的自由，也就是说，精神总体性中关键的方方面面都应得到充分的发挥’”③。哈贝马斯指出了主体性的四种内涵：个人主义、批判权利、行为自由及唯心主义哲学，哲学把握自我意识的理念乃是现代的事业。④哈贝马斯认为，宗教改革、启蒙运动以及法国大革命是三大主体性事件。黑格尔说，“自马丁·路德开始，宗教信仰变成一种反思；在孤独的主体性中，神的世界成了由我们所设定的东西。新教反对信仰福音和传统的权威，坚持认知的宰制：‘圣饼’不过是面粉所做，‘圣骸’只是死人的骨头”⑤。法国大革命一方面是对传统秩序的破坏，在另一方面，则是对主体的建构。在法国大革命的过程中，《人权宣言》《拿破仑法典》《作者权法》分别建构了公民主体、民法主体、著作权主体，法国大革命不仅在政治领域，而且在哲学领域、法律领域、文化领域都型塑了各种现代主体。“在现代，宗教生活、国家和社会，以及科学、道德和艺术等都体现了主体性原则。它们在哲学中表现为这样一种结构，即笛卡儿‘我思故我在’中抽象主体性和康德哲学中绝对的自我意识。这里涉及到认知主体的自我关联结构；为了像在一幅镜像中一样，即‘通过思辨’把握

① 卡洪 . 现代性的困境［M］. 王志宏，译 . 北京：商务印书馆，2008：122-123.
② 卡洪 . 现代性的困境［M］. 王志宏，译 . 北京：商务印书馆，2008：42.
③ 哈贝马斯 . 现代性的哲学话语［M］. 曹卫东，译 . 南京：译林出版社，2011：19-20.
④ 哈贝马斯 . 现代性的哲学话语［M］. 曹卫东，译 . 南京：译林出版社，2011：20.
⑤ 哈贝马斯 . 现代性的哲学话语［M］. 曹卫东，译 . 南京：译林出版社，2011：21.

自身，主体反躬自问，并且把自己当客体。”[①]主体性原则之所以为现代性哲学的重要特征，在于启蒙运动历史背景下人类理性的觉醒，自我意识、反思精神的构建，人类牢牢占据理性主体性的位置，实现从“上帝—神性”到“人类—理性”的重大的哲学范式的转变，开启了现代性哲学的新纪元。

（3）基础主义

现代哲学之父笛卡儿寻求确定性的东西，“物理学、天文学、医学，以及研究各种复合事物的其他一切科学都是可疑的、靠不住的；而算学、几何学，以及类似这样性质的其他科学，由于他们所对待的都不过是一些非常简单、非常一般的东西，不大考虑这些东西是否存在于自然界，因而却都含有某种确定无疑的东西”[②]。他寻求一个可靠的“阿基米德点”，“我还要在这条路上一直走下去，直到我碰到什么可靠的东西”[③]。“阿基米德点”是西方哲学的重要隐喻，“在笛卡儿看来，要摆脱概念、理念和规范的任意性与非理性，不能依靠毫无根基的偏见、传统或外在权威，只能诉诸理性自身的权威，诉诸终极基础，他通过方法论的‘怀疑’所找到的‘我思故我在’则是他全部哲学的第一原理，他就是基础的‘基础’”[④]。另外一个基础主义隐喻为树喻，“心灵按照系统原则和层级原则（知识的分枝）来组织关于现实的知识（由镜子所提供的），而这些知识都扎根于坚实的基础（根）之上。这些隐喻使得树状文化建立起了以自明的、自我同一的和再现的主体为基础的庞大的、中心化的、统一的、层级化的概念结构”[⑤]。笛卡儿树立了传统的基础主义，而分析哲学则建构现代的基础主义，“现代基础主义则采取了一种比较谦虚的形式——勾画理性反思和讲话的限度（界限），为知识提供证明，证明什么是可能的，什么是不可能的，在什么范围内是合法的，在什么范围内是非法的”[⑥]。维特根斯坦前期即基础主义，“留声机唱片、音乐思想、乐谱、声波，彼此之间都在一种图示的内在关系之中，这就是语言和世界之间具有的关系。它们的逻辑结构都是共同的”[⑦]。基础主义为维特根斯坦前期哲学“可以清楚地言

① 哈贝马斯．现代性的哲学话语［M］．曹卫东，译．南京：译林出版社，2011：22-23.

② 笛卡尔．第一哲学沉思集［M］．庞景仁，译．北京：商务印书馆，1986：20.

③ 笛卡尔．第一哲学沉思集［M］．庞景仁，译．北京：商务印书馆，1986：24.

④ 王治河．后现代哲学思潮研究［M］．北京：北京大学出版社，2006：80.

⑤ 凯尔纳，贝斯特．后现代理论：批判性的质疑［M］．张志斌，译．北京：中央编译出版社，1999：128.

⑥ 王治河．后现代哲学思潮研究［M］．北京：北京大学出版社，2006：79.

⑦ 维特根斯坦．逻辑哲学论［M］．贺绍甲，译．北京：商务印书馆，2011：42.

说”提供依据。西方哲学自柏拉图以来就是基础主义哲学，但在笛卡儿之前的哲学是本体论哲学，追问的是何为世界的本质与基础，至于人类何以能认识世界的本质还没有相关理论加以论述，直到笛卡儿的主体性哲学，基础主义才开始把“人”当作“阿基米德点”。笛卡儿的“我怀疑一切，唯独不怀疑我自己”之哲学理念宣告了笛卡儿以来的基础主义，是以人为主体的基础主义。

（4）宏大叙事

现代性哲学是一种“宏大叙事”（又称之为“元叙事”“堂皇叙事”）的哲学套路，而这种套路是一种自我言说、自我证成的话语机制。它也是伴随着现代性哲学领域中的“合法性”课题而产生的，是一种正当性论证模式。韦伯认为，“经验表明，没有任何支配会自愿地仅仅限于诉诸物质、情感或观念动机作为其存续的基础。除此之外，每个这样的体系都会试图建立并培育人们对其正当性的信仰”①。哈贝马斯提出的合法性问题是指晚期资本主义由于国家干预经济领域、文化领域所产生的危机，“就可以说，只有当晚期资本主义社会的潜在阶级结构得到改造时，或者，当行政系统所受到的合法性压力得到消除时，才能从根本上避免合法性危机”②。韦伯将现代性的合法性的正当性归结为“对统治者合法性的信仰”，哈贝马斯将合法性归结为主体间的交往理性，而利奥塔指出现代性的所谓的合法性根据乃是一种“元叙事”，或者称之“宏大叙事”。利奥塔认为，“思辨话语在引述这些知识话语时，也在为自己阐述自己知道的东西，这就是说也在自阐述。从这个角度看，真实的知识永远是一种由转引的陈述构成的间接知识，这些转引的陈述被并入某个主体的元叙事，这个元叙事保证了知识的合法性”③。叙事对知识合法性之保证在于元主体的建构，“德国唯心主义依靠的是一种元原则，这种元原则把知识、社会和国家的发展建立在实现主体的生命（费希特称之为神圣的生命，黑格尔称之为精神的生命）这一基础上。从这个角度看知识是在自身找到了合法性，正是它自己说出什么是国家，什么是社会”④。在利奥塔看来，现代性的叙事是主体的自我陈述，现代性的理性主体所声称的所谓启蒙、自由、进步、解放、平等观念只能从言说者本身寻求合法性基础，显然，

① 韦伯．经济与社会：第一卷［M］．阎克文，译．上海：上海人民出版社，2010：319.

② 哈贝马斯．合法化危机［M］．曹卫东，译．上海：上海人民出版社，2009：100.

③ 利奥塔．后现代状态：关于知识的报告［M］．车槿山，译．南京：南京大学出版社，2011：123.

④ 利奥塔．后现代状态：关于知识的报告［M］．车槿山，译．南京：南京大学出版社，2011：122.

这种“自我证明、自话自说”的现代性话语缺乏合法性基础，它由此陷入空洞无力逻辑上不自洽的境地之中。

（三）现代性哲学与批判理论

1. 现代性的内在张力：自我否定

自现代性诞生之初，就存在两种现代性的内在张力——现代性反对现代性，使得在现代性内部充满紧张对抗性；现代性内部存在彼此对立的力量。波德莱尔主张“现代性就是过渡、短暂、偶然，就是艺术的一半，另一半是永恒和不变”①。波德莱尔的现代性概念中就体现了过渡与不变、短暂与永恒、创新与传统之间的紧张关系。鲍曼指出现代性的历史就是社会存在与其文化之间紧张的历史。② 由此道出了启蒙现代性与审美现代性之间内在冲突的某种渊源与根据。所谓审美现代性依照哈贝马斯的观点就是文化现代性中分离出来的审美中的理性结构：认知—工具理性、审美—实践理性与道德—实践理性。③ 也即理性精神在审美过程中的确立，“直到康德建立起判断先于审美的现代美学原则，这使得现代美学确立起把审美活动与艺术创造活动奠基为人类理性精神，尽管这种做法有时候会走向极端而审美过于理性化从而走向教条化”④。

审美现代性与启蒙现代性具有同根同源的血亲关系，审美现代性是启蒙现代性的直接后果。两者具有对立冲突的一面，也有相互依赖的一面，“启蒙现代性在确立统一、绝对和秩序的过程中，需要对其自身的不足和缺憾进行反省和批判，而这种对抗文化角色恰恰是由审美现代性承担了”⑤。而启蒙现代性就是鼓励人类启用自身的理性去摆脱神学的束缚，使宗教世界观让位于人类的理智，使得“上帝—真理”范式被“人—理性”范式所取代。启蒙运动使世界祛魅，给西方世界政治、经济、科技带来了巨大的变化。与此同时，人类理性的膨胀也给人类带来灾难的一面，资本的扩张导致了物欲横流、压抑他者的一面，尤其是 20 世纪的两次世界大战给人类带来了巨大的灾难。人类的理性既有造福于人类的一

① 波德莱尔 . 现代生活的画家［M］. 王秀江，译 // 江怡 . 理性与启蒙：后现代经典文选 . 北京：东方出版社，2004：31.

② 周宪 . 现代性的张力［M］. 北京：首都师范大学出版社，2001：4.

③ 哈贝马斯 . 交往行为理论：第一卷［M］. 曹卫东，译 . 上海：上海人民出版社，2004：230.

④ 朱立元 . 后现代主义文学理论思潮论稿：下［M］. 上海：上海人民出版社，2015：692.

⑤ 周宪 . 现代性的张力［M］. 北京：首都师范大学出版社，2001：16.

面，也有给人类带来不幸的一面。哲学家们很早就开始对启蒙现代性展开批判，卢梭、马克思、尼采、韦伯以及法兰克福学派对启蒙现代性予以深刻的反思与哲学批判，人类对启蒙现代性始终有一种既爱又恨的矛盾态度。卡林内斯库提出了资产阶级的现代性与文化现代性之间的对立，即审美现代性与启蒙现代性之间的对立。"无法确言从什么时候开始人们开始可以说存在着两种截然不同却剧烈冲突的现代性。可以肯定的是，在19世纪前半期的某个时刻，在作为西方文明史一个阶段的现代性同作为美学概念的现代性之间发生了无法弥合的分裂。"[①]资产阶级的现代性是关于进步之学说、理性之崇拜以及科技造福人类，而审美现代性则是一种反资产阶级的激烈态度与否定情结，"它厌恶中产阶级的价值标准，并通过极其多样的手段来表达这种厌恶，从反叛、无政府、天启主义直到自我流放"[②]。启蒙现代性体现的是理性（逻各斯）的力量，对秩序、同一性的追求，而审美现代性则是对非理性、多元化的倾向。启蒙现代性的代表为数学，而审美现代性的代表为艺术。"它体现了所有祛除神话的渴望：数字成了启蒙精神的准则"[③]，"启蒙把思想与数学混作一团，并且通过这种方法把数学变为一种绝对例证"[④]。韦伯视计算为资本主义精神的体现，"在严密精算的基础上进行理性化，对致力追求的经济成果进行妥善计划且清醒冷静的运筹帷幄，实乃资本主义私人经济的一个根本特色，与农夫只图糊口的生活、古老行会工匠依特权的陈腐老套、以政治机会与非理性投机取向的'冒险家资本主义'正相对反"[⑤]。马尔库塞认为，工具理性控制的社会是单向度的社会，唯有审美维度可以消解它，"审美的向度还依然保留着一种表达自由，这种自由使作家和艺术家能够用他自己的称谓来称呼人和物——能够命名他人不能命名的东西"[⑥]。启蒙现代性

① 卡林内斯库．现代性的五副面孔［M］．顾爱彬，李瑞华，译．北京：商务印书馆，2002：48.

② 卡林内斯库．现代性的五副面孔［M］．顾爱彬，李瑞华，译．北京：商务印书馆，2002：48.

③ 霍克海默，阿道尔诺．启蒙辩证法［M］．渠敬东，曹卫东，译．上海：上海人民出版社，2006：5.

④ 霍克海默，阿道尔诺．启蒙辩证法［M］．渠敬东，曹卫东，译．上海：上海人民出版社，2006：19.

⑤ 韦伯．新教伦理与资本主义精神［M］．康乐，简惠美，译．桂林：广西师范大学出版社，2010：49-50.

⑥ 马尔库塞．单向度的人：发达工业社会意识形态研究［M］．刘继，译．上海：上海译文出版社，2008：195.

是追求理性主义、合理化的工具理性，而审美现代性则是对感性与非理性的渴求，它是对刻板的、官僚的启蒙现代性的救赎与解脱，它们同根同源，却又彼此对抗、相互否定。

2. 现代性与批判理论

在现代性内部，法兰克福学派的批判理论对现代性展开了批判与反思，在现代性与后现代性之间批判理论是桥梁，"法兰克福学派的批判原则，是一个介于现代和后现代之间的中间过渡性批判形态，它同时包含着现代和后现代批判原则的基本因素，也同时包含了两者的积极和消极两方面的特征"①。尽管批判理论对现代性展开了激烈的批判，但其仍是现代性理性主义的逻辑范畴延伸，作为一项宏伟的历史工程，现代性是一项未完成的设计②。哈贝马斯通过对工具理性的批判，用交往理性来重建现代理性概念，"这一方面意味着行为理论范式的转变：从目的行为转向交往行为；另一方面则意味着策略的改变，即重建现代理性概念策略的改变，要重建现代理性概念，就必须使世界观非中心化"③。马尔库塞批判技术理性造就了西方工业社会单向度的社会、单向度的思想、单向度的哲学。"忽视或消除这种特殊的哲学向度，已经导致当代实证主义走进一个空谈具体性的全面贫乏的世界"④，"发达工业社会的技术成就，对精神生产和物质生产的有效操纵，已经在神秘化的地方造成了一种转折"，"它们对国家机构进行全面技术合理化，从而否认这些情况和其自身非理性的哲学，从事这项工作并把其神秘化能力加诸社会的正是物质和精神机器的总动员"。⑤霍克海默与阿道尔诺对启蒙现代性展开了直接批判，"被彻底启蒙的世界却笼罩在一片因胜利而招致的灾难之中"⑥。"神话已是启蒙，而启蒙蜕变为神话"是霍克海默与阿道尔诺《启蒙辩证法》的核心主题，"霍克海默与阿多诺的《启蒙辩证法》实际上是通过对工具理性的批判，对这种进步史观的一种反思，他们通过神话与启蒙的相互映照揭

① 高宣扬．后现代论［M］．北京：中国人民大学出版社，2005：169.

② 哈贝马斯．现代性的哲学话语［M］．曹卫东，译．南京：译林出版社，2011：作者前言 1.

③ 哈贝马斯．交往行为理论：第一卷［M］．曹卫东，译．上海：上海人民出版社，2004：375.

④ 马尔库塞．单向度的人：发达工业社会意识形态研究［M］．刘继，译．上海：上海译文出版社，2008：149.

⑤ 马尔库塞．单向度的人：发达工业社会意识形态研究［M］．刘继，译．上海：上海译文出版社，2008：151.

⑥ 霍克海默，阿道尔诺．启蒙辩证法［M］．渠敬东，曹卫东，译．上海：上海人民出版社，2006：1.

示了当代社会的发展实际上是一种进步与倒退同在的‘进步辩证法’”[①]。启蒙粉碎了神话，却又吸取神话的原则，陷入神话的魔掌之中，“启蒙精神就是克尔凯尔所颂扬的新教伦理，也是赫拉克勒斯史诗中的神话权力的原生形象”[②]。批判理论以韦伯的工具理性为基点对现代性展开批判，是现代性哲学内部的深刻反思。如果说后现代性对现代性的批判是一种外部视角的话，批判理论则是一种内部视角。

二、后现代哲学

（一）后现代性词源考察及理论缘起

1. 后现代主义（postmodernism）词源考察

早在1870年前后，英国画家John Watkins Chapman就用“后现代绘画”指称比法国印象主义绘画还要现代前卫的绘画作品。[③] 费德里科·德·奥尼斯在《西班牙与拉美诗集》中使用了postmodernismo，达德里·费茨的《当代拉美诗选》使用了同样的字词。[④] 英国历史学家汤因比将西方历史划分为四个时期：黑暗时代、中世纪、现代与后现代，他将1875年视为西方历史从“现代”进入“后现代”的时间点。[⑤] 汤因比的后现代理论被社会学家米尔斯所吸收，米尔斯说“我们正处于一个所谓‘现代’的尾声。正如古代是由几个世纪的‘东方优越时代’所承继（西方人狭隘地称之为黑暗年代）；目前的‘现代’也正在被一个后现代时期所接替，我们也许可称之为‘第四纪元’”[⑥]。哈桑通过对后现代主义进行注释的方式，对后现代主义进行诠释。从人性的角度，后现代主义是“反精英主义、反独裁主义。本我的扩散。参与。艺术变成公社的、可选择的、无政府主义的。接受”，“同时，反讽变成激进的自我消耗的游戏、意义的熵。还有荒诞的喜剧、黑色幽默、疯癫的滑稽模仿和夸张喜剧，粗俗风格。否定”。[⑦] 他还认为，“后现代主义艺术由于现实的分崩离析，因而

① 邱根红．法兰克福学派现代性批判理论研究［M］．西安：西安交通大学出版社，2016：47.

② 霍克海默，阿道尔诺．启蒙辩证法［M］．渠敬东，曹卫东，译．上海：上海人民出版社，2006：8-9.

③ 凯尔纳，贝斯特．后现代理论：批判性的质疑［M］．张志斌，译．北京：中央编译出版社，1999：7.

④ 哈桑．后现代转向［M］．刘象愚，译．上海：上海人民出版社，2015：176.

⑤ 汤因比．历史研究：上卷［M］．郭小凌，等译．上海：上海世纪出版集团，2010：41-42.

⑥ 米尔斯．社会学的想像力［M］．陈强，张永强，译．北京：三联书店，2001：180.

⑦ 哈桑．后现代转向［M］．刘象愚，译．上海：上海人民出版社，2015：104.

更接近了艺术上的无政府主义和流行音乐”①。哈维说，“我从这个似乎是有关后现代主义的最触目惊心的事实开始：它完全承认短暂、分裂、不连续性和混乱构成了波德莱尔的现代性概念的一半。然而，后现代主义对这一事实的回应却采用了一种非常特殊的方式。它不试图超越它、抵制它甚或去界定包含在其中的‘永恒与不变’的各种要素”②。利奥塔用“后现代”来命名最发达社会中的知识状态；用“元叙事”来映射“现代”，而把对元叙事的怀疑看作“后现代”。③杰姆逊认为后现代主义深度的消失，包括空间深度（透视感）、明显与隐含、确实性与非确实性、能指与所指之间区别的消失，“在后现代主义中，关于过去的这种深度感消失了，我们只存在于现时，没有历史”④。

2. 理论缘起：一种对现代性的批判视角

斯蒂文·贝斯特与道格拉斯·凯尔纳认为，“后现代话语还出现在理论领域内，其重心集中在对现代理论的批判和对理论上的后现代决裂的论证”⑤。“后结构主义构成了后现代理论的一个源头”，“后现代理论赞同后结构主义对现代理论的批判，并使这种批判发展得更为激进，将其扩展到了新的理论领域。在政治领域，绝大多数后结构主义理论和后现代主义理论都采取了后马克思主义立场，认为马克思主义乃是一种不再适合于当前时代的、过时的、压迫性的话语”。⑥杰拉德·德兰蒂认为，“后现代深深扎根于现代性文化之中，就如现代性本身扎根于前现代世界观中一样”，“后现代性不是现代性之后的一个阶段，而是代表了现代性最高的，可能也是最后的阶段”。⑦“我所说的后现代指的是一个更广泛的美学和认识论的概念，这两者都是作为文化的范畴”，“后现代所称颂的文化相对主义更多地不是指意义受社会决定的本性，而是指作为社会整合

① 哈桑．后现代转向［M］．刘象愚，译．上海：上海人民出版社，2015：112.

② 哈维．后现代的状况：对文化变迁之缘起的探究［M］．阎嘉，译．北京：商务印书馆，2003：63.

③ 利奥塔．后现代状态：关于知识的报告［M］．车槿山，译．南京：南京大学出版社，2011：1-2.

④ 杰姆逊．后现代主义与文化理论［M］．唐小兵，译．西安：陕西师范大学出版社，1986：183-187.

⑤ 凯尔纳，贝斯特．后现代理论：批判性的质疑［M］．张志斌，译．北京：中央编译出版社，1999：5.

⑥ 凯尔纳，贝斯特．后现代理论：批判性的质疑［M］．张志斌，译．北京：中央编译出版社，1999：32.

⑦ 德兰蒂．现代性与后现代性：知识，权力与自我［M］．李瑞华，译．北京：商务印书馆，2012：191.

之基础的意义的瓦解”。[1] 利奥塔认为，“后现代是属于现代的一个组成部分”，“要想成为现代作品，必须具有后现代性。因此，后现代主义并不是现代主义的末期，而是现代主义的初始状态，而这种状态是川流不息的”。[2] 后现代主义主要基于对现代性哲学的批判与反思，其与现代性的关系并非遵从一种时间线性维度，而是一种理论的更新，甚至是一种背叛与决裂。后现代性缘起于现代性，却具有与现代性迥然不同的哲学理论。

后现代性和审美现代性、批判理论一样与现代性都具有十分紧密的联系，但不同之处在于：审美现代性是现代性内含的理性维度，从而形成现代性内部的张力，其仍属现代性哲学的范畴；批判理论对现代性的工具理性进行了批判与反思，其在对理性批判的同时提出了一些理性的重构方案，其也仍属于现代性哲学的领域；但后现代性则是对现代性进行了根本的否定，后现代哲学是在总体上对现代性进行了批判。“现代主义在时代问题上的一个元信仰就是：假定时代是自我包含的统一体或前后一致的整体。后现代思想家对现代主义这一元信仰进行了挑战。”[3] 如果审美现代性与批判理论均对现代性有所批判的话，那么，后现代性则是一种更为猛烈、更为整体、更为全面的批判；审美现代性与批判理论若是现代性的一种内部视角的话，则后现代性为一种外部视角。

（二）后现代哲学的基本内涵与主要特征

1. 基本内涵

从后现代词源考察可知，后现代哲学乃是与现代性批判相关的哲学路数，与审美现代性、批判理论不同的是后现代哲学是对现代性的一种总体性批判，颠覆了现代性哲学所确立的基本原则，包括理性主义、确定性、主体性原则、宏大叙事、非彼即彼等，后现代哲学则崇尚非理性、无主体、去中心化、不确定、反基础主义、或此或彼等。后现代并非确定性的时间概念，更多的是指一种态度、一种批判的精神。正如哈桑拒绝对后现代性下定义而是用注释的方法来诠释后现代性一样，[4] 本书也将通过对后现代特征的概括来阐释后现代哲学的内涵。

---

① 德兰蒂．现代性与后现代性：知识，权力与自我［M］．李瑞华，译．北京：商务印书馆，2012：207.

② 利奥塔．后现代状况：关于知识的报告［M］．岛子，译．长沙：湖南美术出版社，1996：207.

③ 王治河．后现代哲学思潮研究［M］．北京：北京大学出版社，2006：6.

④ 哈桑．后现代转向［M］．刘象愚，译．上海：上海人民出版社，2015：102.

2. 主要特征

（1）反理性主义

如果说理性是现代性哲学的立足点的话，那么非理性则是后现代哲学的根本特性。理性是人得以获得主体性的根基所在，是从“上帝—真理”范式向“人—理性”范式转换的关键因素。理性在现代性哲学时期被推崇到了无所不能的高度，但是，理性也遭受到了猛烈的批判，弗洛伊德从精神分析的视角证明理性并非人的本质，人并不能理性地控制自己。福柯“理性—疯癫关系构成了西方文化的一个独特向度”[①]。在现代性时期，理性对非理性予以绝对控制，通过禁闭的方式来压制与排斥疯癫等非理性，实现理性的权威。“到 18 世纪下半叶，疯癫不再被视为使人更接近某种原始的堕落或某种模糊存在兽性的东西。相反，它被置身于人在考虑自身 、考虑他的世界以及考虑大自然所直接提供的一切东西时所划定的距离。在人与自己的情感、与时间、与他者的关系都发生了变化的环境里，疯癫有可能发生了，因为在人的生活及发展中一切都是与自然本性的一种决裂。疯癫不再属于自然秩序，也不属于原始堕落，而是属于一种新秩序。”[②]哈桑对后现代主义的诠释中非理性乃是其显明的特征，“从存在主义的气质、迷幻剂（李尔瑞）、酒神本我（布朗）、恶作剧者（凯西）、疯狂（莱恩）、泛灵论与巫术（康斯坦尼达）”[③]。德勒兹与加塔利认为，“分裂分析试图消解自我与超我，解放被克分子和再现结构所压抑的欲望的前人格领域，解放‘潜藏于认同状态之下的’力比多流。从根本上讲，它试图摧毁现代认同，创造新的后现代欲望主体”。[④]德勒兹和加塔利论证了精神分裂对现代性秩序所起到的消解作用，从而肯定了在后现代时期具有的积极价值。后现代哲学通过理性的解构来对非理性予以正名，从而确立了非理性在后现代哲学中的合法性地位。

（2）人的主体性衰落

在现代性哲学的语境中，人经过了启蒙运动的洗礼，通过对人类的理性的确立而获得了主体性地位。在笛卡儿的哲学话语中人是一个毋庸置疑的“阿基米德点”，在德国古典哲学语境中人具有在先性、中心性、超验性以及绝对性的特质。但是，随着哲学上的后现代转向，人的主体

---

① 福柯．疯癫与文明［M］. 刘北成，杨远婴，译．北京：三联书店，1999：前言 3.

② 福柯．疯癫与文明［M］. 刘北成，杨远婴，译．北京：三联书店，1999：203.

③ 哈桑．后现代转向［M］. 刘象愚，译．上海：上海人民出版社，2015：107-108.

④ 凯尔纳，贝斯特．后现代理论：批判性的质疑［M］. 张志斌，译．北京：中央编译出版社，1999：119.

性位置已然衰败，哲学上的主体性持续恶化——从尼采的“上帝之死”转换至福柯的“人之死”。结构主义对主体性予以消解，“随着各种通过主体而进行运作的人际系统取代了主体的功能，主体便溶化了。人文科学起初是把人当作认识的对象的，而随着这些科学的发展，却发现人在结构主义的分析中消失了”[①]。“随着自我为中心或本源的功能逐渐被取代，自我愈来愈成为一种构造物，成为规范体系的结果。于是，‘自我’不再是一种先天的存在物，而成为后天的存在物。”[②]福柯认为人是19世纪初被建构起来的，[③]“让我们援引一个相对短暂的年代学和一个有限的地理区域——16世纪以来的欧洲文化——我们就能确信：人是其中的一个近期的构思。并不是在人和人的秘密周围，知识才在黑暗中游荡了好长时间。实际上，在影响物之知识及其秩序，影响有关同一性、差异性、特性、等值、词之知识的所有突变中——简言之，在相同之深远的历史的所有插曲中——只有一个于半世纪以前开始而也许正趋于结束的突变，才让人这个形象显露出来。并且，这个显露并非一个古老的焦虑的释放，并不是向千年关切之明晰意识的过渡，并不是进入长期来停留在信念和哲学内的某物之客观性之中：它是知识之基本排列发生变化的结果。诚如我们的思考之考古学所轻易地表明的，人是近期的发明。并且正接近其终点”[④]。“福柯在接待许多来访者总是说，他的立场包含着一种反人本主义，这种人本主义表现了一种对先验秩序的完全依赖，而且在这里主体（不言而喻还有先验意识）不具有自己的根源性——一句话，共性比个性更原始、更根本。任何‘先验的’反思再也不能成立了，它与当代的知识型是不相容的。”[⑤]在福柯看来，人的主体性是一种人为的构造，人主要是一种功能性的存在，他完全否定了传统意义上人的主体性。德勒兹与加塔利将无意识认为是非想象的、非象征的东西，“它自己创造自己，谁也不生产它，它没有父母，是一个‘孤儿’。‘精神分析高明地确证无意识是孤儿和生产者。’这意味着传统的‘主体’是不存在的，唯一的主体就是‘无器官的躯体’的欲望本身”[⑥]。德勒兹与加塔利彻底否定传统意义上主体的存在，认为起决定性作用的是无意识、无器官的躯体，而不存在所

---

① 卡勒．结构主义诗学［M］．盛宁，译．北京：中国社会科学出版社，1991：57.

② 张国清．中心与边缘［M］．北京：中国社会科学出版社，1998：120.

③ 福柯．词与物：人文科学的考古学［M］．莫伟民，译．上海：上海三联书店，2001：30.

④ 福柯．词与物：人文科学的考古学［M］．莫伟民，译．上海：上海三联书店，2001：505-506.

⑤ 布洛克曼．结构主义：莫斯科—布拉格—巴黎［M］．李幼蒸，译．北京：商务印书馆，1980：125.

⑥ 王治河．后现代哲学思潮研究［M］．北京：北京大学出版社，2006：65.

谓的人之主体性。“在后现代主义者看来，哲学反映论成了一种压迫哲学和强权哲学，成了为统治者对被统治者实施压制的主人话语，成为了真理（知识）和权力（权威）联姻的理论基础。因此，主体性哲学是一种必须被终结的哲学”，“通过对主体、主体性的放逐和否弃，后现代主义者宣告了一个无主体时代的到来”。[①] 因此，无主体性或主体性的衰落是后现代哲学的根本特征之一。

（3）基础的崩塌

反基础是后现代哲学的一个显著特征，反基础意味着现代性哲学始祖笛卡儿所建构的哲学基础的崩塌、作为现代哲学隐喻“阿基米德点”的动摇。笛卡儿把传统哲学喻为树—根模式，他把形而上学比作树根，而自然科学比作树干，要摆脱非理性、任意性的羁绊，则要依靠理性的指导。理性是现代哲学的终极的基础与权威，所有哲学理论合法性的“第一原理”，树—根模式是典型的基础主义的隐喻。德里达将基础主义归结为在场的形而上学、语音中心主义。西方哲学传统褒扬语音、贬低文字，德里达用延异来解构传统的形而上学，摧毁其对本源、基础的“怀旧”与“乡愁”。“痕迹事实上是一般意义的绝对起源。这无异于说，不存在一般意义的绝对起源。痕迹乃是分延，这种分延展开了显象和意指活动”，“我们有理由确定声音印记和形象（文字）印记之间的自然等级吗？文字印象是看不见的，声音印象是听不见的。声音的各种完整统一体之间的差别是听不见的。整个铭文中的差别是看不见的”。[②] 德里达通过确立文字的合法地位来推翻“语音”的基础、本源地位，继而解构传统的哲学基础。而德勒兹与加塔利的块茎模式则代替了树—根模式，“一个根茎既没有开端也没有终结，它始终居于中间，在事物之间，在存在之间，是间奏曲。树是血统，而根茎是联姻（结盟），仅仅是联姻。树强行规定了动词‘是’，而根茎则是将连词‘和……和……和……’作为自己的织体”，“形成了一个白板，从零点出发或再出发，探寻一个开端或基础，所有这些都蕴含着一种对于旅行和运动的错误概念（此种概念是有条理的、符合教学法的、启蒙的、象征的……）。然而 Kleist，《伦兹》（lenz）或 büchner 却拥有另一种旅行和运动的方式：从中间、经由中间出发，进入和离开，而不是开始和终结”，“体现了根茎的方向，它善于在事物之间运动，建立一种‘和’的逻辑，颠覆了本体论，废黜了基础，取消了开

① 张国清. 中心与边缘［M］. 北京：中国社会科学出版社，1998：123.

② 德里达. 论文字学［M］. 汪堂家，译. 上海：上海译文出版社，1999：92-93.

端和终结”。[①] 德勒兹与加塔利的块茎理论从逻辑上解构了现代性话语的等级结构关系，主张的是平等化、平面化、“和”的逻辑关系。反基础主义乃是后现代的典型特征，德里达对语音中心主义的解构，德勒兹与加塔利对树—根模式的废黜，以及杰姆逊对深度模式的摒弃，[②] 均体现了后现代哲学对基础的取消、对本体论的颠覆。

（4）小型叙事

现代性哲学的典型特征是宏大叙事，而后现代哲学的典型特征则是小型叙事，利奥塔说后现代乃是对元叙事的怀疑，“现代话语为了使其观点合法化而诉诸于进步与解放、历史或精神之辩证法，或者意义与真理的铭刻等元叙事”，“从这一点看，后现代应该被界定为对元叙事的怀疑，对形而上哲学、历史哲学以及任何形式的总体化思想——不管是黑格尔主义、自由主义、马克思主义还是实证主义——的排斥”。[③] 现代性的元叙事倾向于寻求普遍的、总体性的元律令，具有排斥异质的特性，而利奥塔则认为后现代是置歧见于共识之上，置异质性与不可通约性在普遍性之上。现代性是一种宏大叙事的套路，压制边缘声音，而后现代则是保留歧异、保证所有声音的话语权、通过讲故事的方式消解总体的压制，是一种小型叙事。从艺术理论的视角，利奥塔也论证了后现代的小型叙事的特征，“对崇高的美学分析与对先锋艺术的看法，无疑是他思想总体的重要成分，他正是以这种美学与艺术来对抗着话语的、元叙事的、大一统极权的哲学与政治，他的美学所揭示的‘纷争’，也是他的政治思想中所讲的‘异教主义’，即认可多种不同意见，多种‘微逻辑’、‘小叙事’的模式，这些构成了他的‘后现代’主义”[④]。哈维在哈桑的理论基础上进一步明确了现代性的特征之一是叙事与大历史，而后现代的特征之一为反叙事与小历史。[⑤] 元叙事存在内在的危机，而这种危机的根源在于知识的非合法性与大叙事本身的虚无主义因素，“思辨的语言游戏是建立在人为的、假设性的前提之上的，既然这种前提本身的合法性都尚未得到确

① 德勒兹，加塔利．资本主义与精神分裂（卷2）：千高原［M］．姜宇辉，译．上海：上海书店出版社，2010：33-34.

② 杰姆逊．后现代主义与文化理论［M］．唐小兵，译．西安：陕西师范大学出版社，1986：181.

③ 凯尔纳，贝斯特．后现代理论：批判性的质疑［M］．张志斌，译．北京：中央编译出版社，1999：216.

④ 朱立元．后现代主义文学理论思潮论稿：上［M］．上海：上海人民出版社，2015：52.

⑤ 哈维．后现代的状况：对文化变迁之缘起的探究［M］．阎嘉，译．北京：商务印书馆，2003：62.

认，因此思辨的语言游戏的合法性当然是成问题的”①。元叙事的非法性在于它是一种假设性的，而后现代的正当性付诸“语言的游戏”。语言的游戏是局部决定论，任何游戏规则的共识、在游戏中的任何一个走法都是局部的，是在某一时间、某一空间范围内才有效的，在语言的游戏中不存在元叙事、普遍的规则。总言之，后现代哲学对带有预设前提的元叙事充满怀疑与不信任，后现代主义者不相信人类的解放、自由、平等、进步等宏大话语，他们用讲故事的小叙事的方式来使边缘者发声，因此，后现代主义哲学的主要特征之一是小型叙事，以此区别于现代性哲学的宏大叙事。

非理性、主体性的衰落、反基础主义以及小型叙事是后现代哲学的几个主要的特征，当然还可以归纳后现代哲学的其他特征，如多元化、无中心、反精英主义、反独裁等，但从这四个方面基本可以把握后现代哲学的概况，对我们解构作者中心主义的哲学基础给予充分的理论铺垫。

第二节 后现代哲学对作者中心主义的解构

随着后现代哲学转向、现代性哲学根基与基础理论框架被后现代哲学深度消解与解构，建基于现代性哲学基础之上的作者中心主义也轰然崩塌。随着德里达对语音中心主义的解构、利奥塔对元叙事的拷问、福柯对知识合法性的诠释以及德勒兹与加塔利对树—根模式的废黜，后现代哲学在多个视角、不同的理论视域对现代性哲学展开了猛烈的批判，作者中心主义在后现代哲学语境下遭遇重大的合法性危机。

一、德里达对语音中心主义的解构

德里达的解构理论主要体现在对语音中心主义的解构，语音中心主义是一把开启德里达解构哲学理论的钥匙，下面以介绍德里达哲学理论中的核心理论——语音中心主义或逻各斯中心主义作为本部分的切入点。

（一）德里达“语音中心主义”的基本理论

1. 语音中心主义之历史源头：柏拉图的药

德里达的哲学思想始于解构西方哲学源头，其对柏拉图“文字思想”的解构是其批判西方哲学中“逻各斯中心主义”的开端。德里达在《撒

① 陈嘉明．现代性与后现代性十五讲［M］. 北京：北京大学出版社，2006：215.

播》一书中有一篇著名的文章《柏拉图的药》，是解构柏拉图哲学的范例。[①] 柏拉图的《斐德若篇》中有一段苏格拉底与斐德若讨论修辞学的对话，苏格拉底提到古埃及有一个名叫图提的古神，其向埃及国王推荐自己的发明——数目、算术、几何和天文，国王对好的部分加以褒扬，对不好的部分加以贬低，而对文字则完全不以为然，图提推荐文字发明时说，“这个发明可以使埃及人受更多的教育，有更好的记忆，它是医治教育和记忆力的良药”[②]。而国王反驳说，“现在你是文字的父亲，由于笃爱儿子的缘故，把文字的功用恰恰说反了！你这个发明结果会使学会文字的人们善忘，因为他们就不再努力记忆了。他们就信任书文，只凭外在的符号再认，并非凭内在的脑力记忆，所以你所发明的这剂药，只能医再认，不能医记忆”[③]。这即柏拉图的药的原初出处，这里体现的是对文字的贬低与谴责，认定文字不但不能医治记忆，反而会使人们健忘。柏拉图认为文字是死气沉沉、极易产生误解的，文字不能与人进行很好的互动。柏拉图的哲学立场为思想的直接在场性，勿被文字迷惑，文字只是一种外在的符号而并非内在的脑力记忆。柏拉图哲学中蕴含了一种“思想与文字的二元对立，并且思想高于文字”的思维，这就是统治西方哲学思想两千年的“逻各斯中心主义”。它所信仰的是文字语言之外的本原、真理、本质，坚信在能指符号之上存在一种“超验所指”。逻各斯中心主义是一种语音中心主义，言语是真理的直接呈现、在场，而文字是对真理的歪曲，“重言语、轻文字”是其的核心思想。

2. 语音中心主义的发展

（1）卢梭的语音中心主义哲学

德里达在其《论文字学》里对卢梭哲学作品予以文本解读，卢梭对德里达而言非常重要，“正如我们已经在很多场合提到的，正是卢梭让他在整个文本中已经阐明的观点——在场形而上学、逻各斯中心主义、元书写的压抑及随后的回归等——得到了具体的表达。那么，非常简单，这个 18 世纪哲学家对于德里达的整个观点的重要性无论怎样说都不过分。用德里达自己的话来说，他并不只是将卢梭看成漫长历史中的又一个名字，而是整个时代的名字”[④]。卢梭是贬文字、抬言语的语音中心主义的典

① 陆扬．后现代性的文本阐释：福柯与德里达［M］. 上海：上海三联书店，2000：1.

② 柏拉图．斐德若篇［M］. 朱光潜，译．北京：商务印书馆，2018：73.

③ 柏拉图．斐德若篇［M］. 朱光潜，译．北京：商务印书馆，2018：73-74.

④ 雷德利．导读德里达《论文字学》［M］. 孔锐才，译．重庆：重庆大学出版社，2019：114.

型代表。德里达认为，“《语言起源论》将言语与文字对立起来，就像将在场与缺席，自由与奴役对立起来一样”[①]。卢梭认为，“语言的特性也在发生变化。它变得更加规范而更少激情，更加观念化而不是情感化，更加理性而不是感性。同样的，重音逐渐消失了，音节的数量逐渐增长了。语言变得越来越精确和清晰，同时也越来越迟滞、沉闷和冷漠”[②]。卢梭认为文字以精确性代替言语的生动性，变质的文字是从活生生的言语内部使之开始腐败的，文字是一种缺席，而言语才是在场、本源、先验所指。文字是言语的替补，“危险的替补”是卢梭哲学中最为关键的词汇，其表达了对在场的渴求，一种本源的神话。德里达对卢梭《语言起源论》阐述的是文字对言语的替补，而在《忏悔录》中的解读是手淫对性生活的替补，在《爱弥儿》中追溯的是教育对自然天性的替补。“我很快便安下心来，学会了那种危险的替代办法，它既能欺骗本性，又拯救了像我这种性情的年轻人”[③]，“我们出生时缺乏的和成长中需要的一切，教育都会赋予我们”。[④] 卢梭在描述其对情妇华伦夫人的爱时写道，“我有多少次因想着她在上面睡过而亲吻我的床呀！有多少次因想着我屋里的窗帘以及所有的家具是属于她的，而且她那美丽的手触摸过而亲吻它们呀！就连地板，因为想着她在上面走过，我便有多少次匍匐其上呀！”[⑤] 德里达确立了文字、手淫、教育均是危险的替补，把言语视为自然的，文字视为不是自然的，“这种做法不仅是奇怪的而且是危险的。它是一种补充手段，是在言语确实缺席时为逼语言出场而精心设计的圈套。它是强加给语言宿命的暴力”[⑥]。卢梭批判文字之不足、缺陷，乃是歌颂言语的直接在场，卢梭的哲学文本中体现了一种极度畸形的对“在场”的迷恋、一种对缺席本源的怀念。

（2）索绪尔的语音中心主义哲学

索绪尔是结构主义之父，结构主义之所以尚属于现代哲学的范畴，乃因为其内含了二元对立、等级结构之类的现代性哲学理念。德里达对索绪尔的解构也是其批判语音中心主义的关键环节。索绪尔在其《普通语言学教程》中有一个天才的发现，即语言符号的任意性法则，“能指和所

① 德里达．论文字学［M］．汪堂家，译．上海：上海译文出版社，2005：243.

② 卢梭．论语言的起源兼论旋律与音乐的模仿［M］．吴克峰，胡涛，译．北京：北京出版集团，2010：21.

③ 卢梭．忏悔录［M］．陈悠卿，译．南京：译林出版社，2011：94.

④ 卢梭．爱弥儿：上［M］．叶红婷，译．南京：译林出版社，2016：7.

⑤ 卢梭．忏悔录［M］．陈悠卿，译．南京：译林出版社，2011：93-94.

⑥ 德里达．论文字学［M］．汪堂家，译．上海：上海译文出版社，1999：211.

指之间的联系具有任意性”，“语言间的差别和不同的语言的存在即是证明：牛的所指就有不同的能指：有的语言中是 b-ö-f(boeuf)，有的语言中是 o-k-s (ochs)”，“我指它是不可论证的，也就是说对于现实中跟它没有任何联系的所指来说是任意的”。[①] 但德里达从索绪尔理论中解读出他对书写文字的贬低，对言语的褒扬，“索绪尔仅仅从文字上看到了一种狭隘的派生功能。之所以说狭隘，是因为它不过是语言突然遇到的事件的形式”，“之所以说它是派生的，是因为它具有指代性：它是第一能指的能指，是自我呈现的言语的迅速、自然而直接的表达的再现”，“再现前者是后者存在的惟一理由”。[②] 索绪尔把言语视为自我的自然呈现，是自我的第一能指，而文字是这个第一能指的能指，这是一种在场的形而上学，“与表音－拼音文字相联系的语言系统是产生逻各斯中心主义的形而上学的系统，而这种形而上学将存在的意义确定为在场。这种逻各斯中心主义，这个充分言说的时代，始终给文字的起源与地位的所有自由思考，给整个文字学加上括号，对它们存而不论，并因为一些根本原因对它们进行抵制，但文字学并非本身有赖于神话学和自然文字的隐喻的技术和技术史”[③]。索绪尔把言语视为自我的自然呈现，而文字是一种能指的能指，索绪尔显然持一种贬低文字、褒扬语音的理论观点。

（3）列维 - 斯特劳斯语音中心主义哲学

列维－斯特劳斯将索绪尔的结构主义语言学运用到人类学领域，发展为结构主义人类学，列维－斯特劳斯从索绪尔学习到了结构主义分析框架、继承了结构主义的理论衣钵；与此同时，列维 - 斯特劳斯与卢梭的对暴力的书写文字之谴责遥相呼应，“这个人类学家甚至走得更远，他认为在人类历史中存在的新石器的独特时期与《论人类不平等的起源与基础》中描述的理想社会相对应；而且，和卢梭一样，他对于他所认为的现代文明的堕落有着深刻的批判。在这个意义上，德里达注意到，列维 - 斯特劳斯的整个人类学计划甚至可以被描述为一种好战的‘卢梭主义’”[④]。德里达不得不对列维－斯特劳斯的哲学文本予以解构，“因为这位结构主义之父从未停止对一种（在某时某地正存在着的）‘未触动的文化’的渴望。加之他对自然与文化二元对立的拥护，这使得德里达得出这样的结论：结构主义尽管是一门新兴的科学，但仍然抛锚在逻各斯中心主义的

① 索绪尔．普通语言学教程［M］. 刘丽，译．北京：中国社会科学出版社，2009：82-83.
② 德里达．论文字学［M］. 汪堂家，译．上海：上海译文出版社，2005：41.
③ 德里达．论文字学［M］. 汪堂家，译．上海：上海译文出版社，2005：59-60.
④ 雷德利．导读德里达《论文字学》［M］. 孔锐才，译．重庆：重庆大学出版社，2019：95.

港湾中”[①]。在列维-斯特劳斯的哲学文本中渗透着对文字的敌意、对语音的推崇，书写的词语对于说话而言是腐败的、玷污的，甚至是充满暴力的灾难；在他的形而上学的理论架构中，明显地呈现一种二元对立、等级区分的姿态。列维-斯特劳斯在《忧郁的热带》中描述了原始部落南比夸克人的生活场景，其中有一个“专名的战争”的故事记载，某天一个女孩挨了其他伙伴打，她跑到这位人类学家处寻求保护，作为报复她神秘兮兮地通过耳语将打她的那个女孩子的名字告诉人类学家。尔后，那个女孩又将其他女孩也告诉了人类学家。列维-斯特劳斯对他这个“外来者”进行了自我谴责，一个外来的元素入侵了一个自然状态的社会、一个纯粹在场的事物，“在他看来，这种事件发生在无辜的领土上，发生在其自然的善良尚未堕落的‘文化状态中’”[②]。由此描述了南比夸克人从自然到文化、从和平到暴力的堕落过程。在南比夸克人的“一堂书写课”的故事中，人类学家将白纸与铅笔分发给部落成员，观察他们会用这些工具做什么。他们开始用笔画一些波浪线，然后开始写字，酋长野心比较大，具有书写目的。他相信自己所写的内容是真实的，在印第安人集合的场合，他开始宣读他所写的内容，开始交换物品。列维-斯特劳斯认为，“文字不是用来取得知识，帮助记忆或了解的，而只是为了增加个人的情感与地位，或者用以增加一种社会功能的权威与地位，其代价是将其余的人或社会功能加以贬抑”[③]。在列维-斯特劳斯看来，文字与暴力并存、文字与权力同在，文字是被人用来获取权威与地位的工具，其与柏拉图、卢梭、索绪尔贬低文字的主张一脉相承。它仍旧是在场的形而上学，是语音中心主义哲学套路。

3. 语音中心主义的理论意味

德里达的哲学思想是解构主义哲学，其解构的对象是语音中心主义、在场形而上学、逻各斯中心主义。“语音中心主义”之理论意味是一个必须加以澄清的话题。它是西方本体论哲学一个灵魂概念，其将知识与世界上万事万物归结于某种终极的东西，而这个终极的东西便是本源与中心。这个终极的东西在不同的哲学时代会有不同的称谓，尽管如此，其本质意义是相同的，如柏拉图的理念、奥古斯丁的上帝、黑格尔的绝对精神、尼采的绝对意志、笛卡儿的“怀疑一切的自我”、胡塞尔的先验自

① 王治河．后现代哲学思潮研究［M］．北京：北京大学出版社，2006：156.

② 德里达．论文字学［M］．汪堂家，译．上海：上海译文出版社，2005：165.

③ 列维-斯特劳斯．忧郁的热带［M］．王志明，译．北京：中国人民大学出版社，2009：363-364.

我、结构主义哲学的结构，无不是“逻各斯”的衍生物与变种。而在话语与文字两者中，唯有话语与逻各斯是本质的、透明的联系，而文字则毁坏、曲解了逻各斯的意义。“言语，第一符号的创造者，与心灵有着本质的直接贴近的关系。作为第一能指的创造者，言语不只是普普通通的简单能指。它表达了心境，而心境本身则反映或映照出它与事物的自然相似性。”① 言语与存在绝对贴近，黑格尔十分明确地指出了“声音在理想化过程中、在概念的形成和主体的自我显现过程中所具有的奇怪特权”②。造就逻各斯中心主义的是语音中心主义，而在场形而上学与语音中心主义之间存在一种等值关系，因此，在“在场形而上学—语音中心主义—逻各斯中心主义”三者演变中存在一种内在的逻辑延伸。一个纯粹的、完满的、未经调解的在场是最高的价值所在，话语是在场的、直接的、瞬时发生的直接呈现，而文字是技术化的、典型化的、调解了的形式符号，“符号必定是异质的统一体，因为所指本质上不是能指，不是痕迹：在任何情况下，它的意义并非由它与可能的痕迹的关系构成。所指的形式本质乃是在场，它靠近作为语音的逻各斯的特权乃是在场的特权”③。文字在传统哲学中、在逻各斯中心主义语境中处于被贬低的地位，“文字本身通过非语音因素所背叛的乃是生命。它同时威胁着呼吸、精神，威胁着作为精神的自我关联的历史。它是它们的终结，是它们的限定，也是它们的瘫痪。它中断呼吸，在字母的重复中，在限于狭隘范围并为少数人保留的评注或诠释中，它妨碍精神创造活动，或使这种创造活动无所作为。这样，它便成了死亡的原则以及存在的生成过程的差别原则”④。言语压抑文字，在场压制缺席。

在语音中心主义的理论架构中还隐匿着二元对立的“魅影”，“正如我们将会看到的，符号的逻各斯中心理论是建立在今天我们所谓能指与所指的二元对立的前提下。于是，这个对立让我们走进了一个更大的对立网络，这些对立组成形而上学的整体：灵魂 / 身体、无限 / 有限、先验 / 经验。在这个意义上，德里达对符号理论的解构是让他能够解开整个逻各斯中心主义系统的一条线索”。⑤ 而且在二元对立框架下，基础性元素是中心的主导力量，“一些二元对立如意义 / 形式、灵魂 / 肉体、直觉 / 表

① 德里达 . 论文字学［M］. 汪堂家，译 . 上海：上海译文出版社，2005：14.
② 德里达 . 论文字学［M］. 汪堂家，译 . 上海：上海译文出版社，2005：15.
③ 德里达 . 论文字学［M］. 汪堂家，译 . 上海：上海译文出版社，2005：24.
④ 德里达 . 论文字学［M］. 汪堂家，译 . 上海：上海译文出版社，2005：35.
⑤ 雷德利 . 导读德里达《论文字学》［M］. 孔锐才，译 . 重庆：重庆大学出版社，2019：51.

现、字面义 / 比喻义、自然 / 文化、理智 / 情感、肯定 / 否定等等，其间高一等的命题是从属于逻各斯，所以是一种高级呈现，反之，低一等的命题则标示着一种堕落。逻各斯中心主义故此设定第一命题的居先地位，参照与第一命题的关系来看第二命题，认为它是先者的繁化、否定、显形或瓦解”①。语音中心主义是在二元对立的基本架构下展开的，在二元对立中确立第一命题、基础要素的中心地位。也就是说，“中心主义”是二元对立中的中心主义，而且，在二元对立逻辑演化过程中，始终呈现出第一命题决定第二命题的倾向。

4. 德里达对语音中心主义的解构

德里达对语音中心主义的解构有“三大法宝”：异延、痕迹与替补，德里达运用这“三大法宝”对语音中心主义、在场形而上学进行了彻底摧毁。

（1）“异延”对语音中心主义的解构

德里达建构了一个新词 différance，这一个词具有两个维度：一个是空间维度，表示空间上的区分；另一个为时间维度，表示时间上的延迟。关于延迟概念，德里达在其《声音与现象》中认为，“补充性就是分延，就是同时使在场分裂、延迟又同时使之置于分裂和原初期限之下的移异过程”②。“延异是指一种运作，通过这种运作，任何语言或符码、任何一般的参考系统在‘历史中’被构建为一个差异的网络组织。”③一方面，任何的符号在空间上延展的方式是，它的同一性必然指向在系统中与之并存的其他符号；而另一方面，任何符号在时间中总是迟延的，其同一性总是指向语言系统中之前或之后的其他符号元素。“作为补充，能指并不首先和仅仅再现不在场的所指，它取代另一个能指，另一个能指的范围，这个能指的范围与欠缺的在场保持另外一种被差异的游戏更加看重的关系。”④能指并非指向所指，这与索绪尔的结构主义理论存在根本性的不同，索绪尔认为符号是预先的某种存在的意义替代，能指是所指的意义表达，而德里达则认为预先存在的意义表达是不可欲的，“德里达所在重点表达的，仍然是他同传统表达主义的势不两立的态度，尤其是反对柏拉图所说的语言符号和观念用以再现客体对象的说法”⑤。“在德里达具

① 卡勒 . 论解构［M］. 陆扬，译 . 北京：中国社会科学出版社，1998：79.

② 德里达 . 声音与现象［M］. 杜小真，译 . 北京：商务印书馆，2010：111.

③ 雷德利 . 导读德里达《论文字学》［M］. 孔锐才，译 . 重庆：重庆大学出版社，2019：82.

④ 德里达 . 声音与现象［M］. 杜小真，译 . 北京：商务印书馆，2010：112.

⑤ 高宣扬 . 后现代论［M］. 北京：中国人民大学出版社，2005：270.

有对抗性的观点中，语言通过一系列的替补过程而运作，在这种替补中，那种完成或实现意义的工作总是在空间和时间中的下一个符号中。因此，一个全然在场的意义总是永远不能被触及。”[①] 异延在德里达看来是一个根本性语言特质，但它又不是一种本源，“分延才是更本源的东西，但我们再也不能将它称为本源，也不能称为根据，因为这些概念本质上属于存在-神学的历史，也就是说属于抹去差别的系统”[②]。德里达认为，根本不可能认识一个直接在场的东西，除非我们手握一些不在场的概念，唯有通过不在场的概念，才可以理解在场的意义，“符号所指的概念从来就不是独立自足地显现自身。从根本上说，被刻写在一个特定系统中的每一个概念，由于差异的系统游戏，永远是指向其他概念”[③]。也就是说，纯然的直接在场是不存在的，德里达通过“异延”有力地解构了“在场形而上学”的根基。

（2）痕迹（trace）对语音中心主义的解构

“痕迹乃是分延，这种分延展开了显象和意指活动。”[④] 异延作为语言之基础，其结果便是符号变成“踪迹”“痕迹”。依照语言的差异性原则，符号只有在与其他符号比较中才有意义，是其他符号规定了符号的规定性，符号是在其他符号上留下痕迹，“在场的符号都带有不在场的符号的痕迹，在场被不在场所规定。痕迹在德里达那里意味着某种定下又被抹掉的东西，它总是半隐半现。痕迹的在场和不在场永远无法确定”[⑤]。此物依靠它物显现自身，没有它物此物无从自我显现，“标志着与它物的关系的痕迹，展示了它在整个在者领域的可能性，形而上学则从痕迹的隐秘运动出发把这一领域确定为此在。我们必须先在于在者去设想痕迹。但痕迹的运动必然是隐秘的，它将自身变成自我遮蔽。当它物如此显示自身时，它却在自我隐蔽中呈现出来”[⑥]。然而，痕迹是一个似是而非的概念，“这是一个无限指涉的结构，其间唯见踪迹——先于它们可能成为其踪迹的任何实体的踪迹”。[⑦] 痕迹既不是在场也不是缺席，“如果每个元素都具有任何其他元素的那些踪迹的话，那么，我们只能得出这样的结

① 雷德利．导读德里达《论文字学》［M］．孔锐才，译．重庆：重庆大学出版社，2019：82-83.

② 德里达．论文字学［M］．汪堂家，译．上海：上海译文出版社，2005：32.

③ 陆扬．后现代性的文本阐释：福柯与德里达［M］．上海：上海三联书店，2000：27-28.

④ 德里达．论文字学［M］．汪堂家，译．上海：上海译文出版社，1999：92.

⑤ 王治河．后现代哲学思潮研究［M］．北京：北京大学出版社，2006：154.

⑥ 德里达．论文字学［M］．汪堂家，译．上海：上海译文出版社，1999：64.

⑦ 卡勒．论解构［M］．陆扬，译．北京：中国社会科学出版社，1998：85.

论：没有任何元素能够简单地‘在那里’或‘不在那里’”[1]。踪迹也不是历史事件，“对于德里达，踪迹并不能被追溯到任何简单的空间或时间的在场点上——不管是已经过去的在场还是一个还没有到来的在场——因为它是任何在场的基础性的差异条件。在德里达矛盾的短语表述中，原初踪迹永远不能在那里，因为它总是已经在那里：它退回到一个无限的过去，同时将自己投射到一个无尽的未来”[2]。痕迹“既非可理解的东西，也非可感知的东西，既非透明的意义，也非不传导的能量，没有一种形而上学概念能够描述它”[3]。德里达与传统形而上学、逻各斯中心主义截然不同，逻各斯中心主义、在场的形而上学所指并不是痕迹，它是可以被思考、被言说的实体，一种可以被理解的意义，“如果所指是通过一种能指的中介而与有限存在的言语发生关联，所指则与神圣的逻各斯发生直接的关联，神圣的逻各斯在场中对它进行思考，对这种逻各斯来说，所指并不是痕迹”[4]。原初的踪迹自身也依赖于原初踪迹，“我们与语言外部的世界的关系——不管是我们与自己的思想的关系还是与他人或事物的关系——是不停地通过我们所谓的‘元书写’、原初踪迹或延异而被调解过的：我们没一个关于真实的、纯洁的、没有被调解的经验”[5]。踪迹概念解构了传统形而上学本源、在场的概念——根本不存在一个纯然的、封闭的超验所指，而只有一系列的痕迹、踪迹；没有终极的、固定不变的中心，只有由各种痕迹交织而成的、网状结构的“编织物”。

（3）“替补”对语音中心主义的解构

替补是德里达在解构卢梭文本时出现的一个关键词，“当自然作为自我贴近被禁止或打断时，当言语不能支持在场时，文字就必不可少。我们迫切需要用文字来补充言语”[6]。在卢梭为典型代表的传统形而上学的语境中，言语是自然的，至少为思想的自然表达，而文字是一种摹本与再现，是不自然的，文字对言语来说是一种危险的替补，“这种做法不仅是奇怪的而且是危险的。它是一种补充手段，是在言语确实缺席时为逼言语出场而精心设计的圈套。它是强加给语言的宿命的暴力”[7]。一个东西为

① 雷德利．导读德里达《论文字学》［M］．孔锐才，译．重庆：重庆大学出版社，2019：85-86.

② 雷德利．导读德里达《论文字学》［M］．孔锐才，译．重庆：重庆大学出版社，2019：87.

③ 德里达．论文字学［M］．汪堂家，译．上海：上海译文出版社，1999：92.

④ 德里达．论文字学［M］．汪堂家，译．上海：上海译文出版社，1999：104.

⑤ 雷德利．导读德里达《论文字学》［M］．孔锐才，译．重庆：重庆大学出版社，2019：91.

⑥ 德里达．论文字学［M］．汪堂家，译．上海：上海译文出版社，1999：210.

⑦ 德里达．论文字学［M］．汪堂家，译．上海：上海译文出版社，1999：211.

什么需要替补，乃是因为被替补的东西是不完整的，“卢梭称为自然的事物自身并不是完整的，而是一种原初的缺陷——一种非同一性、调解或延异——这种缺陷需要模仿的替补”。[①] 母爱是一个自然纯粹的所在，“试图在这种自然状态中填充任何别的东西——艺术、科学、社会——就是用一种低劣的、不自然的替代品替代真正的东西”[②]。卢梭提出以教育替补母爱，很明显与他的理论主张甚为矛盾——自然的母爱甚为圆满而无须替补。然而从这看似矛盾的话语中，德里达理顺了卢梭的两种替补的逻辑：一方面，“自然的状态是被呈现为自足的，但它包含着一个需要替补的空缺”，“自然的状态并不是被从外部而来的低等的、不自然的替补所腐化的纯粹的或完整的在场，它是一种原初的缺失，它需要替补”，“我们能够以一种谈论元书写或‘原初’踪迹的方式谈论一种‘自然’的替补：替补自然地到来，将自身放在自然的位置上”。[③] 从这个角度，替补乃是对完满的、在场的、充足的事物之缺席而给予的替补。另一方面，对某种自身在本质上存在不足或匮乏的事物的替补。在论及和声对旋律的替补时，德里达揭示了旋律之欠缺，“但是，旋律被视为模仿艺术，通过这门艺术，人们可以用不同的形象来感动精神”，“我们必须为旋律寻找另一条原则，因为我们没有发现任何支撑点，通过这种支撑点，单纯的和声以及源于和声的一切可以感动我们”。[④] 和声填补了旋律之不足，旋律自身存在某种匮乏。总言之，替补的逻辑解构逻各斯中心主义的在场哲学：全然在场的事物在本质上就缺乏或缺席，它从一开始就需要被替补、被补充。

（二）德里达的“解构主义”对作者中心主义的解构

作者中心主义的核心理念在于“作者是作品的父亲”，“作品是作者的个性再现”，“作者是作品的源头”，作品的意义完全取决于作者，作者是作品意义的终极解释者，作者对作品具有绝对的宰制权。正如德里达所揭示的，作者中心主义乃是一种逻各斯中心主义、在场形而上学，对作者思想的探究即对“在场”哲学的迷恋。作者中心主义把作品视为能指，而作者的内在思想乃是所指，前者被后者所决定，后者指示着前者。而

---

① 雷德利．导读德里达《论文字学》［M］. 孔锐才，译．重庆：重庆大学出版社，2019：146.

② 雷德利．导读德里达《论文字学》［M］. 孔锐才，译．重庆：重庆大学出版社，2019：121.

③ 雷德利．导读德里达《论文字学》［M］. 孔锐才，译．重庆：重庆大学出版社，2019：122.

④ 德里达．论文字学［M］. 汪堂家，译．上海：上海译文出版社，1999：311.

德里达的“异延”则解构了能指再现所指的作者中心主义理念，能指并不再现所指，能指只是在其他能指的差异化的比较中才能获得意义，所指并不能给予能指以任何意义。“痕迹”则解构了作者作为在场的意义中心，如果异延指出了能指只有在与其他能指的比较过程中才能获得意义的话，痕迹则指出了在场的能指都带有不在场符号的痕迹，能指的意义要从其他能指中寻找“蛛丝马迹”。痕迹是一个模糊的点，一个无限指涉的结构，它不是一个可以回归的历史事件、可以言说的实体——因为根本不存在一个明确的、没有被调解的所指。“替补”理论解构了作者中心主义中的那个全然在场的、意义丰满的作者——作者要么在本质上就是缺席的，要么在本质上就充满了缺陷与不足。德里达的解构主义文本观认为，文本的意义存在于与其他文本的比较之中，作者根本就不是作品意义的本源和作品的终极解释者。作者不是“君临于作品之上”的主体，作者中心主义语境中神圣的作者形象已然被解构、被颠覆。

二、福柯对权力与知识的解构

福柯是集现代、前现代与后现代理论观点于一身的哲学家，很难纯粹地将其归结为后现代哲学家，“福柯对后现代理论产生了决定性的影响，但他却不能被完全划归到后现代理论阵营中去。他是一位复杂的兼容并蓄的思想家，他从多种源头和思想中汲取营养，但又从不与任何一种单独的学派或理论联盟”[①]。在本书的前述部分有对福柯理论的阐述，其根植于结构主义的功能作者则不属于后现代理论的范畴——因为后现代拒斥结构与深层本质。但是，福柯对现代性的解构之深远影响，是任何一个后现代主义理论家都无法绕过的，以下是福柯关于权力与知识之后现代哲学的基本理论阐述。

（一）福柯之基本理论

1. 福柯的“权力—知识”理论

（1）福柯对理性的解读：从笛卡儿论癫狂谈起

福柯借用作家陀斯耶夫斯基的话：人们并不是通过禁闭自己的邻居才相信自己没有疯狂。福柯谴责了理性的暴力行为，所谓的理性其实乃是另一种癫狂，“出于这种癫狂，人们以纯粹的理性为理由禁闭他们的

① 凯尔纳，贝斯特．后现代理论：批判性的质疑［M］．张志斌，译．北京：中央编译出版社，1999：45.

邻居，用冷酷无情的非癫狂语言互相交谈，互相认识”[①]。笛卡儿是理性哲学的开端，而笛卡儿的理性即是建立于对癫狂的无情镇压基础之上的，笛卡儿将癫狂与梦、感觉的谬误区别开来，认为理性不可能存在癫狂，“而正是因为这个正在思想中的我，因为我不可能发疯”，“而疯狂却是通过进行怀疑的主体加以排除”。[②] 理性对笛卡儿来说是不能加以怀疑的“阿基米德点”，而这种理性对癫狂又是直接加以排斥的，也就是说，笛卡儿对“癫狂的排斥”与“理性的肯定”之论证方式是一样的：均不予以怀疑。笛卡儿对理性模型的建构是用一种近乎粗暴的方式。

（2）福柯的权力—知识观

福柯的权力观认为权力的运作发生了从“王权模式”向“生命模式”的转换、从“法权模式”向“生物性权力”的转变，“这种权力的运作无需借助肉体的力量，也无需借助于法律，而是借助于具有霸权地位的各种规范，借助于政治技术，借助于对躯体和灵魂的塑造，这一点从福柯在《规训与惩罚》中所描述的从达米安斯可怕的酷刑折磨到对犯人、学童及其他人施行道德改造这一戏剧性的历史转变中就可以明显看出”[③]。福柯反对把权力当作统治阶级手中的压迫性的权力观，“我不想把权力说成是特定的权力，即确保公民们被束缚在现有国家的一整套制度和机构之中”，“不应该把国家主权、法律形式或统治体系视为原始的所予，因为国家主权之类只是权力的终极形式，我认为，我们必须把权力理解成多种多样的力量关系，它们内在于它们运作的领域之中”。[④] 这种权力观的转变，随之而来的是权力呈现出技术化特征，是一种知识—权力观，知识、权力的相互支援、相互纠缠，两者形成了一种共生关系。“我们应该承认，权力制造知识（而且，不仅仅是因为知识为权力服务，权力才鼓励知识，也不仅仅是知识有用，权力才使用知识）；权力和知识是直接相互连带的；不相应地建构一种知识领域就不可能有权力关系，不同时预设和建构权力关系就不会有任何知识。”[⑤] 福柯认为权力的知识化、技术化，也就是权力离不开知识，而知识的权力化，也证明知识离不开权力，“与现代理论把知识看成是中立的和客观的（实证主义）或者看成解放性

① 福柯．癫狂与文明：理性时代的精神病史［M］．孙淑强，金筑云，译．杭州：浙江人民出版社，1991：1.

② 福柯．古典时代疯狂史［M］．林志明，译．北京：三联书店，2005：146-147.

③ 凯尔纳，贝斯特．后现代理论：批判性的质疑［M］．张志斌，译．北京：中央编译出版社，1999：64.

④ 福柯．性经验史［M］．佘碧平，译．上海：上海世纪出版集团，2005：60.

⑤ 福柯．规训与惩罚［M］．刘北成，杨远婴，译．北京：生活·读书·新知三联书店，1999：29.

的（马克思主义）相反，福柯强调知识与权力体系的不可分割性”①。福柯除了从权力的视角来阐述知识的本质外，还从话语的角度来论述何为知识，“这个由某种话语实践按其规则构成的并为某门科学的建立所不可缺少的成分整体，尽管它们并不是必然会产生科学，我们可以称之为知识。知识是详述的话语实践中可以谈论的东西：这是不同的对象构成的范围，它们将获得或者不能获得科学的地位（19 世纪，精神病学的知识不是我们曾信以为真的东西的总和，而是我们在精神病话语中能够言及的行为、特殊性和偏差的整体）”。② 所谓知识并不是中立客观的真理，而是一种由话语所型构的所谓知识，“知识从来就不仅仅是被束缚于文本之中的文字，现代知识的巨大力量不仅在于自身的特点（比如客观真理性），更在于其和实践的不可割的联系”③。福柯从知识与权力的相互支撑、相互建构的角度出发论证了两者之间的关系，从而福柯认为的权力不是传统意义的统治阶级的镇压人民的工具，而是以知识为外衣将权力分散到国家整个制度、机构之中，而知识也不是所谓客观真理，而是以权力为后盾、挟持真理标准的科学知识或其他东西。

2. 福柯对“知识—权力”的解构策略：从考古学到系谱学

福柯对知识与权力的解构主要是以考古学与系谱学两种方式为策略，考古学与系谱学既有联系也有区别，但均为福柯解构知识与权力的现代性话语提供了解释框架。

（1）考古学

考古学与系谱学是研究社会文化思想的重要方法，两者相互补充，不同之处在于“考古学强调一个特定的历史时刻（实际上也可以是很长时段），而谱系学则关注历史过程。具体说，‘谱系学在话语之网上向我们提供了过程视角，考古学方法则为我们提供了一幅快照，一个穿透那些话语的横断面’”。④ 福柯打破传统考古学的连续性而以非连续性、断续性来考察人类文化与各种知识。“现代理论所使用的表层—深层模式和因果模式被废弃了，取而代之的是对并非由因果纽带联系起来的话语的非连续表层的后现代描述。”⑤ 考古学揭示的是知识的可能性条件与决定性规

① 凯尔纳，贝斯特 . 后现代理论：批判性的质疑［M］. 张志斌，译 . 北京：中央编译出版社，1999：65.

② 福柯 . 知识考古学［M］. 谢强，马月，译 . 北京：三联书店，1998：203.

③ 刘永谋 . 福柯的主体解构之旅［M］. 南京：江苏人民出版社，2009：69-70.

④ 瑞泽儿 . 后现代社会理论［M］. 谢立中，等译 . 北京；华夏出版社，2003：55.

⑤ 凯尔纳，贝斯特 . 后现代理论：批判性的质疑［M］. 张志斌，译 . 北京：中央编译出版社，1999：52.

则，“和结构主义不同，这些规则并不具有普遍和永恒的特性，也不是以心灵结构为基础，而是历史地变化着的，并且随着推论领域的不同而不同。这种规则构成了所有知识、感觉和真理的先验历史条件”①。福柯通过对癫狂历史的考古学考察，从1656年巴黎建立总医院开始，中断了癫狂的历史的连续性，通过禁闭制度来防范癫狂非理性之危险，“理性通过一次预先为它安排好的对狂暴的疯癫的胜利，实行着绝对的统治。这样，疯癫就被从想象的自由王国中强行拖出。它曾凭借想象的自由在文艺复兴的地平线上显赫一时。不久前，它还在光天化日之下——在《李尔王》和《唐吉诃德》中——踉跄挣扎。但是，还不到半个世纪，它就被关押起来，在禁闭城堡中听命于理性、受制于道德戒律，在漫漫黑夜中度日”②。由此可知，一种现代性话语建构了理智与疯狂的对立，建构了一种关于理性与真理的规范。考古学以“间断性”展示出在历史的瞬间理性以暴力的方式定义了癫狂，癫狂的相关知识与话语也就只是一种话语实践，而非一种真理、一种中立的知识。

（2）系谱学

福柯于1970年开始由考古学转向系谱学，更多强调的是话语的物质条件。“考古学试图揭示主体是一种虚构物，系谱学则力图强调构成主体的物质背景，揭示‘主体化’过程的政治后果，并帮助形成对主体化实践的抵抗。考古学指责人文科学建立在人本主义假设之上，系谱学则把这些理论同权力的运作联系起来，并试图使历史知识在局部斗争中发挥作用。考古学从理论上揭示了人文科学在现代认知背景中的诞生过程以及‘人’的形象的诞生过程，系谱学则强调它们所产生的权力及效应关系。”③ 福柯对系谱学的研究源于尼采的系谱学启示，系谱学不是追寻一种永恒的结构，无时间的本质，传统形而上学追寻“起源”在于本质与纯粹的同一性，“人们倾向于认为在起点上，事物是完美的；它们出自造物主之手，流光溢彩，沐浴着黎明时分无阴影的光照。起源总是先于堕落、先于肉体、先于世界与时间；它在众神之侧，讲述它的神谱广为传唱”④。而系谱学则拒绝这种起源神圣本质、否定永恒真理的优越地位，

① 凯尔纳，贝斯特．后现代理论：批判性的质疑［M］．张志斌，译．北京：中央编译出版社，1999：53.

② 福柯．疯癫与文明［M］．刘北成，杨远婴，译．北京：三联书店，1999：57-58.

③ 凯尔纳，贝斯特．后现代理论：批判性的质疑［M］．张志斌，译．北京：中央编译出版社，1999：61.

④ 福柯．尼采、谱系学、历史［M］// 杜小真．福柯集．王简，译．上海：上海远东出版社，1998：149.

“人们试图通过展示人的神圣的降生来唤醒他的自命感：现在这成了一条死路；因为在它的入口处站着一只猴子”①。系谱学对表层、细节给予更多的关注，“不管怎么，我期望一个敏锐和公正的观察者指出一个更好的方向——通向真实的道德史的方向，并且合乎时宜地警告他提防这种英国式的关于蓝色的假设。显而易见，对道德系谱学家来说，比蓝色重要百倍的是灰色”②。系谱重点在于对表面予以研究，而避免陷入一般类型、理想状态的套路。系谱学更多强调知识是权力运作的结果，知识是权力运作中一个不可或缺的因素。福柯在《规训与惩罚》中开篇描述 1757 年 3 月 2 日在巴黎处决因刺杀国王被判极刑的达米安的令人惊悚的场面，③在古典时期，权力之体现在于对人的生死的掌控、肉身的绝对把握，人体是权力的对象与目标，经过 17、18 世纪，对人的规训方面改变了策略，不再是整体的，而是零碎的；不再是行为或人体语言，而是机制运动效能；不是结果的，而是过程，是不间断的、持续的强制。纪律变成一般的支配方式，“它们与奴隶制不同，因为它们不是基于对人身的占有关系上。纪律的高雅性在于，它无须这种昂贵而粗暴的关系就能获得同样大的实际效果”④。纪律经过学校、兵营、监狱、医院的广泛运用，权力与知识得以相互支撑、相互渗透，“为了控制和使用人，经过古典时代，对细节的仔细观察和对小事的政治敏感同时出现了，与之伴随的是一整套技术，一整套方法知识、描述、方案和数据”⑤。纪律不是一种高尚的品质、一种先天的秩序感，福柯通过对禁闭制度的系谱学研究证实纪律乃是一种以知识为外衣对人予以渗透的、控制人的权力运作模式。在《性史》中，福柯认为权力对主体的控制不再是通过对性的压抑来起作用，而是通过对性的具体运用、广泛渗透来起作用。以君主权力为代表的旧的死亡权力，被对肉体的管理和对生命有分寸的支配所代替。生命时代已经开始，血缘在君主政治形式中是一种基本的价值之一，权力通过血缘来表达自身，而通过古典时代的演化，性取代了血缘——性没有被压抑而

① 福柯 . 尼采、谱系学、历史［M］// 杜小真 . 福柯集 . 王简，译 . 上海：上海远东出版社，1998：149.

② 尼采 . 论道德的系谱 • 善恶之彼岸［M］. 谢地坤，宋祖良，刘桂环，译 . 桂林：漓江出版社，2000：7.

③ 福柯 . 规训与惩罚［M］. 刘北成，杨远婴，译 . 北京：生活 • 读书 • 新知三联书店，2012：3-5.

④ 福柯 . 规训与惩罚［M］. 刘北成，杨远婴，译 . 北京：生活 • 读书 • 新知三联书店，2012：147.

⑤ 福柯 . 规训与惩罚［M］. 刘北成，杨远婴，译 . 北京：生活 • 读书 • 新知三联书店，2012：152.

是被激发出来，“它们就是在古典时代里被阐明的和在19世纪里被应用的权力的新的步骤。它们使得我们的社会从一种‘血缘象征’过渡到一种‘性经验分析’之中。我们发现，如果说在法律、死亡、犯禁、象征和君权的左右还有某种东西，那么它就是血缘，而性则是与规范、知识、生命、器官、规训和调节联系在一起的”①。性躯体的生产过程即把躯体置于一个规范化的权力网络而型塑的过程。

（二）福柯对作者中心主义的解构

作者中心主义建构了一个神圣的作者观——作者是理性的化身、真理的源头。作者乃作品的本源、作者是作品的父亲，唯作者是作品的合法解释及正当性的基础。福柯对知识—权力的解构则从根本上摧毁了这种虚幻的作者观念。福柯认为理性乃是通过暴力的方式，即通过囚禁自己的“癫狂”邻居而攫取来的，通过对非理性的粗暴压制而构建了一整套理性话语。福柯认为权力与知识相互勾连、狼狈为奸，权力通过知识、技术来完成对人的控制与支配，而知识则是在权力对社会的全面渗透过程中形成的，知识不是价值中立的真理，而是权力运作、话语实践过程的结果。作者不是作品的本源，企图从作者寻求作品的本质、永恒的结构是不可欲的。福柯通过对话语间续性的考古学研究，揭示了现代知识、作者的所谓作品不过是为现代话语实践所建构。福柯对权力—知识的系谱学解构，揭示了知识乃是权力运作的结果。作品与其说是作者个性的再现、人格的载体，毋宁说是近代文学版权制度的产物。作者与作品之血缘性纽带关系实则为权力运作关系。作者的神圣本源为话语实践所颠覆，福柯对知识—权力的解构给予作者中心主义沉重的打击。

三、利奥塔对元叙事的解构

（一）利奥塔“元叙事”基本理论

利奥塔是一位著名的后现代理论家，他坚决地与现代性哲学理论相决裂，他猛烈地抨击现代性哲学的总体化，拒斥普遍主义和基础主义理论，捍卫多元性、不可通约性等后现代性话语。“元叙事”是利奥塔后现代理论中十分重要的理论工具，他通过对“元叙事”的解构，动摇了现代性的合法性基础。

1. 利奥塔的“元叙事”的理论源头

利奥塔关于元叙事的理论源于其1979年著作《后现代状态：关于

① 福柯．性经验史［M］．佘碧平，译．上海：上海世纪出版集团，2005：96.

知识的报告》，元叙事（meta narrative）是利奥塔对现代性的特质的一种概括，也是所谓的宏大叙事（grand narrative）或主子叙事（master narrative）。“基督教救赎的观念、启蒙运动进步的观念、黑格尔的精神说、浪漫主义的有机统一说、纳粹的种族主义、凯恩斯主义、共产主义的人类解放说等，而这正是这些宏大叙事构成了现代性话语的基础。”①元叙事是利奥塔解构现代性、建构其后现代理论的重要理论工具。在利奥塔看来，元叙事是使自身合法化的行事方式，它是一种具有合法化功能的叙事。科学知识以凌驾于其他知识之上的姿态，形成了一套使自身合法化的宏大叙事话语机制，“它就必须使自己的游戏规则合法化，于是它制造出关于自身地位的合法化话语，这种话语就被叫做哲学。当这种元话语明确求助于诸如精神辩证法、意义阐释学、理性主体或劳动主体的解放、财富的增长等某个大叙事时，我们便用‘现代’一词指称这种依靠元话语使自身合法化的科学”②。利奥塔认为现代性属于黑格尔式的概念本质主义，黑格尔哲学作为一种思辨哲学，追求理性、自由、解放；基督教叙事也属此类，通过灵魂皈依上帝以得救。思辨机制中所有知识话语没有直接的真理价值，而是取决于在哲学中所占据的位置，“思辨话语在引述这些知识话语时，也在为自己阐述自己知道的东西，就是说也在自我阐述。从这个角度看，真实的知识永远是一种由转引的陈述构成的间接知识，这些转引的陈述被并入某个主体的元叙事，这个元叙事保证了知识的合法性”③。从利奥塔的角度来说，现代性的合法性源于一种元叙事的自我言说、自我定义，它通过一种笛卡儿式的、毋庸置疑的理性主体的“先验预设”来攫取合法地位。质言之，元叙事是现代性使自身合法化的一种方式，而这种合法化是一种自我加冕的结果，是通过占据言说者的位置来获得合法性地位的。

2. 利奥塔对元叙事的解构

（1）对知识合法性的解构：知识与权力

如前所述，福柯是将权力和知识联系起来研究的哲学家，福柯认为权力的技术化，权力产生知识、知识为权力服务，使得权力与知识形成了一种相互渗透、相互联系的共生关系。与福柯相似，利奥塔也将权力与知识联系起来研究，在知识与权力之间存在一种双重合法化的问题。

① 哈桑．后现代转向［M］．刘象愚，译．上海：上海人民出版社，2015：8.

② 利奥塔．后现代状态：关于知识的报告［M］．车槿山，译．南京：南京大学出版社，2011：4.

③ 利奥塔．后现代状态：关于知识的报告［M］．车槿山，译．南京：南京大学出版社，2011：123.

利奥塔认为权力与知识之间的相互依存关系是一种西方传统，“自柏拉图开始，科学合法化的问题就与立法者合法化的问题密不可分了。从这个角度看，判断真理的权利与判断正义的权利是相互依存的，尽管这些陈述分别服从各自的权威，在性质上并不相同”，“这种形式表明，知识和权力是同一个问题的两个方面：谁决定知识是什么？谁知道应该决定什么？”。[①] 利奥塔主要是从知识自身的合法化的角度来阐述权力与知识问题，没有像福柯从权力技术化、权力何以产生知识的角度来论述两者之间的关联性。利奥塔论证的是知识通过何种方式使自身合法化以及知识如何能赋予社会存在以合法性的，知识的合法性问题在利奥塔的理论中具有十分重要的位置。

（2）对叙事知识的解构

如果说元叙事是利奥塔理论的核心的话，则叙事知识则是解开“元叙事谜团”的钥匙。叙事知识具有三个特性：一是可以规定标准，这种标准可以评价社会实现或可能实现的性能；二是叙事中可以加进指示性陈述、道义性陈述、疑问性陈述以及评价性陈述，具有多种内在功能；三是具有自我正当性、自我合法性的功能。他重点阐述了第三种功能。他以卡希纳瓦民间叙事来示例叙事知识的这一功能，“一个讲故事的卡希纳瓦人总是用同样的程式开始他的叙述：‘下面是故事……和我历来听到的一样。现在轮到我来给你们讲了，听吧。’他结束故事的程式也是一成不变的：‘……故事在这儿结束了。给你们讲这个故事的人是……（卡希纳瓦人名），听故事的白人是……（西班牙人名或葡萄牙人名）。’”[②]。这里存在三个元素：发话者、受话者和它的指谓（主人公），三者形成了一种游戏规则，这种规则具有一种自我合法化的性质，发话者在这个话语中处于“知者”的位置，无须他人授权即可叙事。这种发话者曾经是受话者，在历史传承的叙事中，在角色转化的代代相传中，发话者获得了天然的权威与话语权，“叙事便界定了有权在文化中自我言说、自我成形的东西，而且因为叙事也是这种文化的一部分，所以就通过这种方式使自己合法化了”[③]。

（3）对科学知识的解构

关于对科学知识的解构，利奥塔如此示例，哥白尼宣称行星的轨道

---

① 利奥塔．后现代状态：关于知识的报告［M］．车槿山，译．南京：南京大学出版社，2011：31.

② 利奥塔．后现代状态：关于知识的报告［M］．车槿山，译．南京：南京大学出版社，2011：77-78.

③ 利奥塔．后现代状态：关于知识的报告［M］．车槿山，译．南京：南京大学出版社，2011：83.

是环形的，这里也存在发话者、受话者和指谓三个要素。若假定发话者所说为真理，则假定其为自己所言提供证据并有能力反驳与指谓相矛盾的陈述；若假定受话者能够有效地同意或拒绝他所听到的陈述，则意味他与发话者具有同等的品质，地位相当；若假定指谓与哥白尼这个陈述相吻合，则意味着他能证明所言为真。①“并不是所有的共识都标志着真理，但人们假定，陈述的真理必然带来共识。”②也正因为需要共识，所以，教学不可或缺，“因为科学家需要一个能够成为发话者的受话者。否则，能力无法更新，最终将使辩论成为不可能，而没有辩论就不可能检验科学家的陈述”③。科学知识是论辩性的，以证据为基础，科学知识以追求真理为旨归，而一个陈述的可接受性是评定真理的标准。也即是说，科学知识要想获得真理性、合法性，就必须取得共识、必须在发话者与受话者之间存在共识，否则，它将被迫自我假设，这又是科学在论证方式上所不能容忍的，因此，科学必须借助叙事来寻求合法性基础。“科学自从柏拉图以来，就一直借助于叙事来为自己提供合法性，而古代、中世纪和古典的伟大哲学中的部分论述，就是有关科学的合法化话语。”④“正是柏拉图写的《对话集》的形式中，合法化的努力向叙事缴械投降了，因为自始至终，每一篇对话都具有科学讨论的叙事形式。”⑤科学的所谓真理值取决于叙事模式下形成的共识，科学知识也就必须依仗叙事知识来获取它的合法性与真理。另外，现代性语境中科学知识的合法性还源于启蒙运动的解放机制，把科学知识的真理值与政治实践、社会伦理相勾连，将认知价值的指示性陈述与具有实践价值的规定性陈述相混淆，其结果是使科学知识被主观化的价值所左右，“没有什么能证明：如果一个描写现实的陈述是真实的，那么与它对应的规定性陈述（其作用必然是改变现实）就是公正的”⑥。也即指示性陈述与规定性陈述并不能相互赋予合法性，一方成立不代表另一方也成立。

① 利奥塔．后现代状态：关于知识的报告［M］．车槿山，译．南京：南京大学出版社，2011：89-90.

② 利奥塔．后现代状态：关于知识的报告［M］．车槿山，译．南京：南京大学出版社，2011：91.

③ 利奥塔．后现代状态：关于知识的报告［M］．车槿山，译．南京：南京大学出版社，2011：91.

④ 陈嘉明．现代性与后现代性十五讲［M］．北京：北京大学出版社，2006：219.

⑤ 利奥塔．后现代状态：关于知识的报告［M］．车槿山，译．南京：南京大学出版社，2011：106.

⑥ 利奥塔．后现代状态：关于知识的报告［M］．车槿山，译．南京：南京大学出版社，2011：140.

3. 利奥塔对“元叙事”的解构进路

利奥塔对元叙事的解构主要是通过“语言的游戏”与“局部决定论”来进行的，他通过对现代性哲学的总体性、普遍性、确定性之解构来达到否定现代性哲学的正当性的目的。

（1）语言的游戏

维特根斯坦在其著作《哲学研究》中把语言喻为一座古城，在一座城市成为城市之前，它得拥有多少房屋和街道呢？“可以把我们的语言看作是古代的城市：它是由错综复杂的狭小街道和广场；新新旧旧的房屋，在不同时期作了添补的房屋组成的迷宫；包围着这一切的是街道笔直严整，房屋整齐划一的许多新市区。”①。语言不是本质主义的，不是可以通过一个元叙事即可以定论的东西。利奥塔在《后现代状态：关于知识的报告》中也援引了维特根斯坦将语言喻为古城的例子，以论证现代性的统一整合原则以及知识元话语的不适用性，“他用连锁推理的古老悖论诘问语言的‘城市’：‘一座城市从多少房屋或街道开始成为一座城市’”②。新的语言补充旧的语言，没有人能掌握所有语言，语言也没有共同的元语言。利奥塔认为维特根斯坦的“语言的游戏”是一种话语，“当维特根斯坦从零开始重新研究语言时，他把注意力集中在话语的作用上，他把通过这种方法找到的各种陈述叫做语言游戏”③。维特根斯坦的语言的游戏是一种话语，一种由游戏规则所构建的陈述。利奥塔认为语言的游戏规则本身并没有合法化，“第一是它们的规则本身并没有合法化，但这些规则是明确或不明确地存在于游戏者之间的契约（这并不是说游戏者发明了规则）。第二是没有规则便没有游戏，即使稍微改变一条规则也将改变游戏的性质，一个不符合规则的招数或陈述不属于这些定义的游戏。第三个意见刚才已经暗示出来了：任何陈述都应该被看成是游戏中使用的招数”④。利奥塔认为，任何陈述都是在语言的游戏中构建的，语言的游戏是一种约定或契约，不承认一种本质主义的真理。“维特根斯坦的力量在于：他虽然没有脱离维也纳学派所阐释的实证主义，但在考察语言游戏时却勾勒出一种不以性能为基础的合法化视野。大多数人已经失去了对

① 维特根斯坦 . 哲学研究［M］. 李步楼，译 . 北京：商务印书馆，1996：12.

② 利奥塔 . 后现代状态：关于知识的报告［M］. 车槿山，译 . 南京：南京大学出版社，2011：141-142.

③ 利奥塔 . 后现代状态：关于知识的报告［M］. 车槿山，译 . 南京：南京大学出版社，2011：37.

④ 利奥塔 . 后现代状态：关于知识的报告［M］. 车槿山，译 . 南京：南京大学出版社，2011：38.

失去的叙事的怀念本身。这绝不是说他们因此注定要走向野蛮。他们之所以避免了这种命运，是因为他们知道合法化只可能来自他们自己的语言实践和交流互动。”① 在元叙事模式下获得的合法性知识被语言的游戏所否决，自我言说、自我确证的元叙事应当为语言游戏所颠覆。所谓知识只有在实践中、在具体语境中才能言说真理。

（2）局部决定论

利奥塔的局部决定论是“指有关游戏规则的任何共识，以及在游戏中可以走出的任何走法，都必须是局部的，只是在一定的时间与空间范围内有效的”②。利奥塔在其著作《后现代状态：关于知识的报告》中第211个注释中阐释道，“我们不可能在此书的篇幅内分析各种合法化话语中叙事回归采取的形式，如开放系统、局部性话语、反方法话语，以及我们在误构一词下汇集的一切”③。利奥塔在知识合法化论证方面，摒弃了宏大叙事、精神辩证法、人类解放的策略，同时他认为，哈贝马斯所设想的共识同样不可取，“像哈贝马斯那样，把合法化问题的建构引向追求普遍的共识似乎是不可能的，甚至也是不谨慎的。哈贝马斯采用的方法是他所说的Diskurs，即辩论的对话”④。他认为这种对话假设了所有语言游戏具有一种普遍有效的规则或元规定，假定语言的游戏具有同质化、同态性特征，而实质上语言的游戏是异质的。“如果定义每一种语言游戏和游戏招数的那些规则存在着共识，这种共识也应该是局部的，即它是从实际的对话者那里获得的，经常可以废除。于是人们转向大量而有限的元论证，我们是指那些关于元规定的、在时空中受到限制的论证。”⑤ 局部决定与共识形成了对立，局部决定论否定了通过自由、平等在交往行为中形成共识的可能性。共识违背了科学游戏的异质性特征。

（二）利奥塔对作者中心主义的解构

利奥塔对作者中心主义的解构主要体现在两个方面：一方面，作者中心主义语境下的作者的话语权乃源于作者的元叙事，而元叙事又是一

---

① 利奥塔．后现代状态：关于知识的报告［M］．车槿山，译．南京：南京大学出版社，2011：143.

② 陈嘉明．现代性与后现代性十五讲［M］．北京：北京大学出版社，2006：227.

③ 利奥塔．后现代状态：关于知识的报告［M］．车槿山，译．南京：南京大学出版社，2011：227.

④ 利奥塔．后现代状态：关于知识的报告［M］．车槿山，译．南京：南京大学出版社，2011：223.

⑤ 利奥塔．后现代状态：关于知识的报告［M］．车槿山，译．南京：南京大学出版社，2011：225.

种自我言说、自我加冕的论证方式，它的合法性、正当性严重缺失。在元叙事的模式中，发话者（作者）被赋予了一个“知者”的地位，它是通过暴力的方式攫取了合法性。另一方面，作者中心主义认为作品是作者个性的反映、人格的写照，而利奥塔通过对叙事知识、科学知识的解构，表明在所谓的作品中所隐含的真理值只是在发话者与受话者之间所达成的共识，它预设了普遍性与同质性，“语言的游戏”证明文本实质上是异质的、不确定的。作品的意义不在于将作者摆放在一个“知者”的位置从而寻求作者意义，而在于在语言的游戏中、在作者（发话者）与读者（受话者）的互动中寻求一种动态的、不确定的意义。利奥塔通过解构“元叙事”的方式来解构作者中心主义，因而，以现代性哲学为基础的作者中心主义在语言的游戏解构中轰然崩塌。

四、德勒兹、加塔利“茎块”（根茎）理论对作者中心主义的解构

（一）德勒兹、加塔利“茎块”（根茎）基本理论

1. 德勒兹、加塔利“茎块”（根茎）理论的缘起

德勒兹与加塔利在其合著《资本主义与精神分裂（卷2）：千高原》中阐述了茎块理论，“从有待构成的多元体中减去独一无二者；在n－1的维度上写作。这样的体系被称为根茎。作为地下的茎，根茎不同于根和须根。球茎和块茎都属于根茎”，“甚至某些动物也是根茎式的，在其集群的形态之中。鼠群就是根茎。兽穴也是根茎，在所有其栖居、储藏、移动、躲避、断裂的功能之中。根茎自身具有异常多样的形态，从在各个方向上分叉的表面延展，到凝聚成球茎和块茎的形态”。[①] 根茎理论是德勒兹、加塔利为批判西方传统思维——“树—根”思维而提出的理论策略，其特征在于符号链与多样化的编码相连接，任意两点皆可连接，而不是固定了的连接方式；不存在同质化的语言共同体，认为语言本质上是异质的；多元体是根茎式的，“一个多元体既不具有主体，也不具有客体，它只有规定性、数量、维度——所有这些只有在多元体改变自身的本质的同时才能获得增长”[②]。根茎思维可以任意断裂，又可以重新开始，“人们无法消灭蚂蚁，因为它们形成了一个动物的根茎：即使其绝

① 德勒兹，加塔利．资本主义与精神分裂（卷2）：千高原［M］．姜宇辉，译．上海：上海书店出版社，2010：6-7.

② 德勒兹，加塔利．资本主义与精神分裂（卷2）：千高原［M］．姜宇辉，译．上海：上海书店出版社，2010：8.

大部分被消灭，仍然能够不断地重新构成自身”[①]。根茎思维具有绘图法、转印法的特征，“一个根茎不能由任何结构的或生成的模型来解释。它与所有那些深层结构或演变轴线的观念格格不入。一个演变轴线是作为客观的、中枢性的统一性，在它之上，连续的阶段被组建起来”[②]。德勒兹与加塔利借用“根茎”概念来喻指一种新的思维方式，“德勒兹、加塔利所构想的‘块茎’并非仅仅指大自然中存在的一种植物样态，而是指一切去除了中心、结构、整体、统一、组织、层级的后现代意义上的实体”[③]。根茎理论远远超越了植物的范畴，动物中的老鼠、狼群、蚂蚁，社会中的飞车党、精神分裂者，还有文学领域中的卡夫卡，甚至阿姆斯特丹这座城市也在根茎理论的范畴。“阿姆斯特丹，一座完全没有根的城市，一座具有茎—运河的根茎—城市”[④]。这些均为根茎理论的表现，根茎十分普遍而无处不在。它具有颠覆现代性哲学的理论特征，具有反基础、反中心、反结构、反总体性的后现代性理论特质。

2.“茎块”（根茎）理论对“根—树”理论的解构

（1）根—树理论

在西方哲学传统中存在一种镜喻理论，“西方思想长久以来依赖于镜像隐喻，认为现实是透明地反映到意识之中的”[⑤]。人类的心灵如同一面镜子，现实投射于心灵之镜面上，因而人类可以认识、把握世界。而德勒兹、加塔利在《资本主义与精神分裂（卷2）：千高原》中提出了一种树喻理论，“德勒兹和夸塔里认为，西方传统还有一个隐喻，那就是树喻，根据树喻，心灵对由镜子所提供的关于现实的知识是根据系统的和等级制的原则（知识树枝）进行的，而这些知识又是建立在牢固的基础（根）上的”[⑥]。德勒兹、加塔利认为，“人们尚未摆脱树或根的再现模式——主根的或须根的（比如，乔姆斯基的树形图与一个基本序列相关联，并根据一种二元逻辑来再现其生成过程）。最古老的思想的一种变样。在我们看来，演变轴线或深层结构归根结底就是模仿（仿图）的可

① 德勒兹，加塔利．资本主义与精神分裂（卷2）：千高原［M］．姜宇辉，译．上海：上海书店出版社，2010：12.

② 德勒兹，加塔利．资本主义与精神分裂（卷2）：千高原［M］．姜宇辉，译．上海：上海书店出版社，2010：14.

③ 程党根．游牧政治试验：德勒兹后现代政治哲学研究［D］．杭州：浙江大学，2004：35.

④ 德勒兹，加塔利．资本主义与精神分裂（卷2）：千高原［M］．姜宇辉，译．上海：上海书店出版社，2010：19.

⑤ 凯尔纳，贝斯特．后现代理论：批判性的质疑［M］．张志斌，译．北京：中央编译出版社，1999：128.

⑥ 王治河．后现代哲学思潮研究［M］．北京：北京大学出版社，2006：41.

被无限复制的逻辑。所有的树的逻辑都是模仿和复制的逻辑”①。树喻理论与镜喻理论是相通的，两者均为模仿与复制，同时，树喻理论也是中心化、确定化、等级化的理论模式，“树形系统是等级分明的系统，它包含着主体化和意义的中心，包含着中心性的自动机制”②。在树—根理论中存在一个中心化的系统，“还是拿精神分析为例：不仅仅在其理论中，而且在其计算和治疗的实践中，它都把无意识从属于那些树形的结构、等级化的图表、概括性的记忆、中心器官、阳物、阳物—树。从这方面看，精神分析不能改变其方法：它将其特有的专断的权力奠基于无意识这个专断的概念之上。精神分析的可操作性范围因此是极为有限的。在精神分析及其对象中，始终存在一个将军，一个首领（弗洛依德将军）”③。树喻理论具有现代性哲学的根本性特征，包括中心化、等级化、结构化、理性化、二元论、总体性与普遍性，而德勒兹与加塔利根茎理论就是在对树喻理论予以解构的背景下展开的。

（2）茎块（根茎）理论对树根理论的解构

①根茎理论对模仿、再现的颠覆。如前所述，根茎理论是绘图的、图样的，而树根理论是一种再现理念，“如果说图样和模仿相对立，那正是因为它彻底转向一种与现实相关联的实验。图样没有复现一种封闭于自身的无意识，相反，是它构成了无意识”，“精神分析和精神分析的能力将每种欲望和陈述都限制于某个演变轴线或超编码的结构之中，并对这条轴线上的不同阶段或这个结构中的不同组分进行无限的、单调的模仿。与此相反，神经分裂—分析拒斥所有被模仿的命运，无论人们赋予此种命运以何种名字：神圣的、神秘的、历史的、经济的、结构的、遗传的或语段的”④。德勒兹、加塔利认为绘图是在开放的维度中，它可以翻转、分解、撕裂、剪接，而不是在封闭的空间、预定的结构等级之中，绘图具有多重入口，而模仿始终要回到“同一者”的模仿再现的逻辑之中。

②根茎理论反确定性、反本质主义。树根理论推崇确定性、深度模

---

① 德勒兹，加塔利．资本主义与精神分裂（卷 2）：千高原［M］．姜宇辉，译．上海：上海书店出版社，2010：14.

② 德勒兹，加塔利．资本主义与精神分裂（卷 2）：千高原［M］．姜宇辉，译．上海：上海书店出版社，2010：20.

③ 德勒兹，加塔利．资本主义与精神分裂（卷 2）：千高原［M］．姜宇辉，译．上海：上海书店出版社，2010：23.

④ 德勒兹，加塔利．资本主义与精神分裂（卷 2）：千高原［M］．姜宇辉，译．上海：上海书店出版社，2010：15.

式、连续性，而根茎理论则是对树形思维的反抗，它不是思想是树形的，它既没有根基，也没有分枝，“所有这些将大脑形成为一种多元体，它沉浸于其容贯的平面或神经胶质之中——一个确定的、或然性的系统，一个不确定的神经系统。很多人的脑袋里面生长着一棵树，然而，大脑自身却更像一株草，而非一棵树”，“短时记忆从属于根茎和构图的类型，而长时记忆则是树形和中心化的（印记、痕迹、模仿或照片）。短时记忆完全不遵守对象的邻近性和直接性的法则，它可以在一定距离之外发生作用，在很长一段时间之后出现或复归，但始终是以不连续性、断裂或多样性为条件”。① 根茎理论以多元体对抗单一性、以不确定性对抗确定性、以非连续性对抗连续性、以平面化对抗深层模式，以此实现了对现代性哲学本质主义的翻转。

③根茎理论反谱系性、去中心化与发散性。根茎理论的反谱系性是指树型是一种点和位置之间的可定位的关联，“与树相对立，根茎不是复制的对象：既不是作为树形象的外在复制，也不是作为树—根结构的内在复制。根茎是一种反谱系。它是一种短时记忆，甚或一种反记忆。根茎通过变化、拓张、征服、捕获、旁生而运作”②。根茎理论与中心化相对立，在根茎理论中没有中心化的主体，“根茎是一个去中心化、非等级化和非示意的系统，它没有一位将军，也没有组织性的记忆或中心性自动机制，相反，它仅仅为一种流动的状态所界定”。③ 根茎思维中没有一个起点，也没有终点，其放荡不羁，自由发散，是思想领域的游牧者。根茎理论是联姻、结盟关系，而不是血统关系；是“和……”而不是“是……”的关系。根茎理论颠覆了根基、废黜了中心化主体。

3. 根茎理论之游牧式思维对国家式思维的解构

块茎式思维是与国家式思维相对立的，普遍主义的国家式以国家机器来运作，而块茎式思维则以战争机器来对抗。“作为树状机构，国家试图控制所有种类的流动——人口、商品、货币等，以此来征服游牧式生活。而游牧者则试图通过暴乱和发动游击战争等微观举措来摧毁城市和

① 德勒兹，加塔利．资本主义与精神分裂（卷2）：千高原［M］．姜宇辉，译．上海：上海书店出版社，2010：19.

② 德勒兹，加塔利．资本主义与精神分裂（卷2）：千高原［M］．姜宇辉，译．上海：上海书店出版社，2010：28.

③ 德勒兹，加塔利．资本主义与精神分裂（卷2）：千高原［M］．姜宇辉，译．上海：上海书店出版社，2010：28.

国家，以此来回应国家对他们的控制。”① 德勒兹、加塔利通过象棋和围棋的比较阐释了国家机器与战争机器之不同。他们认为象棋是一个国家或宫廷游戏，象棋棋子被编码，都是陈述的主体，被赋予相对的权力；而围棋的棋子不具有内在属性，只有规定的情境。象棋的棋子之间具有一一对应的关系，其功能是结构性的，而围棋的棋子却是一种外在性的关系。象棋是一种体制化了的战争，而围棋没有战争，只有战略。象棋的游戏是在一个封闭的、层次化的空间中展开，而围棋则是在一个开放的、平滑的空间展开列阵，围棋没有目的和终结，无起点也无终点。象棋对应的是国家式的、城邦空间，则围棋对应的是游牧空间。② 从国家的视角，战争者所具有的独创性以一种否定的形式出现，其违抗国王、违抗祭司、违反法律，战士处于背叛一切事物的境地。游牧者借助战争机器将辖域化的事物从国家机器的统治下解救出来，“如果说游牧民可以称为是最为卓越的被解域者，这恰恰是因为他们的不是在随后再结域的（比如在移民那里），也不是在另外的事物之上做的（比如在定居民族那里）。对游牧民来说则正相反，是解域构成了与大地之间的关系，以至于可以说，游牧民在解域之上再结域的”③。游牧思想意味着流动、开放、无目标、无终点，它是一种革命性的、创造性的力量，而国家式的城邦思维则是封闭的、结构化的、中心化的力量，代表着保守、故步自封。游牧者代表一种解构的力量，他们在广袤的大地上，攻城拔寨，摧毁城市、国家，抵抗国家对他们的征服。“游牧式的生活是一种创造与变化的实验，具有反传统和反顺从的品格。后现代游牧者试图使自身摆脱一切根、束缚以及认同，以此来抵抗国家和一切规范化权力。”④

（二）德勒兹、加塔利的茎块（根茎）理论对作者中心主义的解构

德勒兹、加塔利的根茎理论首先解构了作者中心主义的“主体中心”。在作者中心主义的语境中作者始终处于中心的位置、处于城邦的中央，而根茎理论则消除了主体，废黜了“弗洛伊德将军”，根茎理论是一个去中心化的开放的、平滑的空间，盘踞在中心位置的作者被根茎理论所消

① 凯尔纳，贝斯特．后现代理论：批判性的质疑［M］. 张志斌，译．北京：中央编译出版社，1999：133.

② 德勒兹，加塔利．资本主义与精神分裂（卷 2）：千高原［M］. 姜宇辉，译．上海：上海书店出版社，2010：505-506.

③ 德勒兹，加塔利．资本主义与精神分裂（卷 2）：千高原［M］. 姜宇辉，译．上海：上海书店出版社，2010：549.

④ 凯尔纳，贝斯特．后现代理论：批判性的质疑［M］. 张志斌，译．北京：中央编译出版社，1999：134.

解。其次，作者中心主义归属于现代性哲学的深度模式，作者是作品的深层本质、作者是作品的意义的源泉，而根茎理论摆脱了根的束缚，不认为存在所谓确定性意义。作品不是作者到作品“点到点”的定位化关联，而是地下茎的无限性连接，其逻辑关系是“联姻”，而不是作者中心主义所强调的“血统”关系。最后，作者中心主义中的作者如同国家机器一样企图征服它所辐射的势力范围、捕获一切敢于抵抗的力量，而根茎理论中的游牧思想，以“战争机器”解构“国家机器”的束缚与奴役，将作者的权力予以无情的消解、解构。

德里达、福柯、利奥塔以及德勒兹与加塔利作为后现代哲学理论家分别用不同的理论框架对现代性哲学予以解构，尽管视角不同、解释的理论工具各有不同，但都达成了对现代性哲学本质特征予以深度批判的目的。他们在批判现代性哲学的同时，也建构各自系统的后现代哲学理论框架，这也就为文学艺术领域的后现代哲学转向奠定了理论基础。

第三节　后现代文学理论对作者中心主义的解构

后现代文学理论在原理上与后现代哲学相一致，反本质主义、去中心化、去确定性、反对深度模式，呈现的是多元化、多中心、不确定性、平面化创作特征，后现代文学理论是后现代哲学在文学领域的反映与体现。后现代文学理论中包含诸多的后现代创作手法，如戏仿、拼贴、元小说、反体裁、反讽等，下面主要以介绍戏仿、拼贴、元小说三种后现代文学创作手法来阐述后现代文学理论对作者中心主义之解构。

一、戏仿（parody）对作者中心主义的解构

前现代、现代之戏仿理论与后现代戏仿之重要性在不同的时期具有重大的分别。前现代、现代语境中的戏仿游离于主流价值体系之外，归属于“插科诨打”“跑龙套”之流，而在后现代主义语境中戏仿成为“时代的主角”，回归到了它的精神家园。戏仿的内在气质特征与后现代主义的特质十分契合，正如此，戏仿才是解构以现代性哲学为基础的作者中心主义之利器。

（一）戏仿理论历史渊源

戏仿可追溯到亚里士多德的《诗学》第二章，“荷马描述的人物比一般人好，克勒俄丰的人物如同我们这样的一般人，而最先写作滑稽诗的

萨索斯人赫革蒙和《得利亚特》的作者尼科卡瑞斯笔下的人物比一般人差”[①]。悲剧模仿的是高尚之人，而喜剧戏拟模仿的是滑稽低劣的人，赫革蒙是写戏仿诗的第一人。古希腊马修·霍斯迪的作品《蛙鼠大战》是一部优秀的战争史诗戏仿作品，其模仿了荷马的作品，它“可以模仿英雄史诗的形式和内容，通过重写情节或人物创造幽默的效果，以致与作品更严肃的史诗形式形成滑稽对比，并且/或者通过将史诗更严肃的方面和角色与日常生活或动物界滑稽低级不适宜的角色混合，创造喜剧”[②]。文艺复兴时期塞万提斯的《堂吉诃德》和斯特恩的《项狄传》，这两部作品是总体戏仿的代表，[③]前者戏仿了整个中世纪欧洲骑士文学，而后者戏仿的是一个18世纪乡绅家庭生活原态。《项狄传》被俄国形式主义理论家什克洛夫斯基称为革命性的小说，“形式上，斯特恩具有极端的革命性；他的特点是暴露他的技巧”[④]。关于戏仿，巴赫金对戏仿从狂欢节理论视角予以注解，“狂欢节体现了诸种意识形态（官方的与非官方的）互文性。占统治地位的官方意识形态总是企图把社会秩序塑造成一个统一的文本，一个固定的、已完成的、永恒不变的文本，而狂欢节是社会组织的一道裂缝，其最重要价值在于它的未完成性和变易性，因此它具有巨大的颠覆作用和更新作用”[⑤]。“巴赫金在这里提到讽刺和戏仿在中世纪狂欢节中的作用，流氓、小丑和傻瓜成为游行的主要组成部分”，“他们的笑声是民众集聚的公共广场的标志。他们重建了人物的公共性质，他们所有的功能在于使事物客观化通过戏仿性的笑声，为客观化人物创造了独特的途径”。[⑥]在19世纪40年代，斯坦顿和莫特的《情感宣言及决议》即戏仿托马斯·杰斐逊的《独立宣言》的结果，它以女性主义为视角，成为女性解放的里程碑。[⑦]但尼采对戏仿持一种鄙视的态度，“欧洲人——大体而言，一个颇丑陋的平民——绝对需要戏服：他需要历史作为戏服的储藏室”，“为了狂欢节上的笑声和繁荣，为了达到最高的愚蠢和阿里斯托芬式的嘲笑世界，将这些戏服准备好。也许我们在此将会发现发明的领域，在这个领域中我们还有可能具有原创性，不过只是作为世界的戏仿者和上帝

① 亚里士多德．诗学［M］．陈中梅，译．北京：商务印书馆，1996：38.

② 罗斯．戏仿：古代、现代与后现代［M］．王海萌，译．南京：南京大学出版社，2013：11-13.

③ 罗斯．戏仿：古代、现代与后现代［M］．王海萌，译．南京：南京大学出版社，2013：46.

④ 罗斯．戏仿：古代、现代与后现代［M］．王海萌，译．南京：南京大学出版社，2013：103.

⑤ 马新国．西方文论史［M］．北京：高等教育出版社，2013：503-504.

⑥ 罗斯．戏仿：古代、现代与后现代［M］．王海萌，译．南京：南京大学出版社，2013：140.

⑦ 王程辉．英美文学戏仿研究［M］．苏州：苏州大学出版社，2014：8.

的小丑”。[①] 而福柯则将戏仿阐释为一种积极的事物，“福柯将尼采对戏仿的指责转变得更积极，这种转变颂扬了人在模仿他人想法和信仰时独立性的降低以及对非现实性屈服，而不是对此进行指责”[②]。戏仿理论从古代到现代，一直处于戏谑式的理论范畴，始终承载着负面的内涵，游离于主流价值观之外，直到后现代才回归到它自身的精神家园。

（二）后现代视角下的戏仿

进入后现代的视角后，戏仿不再是一种配角，它进入“主流价值”的领域，戏仿成为后现代主义文学最重要的一种创作手段，进入 20 世纪 50 年代之后，随着后现代主义文学逐渐由边缘进入主流，戏仿也越来越多地被当代小说家们有意识地采用。在后现代主义视角下，戏仿是其主要特征之一，哈桑认为：“反讽就激进的自我消耗的游戏、意义的熵。还有荒诞的喜剧、黑色幽默、疯癫的滑稽模仿和夸张喜剧，粗俗风格。否定。”[③] 后现代建筑艺术家詹克斯从双重编码的角度对戏仿予以诠释。所谓双重编码，詹克斯这样解释说，“一座后现代建筑是双重编码的——部分是现代的，部分是其他的：民间的，复古的，本土的，商业的，隐喻的，情境的，在下述意义上它也是双重编码的，即它寻求同时在两个层次主言说”[④]。它是以新视角重新解释过去，在解码旧文本的同时，重新编码出新文本。“对詹克斯而言，拼贴和戏仿是用其他符号及其意义对现代性进行双重解码的方法，这种方式可以增加一些象征及其他意义，这些意义对象征、复杂的系统有所贡献。”[⑤] 詹克斯双重编码的意义在于对戏仿给予一种肯定的态度，其在解构时也有建构，而不是“单一性编码”。

关于戏仿理论存在两种模式的理论对立，即詹姆逊模式与哈琴模式。詹姆逊对戏仿的态度比较消极，“戏仿是一种比较让人容易接受的方法，这种嘲弄式的戏仿曾为现代主义带来了丰富的成果，但是在后现代艺术形式中，它却被毫无深意的拼凑方法取代了”[⑥]。对詹姆逊来说，“戏仿在

---

① 王程辉．英美文学戏仿研究［M］．苏州：苏州大学出版社，2014：188-189.

② 王程辉．英美文学戏仿研究［M］．苏州：苏州大学出版社，2014：189.

③ 哈桑．后现代转向［M］．刘象愚，译．上海：上海人民出版社，2015：104.

④ 卡林内斯库．现代性的五副面孔［M］．顾爱彬，李瑞华，译．北京：商务印书馆，2002：304.

⑤ 罗斯．戏仿：古代、现代与后现代［M］．王海萌，译．南京：南京大学出版社，2013：239.

⑥ 刘晓萍，王小军．琳达• 哈琴的后现代主义诗学研究［M］．成都：四川大学出版社，2019：135.

现代性社会中为一种独特的风格，它是一种被嘲笑的语言规范。戏仿因总体上倾向于有意地嘲讽与颠覆，或对个性的风格、怪癖予以讥讽。然而，在碎片化的后现代主义社会中，随着主体的死亡，规范性语言的消失，私人话语的增长，艺术家们被置于一种无序化境地，戏仿所剩余的只是拼凑或谓之空洞的符号代码”[①]。哈琴则与詹姆逊对戏仿的态度十分不同，她认为，“在反讽式的跨语境化和倒置的情况下，戏仿乃蕴含着一种差异性重复。于背景性被戏仿文本与综合性新文本之间则包含着一种批评距离，而这种批评距离又是以反讽为标志，它既是戏谑性的又含有轻视”[②]。哈琴认为，“在戏仿行为中，作品力求在与背景文本密切关系中能抽身而出，以便有足够的自由空间来创造一个新的、自足的形式。但是哈琴同时也强调，新的形式是从旧的形式中发展而来，在此过程中，旧的形式并没有被彻底摧毁，只是其中的形式的因素被再功能化”[③]。哈琴的戏仿理论也具有双重解码的理论意味，“戏仿所包含的讽刺和距离导致了意义的分离，但与此同时，戏仿的双重结构（两层意义或文本的重叠）又要求承认它的意义的相互契合。对于仿拟的事物，戏仿既给予肯定又大挖其墙脚”[④]。詹姆逊看到的更多是戏仿的消极因素，戏仿是一种语言规范、一种东拼西凑的符号代码，而哈琴看到了戏仿中原有文本价值并未完全被消解、看到了原作的积极因素，原作被新作赋予了新使命，其在被解构的同时也被重构。

戏仿的再功能化赋予戏仿对象一个新的意蕴、一整套新功用，若只是单纯的模仿、移植，没有给予被模仿者新的功能，则无戏仿可言。通过对英雄史诗的戏仿，如对荷马史诗《伊利亚特》《独立宣言》《圣经》等严肃文本的戏仿、通过对主题的降格来获得独特的艺术效果。有时戏仿通过最低程度的改动（微创）即可赋予戏仿对象新的意蕴，如对李・亨特《珍妮吻了我》戏仿，即在原诗结尾加上一句“自从珍妮吻了我，我得了重感冒”。原诗为：见面时，珍妮从椅子上跳下，吻了我。时间，你这个窃贼，性喜将美好录入。现在记住！写我很累，我很忧伤，没有健康，

---

① LIN Y. Postmodernist fiction art of parody［M］. Xiamen：Xiamen University Press，2008：34.

② HUTCHEON L. A theory of parody：the teachings of twentieth-century art forms［M］. New York and London：Methuen，1985：32.

③ 刘晓萍，王小军．琳达・哈琴的后现代主义诗学研究［M］. 成都：四川大学出版社，2019：136-137.

④ 刘晓萍，王小军．琳达・哈琴的后现代主义诗学研究［M］. 成都：四川大学出版社，2019：138.

没有财富，已经年迈，但要加一句：珍妮吻了我。[①] 这一少许的改动，将天使般的珍妮降格为一个带来不幸的瘟神，使戏仿与被戏仿作品之间产生了巨大的落差。戏仿与改动的内容之多少无关，而在于恰到好处。双重解码也是认可了戏仿的再功能化之所在，“这种看法是后现代的，对戏仿滑稽和幽默的层面进行了还原，他们还同时认识到戏仿更复杂，互文、元小说或双重编码的特点和潜力”[②]。后现代主义视角的戏仿不仅仅是解构了原来的文本，而更在于它重构了一个有意义的新文本。戏仿若不能“再功能化”则只能是一种无价值的创作手法、一种没有创新的抄袭与复制。

（三）后现代主义视角下戏仿对作者中心主义的解构

戏仿与以现代性哲学为基础的作者中心主义相背离，作者中心主义强调作者对文本的绝对控制，作品乃是作者的个性体现、作者乃是作品的意义源泉，而戏仿则侵蚀了原作者的作品控制权、最大限度地利用了原作者的文本，即使“最低限度的改动”也可对原作品进行脱胎换骨的再创作。传统著作权法中的抄袭、复制概念被重新定义，他们从非法的、被否定的领域变成合法的、可以肯定的创作手段，抄袭与复制被戏仿合法化了。作者中心主义要限制他人对作品的过度利用，而后现代语境中的戏仿则认可对原文本的充分利用，两者的价值取向是完全对立的。作者中心主义的作者之权威不容置疑，而在后现代语境中作者的权威被戏仿者予以无情的戏谑与降格，作者之神圣地位从“天堂”坠入“人间”。戏仿之“双重解码”理论解构了“作品源于作者”的作者中心主义论调，戏仿之再功能化强调的是戏仿作品乃源于被戏仿作品而不是戏仿作者；从戏仿作品中人们无从洞见戏仿作者的个性与人格特性，作者与作品的“血缘”纽带被彻底割裂。

二、拼贴（pastiche）对作者中心主义的解构

（一）拼贴理论缘起

拼贴或者挪用艺术被运用到各种类型的艺术中，涵盖美术、音乐、诗歌、电影、摄影等，在拼贴中被使用、挪用的对象也是多种多样的，包括但不限于艺术题材、文化元素、现实素材等。“我们知道毕加索就

---

① 王程辉．英美文学戏仿研究［M］．苏州：苏州大学出版社，2014：24.

② 罗斯．戏仿：古代、现代与后现代［M］．王海萌，译．南京：南京大学出版社，2013：278.

经常挪用非洲雕刻的母题；澳大利亚许多主流艺术家都曾借用过澳大利亚土著文化的风格形式；从比克斯·贝德贝克到埃里克·克莱普顿等白人音乐家都挪用过在美国黑人文化语境中产生的爵士和布鲁斯音乐风格；保罗·西蒙将南非小镇上的音乐元素融入自己的音乐中；美国作曲家斯蒂夫·瑞奇曾经向加纳的一位鼓手学习，他的作曲风格还受到艾维文化的影响；诗人罗伯特·布林赫斯特曾在他的诗篇中复述过北美原住民的故事；歌德的《西东合集》借鉴了14世纪波斯诗人哈菲兹的母题。”[①] 拼贴手法在美术作品中比较常见，一个平面空间可以同时呈现不同的内容、展示不同的视点；文学领域的文学作品的阅读方式一般是按时间顺序线性阅读，难以如美术作品一样同时展现，但拼贴方式在近现代文学作品中也开始出现，如在《堂吉诃德》中拼贴方式多处可见。《堂吉诃德》第三十三章在安塞尔莫与洛塔里奥的对话中，作者拼贴了两个小方块，第一个小方块写着：“上帝说，高尚友谊的字典里没有恶欲，没有纵容；有的是信任与正途，奉献与慷慨”[②]，“任何一颗高尚的心都不是应拿来作为考验而被亵渎的。验证便是怀疑，猜测即是毁灭，它终将让自己制造出魔鬼”[③]。这两个小方块植入的内容与小说的叙事在逻辑上没有内在的联系，如同拼贴画中插入了另外一幅画，打破了原有画面的单一视点结构。另外在《堂吉诃德》中也大量拼贴了不同体裁形式的作品，包括十四行诗、长诗、民谣等。斯特恩在其作品《项狄传》中也使用了拼贴手法，它在叙事结构上不是传统上按时间先后次序来展开，而是用拼贴的方式同时开展，“对《项狄传》的读者来说，最直接的混乱来源是该书本身明显的混乱。尽管斯特恩指出该书是从 ab Ovo 开始的，但随后就好像在朝四面八方漫游——的确，有时候是同时在朝各个方向漫游——没有形式，没有计划”[④]。在《项狄传》中也使用了插入“小方块”的拼贴手法，如第一卷第十二章中有小方块，“哀哉，可怜的约里克”[⑤]；在第四卷第二十四章插入几页空白纸，[⑥] 还有几处直接插入了图案。[⑦] 在文学作品领域，这两部作品开创了拼贴创作手法，使拼贴式创作方法正式步入文学领域。

① 扬．文化挪用与艺术［M］．杨冰莹，译．武汉：湖北美术出版社，2019：1.

② 塞万提斯．堂吉诃德：上［M］．刘京胜，译．北京：商务印书馆，2016：254.

③ 塞万提斯．堂吉诃德：上［M］．刘京胜，译．北京：商务印书馆，2016：256.

④ 沃克．项狄传序［M］// 斯特恩．项狄传．蒲隆，译．上海：上海译文出版社，2018：序32.

⑤ 斯特恩．项狄传［M］．蒲隆，译．上海：上海译文出版社，2018：29.

⑥ 斯特恩．项狄传［M］．蒲隆，译．上海：上海译文出版社，2018：278-287.

⑦ 斯特恩．项狄传［M］．蒲隆，译．上海：上海译文出版社，2018：437-438.

（二）后现代视角下的挪用艺术

如戏仿一样，拼贴也是后现代主义创作的重要特征之一，哈桑认为后现代主义的特征是，“大众传媒的混杂、各种形式的融合、各种领域的混淆。以艺术品的美或独特性为基本原则的传统美学的终结？反对阐释”。[①]拼贴式创作手法被运用至诗歌类作品上，“后现代主义诗歌的零散化、非逻辑化特征使得它在形式上必然走向拼贴和复制。譬如美国的语言诗派最重要的创作手法就是拼贴画式的写作。他们常常把不同肌质的语言片断拼贴在一起，形成一个个戏剧性场面或蒙太奇”[②]。在戏剧方面，拼贴“消解了艺术与生活、艺术与非艺术、高雅文化与大众文化的界限后，其戏剧创作便进入一种混杂拼贴状态。后现代戏剧家往往随心所欲地将口述历史资料、公众档案资料、重要政治事件、社会新闻、法律案件拼贴在一起”。[③]

詹姆逊认为拼贴比戏仿更具“后现代”意味，如果说戏仿还存在双重编码，即在解码时仍在编码，仍在探究某种意义的话，那么拼贴则不再谋求所谓深度与意义，“摹仿顿然丧失其原有的使命。昔日，它固然发挥过作用，但到了今天，它的地位已逐渐由新兴异物拼凑之法所取代。从某些方面来看，拼凑法与摹仿法一样，都要摹仿及抄袭一个独特的假面，都是用僵死的文字来编织假话。所不同者，拼凑法采取中立的态度，在仿效原作时绝不多作价值的增删。拼凑之作绝不会像摹仿品那样，在表面抄袭的背后隐藏着别的用心；它既欠缺讥讽原作的冲动，也无取笑他人的意向，作者在实行拼凑时并不相信一旦短暂地借用了一种异乎寻常的说话口吻，便能找到健康的语言规范。由此看来，拼凑是一种空心的摹仿——一尊被挖掉眼睛的雕像”[④]。詹姆逊认为“后现代拼贴作品是一种政治中立的模仿物，它对其所模仿的对象丢失了批评的激情、缺少批评距离。从后现代艺术家援引大众文化可见端倪。不像现代性大师，后现代主义者仅将大众文化形式并入其文本中，抹去大众文化与精英文化的边界，因而导致了审美大众化成为后现代文化的典型特征”[⑤]。哈琴对拼贴之不同于戏仿也提出了自己的理论见解，她认为戏仿具有双重文本而拼贴只有单一文本，戏仿强调差异而拼贴强调的是相似。哈琴还认为拼

---

① 哈桑．后现代转向［M］．刘象愚，译．上海：上海人民出版社，2015：111.

② 曾艳兵．西方后现代主义文学研究［M］．北京：中国社会科学出版社，2006：59.

③ 曾艳兵．西方后现代主义文学研究［M］．北京：中国社会科学出版社，2006：92.

④ 詹明信．晚期资本主义的文化逻辑［M］．陈清侨，等译．北京：三联书店，2013：371.

⑤ LIN Y. Postmodernist fiction art of parody［M］. Xiamen：Xiamen University Press，2008：34.

贴比戏仿更为平面化，“如果从文本的定位来分析，就会看拼凑其实是缺乏深度的。拼凑模式往往停留在其自身的风格之内，而戏仿却允许改变。拼凑所模仿的不仅仅是一个而是多个文本，它所坚持的只不过是一种风格交互，并非真正的文本交互”[①]。从对詹姆逊和哈琴的理论分析可知，他们对待拼贴的态度相比对戏仿的态度更为相近，他们均认同拼贴比戏仿更后现代、更平面、更具解构力量。他们均认为，拼贴比戏仿更无内涵与意义，都是“空心”的存在、没有眼睛的雕像。

拼贴从多个角度消解了传统的文学作品创作模式，文学领域的拼贴之“堆积性”，如同美术作品中的拼贴一样，打破了时间线性的阅读方式。不同的主题内容、不同的叙事视点在读者面前同时涌现，势必在视觉上对读者造成巨大的冲击。它是一种无中心视点的创作方法，包括词汇语言的堆积、体裁形式的堆积、小方块植入之堆积等，不一而足。拼贴也属于“大杂烩式”的创作方法，各种艺术类型可以并存在一个作品之中，诗歌、音乐、美术、电影、摄影、传统文化元素、历史题材、生活道具等皆可为其所用，其包容性极强，不受既定原则的限制。拼贴也颠覆了传统文学作品的叙事逻辑。文学作品传统的叙事逻辑是规律性、理性化的套路，而后现代的拼贴技法是非理性的、无厘头的、梦幻般的意识流。

（三）拼贴对作者中心主义的解构

在作者中心主义语境下，作者占据了合法性、权威性的制高点，作者是一个中心点、权利的核心、作品意义的原发地，其他的主体无从分享作者的权威；在后现代主义语境下，拼贴打破了权利结构中作者的“一元论”，拼贴给作品带入多个视点，拼贴作品是多中心、众声喧哗的。拼贴作品中，作品的意义来源不是作者，而是其他的文本、题材与元素，拼贴彻底切割了作者与作品之间的血缘纽带。拼贴实现了从深度模式到平面化模式的转换，作品已无内涵——它是空心化的模仿、一尊没有眼睛的雕像，作者中心主义中作为作品本质的作者被无情地否定。拼贴比戏仿更具解构性，拼贴重在解码且是“单重编码”，而戏仿在解构的同时还建构，它是一种“双重编码”。与戏仿相比，作者中心主义套路被拼贴更为彻底地摧毁、解构。

---

① 刘晓萍，王小军 . 琳达 • 哈琴的后现代主义诗学研究［M］. 成都：四川大学出版社，2019：138-139.

三、元小说（metafiction）对作者中心主义的解构

（一）元小说之基本理论

美国作家伽斯首先提出了元小说的概念，“在数学和逻辑方面有元定理，在道德伦理领域存在语言学的‘超灵’，话语领域到处充斥着关于编造行话的行话，在小说领域也是如此。我并不仅仅意指这些乏味、可预知的关于作者要写他们正在写的东西，即使像博格斯、巴斯和弗南•O.布莱恩，在他们的小说形式中，使用的原材料也有很多的形式是被强加的。的确，许多所谓的‘反小说’就是真正的‘元小说’”[①]。英国批评家戴维•洛奇在其《小说的艺术》中给元小说如此定义，“元小说是关于小说的小说：这类小说以及短篇故事关注到自身的虚构本质与创作过程”[②]。另外一个经典概念是帕特里夏•沃给出的定义，“元小说是指具有自我意识、系统地关注自身作为一种人造物，以便于对小说与现实之间的关系提出质疑的创作方法。其在对它们自己的结构方法提出批评时，不但审视了叙述小说的基本结构，而且检视了小说文本之外的世界之虚构性”[③]。洛奇认为《项狄传》是元小说的始祖，“这部作品里叙述者与想象的读者进行对话，这只不过是斯特恩采用的许多手法之一，目的是为凸显传统写实小说所要隐藏的、艺术与生活之间的鸿沟”[④]。《项狄传》第一卷第十一章结尾写道，“要知道后果如何，约里克遇到的灾难又是哪些，请读下一章，自有分晓”[⑤]。这如同中国章回体小说的每章结尾之表达方式，“欲知后事如何，且听下回分解”。这是作者自我暴露、自揭虚构的表现，中断了所叙述的故事之连续性，直接告知读者——作者在虚构一个故事、讲述小说文本中的虚拟世界、揭示了文本与世界之间仅存的虚拟对应关系。美国杰拉德•普林斯提到元叙事的概念与元小说之表达原理相通，其主要指叙事的自涉性，“一些理论家已经成功地指出许多叙事根本讨论了自身，实际上构成了元叙事”[⑥]。元叙事存在的几种可能

① GASS W H. Fiction and the figures of life［M］. Boston：David R. Godine Publisher，1976：24-25.

② 洛奇 . 小说的艺术［M］. 卢丽安，译 . 上海：上海译文出版社，2010：670-671.

③ WAUGH P. Metafiction：the theory and practice of self-conscious fiction［M］. London and New York：Routledge，1993：2.

④ 洛奇 . 小说的艺术［M］. 卢丽安，译 . 上海：上海译文出版社，2010：671.

⑤ 斯特恩 . 项狄传［M］. 蒲隆，译 . 上海：上海译文出版社，2018：25.

⑥ 普林斯 . 叙事学：叙事的形式与功能［M］. 徐强，译 . 北京：中国人民大学出版社，2013：114-115.

性是，“一个特定故事可能会提及其他一些故事；它会对叙述者或受述者予以评价；或者它可以讨论行为本身”[①]。例如，普林斯列举了《格列佛游记》中的一段，“尊敬的读者，我这里已经把十六年零七个多月以来的旅行经历老老实实地讲给你听了。我着重叙述的是事实，并不十分讲究文采修饰。我也许可以像别人一样述说一些荒诞不经的故事使你惊奇，但我宁愿使用最简朴的文笔和文体把平凡的事实叙述出来，因为我写这本书主要是向你们报导而不是供你消遣”[②]。这里《格列佛游记》的作者乔纳森·斯威夫特是表达他是以什么样的态度来讲故事的，他重点不是指向他所要讲述的故事，而是讲述他如何讲故事、以何种态度在讲故事。这里引出了叙事理论的两个指向：自涉与他涉。叙事理论的源头在于语言学，“语言学家告诉我们，就功能而言，语言可分为两种：一种可用于指称和描述语言之外的对象世界，这种关于事物的语言叫作对象语言。另一种可用于指称和描述语言自身，这种关于语言的语言叫作元语言。它的这种指称和描述语言自身的功能叫作它指性”[③]。元小说就是关于语言的语言、关于小说的小说。它就是指向小说虚构的过程本身，而不是重点描述小说文本所指向的世界。元小说重在能指的游戏而极力消解所指，在传统的叙事观念、经典的创作模式中，作者所极力要做的是创造一个“真实的世界”、力求隐藏创作痕迹，这种创作模式目标重在指向它所描述的世界是它指而不是自指。

对元小说的理论阐述绕不开哈琴的编史元小说的理论陈述，哈琴在其《后现代主义诗学：历史·理论·小说》中提出了编史元小说的概念，“所谓历史元小说是指那些名闻遐迩、广为人知的小说，既具有强烈的自我指涉，又自相矛盾地宣称与历史事件、人物有关”[④]。编史元小说的概念涵盖了元小说的内涵，主要针对历史观而言。现代性历史观系一种宏大叙事的历史观念，它是线性、进步、由低级向高级发展的历史观念。传统的历史观认为历史具有客观真实性，而文学作品则是作者虚构的产物，在历史与文学之间真实性泾渭分明。然而后现代历史观颠覆了现代性历

① 普林斯．叙事学：叙事的形式与功能［M］．徐强，译．北京：中国人民大学出版社，2013：114.

② 普林斯．叙事学：叙事的形式与功能［M］．徐强，译．北京：中国人民大学出版社，2013：114.

③ 李丹．从形式主义文本到意识形态对话：西方后现代元小说的理论与实践［M］．北京：中国社会科学出版社，2017：116.

④ 哈琴．后现代主义诗学：历史·理论·小说［M］．李杨，李锋，译．南京：南京大学出版社，2009：6.

史观，海登·怀特指出，“历史只有通过语言才能接触到，我们的历史经验与我们的历史话语是分不开的”①。历史只有语言中才能显现，历史是一种话语、语言的构造物。哈琴受这种后现代史观之影响，她认为，“从那时起，历史学家们使用了小说再现技巧创造他们想象中真实的历史世界。后现代小说也是如此，而且还反其道而行之。后现代主义的部分立场是，正视虚构/历史再现、具体/一般、现在/过去的矛盾。这一正视行为本身就自相矛盾，因为它拒绝复原或者消解两个对立面的任何一方，而且更愿意对两者都加以利用”②。哈琴认为，历史元小说始终存在一种虚构与真实之间的张力，“‘长篇小说作家从一开始似乎就下定决心，摆出一副他们的作品不是人为创造，而是自然存在的架势’，这并非偶然；实际上从法律和道德的角度看这样做更为安全。笛福的作品宣称其真实性，有些读者果然也相信其真实性，但是现在大多数读者（还有当时的很多读者）乐于既意识到其虚构性，又意识到其‘真实的’基础——和当代历史元小说的读者做法一样”③。哈琴认为文学的特点是模糊了小说与历史的边界，而只有元小说才公开承认这种模糊性，“这类小说先确立后模糊小说与历史之间的界限。这种体裁的模糊化自从古典英雄史诗和《圣经》问世以来就一直是文学的一个特点，不过，同时、公开肯定这一特征并且横跨两者的边界更具有后现代特征”④。质言之，哈琴认为编史元小说既具有元小说的自我指涉性，而又处在一定社会的历史情境之中；既批判现代主义的形式化与再现论，又对传统中的表达方式以戏仿、反讽的方式加以批判性继承。

（二）元小说之理论特征

元小说具有迥异于传统文学理论的特征：一方面，元小说具有自揭虚构、自我意识的特征。华莱士·马丁主张，“在对付复杂的元虚构时，理论家和批评家们遇到的困难是概念方面或伦理方面的。‘虚构作品’是一种假装。但是，如果它的作者们坚持让人注意这种假装，就们就不再假装了。这样他们就将他们的话语上升到我们自己的（严肃的、真实的）

---

① 怀特．后现代历史叙事学［M］．陈永国，张万娟，译．北京：中国社会科学出版社，2003：292.

② 哈琴．后现代主义诗学：历史·理论·小说［M］．李杨，李锋，译．南京：南京大学出版社，2009：143.

③ 哈琴．后现代主义诗学：历史·理论·小说［M］．李杨，李锋，译．南京：南京大学出版社，2009：143.

④ 哈琴．后现代主义诗学：历史·理论·小说［M］．李杨，李锋，译．南京：南京大学出版社，2009：152.

话语层次上来”[①]。元小说作者对虚构作品不再掩饰，以严肃的态度来讨论作者如何虚构作品。元小说直接面对虚构，不忌讳讨论小说与现实之间的关系，尤其是在小说作品直接表达对艺术的思考、对小说创作的质疑，具有一种自我反思自身、不断调整创作策略的意识，也即是说元小说之叙事方式具有自揭虚构、自我意识的特征。另一方面，元小说具有创作与批评同一的特征。在元小说的创作方式中，作者在创作的同时也暴露这种“虚构”手法；在编造故事的同时也跳出叙事框架而对写作本身予以评价。同一作者扮演了“两种角色”，发出了不同的声音，“在创作小说的同时又对小说创作本身进行评述。这两种过程在形式上紧密结合，从而打破了‘创作’与‘批评’的明显的界限，使它们合并为‘阐释’和‘分解’的概念”[②]。在传统的小说中也存在创作与批评两种叙事模式，但元小说将自我批评、自我质疑的分量提升到一个前所未有的高度。它是关于小说的小说，批评模式与创作模式并存，在批评叙事中开展创作叙事，而在创作的叙事中又蕴含了批评叙事模式。“如果我谈论陈述本身或它的框架，我就在语言游戏中升了一级，从而把这个陈述的正常意义悬置起来了（通常是通过将其放入引号而到这种悬置）。同样，当作者在一篇叙事之内谈论这篇叙事时，他（她）就可以说是已经将它放入引号之中了，从而就越出了这篇叙事的边界。”[③]创作与评论同在，创作部分被列入批评叙事的引号之中。

（三）元小说对作者中心主义的解构

元小说具有后现代文学理论的典型特征，它亦对作者中心主义予以解构。元小说之“自揭虚构”解构了现代性真实性创作观念。传统的创作模式“一本正经”地创作“真实情节”，讲述逻辑上完整的故事，但是，元小说破除了这种创作方式。元小说不但不会严肃地讲述一个“真实”的故事，而且主动戳穿创作的虚构性。元小说的自揭虚构、自我意识解构了现代性哲学语境下的那个神圣作者，作者中心主义创作观是“作者是作品的父亲”“作品是作者的个性呈现”，而元小说的创作中存在一种“精神分裂”——一个创作者、一个评论者。元小说中混杂着的“另一个声音”撕裂了作者人格的完整性，作品不再是作者的单纯人格再现。由于“批评的自我”与“创作的自我”并存，作者中心主义中的作者一元论也就被瓦解了。元小说之并置创作手法使得元小说具有不确定性，元小说作品的

① 马丁．当代叙事学［M］．伍晓明，译．北京：中国人民大学出版社，2018：196.
② 陈世丹，等．美国后现代主义小说论［M］．北京：中国人民大学出版社，2019：26.
③ 马丁．当代叙事学［M］．伍晓明，译．北京：中国人民大学出版社，2018：195.

情节发展与故事结局具有多个可能性，小说对各种结局一并表达、同时展示，怎么都行。作者中心主义企图从作者身上追寻一种确定性的东西、对作者之创作意图存在不舍的执念、对作者之本源充满了浓烈的“乡愁”，而元小说中作者并不赋予作品任何的确定性，代之以各种方向与结局，因此，作者中心主义之确定性原则也被元小说之创作套路所消解。

后现代哲学对文学艺术产生了深远的影响，在文学领域理论方面也形成了一套后现代文学理论方案，与后现代哲学相互支撑、遥相呼应。戏仿、拼贴、元小说是后现代文学理论的典型代表，它们与著作权法的相关概念关系密切，对其进行理论上的梳理对研究作者中心主义的合法性问题具有十分重要的意义。从以上的理论阐述中可知，法律上有必要重新定义著作权法中的相关原理，如抄袭与复制的合法性问题、何为作品的本源问题等，它们在作者中心主义背景下的内在价值不能在后现代语境下沿袭，而应当被重新审视，重新赋予其合法性、正当性基础。

第四节 后现代文学作品文本分析

后现代文学理论并非只是一种空洞的理论见解，在后现代哲学引用下文学领域诞生了诸多的后现代文学作品，这些作品是对后现代哲学的一种独特的诠释，反过来，它们又反哺了后现代哲学理论，给后现代哲学理论注入了新的活力。下面选取了三个具有代表性的后现代文学作品作为文本分析，包括《一个后现代主义者的谋杀》《白雪公主》《法国中尉的女人》，它们体现的后现代创作手法分别主要是拼贴、戏仿、元小说。我们通过分析这三个作品的创作特征，以洞察后现代文学作品与现代性文学作品之区别、以厘清后现代文学对现代性哲学之解构套路。

一、《一个后现代主义者的谋杀》文本分析

（一）《一个后现代主义者的谋杀》之文本简介

《一个后现代主义者的谋杀》是美国后现代主义作家阿瑟·A. 伯格的作品，英文版出版时间为1997年，故事开篇即讲述一个谋杀案的现场，后现代主义哲学家、加州大学伯克利分校教授艾托尔·格罗奇在家中被杀了，“当灯光再次亮起来的时候，艾托尔·格罗奇的脑袋正垂在桌上，脑门上有个红色小窟窿，血一滴一滴地在向外流。一把银色短剑的剑柄露在背上。银剑四周的运动服上浸着深红的血迹。一把长长的木

镖，末端系着黄色的毛，射进他的右颊，离嘴只有几英寸，他刚开始喝的那杯酒洒满了桌布，正微微冒出硫磺味儿”，“奇怪的是，他的脸上居然凝固着一种像是微笑的表情”。[①] 作者开篇即引出了后现代主义哲学家格罗奇在家中被人以四种方式谋杀，包括用枪射中脑门、用剑刺中背部、用木镖射入右颊、投毒于其酒杯之中。案发前，格罗奇正在筹备一个以后现代主义为主题的国际学术会议，当时在场的除了格罗奇之外，还有格罗奇的妻子肖莎娜·泰勒威芙，一位法国的年轻哲学家阿伦·费斯，俄国语言学家、后现代主义者斯拉佛默·普罗普，格罗奇的科研助手迈拉·普拉尔小姐，英国作家巴西尔·康斯坦特，东京大学教授富士宫女士。似乎在场的每个人都有理由仇恨格罗奇而存在作案的动机。格罗奇的妻子肖莎娜也是伯克利分校教授，风韵犹存，案发当晚，斯拉佛默·普罗普的手放在她的膝盖上，传说她与阿伦·费斯存在恋情。阿伦·费斯是格罗奇的学生，传说他与格罗奇妻子有染，杀死格罗奇可以为其私通扫清障碍。斯拉佛默·普罗普认为格罗奇偷窃了他的思想并出书发表，他案发当晚将手放在格罗奇妻子的膝盖上，普罗普也有杀死格罗奇的动机。迈拉·普拉尔是格罗奇的科研助手，她在格罗奇的指导下正在写学位论文，格罗奇喜欢漂亮的女学生。巴西尔·康斯坦特讨厌大学教授，并且常接近迈拉·普拉尔。富士宫看不起格罗奇，并与费斯关系暧昧。

案发后，巴西尔·康斯坦特拨打911报警，随后警官所罗门·亨特及其助手塔尔考特·威姆斯到达现场开始调查案件。助手威姆斯在格罗奇的尸体旁找到一张字条，上面写着，“我有理由相信我的生命处于危险之中，万一我惨死，这一理论会指向谋杀我的凶犯，要抓住一个理论家得靠理论——艾托尔·格罗奇”[②]。随后，亨特警官开始调查案件，分别与在场的人谈话，格罗奇的妻子肖莎娜是第一个被召见谈话的人，其次是阿伦·费斯、斯拉佛默·普罗普、迈拉·普拉尔、巴西尔·康斯坦特、富士宫，而谈话的主要内容是亨特警官与各位接受调查的“嫌疑人”大谈特谈后现代主义理论。在与各位在场人谈话之后，警官从格罗奇书房的档案中找到了格罗奇写给哲学大师的信件，包括利奥塔、鲍德里亚、哈贝马斯、杰姆逊。当然，这些信件的重点仍然是谈论后现代主义理论。亨特警官的结论是，在有人企图杀死格罗奇之前，格罗奇已经死了，而杀死一个死人是不可能的，亨特警官最后说，“即使你们每个人

① 伯格．一个后现代主义者的谋杀[M].洪吉，译．桂林：广西师范大学出版社，2001：5.

② 伯格．一个后现代主义者的谋杀[M].洪吉，译．桂林：广西师范大学出版社，2001：22.

都不相信元叙事，都有你们杀死艾托尔·格罗奇的最好的理由，但我却看不出有任何理由将一些企图杀一个死人的人抓起来。我假定你们大家都无辜，不坚持控告你们。我想可以公平地说他的死是极其微妙的后现代式的"[①]。小说的最后一章，是巴西尔·康斯坦特开始写一部新的小说，题为《一个后现代主义者的谋杀》，而开篇的情节与本小说的情节完全一样。在小说文本中间，穿插了150多幅图片，而这些图片与小说的情节毫无关联。

（二）后现代创作手法对作者中心主义的颠覆

1. 拼贴对作者中心主义的解构

在小说文本中间插入了各种图片，包括建筑物图片、抽象画、摄影作品等。传统小说中的插图与小说的故事情节、人物特征有关联，而《一个后现代主义者的谋杀》中的插图与小说故事情节毫无关联，这是一种拼贴的创作方法，通过这种"堆积式"的创作手法将作品引向一种多元化、多中心的叙事模式，从而打破传统叙事模式。拼贴式创作方法，是一种大杂烩式的"众声喧哗"。文字、图片之拼贴形成了一个"交响曲"，这样既有急流汹涌的河流，又有地势平缓的沙湾；在一个凶杀案中既存在紧张的剧情，又有对紧张气氛的冲淡，一紧一松，张弛有度。小说通过格罗奇妻子肖莎娜之口，说出了后现代主义社会的特征，"生活在后现代主义社会的人也用同样的方式，用碎片拼贴着他们的生活，就像艺术家拼贴他们的作品一样。再也没有连贯性和线性发展"[②]。

2. 反体裁对作者中心主义的解构

后现代主义作家反对程式化的作品，与古典小说、严肃小说相对立，反体裁成为后现代主义者的主导模式，"小说写作成为一次大胆的冒险，边界不复存在，只要写作即可命名为小说"[③]。《一个后现代主义者的谋杀》颠覆了传统的小说模式，其用了一种不同于传统的作者中心主义创作模式。从表面看应该是一部侦探小说，但其又融合了大量的哲学理论知识，该作品中包含了百分之六十的后现代主义哲学理论的内容，还有150多张图片插入文本中，所以，该作品融入了文学小说、图片集、哲学理论三种风马牛不相及的体裁于一体，消解了三者的边界。

3. 并置对作者中心主义的解构

---

① 伯格. 一个后现代主义者的谋杀［M］. 洪吉，译. 桂林：广西师范大学出版社，2001：223.

② 伯格. 一个后现代主义者的谋杀［M］. 洪吉，译. 桂林：广西师范大学出版社，2001：34.

③ 陈世丹，等. 美国后现代主义小说论［M］. 北京：中国人民大学出版社，2019：27.

所谓并置是“后现代主义作家在写作时，并不只给出一种结局，相反，往往将多种可能性结局组合并置起来，每一个结局指示一个层面，若干个结局组成若干个层面，既是这样，又是那样，既可作如是解，也可作如彼解”[①]。这部小说的叙事手法是并置的、平行的、并列的。首先是格罗奇在同一时间被人用枪击、剑刺、镖射、投毒四种不同的方法谋杀；其次，亨特警官与六位在场者通过谈话从不同的角度平行解读案情；最后，亨特警官勾勒了四幕格罗奇之死的情景：第一幕也许那具尸体是格罗奇双胞胎兄弟欧柯里俄·格罗奇，很可能是格罗奇杀死了他的双胞胎兄弟，尽管亨特警官也认为这种推测非常牵强；第二幕是在场的人用四种不同方式杀死了格罗奇，因为每个人都有杀人动机；第三幕是格罗奇教授自杀，他自知有心脏病很快死去，他用了四种方式自杀，他先服用了毒药，然后用剑刺在自己的背上，又在面颊上刺上飞镖，然后开枪打死自己；第四幕是格罗奇心脏病发作死了，在死后被人用四种方式谋杀，实际上，他们所谋杀的是一个死人。并置所要表现的没有必然性，只有偶然性；没有同一性，只有可能性。把作者中心主义写作模式中的确定性原则转换为不确定性原则，没有终极的答案只有不同的视点。

4. 元小说手法对作者中心主义的消解

传统的创作模式中，作者极力掩饰文学创作的虚构性，在虚构过程与文本故事之间存在一种对立关系，越掩盖虚构过程，文本故事就越真实，而越是真实的故事就越对非虚构性有更高的要求。在作者中心主义文本观念看来，文本故事与虚构之间存在不可逾越的鸿沟，否则就违背了现代性文学的创作原则。而《一个后现代主义者的谋杀》的作者在其“作者附言”中即表明这是一本他独创的书，不是他翻译过来的而是他创作的，这是一种自揭虚构的手法。在小说第二十二章，巴西尔·康斯坦特开始创作一部同名小说《一个后现代主义者的谋杀》，故事的开端与作者的小说开端完全一致，这种手法消解了作者与小说人物的边界，解构创作与评论的界线，从而打破了传统的创作模式，消解了作者中心主义的文本观。

二、《白雪公主》文本分析

（一）《白雪公主》的文本介绍

《白雪公主》是美国作家巴塞尔姆的作品，其主要是戏仿德国童话作

① 陈世丹，等. 美国后现代主义小说论［M］. 北京：中国人民大学出版社，2019：22.

家格林的经典童话故事《白雪公主》，结果巴塞尔姆以解构经典的方式创作了一部后现代主义作品。格林童话中的《白雪公主》，[①] 讲述了白雪公主惊心动魄终获爱情的故事，既有无比邪恶的人性描述，也有对善良人性的歌颂，是现代性哲学理念下一个经典的叙事故事。原格林童话故事是：白雪公主是一个无比美丽的女孩，皮肤雪白、嘴唇血红、头发如同檀木一样黑油油，白雪公主出生不久王后便去世了。过了一年，国王迎娶了新的王后，新王后是一个漂亮的女人，但容不得有人比她更美丽。她有一面魔镜，她总是问魔镜，全国上下，哪个女人最漂亮。魔镜告诉她王后最漂亮。但白雪公主长到 7 岁时，魔镜回答说，白雪公主比王后漂亮一千倍。王后忌妒之极，她叫来一名猎人将白雪公主带到森林中杀死，并要求取回白雪公主的肝肺当作杀死了公主的证据。猎人要杀公主前，公主求饶，猎人因公主长得那样的美，于是产生同情之心，告诉白雪公主赶快逃命。于是猎人杀死一只野猪，取了野猪的肝与肺交给王后当证据，王后竟然叫厨师将其煮了吃了，还以为吃的是白雪公主的肝与肺。白雪公主逃到了森林深处的一幢小屋，遇到了在此挖矿石的七个小矮人。白雪公主告诉他们自己的遭遇，七个好心的小矮人收留了白雪公主。可有一天王后问魔镜谁最漂亮时，魔镜告诉王后，白雪公主没有死，她和七个小矮人住在一起。王后知道猎人骗了她，于是她化装成一个卖小商品的老太婆来到七个小矮人住的小屋前叫卖。白雪公主见是一个诚实模样的老太婆，便让其进屋来以便挑选自己喜欢的商品。王后进屋后，用白雪公主挑选的发带勒紧了公主的脖子，直到公主如同死了一样才逃走。七个小矮人回家后解开了勒在公主脖子上的发带，救活了公主，知道是王后干的，告诫公主以后不要放任何人进屋。不久魔镜告诉王后，白雪公主没有死，于是王后使用巫术变成另一个老太婆卖浸泡了毒素的梳子给公主，这一次又差点害死公主，公主第二次被七个小矮人救活。王后不久又从魔镜那里得知白雪公主还活着，于是第三次化装成农妇来杀害公主，用毒苹果毒死了白雪公主。这一次，七个小矮人没能救活白雪公主，但他们不忍将公主埋葬在地下，他们用一个透明的玻璃棺材将白雪公主存放在屋外。所有人都可以看见白雪公主，她的尸体没有腐败，而且看起来美丽依旧。有一天，一个王子在森林见到躺在棺材里的白雪公主，被白雪公主的美丽所震撼，于是从七个小矮人那里求得了白雪公主，并安排人将棺材抬回去。在回去的路上，有一个佣人跌倒了，卡在白雪

① 格林 J，格林 M. 格林童话［M］. 杨武能，译 . 北京：作家出版社，2020：116-127.

公主喉咙里的毒苹果被震出来，白雪公主又活了过来。王子迎娶了美丽的白雪公主，王后被邀请参加白雪公主的婚礼，在婚礼上，王后被迫穿上烧红的铁鞋子跳舞，直到倒地死去。

而巴塞尔姆所创作的《白雪公主》却完全颠覆了格林童话中的人物形象与故事情节，白雪公主尽管头发黑如乌木，皮肤洁白如雪，但身上长了许多美人痣，从脖子后面到脚踝，从上到下，长在左边，可以排成一列。白雪公主不是出身在高贵的国王之家，她只是一个都市现代的性感女孩，一个家庭主妇而已。她时不时写几首“又长又臭”的诗歌，每天轮流和七个小矮人在浴室做爱。她那乌黑的头发不是代表一种外在美，而是性的隐喻，“这种母题——长长的头发从高高的窗户泻下来——我相信非常古老，在许多文化中都能找到，以不同的形式出现。现在我重申这点，是为了吓一吓庸俗之辈，让自己的性生活更有活力”[①]。白雪公主抱怨生不逢时，乌黑的头发挂在窗外，居然没有人爬上来，“这个时代不是我的时代。我生不逢时。那些人都有毛病，站在那儿伸着脖子目瞪口呆。那些人都有毛病，来都不来，也不试一试爬上来。来充当这个角色。世界本身也有毛病，连提供一个王子也做不到。连至少开化到给这个故事提供一个正确结局的能力也没有”[②]。白雪公主和七个“小矮人”，即比尔、休伯特、亨利、凯文、爱德华、克莱姆、丹生活在一起，他们在一个中国食品工厂做工，同时还做一些刷墙的体力活。他们全然没有童话小说中的七个小矮人的良善与纯朴，自私自负，相互之间勾心斗角。比尔甚至都开始厌倦白雪公主，“她肯定已经注意到他现在不去淋浴间了。我们确信她肯定已经注意到了。但是比尔还没有具体地告诉她他厌倦了她。他还没有勇气说出那些残酷的话，我们猜想”[③]。保罗王子不是真正的王子，但他有高贵的蓝色血统，他的父亲保罗十七仅仅是一个具有国王气派的人物，“甚至五十五岁时，他还往鞋里洒古龙香水”[④]。父亲的最大的抱负不过是折腾一位古怪的女服务员而已，而保罗的理想比其父亲稍微崇高一点，他梦想遇到一位白雪公主式的女人，“也许我应该出去，和某个需要我的美人接上头，把她救出来，让她坐在我的马鞍上和我一起策马离去”[⑤]。但保罗终归意志薄弱，不能实现英雄救美的壮举。一名叫简

① 巴塞尔姆 . 巴塞尔姆的白雪公主［M］. 王伟庆，译 . 北京：南海出版社，2015：96.

② 巴塞尔姆 . 巴塞尔姆的白雪公主［M］. 王伟庆，译 . 北京：南海出版社，2015：159.

③ 巴塞尔姆 . 巴塞尔姆的白雪公主［M］. 王伟庆，译 . 北京：南海出版社，2015：7.

④ 巴塞尔姆 . 巴塞尔姆的白雪公主［M］. 王伟庆，译 . 北京：南海出版社，2015：34.

⑤ 巴塞尔姆 . 巴塞尔姆的白雪公主［M］. 王伟庆，译 . 北京：南海出版社，2015：34.

的女人准备一杯毒酒给白雪公主喝，在白雪公主嘴唇要沾到酒的那一刻，保罗把毒酒从白雪公主手中夺下，自己喝下后倒地死了，终于完成英雄救美的抱负。

（二）《白雪公主》对作者中心主义的解构

1. 拼贴之解构手法

拼贴是巴塞尔姆的《白雪公主》的创作手法的重要特征之一，随意插入一些无意义的文字，将各种纷繁杂乱的符号拼接在一起。白雪公主走进厨房时，是随意跳跃的狂想曲。完全没有一个统一的主题，荒诞奇怪地组合在一起。“白雪公主的心理：在恐惧方面，她怕镜子、苹果、有毒的梳子。”[①] 这些词语完全源于格林童话中的《白雪公主》，这些其隐含的故事情节本身与巴塞尔姆的《白雪公主》完全无关联性，生硬地将两个不同文本中的白雪公主拼凑在一起。还有一些梦呓一般的词语堆积，“那些男人 慢慢移动 在壁橱和外面慢慢移动 手在白色屏幕上产生障碍 智力 我只想要一个身材高大、性格温柔且灵活的普通英雄 部分 思想 掩饰 肢体在我的肩膀上增加拇指印 七个太 移动太多并且部分缺席 不同程度的感情释放有意的突然发作”[②]。甚至还插入了一份对读者的调查问卷，这是均为纯粹能指的游戏，既无确定意义，也无现实所指。它是一种无中心主题、无确定性原则的拼凑。作者中心主义的文本观认为，作者赋予了作品确定性意义、中心化主题，但巴塞尔姆的拼贴手法解构了作者中心主义所隐含的确定性与中心化原则。

2. 戏仿之解构手法

巴塞尔姆的《白雪公主》最大特点是戏仿了格林童话中的《白雪公主》，与巴塞尔姆中的白雪公主同居的七个男人指向格林童话《白雪公主》中的七个小矮人，保罗和简分别象征着格林童话《白雪公主》中的王子和王后。但是，格林童话《白雪公主》被巴塞尔姆以戏仿的方式解构了，从人物形象的角度，白雪公主不再是纯真、清纯、高贵的公主，而是一个追求肉欲，整天与相当“两个半男人”的七个当代“小矮人”在淋浴间做爱的都市女人。七个小矮人也不是善良诚实之辈，而是彼此勾心斗角、自私自利的小人物。王子保罗也不是真正意义上的王子，而不过是一只不折不扣的“青蛙”，除了血统，并无与血统相匹配的地位与财富。王子保罗的“父王”的抱负也仅仅是与一个古怪的服务员调情而已，其本人也

① 巴塞尔姆 . 巴塞尔姆的白雪公主［M］. 王伟庆，译 . 北京：南海出版社，2015：21.

② 巴塞尔姆 . 巴塞尔姆的白雪公主［M］. 王伟庆，译 . 北京：南海出版社，2015：37.

只有英雄救美的梦想，而无英雄救美的勇气。在情节上，也没有一条公主落难被良善之辈搭救，最后遭遇白马王子的情节线索；也没有“坏人”王后得到应有惩罚、“好人”白雪公主终嫁王子的完美结局，相反，王子被王后毒杀，白雪公主嫁给白马王子的梦想全部破灭。以现代性哲学为依托所塑造的完美形象、所构造的童话世界全被巴塞尔姆所颠覆，在解码与编码的“双重解码”中，经典被解构，后现代故事版本被重构。

3. 反体裁之解构手法

巴塞尔姆的《白雪公主》无法归类到传统的体裁中，“后现代派占有了诗、散文和哲学文本等的领域，却丧失了自己的领地。巴塞尔姆的小说终于背叛传统美学，割裂了与时代的联系，并拒绝了它的读者大众”①。在体裁上，巴塞尔姆的《白雪公主》既不是传统意义上的童话故事，也不是当代版的现代童话式都市传说，还不是现代性经典小说。这部小说体裁放弃了同一性，代之以多元化、多中心化。它颠覆了原有关于童话、小说的既有风格与传统规范，也消解了现代性传统小说的“堂皇叙事”策略。它不是一种“严肃小说”，它解构了公主嫁王子的圣洁美好爱情故事的经典套路，代之以整天在淋浴间做爱、追究肉欲的庸俗情节描述。它也不是一般意义上的“消遣小说”，其对保罗父亲保罗十七的描写令人悲伤——一个具有国王气派的人物，“甚至五十五岁时，他还往鞋里洒古龙香水”。故事从小人物的细节描写中透露了世态无尽的悲凉，在消遣了小人物的可笑之处时展现的是令人心酸的黑色幽默，让人在笑的同时更有一种欲哭之感。

三、《法国中尉的女人》文本分析

（一）《法国中尉的女人》的文本介绍

小说重点讲述的故事发生在 19 世纪 60 年代，即英国维多利亚时代的英格兰西南部港湾莱姆镇，故事开头讲述一对从伦敦来莱姆镇旅游的青年男女，男的叫查尔斯，女的叫欧内斯・蒂娜，他们是订婚但未结婚的一对男女。查尔斯出身贵族，祖父是男爵，父母均已故，家道破落，只有少量的收入，但是他是其伯父——温斯亚特大庄园庄主的合法继承人，查尔斯伯父 67 岁，未婚，没有子女。欧内斯・蒂娜是布商的独生女，家境富裕。某天他们到莱姆镇码头的科布海堤游玩，遇见了小说中的主角法国中尉的女人萨拉・伍德拉夫，她是莱姆镇的波尔坦尼太太的秘书。

① 杨仁敬，等 . 美国后现代派小说论［M］. 青岛：青岛出版社，2004：90.

有一次，有一条来自法国的帆船遇到大风，三个船员获救，其中一个是法国中尉，因为法国中尉不懂英文，于是请来伍德拉夫小姐当翻译，并照顾中尉的日常生活。这位法国中尉博得了萨拉·伍德拉夫小姐的爱慕之心，法国中尉与萨拉开始厮混在一起，法国中尉山盟海誓要娶萨拉为妻。法国中尉回法国了，他回国前对萨拉许诺，他回家看一看，搞到一条新船后，马上回到莱姆跟萨拉结婚，然后带她一起走。他骗萨拉说，他回去后将被升为上尉，但他乘船离开后再也没有回来。萨拉经常站立在海边的防波堤上，仿佛是在等待中尉回来娶她。萨拉承受着当地人的闲言碎语，她被认为是一个遭人唾弃的女人，绰号为“悲剧”，还被认为是精神有点失常的“疯子”。她被波尔坦尼太太所收留，她是一个对手下人极为苛刻的女人，以前那些仆人均逃之夭夭，“波尔坦尼太太简直可以在盖世太保那里任职，她有一种审讯方式，能让最坚强的姑娘在五分钟内落下眼泪”[①]。波尔坦尼太太相信地狱的存在，当地牧师告诉波尔坦尼太太，如果她能收留萨拉就可以得救，对波尔坦尼太太本人来说，这还是一个善举。

查尔斯第一次在“科布堤”上邂逅萨拉后，即被这个神秘的女人所吸引，难以忘怀。尔后，查尔斯与萨拉多次在莱姆镇一个海边悬崖、一个十分偏僻的地方相遇。有一次萨拉主动邀请查尔斯见面，查尔斯感到很为难，他是一个订了婚的绅士，而萨拉是一个声名狼藉的女人。尽管理智告诉他不能去赴约，但他还是去了。萨拉讲述了她与法国中尉的故事。不久，查尔斯收到伯父的来信，让他回一趟庄园，查尔斯回庄园后得知了一个十分坏的消息，他伯父竟然要与一个年轻的寡妇结婚，这意味着他要失去继承权，查尔斯郁闷地回到了莱姆镇。回来又得知萨拉被波尔坦尼太太解雇了，原因是萨拉不听从波尔坦尼太太的劝诫，坚持独自一人到偏僻的树林行走。萨拉身处困境，再次约查尔斯到树林中一个小屋见面，尽管小镇医生格罗根告诫查尔斯萨拉是一个颇有心计的女人，要防范她利用自己的不幸博取同情、诱使其坠入情网，但查尔斯还是又一次赴约。查尔斯面对凄楚的萨拉，禁不住抱住了她且承认了对她的情感，并给了萨拉 6 个金币让她离开莱姆镇。萨拉到了离莱姆镇不远的埃克塞特，找到一个旅馆住下，并将地址寄给了查尔斯。查尔斯与萨拉交往之后，开始有点厌倦欧内斯·蒂娜。他借口去伦敦见蒂娜父亲弗里曼先生。他向弗里曼先生汇报了其伯父的决定，弗里曼认为查尔斯无非是向他讨

① 福尔斯．法国中尉的女人［M］．陈安全，译．上海：上海译文出版社，2002：21.

要更多的嫁妆，这对他来说是轻而易举的事情，弗里曼趁机游说查尔斯经商，既然查尔斯是一个达尔文主义者，为了生存就必须适应环境的变化，也就是既然不能从伯父那里继承大庄园，就得学会经商，继承未来岳父开创的产业。暴发户弗里曼的言辞深深地刺伤了贵族出身的查尔斯，他感到十分苦闷，于是喝得酩酊大醉，到伦敦街头找了一个妓女发泄，第二天又十分自责地回到了莱姆，回到了蒂娜身边。“故事到这里就结束了。后来萨拉的命运如何，我不知道——不管她情况怎样，她本人再没去搅扰过查尔斯，尽管他可能很长时间都忘不了她。”[①]查尔斯与蒂娜生活在一起，最后查尔斯比蒂娜多活 10 年，生儿育女有七个。其伯父与寡妇汤姆金斯太太结婚后不到 10 个月生有两个小孩，查尔斯被迫走上从商之路。

但是这个结局是查尔斯从伦敦到埃克塞特途中的一种幻想，“你在前面读到的最后几页并非真实发生过的事情，而是他从伦敦前往埃克塞特途中几个小时里想象可能发生的情景”[②]。实际上，他找到欧内斯·蒂娜，与她解除了婚约，“经过长时间最深刻最痛苦的周密考虑之后，我得到的结论是我配不上你”[③]。蒂娜与其父亲为此十分气愤，他们委托律师让查尔斯签下了悔罪书，并迫使其离开英国，而查尔斯回到旅馆寻找萨拉时，得知她已不辞而别，也不知她具体去哪里，只知道她搭乘的是去往伦敦的火车。查尔斯雇佣了四个侦探查找萨拉的下落，未果。两年后他在美国得知了萨拉在伦敦，立刻回到伦敦去找萨拉。萨拉在一个画家家里开始当家庭教师，后来充当文书助手，偶尔当模特。这次见到的萨拉并不是变衰老了，而是年轻了两岁，“一切依然如故。她仍然是他幸福记忆中的那个非凡女子，但是现在像花儿开放了，潜质充分发挥上。黑蛹长出了翅膀”[④]。他见到了萨拉，而且见到了他与萨拉所生的女儿，一家人始得团聚，一切还是很完美。当然这也只是其中的一种结局，故事还有一种结局，萨拉没有跟随查尔斯离开，“明知我不能像一个妻子那样去爱你，却说你可以娶我，这样做就不自私了吗？”[⑤]。查尔斯离开了，仿佛重新出生了一次，“他马上就要结束自己的生命吗？我认为不是，因为他终于在自己身上找到了一丝信心，那是真正属于他自己的，他可以以此为基础重新构筑自己的生活”[⑥]。一部小说，作家写了三个不同的结局。

① 福尔斯．法国中尉的女人［M］．陈安全，译．上海：上海译文出版社，2002：361.
② 福尔斯．法国中尉的女人［M］．陈安全，译．上海：上海译文出版社，2002：364.
③ 福尔斯．法国中尉的女人［M］．陈安全，译．上海：上海译文出版社，2002：403.
④ 福尔斯．法国中尉的女人［M］．陈安全，译．上海：上海译文出版社，2002：475.
⑤ 福尔斯．法国中尉的女人［M］．陈安全，译．上海：上海译文出版社，2002：497.
⑥ 福尔斯．法国中尉的女人［M］．陈安全，译．上海：上海译文出版社，2002：500.

（二）《法国中尉的女人》对作者中心主义的解构

1. 元小说对作者中心主义的解构

《法国中尉的女人》是一部比较典型的元小说，其具有自揭虚构的特点，作者经常直接出现在读者面前，丝毫没有隐瞒创作小说、虚构故事的迹象。例如，福尔斯在小说中直接坦白自己在写书，“这一引人注目的事件发生于 1866 年春天，刚好比我此书写及的时间早一年，而且它与波尔坦尼太太生活中的一大秘密有关”[①]。福尔斯还坦承自己所讲的故事完全是他想象的，“我正在讲的这个故事完全是想象的。我所创造的这些人物在我脑子之外从未存在过。如果我到现在还装成了解我笔下人物的心思和最深处的思想，那是因为正在按照我的故事发生的时代人们普遍接受的传统手法（包括一些词汇和‘语气’）进行写作：小说家的地位仅次于上帝。他并非知道一切，但他试图装成无所不知”[②]。在小说后半部分，福尔斯开始谈论自己的小说布局，“在给这部小说安排一个彻头彻尾的传统结局之后，我最好再做一个解释：我在最后面的两章所描写的一切的确都发生过，但是发生的方式未必和你想象的一致”[③]。另外，福尔斯以人物的口吻评论小说自身，“他觉得自己的故事已经快要结尾了，而他并不喜欢这个结尾。如果你在前面的最后两章中注意到故事发展情节中的唐突，缺乏协调一致，有悖于查尔斯更深层次的行为发展可能，以及他的寿命几乎达到一又四分之一世纪这一细小事实”[④]。元小说的特点是自揭虚构、自我评论，具有一种强烈的自我意识，是关于小说的小说。“不管评论家们的措辞如何，都承认元小说家们强调小说的虚构性，在小说中探讨小说创作，并用碎片式的创作手法，玩弄文字游戏，力图创造一种单纯由文字组成的小说。”[⑤]在作者中心主义传统创作模式中，强调的是作者创作的真实性、作品的完整性，而《法国中尉的女人》破坏了作品的完整性，福尔斯故意将作品中虚构的故事与作者创作的“现实”交错、混淆。小说不是作者人格的体现、个性的映射，作者无须用一个完整的作品来作为表达载体，作者福尔斯在作品中直接对读者喊话、直接向读者倾述。《法国中尉的女人》的元小说套路解构了作者中心主义创作模式逻辑完整性原则。

---

① 福尔斯 . 法国中尉的女人［M］. 陈安全，译 . 上海：上海译文出版社，2002：21.

② 福尔斯 . 法国中尉的女人［M］. 陈安全，译 . 上海：上海译文出版社，2002：21.

③ 福尔斯 . 法国中尉的女人［M］. 陈安全，译 . 上海：上海译文出版社，2002：363.

④ 福尔斯 . 法国中尉的女人［M］. 陈安全，译 . 上海：上海译文出版社，2002：364.

⑤ 杨仁敬，等 . 美国后现代派小说论［M］. 青岛：青岛出版社，2004：115.

2. 戏仿对作者中心主义的解构

《法国中尉的女人》包含了戏仿的成分，罗伯特·伯登“在谈到福尔斯小说时，是唯一以这种方式将戏仿转换为元小说的作品”[①]。《法国中尉的女人》戏仿了哈代的《德伯家的苔丝——一个纯洁的女人》，后者故事的背景也是发生在维多利亚时代，故事写的是乡村清纯少女苔丝被恶少诱奸，苔丝杀死恶少亚雷·德伯复仇，最终被判死刑的故事。[②]《法国中尉的女人》中萨拉戏仿了苔丝，同样出身于乡村的萨拉遭遇法国中尉的抛弃，得来的是“法国中尉的妓女”“疯女人”“精神不正常”的坏名声。“福尔斯的《法国中尉的女人》这部元小说里的现在、现代叙事者的冲撞、戏仿了19世纪小说中查尔斯、萨拉、欧内斯·蒂娜的故事的常规。叙事者和故事编造者（福尔斯、叙事者、他的代言人、查尔斯和后来的萨拉）的许多‘中国套盒’故事表现了小说的自由与权力、创造与控制的主题。在对维多利亚时期小说家（萨克雷、乔治·艾略特、狄更斯、弗劳德、哈代）进行多处戏仿的同时，也在更广的层面上反讽了19世纪权威的叙事声音、叙事者对读者的讲话、封闭的叙事结构。”[③]《法国中尉的女人》是一部戏仿维多利亚时代的小说，“从情节和语言上看，这是一部19世纪维多利亚风格的言情小说，兼有狄更斯的幽默和哈代的感伤”，“他在时隔百年的两个时代自由穿梭，使两个时代形成一种互文和反讽。福尔斯是用‘戏仿’的方式借用或‘复制’了一部维多利亚小说”。[④]福尔斯在《法国中尉的女人》第16章戏仿了维多利亚时代一个家庭如何度过夜晚，戏仿了维多利亚富人们在没有电影、电视，点煤气灯的时代如何消磨漫漫长夜。[⑤]哈琴如此认为《法国中尉的女人》，“作者将维多利亚时代的传统置入现代小说形式之中。两个时代的神学与文化上的猜想通过文学的形式清楚地表现出来。读者通过戏仿形式这种媒介可以将两者进行反讽式的对比”[⑥]。在作者中心主义主导下的创作模式中，作者力求的是独创性，避免模仿、抄袭、剽窃，作者是作品意义、价值的唯一来源，而福尔斯戏仿了维多利亚时代小说的风格与套路，体现了互文性，否定了作

① 罗斯．戏仿：古代、现代与后现代［M］．王海萌，译．南京：南京大学出版社，2013：93.

② 哈代．德伯家的苔丝：一个纯洁的女人［M］．张谷若，译．北京：人民文学出版社，1957：1-10（译本序）．

③ 哈琴．后现代主义诗学：历史·理论·小说［M］．李杨，李锋，译．南京：南京大学出版社，2009：62-63.

④ 唐建清．国外后现代文学［M］．南京：江苏美术出版社，2003：101.

⑤ 福尔斯．法国中尉的女人［M］．陈安全，译．上海：上海译文出版社，2002：120-122.

⑥ HUTCHEON L. A theory of parody：the teachings of twentieth-century art forms［M］. New York and London：Methuen，1985：31.

者是作品意义的唯一源头。以作者中心主义为基础所建构的著作权价值理念——从法律的角度对剽窃、抄袭的否定为福尔斯所颠覆，福尔斯以他的作品重构了后现代文学的创作模式——模仿、复制不再是一种否定的存在，相反，它们在戏仿中“重获新生”，被重新定义。

3. 拼贴对作者中心主义的解构

罗伯特·伯登说，“在《法国中尉的女人》里，戏仿操纵读者期待，并采用了拼贴技巧，为更严肃的目的而超越了戏谑滑稽的游戏性”①。应当说福尔斯通篇都使用了拼贴的创作手法，其在每一章节的开头都节选了其他与作品无直接关联的片段，包括哈代的《谜》、达尔文的《物种起源》、马克思的《资本论》与《共产党宣言》、简·奥斯丁的《劝导》、G. M. 扬的《维多利亚论文》等，对小说的叙事、故事情节、人物塑造没有任何关联性，使一些杂乱无序的材料拼贴在一起，完全背离了作者中心主义模式的写作套路。福尔斯还会拼贴一些与叙事没有联系的其他事件与场景，如在第 3 章中，“尽管如此——其时为 1867 年 3 月——仅仅六个月之后，《资本论》第一卷就在汉堡出版了”②。第 5 章中，“她 1846 年生，卒于希特勒入侵波兰那一天”③。第 10 章中，“说来奇怪，这里在一百年前并不像今天这样荒凉。今天在安德悬崖根本见不到任何小屋，在 1867 年倒有几幢，住着看守猎场的、伐木的，还有一两个猪倌”④。这些拼贴的手法破坏了作者中心主义所恪守的完整性、逻辑性理性原则，通过材料的堆积、素材的罗列，形成了一种多元化的、非本质主义的套路，解构了以作者为中心、把作者视为作品的意义本源的套路。

通过对《一个后现代主义者的谋杀》《白雪公主》《法国中尉的女人》三部后现代文学作品的文本分析，后现代文学理论套路在文学作品中被生动地展开，后现代文学作品如何对作者中心主义的写作套路予以深度的解构在文本的分析中展露无遗。在后现代文学作品中，我们再也无从从作品洞见作者的人格与特质、无从从作者身上寻求作品的意义，作者与作品之间的血缘关系被切割，唯有从其他文本中沿着“互文性”等后现代文学的理论指引才能诠释作品，发现它们的新的意味。

---

① BURDEN R，FOWLES J，HAWKES J，et al. Problems of self and form in the post-modernist novel：a comparative study［M］.Würzburg：Köngigshausen + Neumann，1980：284.

② 福尔斯 . 法国中尉的女人［M］. 陈安全，译 . 上海：上海译文出版社，2002：12.

③ 福尔斯 . 法国中尉的女人［M］. 陈安全，译 . 上海：上海译文出版社，2002：29.

④ 福尔斯 . 法国中尉的女人［M］. 陈安全，译 . 上海：上海译文出版社，2002：71-72.

小 结

现代性哲学是作者中心主义的哲学基础，现代性哲学起源于笛卡儿对主体性的建构，康德、黑格尔是主体性现代哲学的最高代表，现代性哲学主要特征为理性主义、主体性、基础主义、宏大叙事，现代性哲学内部范畴中经历了变革与自我批判，批判理论即是从现代性哲学内部对现代性本身展开了反思与质疑，但依然是现代性理论框架。后现代性的哲学转向是对现代性哲学批判的外部视角，彻底颠覆了现代性的根基与理论原则，后现代哲学的基本特征是非理性、去中心化、反本质主义、小型叙事。德里达、福柯、利奥塔、德勒兹与加塔利是后现代哲学的代表性人物。德里达对西方哲学传统进行独特的解读，认为语音中心主义重语音、轻文字是一种在场的形而上学，语音中心主义中隐匿着二元对立的理论格局。德里达用延异、踪迹、替补解构了语音中心主义，纯然的直接在场是不可欲的，分延才是世界的本源，终极的意义是可企及的；原初的痕迹自身依赖于原初的痕迹，不存在没有被调解过的经验，没有封闭的超验所指，只有一系列的痕迹、踪迹；替补乃是因为在场本身存在不足与欠缺，在场缺席。福柯对现代性哲学的批判是从笛卡儿对疯癫的排斥来展开的，福柯认为笛卡儿是用一种粗暴的方式建构起来的；福柯对知识与权力进行了解读，认为知识与权力是相互支撑、相互勾连的，权力通过知识获得合法性外衣，而知识本身就是权力运作的结果。福柯通过对知识与权力考古学、系谱学的考察，揭示了知识是权力的运作、一种话语实践，所谓作者神圣的主体形象并非作者存在过人之处，而是现代性版权制度运作的结果。利奥塔是后现代哲学家的典型代表，他对知识与权力、叙事知识、科学知识进行了解构，认为知识与权力相互依存是西方的传统，判断真理与判断正义的权力相互依存；叙事知识中元叙事是自我言说、自我证成的论证模式，而科学知识也依赖叙事知识来获得合法性与真理值。利奥塔用语言的游戏来解构“元叙事”，自我言说的元叙事并不意味着真理，唯有在语言的游戏中、具体的语境中才有所谓真理。德勒兹、加塔利用块茎理论解构树根理论。在西方哲学传统中存在树喻理论与镜喻理论，树喻理论具有中心化、确定性、基础主义的理论特质，德勒兹、加塔利的块茎理论是一种无中心的、平面的、发散性的理论框架，颠覆了树喻理论中的基础、废黜了中心原则。德勒兹、加塔利以游牧思想对抗城邦思想，游牧思想是流动、开放的，没有起点，也没有终点；而城邦思想是封闭的、结构化的、中心化的，游牧思想从根本上动摇了城邦思想的根基。

与后现代哲学相对应的文学理论中存在三大后现代文学理论：戏仿、拼贴、元小说。戏仿历史悠久，但在后现代中才成为具有主流价值的创作手法，戏仿可赋予作品新的功能，通过双重解码——既解码原作品，又编码新作品，戏仿合法地获得对已有作品的使用权，消解了作者中心主义语境中作者对作品的过度控制。拼贴比戏仿更后现代、更平面、更具有解构力量，它是材料的堆积、素材的大杂烩，它是非逻辑性、非理性的意识流，拼贴与戏仿相比更不追究内涵与意义，它是空心的存在、没有眼睛的雕塑。拼贴解构了作者中心主义的作者一元论，通过拼贴所创作的作品是多视角、多中心的，是众声喧哗的一种表达。元小说是关于小说的小说，其与传统的小说创作十分不同。传统小说追求创作的真实性、完整性，而元小说自揭虚构、自我暴露，在创作过程有很明显的创作“自我意识”，甚至直接面向读者喊话；叙事故事与对故事的评论并存，元小说解构了作者中心主义的创作原则，元小说解构了作品的确定性、单一性、完整性，赋予作品多元性、不确定性。后现代文学作品中，阿瑟·A. 伯格的《一个后现代主义者的谋杀》、巴塞尔姆的《白雪公主》以及福尔斯的《法国中尉的女人》是典型的后现代主义小说。阿瑟·A. 伯格的《一个后现代主义者的谋杀》主要创作手法使用了拼贴，在小说文字性作品中穿插了 150 多幅与叙事没有任何关联的图片，颠覆了作者中心主义的创作原则。“作者与作品的血缘关系”“作品是作者的个性体现”荡然无存。巴塞尔姆《白雪公主》戏仿了格林童话《白雪公主》，解构经典童话中概念化的人物形象，公主不再是纯洁、清纯的女孩，而是每天与七个小矮人在淋浴间做爱的现代都市女性；七个小矮人也不再是良善之辈，而是行为猥琐，彼此之间相互勾心斗角；王子也不是真正的王子，仅有血统，而无与血统相匹配的财富与地位。他有英雄救美的理想，却无付诸行动的勇气。它解构了作者中心主义的独创性原则，体现了一种文本的“互文性”。福尔斯的《法国中尉的女人》是典型的元小说，作者在作品中多次自揭虚构、自我暴露，直接告知读者他是讲故事，故事情节是他想象出来的。它解构作者中心主义理念下作者的崇高形象、瓦解了作者中心主义理论中作品所要求的完整性、确定性原则。

第七章　哲学基础变迁背景下作者权合法性基础重构

在前面的六章中，本书主要论述了当下的作者权体系是一种作者中心主义的制度模式，其产生有相应的历史背景和哲学基础。但随着时代的进步与哲学基础的变迁，作者中心主义已失去了哲学基础，而与当下的哲学思潮格格不入，因此，有必要调整著作权法律制度与哲学基础之间的业已存在的错位关系，以当下的哲学思潮为基础对以作者中心主义为核心理念的著作权制度予以重构，使法律制度与哲学基础之间具有应有的对应关系。既然近现代哲学思想对应着作者中心主义，那么，转向之后的后现代哲学思想则对应的是无中心的“多元化”。在从作者中心主义到无中心的转变中，旧有的价值理念、权利格局以及司法理念应予以重新定位，本章将以后现代哲学思潮为基础以重构哲学转向后的著作权价值理念、权利格局以及司法理念。另外，中国著作权制度也是典型的作者中心主义著作权制度，结合中国的现实情况有必要重构中国语境当下的著作权法律制度。

第一节　走下神坛的作者：作者权合法性基础重塑

作者中心主义内含了相应的价值理念，包括将作者神圣化、对作者利益的保护是立法的终极目的、作者是作品的本质来源，而重构作者中心主义价值则要去掉作者的神圣外衣、实现作者与读者共赢的立法目的，而作者并非作品的来源与本质。

一、作者的祛魅

作者中心主义的价值内涵有：作者创造了作品，作品是作者人格之反映，作者权是一种自然权利。作者中心主义有深厚的哲学基础与文化背景，浪漫主义、康德和黑格尔的人格权理论、浪漫主义诠释学以及主体性哲学与作者中心主义的产生有相同的历史背景，18、19 世纪近代哲学为作者中心主义的确立提供了哲学依据，也为作者获得著作权奠定了合法性基础。在神的时代，上帝是真理的化身、一切意义的根源。而启蒙时代后，人成为上帝死后的填充物，人成为主体性的存在，不再是神的仆人；人可以为自然立法，人是君临于客体之上的主体。在文学领域，作者就是最高主体，作者是作品的源泉，而作品是作者人格的写照。将作者人格与作品相勾连、作品与作者人格进行混同、冒犯作品就是冒犯作者是作者中心主义立法者们的一大“法宝”。作者中心主义视作品为作者精神的外化，通过赋予作者精神权利的方式来使作者权获得神圣的外衣，以使作者权获得某种天然的、不容置疑的合法性基础。从“上帝—真理”到“作者—作品”的范式转换，意味着象征着权威的圣物从上帝之手传承到了作者之手，作者成为掌权者；作者创作了作品，也就可以全面地控制作品。作者对作品的控制使用了从物质到精神的全面控制：在物质层面上，作者拥有复制、改编、放映、出租、网络传播、出版发行、展览等权利；而在精神层面上，作者对作品有发表、署名、保持完整的权利。立法者们赋予作者对作品的近乎绝对的独占权，甚至立法者们对作者的越界行为也是“揣着明白装糊涂”：明明著作权法的基本原理是只保护表达，不保护思想，但实际上，作者的权利已经突破表达的限制，已经渗透到了思想层面。作者的改编权明明是他人对同一思想转换了表达方式，但作者依然有禁止他人改编的权利；未经作者之同意他人无权改编作品。私自改编就侵犯了作者人格、侵犯了其保持作品完整的精神权利和演绎作品的经济权利。改编实际上是用不同于作者的表达方式来表达作品之内容，而禁止他人演绎作品实质上就是禁止他人利用作品中的思想，但著作权立法者们采取了“绥靖政策”，对作者的越界行为视而不见。显然，这体现了立法者们秉持着“作者中心主义”理念，是在对作者所谓的神圣权利予以顶礼膜拜。

我们从前述的论证过程中知道，作者中心主义是从信仰时代转换到理性时代之后的人类又一次文化构思，是将人类精神庙宇里的神像从上帝更换为人或作者。作者中心主义是与近代哲学思潮相对应的，但随着时代之变迁、哲学之发展——哲学从近代哲学发展到现代哲学乃至后现代哲学，作者中心主义得以安身立命的哲学基础已经面目全非，因此，我们不能继续对作者中心主义及其相应的制度抱残守缺、不能继续无视其合法性基础已然变迁的事实。我们知道作者与作品之间并无人格上的勾连关系：结构主义认为不是作者生产了作品，而是作品借助作者而来，作者只是结构功能性的表达；作者不是作品的“父亲”，两者之间并无血缘关系，而作者至多只是作品的“助产士”而已。俄国形式主义文学认为文学的城堡上空并不飘扬作者之旗帜；新批评文学主张诗人不是要在诗歌里张扬个性，而是要逃避个性。普罗普、坎贝尔以及列维－斯特劳斯认为所谓的神话、民间传说都具有固定的功能模式，故事人物仅相当于函数的自变量，而所有故事都只不过是对深层结构的拷贝。语言哲学的转向也切断了作者与作品的联系，分析语言哲学认为传统哲学是既不真也不假的无意义的陈述；人不是哲学中的主体，而仅为世界的界限；作品不是人的表达，而只是一套自我指涉、自给自足的符号体系；人文语言哲学则否定了人与世界的主客关系，在文学领域否定作者是作品的主人，人不是作品的本质根源，作品只是作者的一个功能性表达。在人与语言关系上，不是人说语言，而是语言说人；语言不是人的工具，相反，人是语言的工具。人栖居在语言之中，能倾听大道之音，能为大道的言说开辟道路。随着主体范式的衰落与死亡，作者也随之死亡，巴特认为作者不是作品的源头，作品由千万个源头交织而成，是一种无限远隔的模仿；福柯认为谁在说话都没有关系，作者只是一个话语功能，作品是无主体性之思想。继巴特认为读者的诞生是以作者的死亡为代价的之后，哲学解释学为读者的崛起予以充分的论证，读者的个性不再是在理解中需要加以扼杀的因素，相反，读者的偏见是解释得以成立的合法性基础。由于作品只是一个“半成品”或一个“草图”，作品的最终完成需要读者来具体化、现实化，因此，读者有赋予作品以意义的强大功用。从这一系列的哲学理论与文学理论的论述中可以发现：作者与作品关系已然断裂，或者本来就没有内在的联系；作者的人格与个人际遇与作品本身并无交点——而所谓的交点都是浪漫主义等哲学理论的人为建构。现代、后现代哲学以及相应的文学艺术理论撕裂了作者与作品之间以人格精神为纽带的勾连关系，也就推翻了作者中心主义的合法性基础。我们也就可以洞见一直披在作者身上的神圣外衣原来只是“皇帝的新装”，发现退潮后的作者是在“裸泳”。

因此，在著作权领域，我们应该重新审视与建构作者权的价值取向，应该从“作品是无主体之思想”、从“读者中心论”的新视角来重新定位作者在著作权法体系中的价值所在。作者作为功能标识、作为与读者视域融合的一方，并无理论上的优越性；作者应该作为极为普通的、平民化的主体参与到著作权体系的建构中来，这样方能与各方主体通过民主对话的方式来达成共识。质言之，作者应该脱下神圣之外衣，在著作权国度里不做君临于作品之上的暴君而做一个普通的公民。

二、作者与读者共赢

作者与读者在著作权的架构中的价值应该从他们对作品意义之贡献来判断、定位。从哲学解释学及接受美学的角度，作者与读者之间是一种合作关系：作者创造一个半成品或建构一个草图，尔后再由读者对半成品予以查漏补缺，予以具体化。作者与读者之间的关系从这个角度来说是一个纵向的合作关系，因此，应当分享著作权法中的权利分配。

从另一个角度来说，作者与读者的身份并不是一个泾渭分明的事情，往往是作者身份与读者身份是一个水乳交融的关系：作者写作的过程实际上也是一个使用他人作品的过程，这就是所谓的“互文性”（intertextuality）。“互文性”概念是法国文学理论家克里斯特瓦提出的，她认为，“任何文本的构成都仿佛是一些引文的拼接，任何文本都是对另一个文本的吸收和转换”，“文本是一种文本转换，是一种互文性：在一个文本的空间里，取自其他文本的各种陈述相互交叉，相互中和”[①]。“互文性”意味着一个文本中隐含着另一个文本，意味着当前文本与先前文本的对话。我们可以理解为：作者在创造一个文本的同时正在借用他人之文本，创作其实是作者身份的创作行为与读者身份的使用行为的“二重性”混同，而这个“二重性”是“互文性”的根本特征。巴特在《作者之死》中也认为文本是一种无限远隔的模仿，实际上也是在主张文本的互文性。“没有什么文学的‘独创性’，也没有什么‘第一部’文学作品：所有文学都是互文的。因此一部特定的作品并没有任何明确的规定下来的边界：它不断地溢入簇集于周围的作品之中，从而产生成百个不同的透视角度，一直缩小到消失不见的投射角度。”[②]在巴特看来，文本是无边无底的编织物，有无数个意义源点，由无数个先前的文本拼接而成。德里达也认为一切命题都依附于先有的命题，文本的逻辑就是将字符进行运作、插入和扩展为一体的逻辑，甚至康德的理论都是嫁接的产物。他认为康德理论的一些母题居于一个漫长的系列之中——一个可追溯到柏拉图或者是亚里士多德的传统哲学之链。[③]显然，文本也有自我的逻辑生命力，有其自身的规律在运作与扩展。当前的文本总是对以往文本的再利用，文本在创造某种文本或理论的同时，也要借鉴利用他人的某些文本

① 秦海鹰．互文性理论的缘起与流变［J］．外国文学评论，2004（3）：18.

② 伊格尔顿．二十世纪西方文学理论［M］．伍晓明，译．北京：北京大学出版社，2007：135.

③ 卡勒．论解构［M］．陆扬，译．北京：中国社会科学出版社，1998：117-119.

或理论。

在当下的著作权架构下，作者中心主义将作者的价值凌驾在读者之上，将读者的权利视为著作权的例外或侵权阻却，显然，是对读者价值的漠视，同时，也是对作者与读者关系的片面的、对立性的理解。作者实际上首先是作为使用者才得以创作，写作其实就是正确处理合法的复制与非法的复制、引用与抄袭的过程，“版权法并没有将作者设想成不借助任何东西，完全凭空创作全新内容的人。认定标准不是凭空的创作标准。相反，作者能够也确实引用其他人的作品。他 / 她把已经存在作品作为自己的参考资料。作者与自己生活和吸取智慧营养的世界并不隔绝。版权法将作者视为经常与世界对话、与其他作品对话的主体”①。由此可知作者既是创作者，也是资料的使用者；作者是设计师，而不是制造商。所以，从版权的价值层面上看，“版权法不仅仅是有关作者权的法律，也是有关使用者权的法律”②。保罗·戈斯汀也认为著作权的案件表明一个共同点：著作权法是告诉作者他有多少权限从以往的作品中合法地借用，以及他在自己的作品里应当作多少贡献。③也就是说在著作权法领域，创作与借用是作者创作时两个并行的行为，它们可以合法地同时存在。在立法层面上读者应当受到同样的保护，作者与读者之间并不存在物理的区分，也不是老死不相往来的两个族群；作者与读者身份仅仅依凭写作或阅读就可以容易地构建起来，甚至单一的创作行为就内含了创作的作者身份和阅读的读者身份，因此，如果在著作权框架内非要对作者与读者做人为的隔离，势必会破坏著作权法内在的利益平衡机制。从立法目的来分析，在对待作者与读者价值方面，版权体系比作者权体系要做得更好：从版权体系之英国的《安妮女王法令》到美国的版权有关立法之目的来看，学习与阅读始终被放在终极性的位置——授予作者一定版权的目的是刺激作者创作，而刺激创作的目的是满足人们的学习之需要；但在作者中心主义立法中著作权法并没有把读者（使用者）作为立法的终极目的，如德国《著作权法》第 1 条总则就只规定了对作者之保护：文学、科学、艺术著作的著作权人对其著作依本法享有保护。我国《著作权法》第 1 条规定：为保护文学、艺术和科学作品作者的著作权，以及与著作

---

① 德拉西诺韦尔 . 认真对待使用者权［M］// 盖斯特 . 为了公共利益：加拿大版权法的未来 . 李静，译 . 北京：知识产权出版社，2008：334-335.

② 德拉西诺韦尔 . 认真对待使用者权［M］// 盖斯特 . 为了公共利益：加拿大版权法的未来 . 李静，译 . 北京：知识产权出版社，2008：335.

③ GOLDSTEIN P. Copyright’s highway：from Gutenberg to the celestial jukebox［M］. California：Stanford University Press，2003：3.

权有关的权益，鼓励有益于社会主义精神文明、物质文明建设的作品的创作和传播，促进社会主义文化和科学事业的发展与繁荣，根据宪法制定本法。日本《著作权法》第 1 条规定：本法目的在于通过规定有关作品以及表演、录音制品、播放和有线播放的作者权利以及此邻接的权利，在注意这些文化财产公正利用的同时，保护作者等的权利，以促进文化的发展。在这些作者中心主义的著作权立法中，没有作者与读者的双赢立法目标，没有从哲学与文学的层面来厘清作者与读者的相互依赖关系，没有看到两者合作、同一、对话的一面，而只有作者与读者分离、对立、矛盾的一面，因此，应当基于现代哲学及后现代哲学理论和文学理论来建构新型的“作者—读者”关系，应当修正作者中心主义立法中对作者的片面保护，以便重新塑造著作权法的价值观念，实现作者与读者双赢的著作权立法价值目标。

三、反本质主义哲学

作者中心主义从哲学角度来说是一种基础主义或本质主义的表现，把作者当作作品的本质与源头。哲学上基础主义（本质主义）源远流长，古希腊的柏拉图是其源头。柏拉图认为世界是对理念的模仿，而理念是事物的本质，这是典型的本质主义。罗蒂认为，“自希腊时代以来，西方思想家们一直寻求一套统一的观念，这种想法似乎合情合理的；这套观念可被用于证明或批评个人行为和生活以及社会习俗和制度，还可为人们提供一个进行个人道德思考和社会政治思考的框架”①。伯恩斯坦认为“客观主义是指存在着或者必定有一些永久的与历史无关的模式或框架，在确定理性、知识、真理、实在、善行和正义的性质时，我们最终可以诉诸这些模式或框架”，“客观主义与基础主义以及对于一个作为基础的阿基米德点的追求密切相关。客观主义者认为，除非我们能以一种严格的方式奠定哲学、知识或语言的基础，否则就不能避开激进的怀疑论主张”。② 笛卡儿式的本质主义是为知识寻求到一个坚实的、不容置疑的基础，从怀疑一切出发来为知识寻求一个确切无疑的“阿基米德点”，并以此作为第一哲学原理。③ 康德哲学将人的先验能力与经验相结合以寻求科学的形而上学何以可能的条件，显然，也是本质主义的哲学套路。而前

① 罗蒂．哲学和自然之镜［M］. 李幼蒸，译．北京：商务印书馆，2003：6.

② 伯恩斯坦．超越客观主义与相对主义［M］. 郭小平，康兴平，译．北京：光明日报出版社，1992：9.

③ 笛卡尔．第一哲学沉思集［M］. 庞景仁，译．北京：商务印书馆，1986：15-29.

期维特根斯坦则要划清“可说的”与“不可说的”之间的界线，认为语言是透明的，“哲学应当为能思考的东西划定界线，从而也为不能思考的东西划定界线”，“凡能思考的东西都能清楚地思考。凡是可以说的东西都可以清楚地说出来”。[①] 现代基础主义尽管抛弃了传统基础主义的形而上学，但仍然是在寻求可靠知识的“阿基米德点”，只是从“寻求实体基础”的范式转换为“证实知识如何可能”的范式。

哲学上本质主义可以归结为以下几个方面：一是坚信存在某种恒久的知识基础，哲学的任务就是发现并找到这样的基础；二是认为存在确定性的模式框架，它们是“第一原则”“根据的根据”“给定的观念”；三是对简单同一的强迫性回归，对同一简单充满浓浓的“乡愁”，拒斥“异己”和“他者”；四是渴望共性，蔑视个性。作者中心主义就是本质主义哲学在著作权法领域的表现：其把作者视为作品的本质与源头所在；把作者视为著作权的一个确定的“第一原则”与根据，主张作者的创造性不容置疑；把作者视为著作权架构中的著作权初始的主体，而其他的主体都是以作者为中心展开活动的，没有作者的授权，其他人不能使用作品；即使其他人有创造性贡献也不能取得著作权主体，而只能被当作邻接权人、合理使用者；把对作者意图的探究视为唯一合法的行为，而读者对作品的反应所形成的意义不具有合法性，如此才能维持作品基于作者的唯一本质、一个共通的特质。

本质主义为知识大厦建构的“基础”、“确定性概念框架”及所谓的“第一原理”受到反本质主义的攻击。尼采作为反本质主义先锋派人物，他要重估一切价值，宣称具有本质意味的上帝已死；他认为本质乃是某种透视性的东西，“一个事物的本质也只不过是一种关于事物的意见”[②]。尼采否定存在真理，“与我们有某种关涉的世界是虚假的，亦即并不是一个事实，而是一种在少量观察之上的虚构和圆通说法；世界是流动的，作为某种生成之物，作为一种常新地推移的虚假性，它决不能接近于真理——并没有什么真理”[③]。海德格尔的存在主义哲学也是一种反本质主义，他以“去蔽”的真理观取代“符合论”真理观，他批驳笛卡儿的确定性基础原理，“自笛卡儿以降，真理的批判概念都是以作为确定性的真理为出发点的，但这也不过是那种把真理规定为正确性的真理概念的变

① 维特根斯坦 . 逻辑哲学论［M］. 贺绍甲，译 . 北京：商务印书馆，2011：48-49.

② 尼采 . 权力意志［M］. 孙周兴，译 . 北京：商务印书馆，2007：165.

③ 尼采 . 权力意志［M］. 孙周兴，译 . 北京：商务印书馆，2007：135.

形”①。他认为，“真理的本质，亦即是无蔽，是由一种否定而得到彻底贯彻的。但这种否定并非匮乏和缺憾，仿佛真理是摆脱了所有遮蔽之物的纯粹无蔽似的；倘若果真能如此，那么真理就不再是真理本身了，这种以双重遮蔽方式的否定属于作为无蔽的真理之本质。真理在本质上即是非真理”②。这也就是说海德格尔也否定所谓绝对的真理。福柯反对基础主义哲学中的宏大统一性的叙事方式，认为人是被建构起来的，大写的历史开端于古希腊时代，“人们就构想一种在其每个关节点上都是光滑的、千篇一律的宏大的历史，这种历史已在同一种漂移、同一种下落甚或同一种攀升中卷走了所有的人，随之卷走了种种事物、动物、每一个活生生的或惰性的存在，直至地球最平静的面貌”③。但这种统一性已折断，“自然不再向人谈论世界的创造或末日、人的依从或逼近的审判”；“语言不再拥有先于巴别塔的标记或能在森林中留住的原始叫声的标记”，所谓有历史的统一性、连续性被分裂成了碎片。④实用主义哲学家罗蒂也是反本质主义者，他放弃内在与外在、核心与边缘之间的区别，“我称放弃这种区别的企图为反本质主义。对我们实用主义者来说，不存在任何像 X 的非关系特征这样的东西，就好像不存在像 X 的内在本性、本质这样的东西一样”⑤。而后期维特根斯坦是反本质主义者，认为词语并无固定本质的意义，只有在语言的游戏中、在实践中才可以确定词语之意义。⑥他也否认不同事物之间存在共同的本质，只有家族相似，“我想不出比‘家族相似性’更好的表达来刻画这种相似关系：因为一个家族的成员之间的各种各样的相似之处：体形、相貌、眼睛的颜色、步姿、性情等等，也以同样方式相互重叠和交叉”⑦。

从近代哲学到现代哲学的演变，从浪漫主义到结构主义，从传统解释学到哲学解释学，从意义固定的、封闭的文学理论到“开放的作品”之文学理论的变迁中，呈现了反本质主义对本质主义哲学的“反制”。作品不是由作者预先建构了某种意义，作品的意义存在语言的游戏中，在不同读者的阅读中作品将呈现不同的意义。我们不能认定对作者创作意图

① 海德格尔．艺术作品的本源［M］// 林中路．孙周兴，译．上海：上海译文出版社，2004：38.

② 海德格尔．艺术作品的本源［M］// 林中路．孙周兴，译．上海：上海译文出版社，2004：41.

③ 福柯．词与物：人文科学的考古学［M］．莫伟民，译．上海：上海三联书店，2001：479.

④ 福柯．词与物：人文科学的考古学［M］．莫伟民，译．上海：上海三联书店，2001：481.

⑤ 罗蒂．后哲学文化［M］．黄勇，译．上海：上海译文出版社，2009：134.

⑥ 维特根斯坦．哲学研究［M］．李步楼，译．北京：商务印书馆，1996：3-4.

⑦ 维特根斯坦．哲学研究［M］．李步楼，译．北京：商务印书馆，1996：48.

的探究是唯一正确的真理，尽管不同读者对文本的理解各有不同，但读者的理解并非漫无目的的“碎片”，而是具有“家族相似”，不同解释者对作品的不同理解具有同样的合法价值。文本由无数的源点交汇而成，是一个无边无底的编织物，而作者不是文学作品的唯一本源，不是文学作品的中心所在。

作者中心主义实质上是本质主义哲学理念，旨在论述作者是作品的本质，作者是著作权框架中的“第一原则”，作者是权利的中心与发源地，但哲学理论与文学理论的双重变迁，使得作者中心主义主导下的著作权制度已不合时宜，我们应该顺应新的哲学思潮，以反基础主义（反本质主义）的哲学理念来建构著作权多元化的权利价值理念。读者的使用者权不应再外在于著作权的权利架构，而是应与作者的权利格局有机地融为一体。只有贯穿了反本质主义的哲学理念，我们才能消除著作权领域的权利等级、分层观念，才可以建构一种民主的、平等的权利模式。

四、人工智能作者

人工智能作者之出现直接挑战了作者的神圣性，作者的“神秘的面纱”似乎要被“人造物”揭开。母猕猴照片案例[①]是动物向人类作者发起的挑战，而人工智能作者小冰出版诗集《阳光失了玻璃窗》[②]则是机器向人类作者发起的挑战。保罗•戈斯汀在论述人工智能对人类著作权可能带来的冲击时提出了“何谓作品而谁又是作者”的疑问。[③]当前，人工智能作品（computer-generated works）剧增，有个别国家的版权法对此直接作出回应。1988 年的英国版权法就关于人工智能的作品规定，“尽管在 20 世纪 80 年代还没有真正意义上的人工智能作品，而 1988 年法案为无人类作者、纯粹计算机背景下产生的文学、戏剧、音乐、美术作品提供版权保护”[④]。英国1988年版权法并没有为人工智能作品的可版权性问题提供解决方案，“该法案明白无误地将计算机生产的产品视为作品，但如何确定这些作品的独创性却什么也没有说。计算机生成作品所带来的独特问题是，很难弄明白如何能将现有的独创性标准运用到人工智能产生的作品上——现有的独创性标准一般是聚焦在作者与作品之间的关系上，

---

① Naruto v. Slater，2016 U.S.Dist.Lexis 1104 at*1（N.D.Cal. Jan. 23，2016）

② 小冰．阳光失了玻璃窗［M］. 北京：北京联合出版公司，2017：1-240.

③ GOLDSTEIN P. Copyright's highway：from Gutenberg to the celestial jukebox［M］. Stanford：Stanford University Press，2003：25.

④ BENTLY L，SHERMAN B，GANGJEE D，et al. Intellectual property law［M］.Oxford：Oxford University Press，2018：117.

而人工智能作品却没有明确可辨的作者”[①]。尽管现实中的版权法并没有根本上解决人工智能作者问题，甚至于同为版权法体系的美国并没有将人工智能作品写进版权法。美国的版权法一直只将作者的身份赋予具有创造性的人（person），而一直不承认“人工智能”是版权法意义上的作者（author），[②]但人工智能作者问题已正式走入了立法者的视野。在哲学领域，人工智能哲学为人工智能作者的合法性问题提供了理论框架。

在著作权法理论界有一种结果主义理论模式，它认可了人工智能生成物的可版权性。结果主义模式认为，判断人工智能创作物是否具有可版权性时，要采取客观独创性标准，“当人工智能创作物在表现形式上同人类创作作品完全一致，以至于如果该作品是人类创作完成，则毫无疑问可以被授予版权时，我们是否根本无需考虑该作品的创作者是人工智能还是自然人的问题”[③]。“如果在没有标明来源的情况下人工智能与自然人作品已无法区别，那么再以自然人来认定最低限度的创造性，是不合理的。”[④]这种模式的典型特征在于以作品结果为导向，不管过程与创作主体如何，只要最终的生成内容符合作品的构成要件，即可给予版权保护。

结果主义模式的哲学基础、合法性来源是人工智能哲学之“图灵测试”，“图灵测试”在某种意义上是人工智能领域的一个“图腾”。图灵测试解决的问题是——执行形式演算的机器算不算一种能够思维的机器。当问话者不能区分被问话者哪个是人类、哪个是机器时，则这部机器通过了图灵测试，而认定该机器能够思维。图灵称测试为模仿游戏，游戏由三个人来做，一个男人A，一个女人B，还有一个提问者，性别不限。如果在游戏中用机器代替A，在这种情况下，提问者作出错误判断的次数和他同一个男人和一个女人做游戏时错误判断次数一样多，我们就可以认定机器具有与人一样的智能，能像人一样地思考。[⑤]图灵的逻辑是：思维就是能计算，而计算就是应用形式规则对符号进行操作。如果机器能以无法区分于人类的方式回答问题、做加减法或阅读十四行诗、做模仿游戏，则可判定它有像人一样的智能。[⑥]图灵测试只追问结果，而不关

① BENTLY L，SHERMAN B，GANGJEE D，et al. Intellectual property law［M］.Oxford：Oxford University Press，2018：117.

② PEARLMAN R. Recognizing Artificial Intelligence（AI）as authors and inventors under U.S. intellectual property law［J］. Richmond Journal of Law and Technology，2018（24）：13-19.

③ 易继明．人工智能创作物是作品吗？［J］. 法律科学，2017（5）：138.

④ 易继明．人工智能创作物是作品吗？［J］. 法律科学，2017（5）：139.

⑤ 图灵．计算机器与智能［M］// 博登．人工智能哲学．刘西瑞，王汉琦，译．上海：上海译文出版社，2001：56-57.

⑥ 高新民，付东鹏．意向性与人工智能［M］. 北京：中国社会科学出版社，2014：20-23.

注过程，只要机器同人类一样通过自己的“智能”使提问者犯同样多的错误，即认定其有智能，图灵测试是结果导向主义。图灵相信可用机械论原则解释心灵，人类可以制造像人脑一样能完成复杂任务的机器，思维功能不是人脑的垄断功能。他不同意这样的说法，“上帝把不朽的灵魂给了每个男人和女人，而没有给任何其他动物和机器。所以动物和机器不能思维”①。图灵批判杰斐逊的唯我论观点——因为机器感觉不到成功的愉悦和电子管烧毁时的悲伤，也不会因听到奉承而兴奋，因错误而苦恼。②图灵测验的核心为计算主义，计算主义“坚信我们的精神只不过是‘肉体的电脑’，他们想当然地认为，当电子机器人的算法行为变得足够复杂时，痛苦和快乐、对美丽和幽默的鉴赏、意识和自由意志就会自然地涌现出来”③。

尽管结果主义模式并没有直接引用“图灵测试”哲学原理，但论证思路与“图灵测试”异曲同工——图灵没有对机器智能的计算过程的内在特征予以分析，而结果主义模式也没有对人工智能创作过程进行分析，两者均从结果来判断。结果主义采用“第三人称”，而非“第一人称”的叙事策略，对内在认知过程中的“黑箱”省略不表。结果主义模式从承认人工智能作品的合法性的立场出发给予人工智能作者合法性地位。

图灵测试的核心是计算主义，而这种计算主义遭到了许多人工智能哲学家的批判，计算主义人工智能被德雷福斯认为是形而上学的遗产，德雷福斯对计算主义展开深刻批判，他将人工智能比喻为中世纪的炼金术，“炼金术士们十分成功地从好像是灰尘的东西中提炼出水银，这使他们在几百年毫无成果地想把铅变成金的努力后，仍然不肯相信在化学水平上改变金属的性质。然而，他们确实作为副产品制造出炼炉、曲颈甑、坩埚等，这正如计算机工作者虽未能制造人工智能，但研制出汇编程序、调试程序、编辑程序一样，也如同麻省理工学院的机器人工程，造出了一只非常精巧的手臂一样”④。由于存在不可形式化或无限多数据的框架问题，计算机很难用内部表达复制环境，人工智能同现实世界打交道受到局限。而人类就不会遇到这种框架问题，“因为他们的世界模型是这个

① 图灵．计算机器与智能［M］// 博登．人工智能哲学．刘西瑞，王汉琦，译．上海：上海译文出版社，2001：69.

② 图灵．计算机器与智能［M］// 博登．人工智能哲学．刘西瑞，王汉琦，译．上海：上海译文出版社，2001：73.

③ 彭罗斯．皇帝新脑［M］. 许明贤，吴忠超，译．长沙：湖南科学技术出版社，2010：前言 8-9.

④ 德雷福斯．计算机不能做什么［M］. 宁春岩，译．北京：三联书店，1986：30.

世界本身”，“人是按照他们的兴趣组织世界，因此事实只当它们是相关的时候才需要对它们加以明晰的表达”。[①] 德雷福斯认为计算机并不能如人类一样思维，他对计算主义持否定态度。

塞尔在他的“中文屋试验”中也对计算机的理解力提出质疑，认为编程计算机所理解的故事的意义只是比喻意义上的，计算机的理解也不是局部的或不完全的，而是零，“只要程序是根据在由纯形式定义的元素上进行的计算操作来定义的，这个例子就表明了，这些操作本身同理解没有任何有意义的联系。它们当然不是充分条件，也没有任何一点理由认为它们是必要条件，或者它们对理解作出了重要贡献”[②]。塞尔认为计算机仅仅是一种运算、程序而缺少意向性或理解力，远远达不到智能的标准。科学家哈肯同样也认为计算机并不智能，即便是智力型的比赛中，也不能体现计算机的理解力，计算机依靠每秒两亿次的搜索来布局，而人类冠军不需要，也不可能如此。计算机是靠设计者的巧妙构思，不是靠自身的思考能力，计算机不能处理含糊、含混的问题，“它明显以与熟练棋手完全不同的方式工作——计算机靠它的蛮力而不是智力工作”[③]。人工智能的智能问题就像皇帝的新装一样，英国物理学家和哲学家彭罗斯在他的《皇帝新脑》一书中戳穿了人工智能的“骗局”，“虽然这会给你一种电脑具有某种理解力的可怕印象。在事实上它一点也没有，只不过是跟着某种相当简单的机械规则而已”。[④]

但也有很多人工智能哲学家支持计算主义，博登在《逃出中文屋》中对塞尔从两个方面展开批判：一方面，她对塞尔的“形式计算理论不能对理解作出解释”进行反驳。关于不能辩论餐馆、不能交费，或不能咀嚼食物，因而不能理解餐馆的机器人，如果带有餐馆的脚本，配备照相视觉程序，则其输入输出与人类一样，其不仅具有形式符号处理能力，且有与外部世界的因果关系。博登认为，“英文应答的关键问题是，例示计算机程序，无论是由人还是由人造机器来完成，本身就包含着理解——至少是对规则的理解”[⑤]。她说，“那种常见的把计算机程序表征为完全句

① 德雷福斯 . 计算机不能做什么［M］. 宁春岩，译 . 北京：三联书店，1986：306-307.

② 塞尔 . 心灵、大脑与程序［M］// 博登 . 人工智能哲学 . 刘西瑞，王汉琦，译 . 上海：上海译文出版社，2001：97.

③ 哈肯 . 大脑工作原理［M］. 郭治安、吕翎，译 . 上海：上海科技教育出版社，2000：314.

④ 彭罗斯 . 皇帝新脑［M］. 许明贤，吴忠超，译 . 长沙：湖南科学技术出版社，2010：14.

⑤ 博登 . 逃出中文屋［M］// 博登 . 人工智能哲学 . 刘西瑞，王汉琦，译 . 上海：上海译文出版社，2001：132.

法的而非语义的做法，是错误的。任何计算机程序固有的过程结果，都给了程序一个语义的立足点，这里所说的语义不是指称性的，而是因果性的”[①]。例如当问谁是Maggie的父亲，而程序可以把Leonard找出来时，就表明它可以把符号映射到对象上，就说明其具有一定的理解力或意向性。另一方面，他对塞尔的意向性必须以生物特性为基础，而金属、硅不具备因果能力展开批判。博登认为神经蛋白如何承载意向性我们一无所知，仅凭直觉不能说明问题，相反倒有证据证明金属、硅能承载视觉中的二维至三维所要求的某些功能。[②]博登是功能主义者，认为思维功能可多样性实现——生物性的人脑可以，计算机的金属元器件均可实现思维功能，当实现认识功能时无须考量物质之不同，只需考虑其抽象功能。

哈瑞也批判了塞尔，认为他对意向性苛求是有所错位的，即他把意向性本来为人的特性归结为大脑的特性，“我们的大脑不理解。它们没有赋值或思考意义”，“如果塞尔希望说明GOFAI计算机不能充分地成为人类大脑的模型，这个思想试验隐含的比较层次则是错误的”，“像库尔特已经指出的那样，把大脑人格化是一个严重的错误。当不能足以成为言者的一个模型时，计算机也许足以成为一个合格的言者的大脑适当模型”。[③]在哈瑞看来既然人的大脑都没有意向性，那么我们不能期待计算机有意向性。

“图灵测试”人工智能哲学思想予以人工智能作品合法性基础，也就赋予人工智能作者相应的合法性地位。如果一件作品不能分辨出到底是源自人类，还是源自人工智能作者之手，则可视为它通过了“图灵测试”，其具有了“可版权性”。在当下，超级智能体开始出现，有人开始担忧“机器人”对人类的挑战。“畅销书《未来简史》的作者、另类历史学家赫拉利为这个潜在的新物种起了个有意思的新名，叫‘神人’（Homo Deus），恰是这本书的英文书名。‘神人’就是超级智能的主体。”[④]谁也无法预言未来的科技会发生什么，也许电影中虚构的机器人、具身AI的载体“神人”会很快成为人类作者强有力的竞争者，自然人作者也许很快被人工智能作者所取代，所谓的神圣作者将被彻底地颠覆。

---

① 博登．逃出中文屋［M］// 博登．人工智能哲学．刘西瑞，王汉琦，译．上海：上海译文出版社，2001：139.

② 博登．逃出中文屋［M］// 博登．人工智能哲学．刘西瑞，王汉琦，译．上海：上海译文出版社，2001：127.

③ 哈瑞．认知科学哲学导论［M］. 魏屹东，译．上海：上海科技教育出版社，2006：116-118.

④ 尼克．人工智能简史［M］. 北京：人民邮电出版社，2017：224.

第二节 读者中心主义：公共领域重构

作者中心主义的制度主要体现在精神权利、著作权—邻接权格局、独创性本质特征以及读者的使用权的“违法”原罪。而随着作者祛魅、独创性的破产以及读者地位的崛起，在后作者中心主义时代我们应当把著作权还原为纯粹的财产权性质、破解著作权与邻接权等级化的权利模式；并应当对独创性标准以及读者使用权予以重新定位。作者中心主义文化主导下的著作权制度体现在，作者是天才式的神圣外衣笼罩下的创造者，著作权法为作者建构了精神权利制度；因为作者是天才式创造者，因而将独创性预设为作品的本质特征、著作权制度的基石；褒作者、贬读者是作者中心主义的基本逻辑，因而建构了等级化的权利格局，著作权—邻接权是常态权利结构；正因为视作者为最初的创造者，作者与作品是父子关系，因此，强调读者对作者的依赖关系，而忽视作者对公共领域的关系。后作者中心主义是解构了作者中心主义文化理念之后的一种文化形态，因此，相应的著作权制度也就有所不同。首先，它并不认同作品是作者精神的外化、人格的延伸，更认为作品是结构功能的产物，因此要还原著作权财产权本性。其次，结构主义因为强调结构的功能，而否定作者的创造功能，作品的独创性也就随之被消解，应当将作品的独创性置放在更为宏大的结构背景中来探究作品起源，而不是仅从作者开始。再次，后作者中心主义并不认为作者如同上帝，可以无中生有地创造，作者总是要依赖他人的成果，因此，在后作者中心主义的理念下，公共领域不是作者恣意掠夺的公共牧地，而是作者的责任地。公共领域不是无主财产，而是读者的领地。最后，要消除等级化的权利格局，将表演者的“第二次创作”从著作权—邻接权模式中解救出来。下面从四个角度，来对从作者中心主义到后作者中心主义的制度重构问题加以详细论述。

一、精神权利问题

作者中心主义不仅仅停留在价值层面上，它已深深地内化在当前法律制度的架构之中，精神权利就是作者中心主义在著作权制度中的体现。从传统民法的角度来说，作者在作品上拥有精神权利是非常特殊的异类，因为我们即使费尽心思设计建造了一栋房子，也不能主张对房屋拥有精神权利。即使在知识产权范围内，拥有精神权利也不是一个普遍的现象——例如专利权人对其发明物、商标权人对商标就都没有精神权利。而唯独作者对作品拥有精神权利，可以说，著作权是知识产权中的知识产权，精神权利使作者享受了“重点保护”的特殊待遇。作者之所以可以因作品而享有特殊的待遇，显然是因为作者中心主义套路在逻辑上的自然延伸，是将作品与作者人格予以混同的必然结果。如康德所认为的书籍就相当于作者本人在言说，对书籍之冒犯就是冒犯了作者本人；作品是作者的“儿子”，两者具有天然的血缘关系，具有人格上的紧密相关性。作者对作品有决定是否公开的权利、在作品上标识身份的权利以及保持作品完整的权利，这些权利可以保障作者之人格得到最完美的表达，可以防止他人因篡改作品而冒犯作者人格。将作者与作品人格混同主要是浪漫主义的文学主张，而结构主义改变了浪漫主义的理论主张，在文学领域切断了作者与作品的人格关系。

面对这样的哲学基础的变迁，我们也没有理由对旧理论“抱残守缺”而无视新理论的出现，而应该顺应哲学思潮的更迭而对著作权制度进行相应的调适，因此，应当重新审视作者的精神权利问题。关于精神权利，有国内外学者予以探讨研究，澳大利亚学者彼得·德霍斯对黑格尔的人格权理论予以重新解读，他对著作权之人格权持否定态度。他认为人们对黑格尔的“财产是人格的体现”运用在著作权方面存在误读，人们误将黑格尔的人格权理论与艺术作品相联结而认为文学艺术作品是作者人格的“天然容器”，作者的人格可以“注入”其中，而专利发明则不是个人人格的表现。彼得·德霍斯认为，黑格尔理论只是认为财产是实现人格的一种方式，财产作为一种生存机制，文学艺术作品并不是一个特殊的客体。采取什么样的艺术形式只是一种手段，就黑格尔的理论而言，人格不是艺术家们获取特殊权利的一个跳板。实际上，黑格尔的财产理论对作者权制度提供了批判性的理论框架。[①] 戴维·桑德斯认为，“政府法律与哲学审美之间的张力、浪漫主义与后结构主义之间的冲突在作者权领域出现本身，实际上就意味着作者人格权将面临拷问”[②]。劳丽·诺西拉对比英国与法国的著作权法的精神权利背景起源与最新的发展，认为英国尽管有精神权利的引入，但尽量将精神权利隶属于经济权利，以经济权利为主。在全球范围来看，依然是普通法的经济权利战胜了作者的精

① DRAHOS P. A philosophy of intellectual property［M］. Burlington：Ashgate Publishing Limited，1996：76.

② NOCELLA L. Copyright and moral rights versus author’s right and droit moral：convergence or divergence?［J］. Entertainment Law Review，2008，19（7）：157.

神权利。[①] 奥古斯丁·魏斯曼认为没有理由艺术家与作品之间的关系比普通产品与其创造者之间的关系更为特殊，而所谓的保持作品完整权是可以放弃的。显然，他对精神权利也是持否定态度。[②] 李琛认为作者的人格权是历史偶然的产物，"'作品体现人格'的观念与特定的历史背景、文化思潮相联系，19 世纪的哲学观与美学观偶然地被法律选择，成为著作权合理性基础"[③]。而后现代哲学思潮使作品体现人格成为幻影，从而相应的著作权制度也受到质疑，"曾经影响作品的法律属性的哲学与美学理论已是'夕阳几度'，而 19 世纪文化思潮塑成的法律制度却'青山依在'。若作品之人格财产一体性既不合逻辑，当年偶然造就它的文化浪潮又悄然隐退，它还能以何种理由证明自己的正当性，令人生疑"[④]。所以，李琛的主张是要还原知识产权的财产权本性，要剔除内含在其中的人格权因素。杨延超认为后现代主义观割裂了作者与文本之间的关联性，无视作者之存在，不仅是作者之死亡，更是作者人格的死亡，"尽管对后现代主义的批判随处可见，但它作为一种思潮却深深淡化了'作品反映人格'这一传统的甚至被认为是恒定的理论"。[⑤]

作者之精神权利是历史偶然的产物，是人们有意或无意地杜撰了作者与作品之间的关联性，当作者神圣的面纱被后现代哲学及文学理论无情地揭开后，被作者"霸占"的精神权利也似乎到了要"交权"的时候了。理论上的论证已经相当充分，剩下的问题是在实践中如何处理好精神权利的"善后"工作以及如何让作者从神坛上体面地下台。精神权利是作者中心主义的核心要素，也是作者权神圣性的直接"显灵"，若要重新塑造著作权的权利架构，精神权利应该首先成为被革命的对象，而革命的最终结果——如李琛所言——则是要还原知识产权财产权的本性。也可以采用杨延超所主张的折中办法，"基于对署名权、发表权等权利的财产性论述，笔者在著作权二元论的基础之上，主张对作品精神权利进行二元保护，即将署名权、修改权、发表权等权利与作者的名誉权、隐私权、创作自由权等真正意义的精神权利分开保护"[⑥]，也就是，精神权利因为历史的原因而保留其精神权利的"名分"，但实质上它已经被当作一种

① WAISMAN A. What is there not to waive? on the prohibition against relinquishing the moral right to integrity［J］. Intellectual Property Quarterly，2010，2：235.

② SAUNDERS D. Authorship and copyright［M］. London：Routledge，1992：9.

③ 李琛 . 质疑知识产权"人格财产一体性"［J］. 中国社会科学，2004（2）：73.

④ 李琛 . 质疑知识产权"人格财产一体性"［J］. 中国社会科学，2004（2）：74.

⑤ 杨延超 . 作品精神权利论［M］. 北京：法律出版社，2007：193.

⑥ 杨延超 . 作品精神权利论［M］. 北京：法律出版社，2007：196.

财产权。将著作权人格权还原为财产权性质后，我们仿佛理顺了著作权框架中所有的人为障碍，继而，也就可以顺利地开启隔在作者权体系与版权体系之间的相互融通的大门。

二、著作权—邻接权模式问题

在作者权体系中，体现作者中心主义的另一个方面就是著作权—邻接权模式。该模式认为作者的创作是具有独创性的创造行为，应赋予作者著作权，而表演者对作品的演绎表演、录音录像制作者之制作行为、广播组织对作品之广播行为均被视为是无独创性的传播作品的行为，不能获得著作权，只能是邻接权。尽管邻接权也是受著作权法保护的权利类型，但其受保护的程度明显不如著作权，如我国《著作权法》对邻接权的保护期限是固定的五十年，而著作权的保护期限是作者生前再加死后的五十年；邻接权人没有精神权利、改编权，而著作权人具有丰满完整的权利；并且，邻接权人的权利具有依附性而无法独立行使，必须获得作者的授权许可或法定许可才可以行使。之所以认为著作权—邻接权模式是典型的作者中心论，是因为其预设了作者的创作意图是唯一的合法行为，而其他主体的行为都不具备合法性基础。所谓的表演者、广播组织、录音录像制作者应当抹杀自身的创造性，去重构作者的创作意图；作者是唯一的创造者，而表演者等是传播作者创造性作品的传播者；仿佛作者是上帝，而表演者等只能是传颂福音的使者。这种模式就是对传统解释学之作者中心论的典型注解，传统解释学认为，解释者要消除自身的偏见，要去体验作者的创作情境以达成重构作者创作意图的目的；传统解释学也认为，解释就是避免误解的艺术，解释者唯一要做的就是发现作者最为“真实”的创作意图；在传统解释学中，作者是唯一合法的主体，而解释者没有合法性基础。而著作权—邻接权模式恰好折射出了著作权制度中某种传统解释学的理论精髓，其同传统解释学尊崇作者、贬低解释者一样，著作权—邻接权模式也是推崇作者而贬低传播者。

著作权—邻接权模式是与传统解释学相适应的，而随着传统解释学的衰落、哲学解释学的兴起，这种法律制度模式也应当予以重新建构。哲学解释学是海德格尔和伽达默尔开创起来的本体论解释学，其赋予解释者合法性基础。解释者的前见不但不是需要加以消除的元素，反而是解释得以成立的依据；正因为解释者从传统中来而不可避免地带有自身的前见、前理解，所以，解释者才可以形成自身独特的视域。解释者的视域与作者的视域相融合所形成的效果历史才是最终所要达成的目的，而作者中心论中所重构的作者意图并非所要达成的最终目的。在哲学解释学的视域下，读者的解释行为不是无意义、无创造性的“无用功”，相反，读者的解释行为具有本体论的存在意义；解释是此在的存在方式，没有读者的理解，作者的创作只能是一个半成品、一个草图、一个开放结构的作品；而正因为有了读者之解读，作品中的未定点、空白处才得以被填充、具体化与现实化，所以，读者的解释行为也是一种有价值的、有创造性的合法性行为，应当被给予正面的评价。著作权—邻接权模式中只有作者的创作才是合法的，读者的解释行为没有合法性基础，显然，这与哲学解释学所倡导的“读者中心论”格格不入。这种法律模式应该顺应哲学的变迁，以公正的姿态将读者的解释行为纳入著作权的权利框架之中。

著作权—邻接权模式在理论上呈现一种内在的矛盾：它一方面体现了本质主义，另一方面又体现了反本质主义。本质主义的表现是：萨特所言“存在先于本质”，即人的行为建构了人的意义与本质，但这种模式却是“本质先于存在”。作者被本质主义预设为有创造性的创造者，而表演者、广播组织和录音录像制作者被预设为无创造性的传播者——无论后者的行为是否具备创造性均视为无意义的传播行为。主语是空洞的，需要谓语来填充，但此种模式省略了句子的谓语部分，将作者和表演者等主体的意义本质主义化。而其反本质主义的表现是，著作权—邻接权模式具有非逻辑化的特征，没有整齐划一的标准来界定著作权与邻接权之间的分野。它既不是以独创性为标准，也不是以传播行为为标准；既不是以自然人为标准，也不是以法人为标准来划分著作权人与邻接权人。如果是以独创性为标准，那么表演者的表演过程中的“二次创作”应该产生作品而应当获得著作权，但是，表演者之表演只能获得邻接权；如果是以传播行为为标准，却唯有表演者、广播组织和录音录像制作者的行为才能获得邻接权，而同样是传播者的图书出版组织却没有邻接权，只有一个独占性的债权（作者授权）。另外，邻接权制度也只认可录音录像、广播、表演这几个行为之邻接权，而同样是传播作品的发行、出租、放映、展览行为也不属于邻接权的范畴。如果是自然人应该取得著作权，法人作为一种投资主体只能获得邻接权，那么作为自然人的表演艺术家，何以被安排在邻接权的范围也是难以自圆其说的。根据德国著作权的最新发展，邻接权中接纳了一些独创性甚少的作品作为邻接权的保护对象，如无独创性的数据库、照片等。[①]这样，又突破邻接权依附性特征，邻接权人创作主体身份与传播主体身份合二为一，其邻接权之行使无须依靠另外的独立的创作者。如此众多的标准所构成的邻接权制度依然是著作权—邻接权等级化的权利格局，其尽管没有一个共同的本质，却有"家族相似性"。显然，这是与后期维特根斯坦的反本质主义哲学套路相吻合的。著作权—邻接权模式中存在本质主义与反本质主义内在张力，说明作者中心主义的制度模式中衍生了"异己"的成分，萌生了自我否定的因素，而这种内部的撕裂与分化预示着这种权利结构模式需要予以重新安排。

我们知道邻接权制度是作者权体系独有的法律制度，版权体系中并没有著作权与邻接权之分别。版权体系一视同仁地将表演者、广播组织、录音录像制作者的表演作品、广播作品及录音录像作品作为版权客体予以保护，没有形成以作者为中心，以表演者、广播组织及录音录像制作者为边缘主体的权利格局。法律对表演者使用了他人版权作品而形成自身的表演作品并不作出价值判断，而是交由法律主体以合约的方式自行解决。版权体系只对作品的最终形式予以确认，判断其是否具有可版权性，对于作品从哪里来、其创作是否使用在前的版权作品、其独创性程度之高低都不闻不问。作者权体系的权利结构，即著作权—邻接权模式是金字塔形的，作者处于权利之顶端，而版权体系的权利结构是扁平状的，没有将作者置于更高一级的层面。因此，将著作权—邻接权模式向版权体系的权利模式转化是解决作者中心主义权利等级化问题的方式之一；淡化等级化的权利结构，视著作权与邻接权具有相同的权利属性，[②]是解决邻接权制度所带来的法律问题的必由之路。

三、独创性标准重构

作者中心主义建构的独创性标准可以被称为作者人格创造主义，"以法国和德国为代表的欧洲大陆国家则受到康德和黑格尔哲学思想的影响，认为作者只有体现其人格思想的作品才享有著作权"[③]。作者权体系中的作者人格创造主义在独创性程度要求上是最高的，版权体系中的"额头流

① 参见雷炳德．著作权法［M］．张恩民，译．北京：法律出版社，2005：519-528；德国《著作权法》第72条、第87条。

② 刘洁．邻接权归宿论［M］．北京：知识出版社，2013：226.

③ 吴伟光．论作品的独创性：版权制度的本质与独创性要求的标准［A］// 知识产权与创新驱动论坛暨中国知识产权法学研究会2013年年会论文集，2013：419.

汗”处于最低层次，而加拿大最高院在CCH案确立的“技能与判断原则”居于中间位置。[①]独创性是著作权的合法性基础，它是著作权的立法之基与立足之本，如何解释独创性是著作权体系需要加以论述的关键点。作者中心主义的独创性标准以人格为导向，缺乏人格因素的作品则没有著作权合法性基础。

作者中心主义的哲学基础理论中，浪漫主义认为艺术不是对理念世界模仿的模仿，而是艺术家自身内在素质与人格的表达；不再是对外界的“镜式”照射，而是自身就具备能量的“灯式”发光。康德认为天才作家是为艺术制定规则，而黑格尔认为艺术乃是艺术家的精神外化。作品是来自作者自身的、内在的某种东西，它是作者人格的载体或媒介，而作者独一无二的人格特质又是独创性最可靠的组成元素，因此，作者中心主义建构的作者权具有天然的合法性基础。作者中心主义预设了一个天才的先验主体，作者口衔“独创性”来到人间，对天才作者之创造能力无须证实、毋庸置疑。作者权体系的独创性标准中有“最小硬币”的量的要求，也就是说，从横向看，独创性是属于作者个人的独立创作，以其自身的方式予以表达；而从纵向看，作者个性化表达必须具有创造性，必须对人类的文化事业有所推进，哪怕只有一小步。作者权体系对独创性的较高要求，与其说是法律的外在要求，还不如说是对作者的天才的、先验的能力的逻辑延伸。如保罗·戈斯汀所言的，作者权体系是乐观主义，而版权体系是悲观主义，作者权体系认定作者具有源源不断的创作能力，法律所要做的就是确立作者的文学产权，而版权体系的理论前提是，作者并无创作的内在动力，必须有外部的激励机制去推动作者创作，法律所要做的是建构一套法律制度以激励作者去创作更多的作品。[②]因此，作者权体系对独创性规定是一种调控性、内生式的，不是先有著作权的要求后有作者的独创性，而是相反，先有作者的独创性，再有著作权的独创性规定。而版权体系的独创性是构成性的、外生式的套路，[③]版权体系用法律这种外部机制来构造作者的独创性，先有法律的独创性，后有作者的独创性。

著作权作者中心主义的独创性标准与浪漫主义、康德和黑格尔的人格权理论、传统解释学以及主体哲学是相适应的，而哲学基础已然变迁，

① CCH Canadian Ltd. v. Law Society of Upper Canada，(2004) 1 S. C. R. 339，2004 SCC 13.

② GOLDSTEIN P. Copyright's highway：from Gutenberg to the celestial jukebox [M]. California：Stanford University Press，2003：138.

③ 塞尔．社会实在的建构[M]. 李步楼，译．上海：上海世纪出版集团，2008：25.

结构主义、语言哲学、哲学解释学的兴起以及主体哲学范式的衰落使作者中心主义预设的高要求的独创性标准遭遇拷问。结构主义能在一粒芥子中洞见须弥山，作者的所谓独创性的表层结构只是对深层结构的拷贝，所谓的独创性对结构主义来说只是一种功能性表达、一种结构无意识。语言哲学使人丧失了主体性，作品的意义不是作者给予的，而是在语言游戏中产生的；不是人说语言，而是语言说人，语言不是人的工具，人反而成了语言的工具；人由创造性主体沦为工具性的客体，其独创性荡然无存。传统解释学中唯有作者具有创造性，而哲学解释学则认为读者的解释行为也是意义的创造主体——作品是半成品，必须借助读者其意义才能得到显现，所以，应该改写仅认为作者之写作行为才具有创造性的历史，读者的阅读行为也具有创造性——没有读者的合作，作者的独创性作品只是一个未完成的作品而已。主体范式的衰落导致了“作者—作品”范式的衰落，人作为一种人类的近期的构思，只是人类对理性的一种“乌托邦式”的幻想——人并无理性可言。从近代哲学到现代哲学再到后现代哲学的变迁，所谓作者的独创性乃是人类过于自信的评价，而实际上作者孤立的、个人英雄主义模式的独创性已经被相互嫁接的“互文性”模式所替代。文本是一张无边无底的编织物，作者只是占据了一个节点、位置，作者的工作只是借用或使用以往的作品来拼凑自己的作品罢了。作者已退化为一个中介或中间商，而至多是一个“传承人”，与其说作者是在创造文本，不如说是在“编织”文本、在为文本发声、在为语言开辟道路。

在后现代哲学理论的建构下，独创性的迷梦已经幻灭，也就颠覆了作者中心主义通过独创性来获得文学财产权的合法性基础。无论作者权体系，还是版权体系，都把独创性视为构成作品的一个积极要件，似乎没有独创性就不具有“可版权性”。[①] 而实际上，独创性是立法者从结果倒推出来的一个著作权理论，旨在给文学财产权一个合法的理由与依据。如博莱（Bole）所言，“现代意义上的作者是一部作品或艺术品的独立创作人，其原创性确保它按照知识产权法特别是著作权法或者作者权法获得保护”[②]。无论什么作品——除了以公法的视角进行合法性审查被排除外（作品中不得含有违反法律的禁止性内容）——都被预设是具有著作

① NIMMER M B，NIMMER D. Nimmer on copyright：volume 1［M］. San Francisco：Matthew Bender，2007：2-7.

② 李雨峰 . 著作权的宪法之维［M］. 北京：法律出版社，2012：152.

权的，因为依照伯尔尼公约中的自动原则，[①] 作者完成写作即取得著作权，所以，著作权预设了所有的作品都具有合法性基础，当然也就预设了每件完成的作品都具有独创性。这种独创性的“先行植入”作品之中的主观主义套路，显然是为作者的文学财产权所作的辩护，是受作者中心主义影响的结果。而实际上所谓的独创性原则并不应作为作者的合法性基础，独创性不应被当作作品的积极构成要件。我们知道，作者的创作只是在“编织”与“嫁接”，而所谓的独创性的问题实际上已经转化为如何“借用”已有的作品而不越界的问题。独创性其实不应是作品的积极的构成要件，而只应是一个不存在侵权的消极要件，具有独创性仅仅意味着作者所创作的作品没有侵犯他人的权利而已。独创性与其说是认定作者对作品可获得版权的确权根据，还不如说，它是认定没有抄袭或复制他人作品的消极抗辩事由。作品是否具有版权，著作权法并不能做实质判断，而只能做形式审查，应该交由“市场”来判断，即由“审核制”转变为“注册制”。作品如果没有受到他人的侵权指控，则具有独创性，如果受到侵权指控，则再认定独创性问题。在此实现一场“哥白尼革命”：不再假定作品事先就存在“独创性”，而是假设作品的独创性是处于待定状态，对独创性存在与否不予置之。只有经得起市场检验的作品才真正具有独创性，经不起检验的作品则无独创性。对作品之独创性不做本质主义的判断，而是在“语言的游戏”中来确定它存在与否。如果预设作品存在独创性、具有合法性基础，但事后又被指控侵权，经不起检验，则会造成著作权的自相矛盾。

四、公共领域的建构：读者的领地

（一）作者中心主义统治下的公共领域

公共领域是著作权一个理所当然的前提条件，一个始终“不在场的在场”。公有领域和个人文学财产权并非泾渭分明的两个领域，两者是一种动态的辩证关系，始终处于胶着并行、如影随形的状态。著作权的“三驾马车”就是用于厘清作者个人财产权与公共领域的关系：独创性是作者开启个人财产权的一把钥匙，是使个人之作品脱离公共领域的“敲门砖”，著作权所能保护的是作者独创性的表达方式；而思想与表达二分法则是在拥有文学财产权的过程中对个人财产权与公共领域所进行的划界；而著作权的保护期限是说明个人作品的最终归属是公共领域，其来源于公

① 参见 1886 年《伯尔尼公约》第 3 条，无论作品出版与否，都受保护。

共领域，而最终归属于公共领域。

站在宇宙大历史的宏观角度，唯上帝之创世才具有原创性质的独创性，而所谓人类的创造只能是“再创造”；我们每个人一出生就被抛在既定的世界之中，是我们被世界所预定、所包围，而不是我们预定世界、拥抱世界。如索绪尔的语言观，我们所说的“言语”来自“语言”而受语言的制约，语言是人类千百年来的历史文化沉淀，人类个体的言语必然要遵循和利用人类的共同语言财富。如何将人类的共同的资源转变为个人的财产，洛克的劳动财产学说提供了解释。每个人对自己的身体及劳动拥有无可置疑的所有权，而人在公共资源中添加个人的劳动使个别的产品脱离自然的状态，使个人的劳动融入产品之中，因此，人可以对该产品拥有所有权。[①] 依此类推，作者对公共领域中的文化资源添加了个人的独创性劳动，从而可以获得文学财产权；独创性劳动乃是取得文学财产权的对价。问题是何以个人少许的劳动添加在公共资源上，而获得的所有权却及于本属于公共领域的该产品的整体之上？“把我拥有的东西与我并不拥有东西混合在一起，为什么不是我失去了我所拥有的东西，而是我得到了我并不拥有的东西？如果我拥有一罐番茄汁并把它倒入大海，以致它的分子均匀地混合于整个大海之中，那么我是拥有了这片大海，还是愚蠢地浪费了我的番茄汁？”[②] 实际上，洛克的劳动理论并没有解决根本的问题——毕竟个人占有了本属于公共领域的资源。而引申到文学领域，作者通过对公共领域的文学资源加以利用而形成的作品能否拥有文学财产权，也是用洛克劳动理论所无法解释的。而从民法中的先占原则来看，是一种从“事实占有”到“合法占有”的合法化路径，但先占的前提是无主财产，而公共领域并不等同于无主财产，所以，民法中的先占原则也并不能解决文学领域中个人对公共资源的利用问题。

作者中心主义的哲学基础之一是浪漫主义，而浪漫主义作者观则根本无视公共领域的存在，因而浪漫主义作者观对公共领域造成了侵害。在浪漫主义作者观中内含着两个隐喻：一个是“父子”关系，而另一个是“灯式”理论。父子关系的隐喻是指作者是作品的父亲、作者是作品的创造者，作者的头脑如同妇人的子宫，它孕育了作者的灵魂及作品。如笛福所言，“一部作品就是作者的财产，是‘他的创造性想法及其大脑的孩子’，如果他出卖了他的财产，这个作品就变成了买方的财产，如果他没

① 洛克．政府论：下［M］. 叶启芳、瞿菊农，译．北京：商务印书馆，1964：19-20.

② 诺奇克．无政府、国家和乌托邦［M］. 姚大志，译．北京：中国社会科学出版社，2008：209.

有出卖，它还是作者自己的，正如他的妻儿是他自己的一样”[①]。而正如黄汇博士所言，“而正是‘父子’理论的存在，它引致版权法上公共领域的衰退。之所以如此认为，是因为，版权法上的‘父子’理论，它不仅忽略了文学创作是一个仰赖人类过往文化知识之集合而持续发展之过程；同时，它还忽略了作品生命延续的其它方面——也是公共领域理论下创作的互文性问题”[②]。父子隐喻把文学作品之创作类比为生物意义上的单性繁殖，把作品视为作者凭空制造的产物，其从根本上忽视了文学创作对公共领域的资源的利用，显然，此隐喻不利于厘清公共领域与作者个人财产之间的关系。浪漫主义作者观中的另一个灯式隐喻把作者喻为一个发光体，艾布拉姆斯把浪漫主义创作中的自我表现喻为灯式创作，[③]艺术不再是对理念和现实的镜式模仿，而是一种源于作者的内在光芒。在浪漫主义看来，作者是高度独立的创造者，具有超凡的“可以为自然立法”的创造能力，是一个毋庸置疑的天才式的先验主体。由此，也就造成了与“父子”隐喻同样的问题，即对公共领域的无视，“正因为近代版权法以浪漫主义为指导，将作者指称为天才和创造的源泉，并把‘作者身份’解释成一种个人责任之事实。它就完全忽视了对‘时代智慧’（Wisdom of the Ages）的总集合——公共领域以必要的尊崇。如此一来的结果是，‘公众’的概念在版权法上消失了，‘作者’作为单独一极在版权法上却异军突起”[④]。浪漫主义作者观之下的公共领域观念无疑不能正确处理作者与公共领域的关系，其无视公共领域的存在，无视在创作过程中对以往作品利用的事实，而放大了作者自身在创作过程中的作用，其结果导致了作者权利的日益膨胀。公共领域在上演着“公地悲剧”——因为没有对公共领域的产权予以初始的界定，对公共领域予以明确的财产权的法律保护，而这是对公共领域之思想资源有效利用的必要条件。[⑤]

（二）后现代哲学视野下的公共领域

在作者中心主义的主导下著作权中的公共领域成为无主财产，成为被作者们肆意掠夺的公共资源，原因在于作者中心主义的主旨是为作者辩护，主要在于澄清作品中哪些是属于作者的，而不在于说明哪些是不

① 黄汇．版权法上的公共领域研究［D］．重庆：西南政法大学，2009：65.

② 黄汇．版权法上的公共领域研究［D］．重庆：西南政法大学，2009：65-66.

③ 艾布拉姆斯．镜与灯：浪漫主义文论及批评传统［M］．郦稚牛，张照进，童庆生，译．北京：北京大学出版社，2004：54-76.

④ 黄汇．版权法上的公共领域研究［D］．重庆：西南政法大学，2009：72.

⑤ 波斯纳．法律的经济分析：上［M］．蒋兆康，译．北京：中国大百科全书出版社，1997：40-47.

属于作者的。而后现代主义哲学否定了作者的独创性，也就否定了作者的合法性基础。哲学理论上的矫枉过正并不代表著作权制度在现实中没有任何功效，应该马上废除；纵然作者只是一个结构功能、一个文本的编织者或拼接者、一个半成品的提供者，作者也应该在著作权的框架中有一席之地，我们所要解决的是如何现实地处理好作者与公共领域的关系。

后现代哲学中，结构主义作者观认为作品只是将深层结构通过生成转换机制而转换成表层结构，而所谓的表达只是对深层结构的拷贝，作品是作者充分利用公共资源的结果；语言哲学认为作者不是语言游戏的主体，游戏的主体是游戏本身，是语言在说人而不是人说语言；哲学解释学认为作者只是一个"开放的作品"的提供者，读者的自身的传统、前见、前理解是解释得以实现的前提条件，没有对传统知识和对文化的继承就无法形成一个合法的视域，也就不能形成作品的最终意义；文本的"互文性"理论也说明作者的创作是建筑于他人的作品之上的，没有对他人作品的利用，没有公共领域的强力支持，作者的创作是不可能完成的。持类似观点的李雨峰也认为，"如果承认知识不是来源于上帝而是来源于人类自己，如果承认知识具有累积性的特征，那么，我们就可以斗胆断言，任何创作都是后续创作，都是二次性的。因此，我们处于一个'创作链'中"，"被视为具有独创性的，哪怕是无中生有的作品都不避免地从他人那里获得知识和灵感"，因此任何创作都是集体的、共同的，一个充沛的公共领域对创作来说是相当重要的。[①] 无论从后续创作的角度来说，还是从"互文性"的角度来说，公共领域对公众具有重大的意义。李特曼认为独创性只是一个幻影（apparition），并不能为版权确定性质与范围，把作者描述成从无到有的创造者以便颂扬作者的做法是错误和误导性的。如果我们真要以如此方式来认定作者的创造性，恐怕通过剔除作品中他人作品的因素后将没有任何作品可以获得版权。如果坚持独创性的概念，我们将迫使每个作者去征求前任作者的同意，从而发现大多数的作品处于他人作品的禁止之列。而公共领域则解决了这种尴尬局面，公共领域提供一个装置，可以将作者的元素保留给公众，可以供其他作者使用。[②] 公共领域是保证公众后续创作的一个保护装置，可以保证作品中的元素为他人有效利用。公共领域是知识产权领域的核心，它调节公众对信息的有效使用，规定公众对信息的共同使用的权利，而知识产权的另一端

---

① 李雨峰 . 著作权的宪法之维［M］. 北京：法律出版社，2012：185.

② LITMAN J. The public domain［J］. Emory Law Journal，1990，39：1023.

则是赋予知识产权人积极确定的权利。[①] 也就是说，公共领域对公众来说就是一个权利的客体，公共领域是归公众所有的有主财产。

公共领域不仅仅是作者可以自由取得资源并加以利用的权利空间，更是作者回馈公众与其他创作者的义务空间。作者的义务即是读者的权利，公共领域是读者的权利领地，它不应被视为一个无主财产而可以任意掠夺，而是一个设有具体义务责任人的权利对象。建构义务型的公共领域具有重要的现实意义，因为它明确权利人和义务人，公共领域不再是公众权利所在的一个隐喻，而是可以对抗著作权的有效手段，“公共领域义务论的提出，它不但有助于我们反思和抵制整个 18 世纪以来，‘浪漫主义’作者无所不能的情怀；对近代以来，版权价值系统对‘作者权利本位的无限强调和对公众资源贡献意义的极端漠视’——这样一种极左版权理论的偏差纠正，也都具有十分重要的意义和价值”[②]。后现代主义的文学理论建构了一个属于读者的公共领域——它是作者的义务空间，而作者的义务恰好对应着读者的权利，读者也就不再是游走在作者领地之间的“流浪者”，而是有家可归的“居家人”。

综上所述，作者中心主义不仅仅是一个文化理念，而是渗透到了具体的法律制度之中，反过来，它是被具体的法律制度来表达的法律文化。而作者中心主义文化被消解，随之而来的是，它的制度载体也需要予以重构。通过对精神权利的本质还原、独创性的消解，作者也就走下了神坛；而公共领域的重新塑造与对等级化的著作权—邻接权模式的消解，给读者的价值予以肯定，这种制度上的重构打破了作者“一股独大”的格局，更有利于建构健康的文学作品的创作生态环境，更有利于实现著作权法上的利益平衡。

第三节　作者权边界：司法中心主义

现实主义法学理论将法官的司法过程置于法律本体论的高度，是一种典型的读者中心主义。文学作品与著作权立法存在双重空缺结构，这种空缺结构召唤读者来填补，因此，作为文学作者与法律文本的“超级读者”，法官在后现代哲学背景下具有十分重要的地位与作用，有必要顺应当下的哲学思潮来重构“后作者中心主义”的司法理念。

① FROW J. Public domain and collective rights in cultural rights in culture [J]. Intellectual Property Journal，1998，13：39-40.

② 黄汇 . 版权法上的公共领域研究 [D]. 重庆：西南政法大学，2009：91.

一、从立法为中心到司法为中心

作者中心主义以传统解释学为哲学基础，以作者为最终的、确定无疑的唯一真理；浪漫主义，康德、黑格尔的人格权理论，主体性哲学以及浪漫诠释学也为作者的文学财产权提供了合法性论证，著作权法所要做的就是对作者的自然权利加以确认、巩固，充分体现了“现实是第一性的，而法律是第二性的”原理。制定法对作者的权利作出直接的回应，从著作权法的具体规定中可以洞见作者神圣的权利。在民法领域，处处体现的是平等的原则——无论债权人还是债务人，无论自然人还是法人，无论出卖人还是买受人，无论所有权人还是承租人都是平等的，其各方都是平等的关系。然而，知识产权尽管宣称是私法属性的法律，著作权法却呈现的是权利分层的、等级化的权利结构，作者处于权利的顶端与中心，读者处于底部与边缘。作者是作品的制造者、权利的发启者，其他人对作品的使用必须有作者的授权：出版公司经作者同意后才能得到十年的独占许可出版权；表演者、广播组织、录音录像公司对作品之表演、广播和录音录像只取得邻接权；读者对作品的使用要经过“三步检验法”的检验，才可以在有限的范围内使用作品。出版人、邻接权人与读者的权利在功能、支配力、自由度、期限上明显弱于作者的权利；任何人对作品的改编、翻译、复制、网络传播都要经作者之同意，所谓的著作权法实质上就是作者权利保护法。作为权利客体的文学作品在著作权作者中心主义看来就是一个有棱有角、掷地有声的实体；在著作权法的包裹之下，文学作品可谓固若金汤、坚不可摧。

而随着著作权作者中心主义的哲学基础的崩塌，结构主义、语言哲学以及哲学解释学的兴起，作者权的合法性遭遇质疑，作者的神圣性荡然无存。文学作品被无情地解构，文学作品不再是意义确定的客观存在物，而只是一个半成品、草图、开放的作品；在作品中充斥着空白处与未定点，著作权所要保护的对象从确定可靠的文学作品变成支离破碎的作品；而作者也就退变为一种结构功能、为语言所利用的工具、一个占据节点的编织工或拼接者。面临著作权主体与客体被解构的双重困境，著作权法如何体现“现实第一性、法律第二性”的原理，如何回应著作权哲学基础的变迁就成为一个巨大的难题。哲学上的“作者中心论”与著作权的“作者中心主义”相对应，而是否哲学上的“读者中心论”应该与著作权的“读者中心主义”相对应呢？由于后现代哲学对作者与作品的双重解构，权利结构呈分散化、去中心化的态势，而权利客体又成为非确定性的对象，如果继续以灵活欠缺的立法方式来应对、规制一个多元化、非确定的客观现实，可能会遭遇捉襟见肘的窘迫，还不如以司法为中心取代立法为中心，以法官的司法判决来填补著作权法在被后现代哲学冲击之下所形成的裂缝与缺口。

之所以要建构以司法为中心的著作权格局，是因为在后现代主义哲学视野下，著作权法面临着“双重空缺”：一方面，在哲学解释学、接受美学的视野下，文学作品是开放的作品、图式观相，在作品中充斥着空白处与未定点；另一方面，面临法律的空缺结构。哈特认为，法律的空缺结构是人类语言在法律中使用所付出的代价，“就立法而言，我们把空缺结构作为人类语言的一般特征提出来了；边界上的不确定性是在有关事实问题的任何传递形式中使用一般分类词语都需付出的代价。像英语这样的自然语言如此使用时就不可避免地成为空缺结构”，“撇开法律的空缺结构自然归之于语言不管（语言本身就有空缺结构的特征），重要的是认识到我们为什么即使作为一个理想也不应当抱有这样的观念：一个规则应详尽无遗，以使它是否适用于特定案件总是预先已经确定，在实际适用中从不发生在自由选项中作出新选择的问题”。[①] 哈特根据语言本身和制定法律者是人不是神，因而不能穷尽所有的特殊情况来制定法律，得出法律只能是一个空缺结构。因此，这个空缺的结构隐含一个特殊的读者，即法官，“法律的空缺意味着的确存在着这样的行为领域，在那里，很多东西留待法院或官员去发展，他们根据具体情况下在互相竞争的、从一个案件到另一个案件份量不等的利益之间作出平衡”[②]。法官既是文学作品空缺结构的读者，也是法律文本之空缺结构的读者，唯有法官才能真正决定文学作品在著作权中的价值。在作者中心主义的著作权法中预设了确定的法律关系，在立法文本中只简单地列举了文学作品是著作权保护的对象，仿佛文学作品是一个确定无疑、唾手就可以触摸的存在物，显然，作者中心主义之立法是建立在简单化的、将作者作为终极真理的本质主义套路之上的。后现代哲学对作者中心主义立法的猛烈冲击，使著作权法之“空缺结构”清楚地呈现出来，如果文学作品是一个开放的作品、一个图式观相的话，那么，被后现代哲学所撕裂的著作权法

① 哈特．法律的概念［M］．张文显，郑成良，等译．北京：中国大百科全书出版社，1996：127-128.

② 哈特．法律的概念［M］．张文显，郑成良，等译．北京：中国大百科全书出版社，1996：134.

就是“空缺的空缺”——是以“文学作品的作者为中心”的作者中心论和以“立法者为中心”的作者中心论的双重破产，这个双重空缺需要借助法官的司法行为来予以具体化、现实化。

哲学解释学视野下的作品意义取决于作者、文本与读者的视域融合，不同的读者对同一个作品将有不同的理解；而读者之不同的理解并无高低上下之分，因为只有不同的理解，没有正确的理解。[①] 这种对文学作品进行价值判断的模式是一种“相对主义”，而在法律实践上则对应着司法中心主义——也就是只在个例中解读作品的价值与独创性，而不作出有利于任何一方的、确定的价值预设。现实主义法学就是这种读者中心论的极端代表，它彻底摒弃了立法中心主义，而主张读者中心主义，以法官的判案取代制定法以确立法律的价值。现实主义法学代表弗兰克认为将“那种认为人有能力使法律稳定且固定不变的观点看作一个‘基本的法律神话’（basic legal myth）和儿童的‘恋父情结’（father complex）的残余，并予以否弃”，“在法院就某一特定问题作出裁决之前，是不存在有关这一问题的法律的。在作出这种判决之前，惟一可获得的法律便是律师关于法院可能如何审判和作出何种判决的推测”[②]。也就是如果真要贯彻“现实是第一性，而法律是第二性”的原则的话，那么文学领域的读者中心论在法律层面注定是对应如现实主义法学一样的司法中心论。

二、司法解释：从作者中心论到读者中心论

上文中提到用存在空缺结构的法律文本去调整存在空缺结构的文学作品，这种双重空缺给法律的适用带来困难。对法律之适用者法官来说既要填补法律文本的空缺，又要对文学作品的空缺予以填充，法官在解决文学作品的有关纠纷时，必须使自身变成一个“超级读者”才能完成这个任务。司法解释是一种对有关文本予以解读的行为，可分为立法性司法解释与作为方法的司法解释，而作为方法的司法解释主要是指法官的司法解释，即法官在具体的案件中对案件事实和法律规范的解读。[③] 法官在具体案件中，要对法律规范与案件事实进行双重解读。川崎武夫说，“法律的适用是一种发现法律的动态过程，其非仅系逻辑推演，而是必须

① 伽达默尔．诠释学Ⅰ：真理与方法［M］．洪汉鼎，译．北京：商务印书馆，2010：420.

② 博登海默．法理学：法律哲学与法律方法［M］．邓正来，译．北京：中国政法大学出版社，2004：165-166.

③ 周赟．法理学［M］．北京：清华大学出版社，2013：272.

往返于法律规范与案件事实的活动”[①]。法律与事实是法律适用过程中必须加以解读的两个方面。在文学作品相关的案件中，法官既要对著作权法中规范文学作品的法律文本予以解读，又要对涉案的文学作品予以解读。因此，以什么方式、立场来解读法律文本与文学作品文本就显得尤为重要。

实际上，著作权法对文学作品的规定是相当笼统与抽象的，只有原则性法律条款，其法律的空缺结构给法官对法律文本的解释留下很大的活动空间。我们知道作者中心主义将文学作品预设为一个意义确定的、边界明确的、触手可摸的存在物，法官可以轻易洞察到文学作品的独创性品质与思想与表达之间的分界线。人们不需要对文学作品这个法律事实予以过多的诠释与理解，就可在不同的法官，甚至不同的当事人之间对文学作品的理解达成共识。法官的解释一切以作者的意图为本，预设作者创作中的独创性；法官将作者视为生成作品意义的唯一合法主体，作者创造了文学作品的全部，而作品之意义无需读者的合作就可以彰显、显明；法官对文学作品价值进行判断时如存在不同的理解就得以作者的意图为基准，要结合作者的创作心理以及作者的传记来解读。例如，如果《红楼梦》的作者曹雪芹的创作意图是揭示清王朝没落的必然性的话，就不可将红楼梦理解为道家所理解的表现淫欲的作品；如果《三国演义》的作者罗贯中的创作意图是宣扬刘姓政权的正统性，就不能将它理解为是对曹操雄才伟略的讴歌。这种褒扬作者的意图、压制其他人的理解意图的做法，目的在于确立作者的价值是唯一合法的而他人的理解是不合法的。再例如，表演者演奏了作曲家的音乐作品，就只有作曲者的乐谱是合法的著作权客体，而表演者的演奏行为就不是合法的，或者是低一级的邻接权客体；戏剧剧本被他人在舞台上演绎，如果是作者中心论的话，同样就只有戏剧家的剧本是合法的著作权客体，而舞台的演绎就不能作为著作权客体予以保护，而只能是邻接权客体；还有对临摹作品的理解，如果是作者中心论，也就只有作者的意图是唯一合法的，而临摹者临摹作品是没有合法性的，其要么是毫无意义的普通物品，要么是传播了作者原创性作品的传播行为——只能分有邻接权客体资格。

结构主义、语言哲学、哲学解释学之兴起，使读者在文学理论中的作用得到了肯定。而作者的独创性被结构功能、互文性所替代，作者之表层表达是对深层结构的拷贝，作者之创作是一种无限远隔的模仿，作

① 谢晖，陈金钊 . 法律：诠释与应用：法律诠释学［M］. 上海：上海译文出版社，2002：86.

者的合法性被彻底颠覆。读者站在文本多重力量的交汇处，赋予作品文本不一定是最好的，却是最终的意义；是读者对文本的具体化与现实化使作者创造的草图与半成品最终完成；是读者以自身的偏见与前理解形成的视域使得理解得以可能，才能形成效果历史。显然，读者的意义取代了作者的创作意义，读者实现了“哥白尼革命”而成为掌权者，读者的理解行为具有合法性基础。如此一来，表演者之表演也就具有合法性基础，表演行为本身即著作权保护的客体——戏剧表演者之剧台表演与剧作者的剧本一样也将成为合法的著作权客体；而临摹作品之临摹者在临摹过程中包含自身的技能、理解与判断以及选择，甚至临摹中对自身意图的扼杀以及对作者意图高度统一的重构也正是临摹特殊技能的体现，因此，临摹者不是在传播原作者之作品——因为临摹作品中内含临摹者的理解与判断，而是在创造作品——因为临摹作品是基于临摹自身的视域而与原作者“视域融合”的结果。读者意图的合法性确立是文学作品空缺结构所决定的，作品的空缺结构天然就隐含着读者，因此，法官在具体的案件中应该对作为事实的文学作品本身作出以读者为中心的司法解读。

例如，甲创作了一部文学作品 A，而乙未经甲的同意在 A 的基础上演绎创作了作品 B，甲诉至法院，请求法院判决乙停止侵权、销毁侵权作品、赔偿损失。这里的问题是甲的诉求销毁侵权作品以满足停止侵权之目的是否具有正当性呢？如果是作者中心论的立场，乙无疑侵犯了甲的著作权之演绎权，乙创作的作品 B 没有合法性基础，应当予以销毁以满足甲的诉求；但若是读者中心论的立场，乙作为甲作品 A 的读者以演绎的方式对 A 进行了理解，其基于自身的视域与前见、前理解所演绎创作的文本 B 具有合法性基础，有其存在的独立价值。因此，从读者中心论的视角不应该对作品 B 做法律上的彻底否定，不能简单地判决销毁作品，而是应当作出由乙向甲支付使用费的判决。侵权的作品不受法律保护是作者中心主义的表现，而在具体案件中能够以事实为依据、个殊化地确认侵权作品的价值，显然是对他人演绎行为的价值肯定，是一种读者中心主义的表现。

另外，对临摹作品的合法性判决也不是简单地因为重复了作者的独创性表达就否认临摹作品的合法性，而既要从原作者的视域来考量，也要从临摹者（读者）的视域来考量。要考察临摹者是否有自身的前理解、前见，是否有自身的技能与判断选择，如果只是“描红式”的接触性临摹，根本没有任何理解和判断，就说明没有形成自身独特的读者视域，因此就不能获得著作权的保护；如果读者有自身理解与判断，而与被临摹作品有深度的“对话”，在原作品中注入了自身的选择、判断，这样形成的临摹作品是临摹者与被临摹者“视域融合”的结果，因此，应当赋予临摹作品以著作权的保护。非接触式的临摹者始终具有自身的东西注入其中，“两个人不可能临摹出完全相同的画来，即使他们在临摹中‘无限接近地泯除一切个人特征’，但终究因为他们是有精神的人而不是机器；他们只能‘接近’而已，却永远不能‘到达’”①。恰是因为临摹者的临摹作品含有个人的特征，所以在临摹作品中必然包含了临摹者自身的视域与前理解。临摹者不是凭空产生的主体，不是“文化处女”，而是天然就被传统包围、从传统中来，不可避免地带有时代的精神特质，所以，站在读者中心论的哲学立场，临摹作品具有不可否认的合法性基础。面对具体的个案，法官应该从单纯的作者中心主义转换到读者中心主义；要对读者的意图予以探究和肯定，不应把原作者的作品当作是意义明确、肯定的客观存在，不能仅把作者意图视为唯一合法的存在。作品是开放的，可以演绎、翻译、改编、表演、临摹；作品的意义并没有彰显在作品之表皮，作品不能做到被束之阁楼而意义尚存，作品只有在读者的阅读和理解中、在读者的改写和临摹中、在“语言的游戏”中才能发现存在的价值与本体论意义。

三、抄袭的认定方式与标准

抄袭（剽窃）在著作权法历史之前并不在法律的范畴之中。在文学领域，自古就存在剽窃现象，只是在古代剽窃仅属于道德的范畴罢了。作者作为文化构建之物是随着 1710 年英国《安妮女王法》、法国 1791 年与 1793 年两个著作权法令制定而被建构起来的。伴随着作者的诞生，作为一种体现作者权威的手段，“剽窃”逐渐被著作权法纳入法律的范畴之中，成为作者排除异己的有力武器。独创性是作者权利的合法性基础，是权利得以成立的最初依据，从法律关系来说，独创性是作品得以成立的构成性要件，独创性是取得国家制定的法律保护的基础和前提条件，独创性体现的是作者与国家之间的关系，而没有划清作者与其他个人之间的关系，因此，为了阐述个人与个人之间的剽窃侵权问题有必要论述著作权其他的法理原则，即思想表达二分法。

思想与表达之二分法则是对权利边界的划分，作品中思想的部分属

① 郑成思．临摹、独创性与版权保护［M］// 刘春田．中国知识产权评论：第一卷．北京：商务印书馆，2002：204.

于公有领域，人人皆可使用，而表达的部分则属于作者私有的范畴，若是他人未经作者之许可抄袭或剽窃了作者的表达，则要受到著作权法的惩罚。但如何找到思想与表达之间的分界线，以确认涉案作品之间因为存在抄袭或剽窃而导致实质性相似是司法中的难题。借用康德的“物自体”的说法，思想与表达的分界线属于物自体的超验范畴，是不能用经验的方式来把握的，因为经验只有在时间与空间的状态下才可以有效发挥作用，而对于既不在时间也不在空间中存在的东西——如思想与表达之分界线——是经验不可企及的。但在司法方式上还是有人发明了找到文学作品的思想与表达的分界线的方法，一个是汉德（Hand）法官在Nichols案件中的抽象测试法（abstract test），[①]另一个是尼默尔教授在《尼默尔论版权》中论及的模式测试法。[②]抽象测试法就是对作品进行抽象和剥离，作品是一个从抽象到具体的过程，在抽象的过程中对思想与表达进行剥离，必然会经过一个从表达进入思想的临界点，超过了这个临界点则版权消失。如果涉案作品的实质性相似的部分属于较高的更为抽象的思想，则不构成侵权；如果涉案作品是与属于较低层次的、比较具体的表达之间存在相似，则涉案作品之间构成实质性相似从而被告作品将被认定为侵权作品。而模式测试法与抽象测试法有相似之处，也要对作品进行抽象与剥离，发现思想与表达之间的临界点，但模式测试法比抽象测试法更进一步的是，它指出了事件的次序与角色的互动受法律保护，因此，模式测试法比抽象测试法更为精确。[③]

这两种方式实际都是对作品予以压缩——抽取血肉而只剩下骨架，而对文学作品以如此的方式来进行解构而存在的问题是，这样对作品进行部分与部分之间的比较，会导致这些部分脱离原作品的整体语境而将难以对这个没有语境的部分的意义予以恰当的解读。这是传统哲学主导下的文学作品解读方式：首先是一种主客二分的方式套路，把解释者当作主体，而把文学作品视为客体，主体可以凌驾于客体之上，可以对客体进行充分透彻的解读；其次是传统诠释学的方法论套路，将部分与整体之间的循环解释视为一种可以正确地、确定地解读作者意图的方法；最后是一种本质主义的哲学套路，把词语、句子的意义当作固定不变的

① Nichols v. Universal Picture Corp. 45 F. 2d 119，121（2d cir. 1930）.

② NIMMER M B，NIMMER D. Nimmer on copyright：volume 4［M］. San Francisco：Matthew Bender，2009：13-41.

③ 关于抽象测试法与模式测试法的详细介绍除上述英文文本外，还可以参考卢海君 . 版权客体论［M］. 北京：知识产权出版社，2011：33-39.

存在，其可以在不同的语境中保留同样的意义。

显然，这个将文学作品予以肢解来判断作品之间是否存在相似的方式，对后现代哲学及接受美学的文学理论来说是不合适的，因为：首先，主客二分模式不适合用在文学作品的解读方面，主客模式是一种外在的对立模式，仿佛主体具有某种特异功能可以洞见客体的方方面面与本质；主客模式是一种“符合论”的真理观，这种方法适合对自然的解读，而对于具有人文精神的文学作品来说显然不能以解读自然的方式来解读。如狄尔泰所言，我们说明自然，我们理解精神，所以，要用人文主义方法来探究文学作品的意义。其次，关于循环解释，从科学的角度，循环解释在逻辑上是说不通的，“语文学解释属于科学认识的范围，诸如此类的认识要求对根据做出严格论证。科学论证不得把它本应该为之提供根据的东西设为前提”[①]。另外，传统诠释学中将部分与整体之间的循环解释视为一种探究作者唯一的、确定的意图之方法，“在直到他以前的理论中，理解的循环结构一直被限制在个体与整体的一种形式关系的框架中，亦即总是预先推知整体，其后在部分中解释整体这种主观的反思中来理解循环结构。因此按照这种观点，理解的循环运动往来于文本之中，并且一俟文本被完全理解，这种循环就得以完成”[②]。这种方法的循环解释预设了作者意图的确定性与唯一性，而且理解中没包含理解者的理解，将理解者自身的前理解及前见排除在理解的过程之外。这显然与海德格尔与伽达默尔的循环解释学存在巨大差异，“海德格尔认识到对文本的理解永远都是被前理解的先行把握活动所规定”，“这要求人们知道自己的前见解和偏见，并将历史觉悟涌入理解的活动中。这样，对历史的差别的理解和对历史方法的必要应用，就不仅仅是对某人一开始提出的东西的剔除”。[③] 在对文学作品的理解中不可以预设作者的唯一意图，法官对作品的理解不是置身事外地阅读作品，进行自然科学一般的理性分析，而是要带有自身的视域与作品进行审美式的交流与融合。

最后，基于哲学解释学与接受美学的文本观，文学作品在结构上并非完整封闭的，而是开放的、待填充的草图框架；文学作品不是静态的，而是动态的存在物，因此，在司法活动中，法官应把涉嫌抄袭的部分放

---

① 海德格尔．存在与时间［M］．陈嘉映，王庆节，译．北京：生活·读书·新知三联书店，2006：178.

② 伽达默尔．论理解的循环［M］．王志伟，译 // 严平．伽达默尔集．上海：上海远东出版社，1997：44.

③ 伽达默尔．论理解的循环［M］．王志伟，译 // 严平．伽达默尔集．上海：上海远东出版社，1997：45.

在各自的整体中，应放在具体的语境来解读涉案作品之间是否存在实质性相似，因为即使相同的表达被放在不同的语境时，也会产生不同的意义。例如，有这样一个情节：一个中年男子冲上一辆公交车，用棍棒将公交车驾驶员打倒后，自己驾驶公交车狂奔。如果放在不同的语境中则有不同的意义：有可能这个男子是劫持公交车的歹徒；也可能是因为先前驾驶公交车的司机是歹徒，而这个中年男子是见义勇为的英雄，其开车狂奔是为了将被打昏在地的歹徒交给警察处理；还可能这个中年男子是精神病人，其行为是精神错乱所致；还可能这是一个防恐演习或者是拍电影的场景，因此，如果仅仅从表达层面来确定抄袭与否可能会产生误判。而且，还存在对立的文本形式，如反文本、假文本和前文本，[①]作者所要表达的内容与表达形式存在严重的错位，如果法官仅局限于对作品表达层面来进行分析比较，以获得是否存在实质性相似的结论，显然会犯本质主义错误——会导致将语义表面化、固定化。

另外，对抄袭标准是采取从严原则还是从宽原则要从根本上认识独创性问题。文学抄袭之争，实质上是原创性与渐创性文学观念之争。[②]站在原创性文学观念的立场上应当从严把握抄袭标准，因为其创作是革命式的原创，而站在渐创性文学观念的立场则要从宽把握抄袭标准，因为作者之创作是在前人作品累积基础上进行再创造的结果。从前文的论述中，我们知道独创性是作者中心主义的一面旗帜，是浪漫主义、康德天才式作者观以及浪漫主义诠释学建构起来的观念。浪漫主义把独创性视为作者个人的孤立行为，将作者视为先验的、超历史的神圣主体而忽略了与传统文化、他人作品之间相互借用的关系；而结构主义，则把所谓有独创性视为对深层结构的拷贝，表面结构上相似的作品并非一定是相互之间抄袭的结果，而可能是对深层结构的转换——表面相似的作品可能是因为人类思维结构之相似性所致。人类的思维是有限的，任何人不能将仅有的结构模式视为私有财产而禁止他人使用，因为人类的共同的思维结构是公共领域的人类的共同财富。站在“互文性”理论立场，文本是相互之间借用或拼接的结果，独创性也不是作者单方的孤立行为，而是在对他人作品进行利用以及自身作品被他人利用的过程中产生的，因此，原告不能仅声称被告“借用”了自身的作品，还得承认自身的作品中有从他人作品

① 伽达默尔．论理解的循环[M].王志伟，译//严平．伽达默尔集．上海：上海远东出版社，1997：66-68.

② 刘汉波．著作权司法实践中的文学观念批判：以文学剽窃的认定为中心的考察[D].上海：华东师范大学，2008：128.

中借用的成分。随着作者中心主义的哲学基础的崩塌，其独创性被解构，本书认为法官在具体案件中在认定抄袭剽窃标准上要从宽把握。

第四节 中国著作权制度下的作者权重构

作者中心主义起源于法国大革命，其存在有200多年的历史，是以法、德为代表的作者权体系著作权法的核心理念，而中国自清朝晚期才开启著作权之立法，存在100多年的历史。中国在著作权立法之初，尽管作者权体系和版权体系的立法对中国都产生过一定的影响，但中国最终选择了作者权体系的立法模式，因此，中国的著作权法可划归在作者中心主义的范畴之中。而中国的问题是，中国仅移植了作者权体系的法律制度，无论是作者中心主义的近现代哲学，还是转向之后的后现代哲学思潮对中国来说都是外在的文化背景，因此，中国式的著作权作者中心主义所面临的问题与西方国家的问题既有相同之处，也有不同之处；相同点在于同属作者中心主义，而不同之处在于中国的作者中心主义自始就缺乏与哲学思想的勾连关系，从哲学维度来探讨著作权的合法性可能没有“文化语境”，但是，随着中国著作权理论研究的深入、立法上的不断完善，用哲学视角来审视著作权法律制度是完全有必要的，本节将论述中国语境下的后作者中心主义权利重构问题。

一、中国式作者中心主义

（一）中国著作权历史回顾

大致而言，中国著作权历史可以分为三个阶段：古代、近代与当代。古代指清代1910年《大清著作权律》制定之前，而近代是指从1910年《大清著作权律》到1915年北洋政府的《著作权法》再到国民政府时期1928年制定的《著作权法》，而当代则指以中华人民共和国1990年制定的《著作权法》为标志的新阶段。我国古代的雕刻印刷技术始于唐代，“现存《金刚经》所用的捶拓与印章便是雕版印刷的结果。7世纪前期出现的佛像雕版是雕版印刷术的最初形式。8世纪出现的经咒印本表明雕版印刷术的长足进步。9世纪图文并茂的整部佛经《金刚经》印本说明雕版印刷术已臻成熟”①。唐代有“不得私置历日版”的政府敕令，②宋代发明了

① 李雨峰．枪口下的法律：中国版权史研究［M］．北京：知识产权出版社，2006：51.

② 李雨峰．枪口下的法律：中国版权史研究［M］．北京：知识产权出版社，2006：51.

活字印刷技术，[①] 而宋代中央国子监曾颁发“禁止翻版”的公据，以作为申告者的权利凭证以保护私刻版本。[②] 我国古代保护版本并没有上升到私权性质的版权保护，我国历史上法律是公私不分的，并且公法发达而私权虚弱，因此，将我国古代对版本的保护行为认定为现代著作权法，将我国著作权历史回溯到宋代是不太妥当的。本书赞同安守廉的观点，即中国历史上的知识产权并非私权性质的财产权，而是国家对思想予以审查控制的法律制度之组成部分。[③] 而中国近代史自鸦片战争开始，在外国列强的炮舰威逼之下，清政府开始学习并采用西方的政权制度与法律制度。在这样的背景下，清朝政府于1910年在日本人的帮助下制定了《大清著作权律》，从而奠定了我国近现代著作权法的基本格调。无论是北洋政府的，还是南京国民政府的《著作权法》，都深受《大清著作权律》的影响，条款内容也是大同小异。1928年的《著作权法》在我国台湾地区仍在生效，说明大清的著作权法并非只是一个历史的存在物，而是对现实尚有直接的影响。《大清著作权律》的主要内容是：保护客体文艺、图画、贴本、照片等；保护期限为终身加30年；注册者才予以保护；规定了合理使用制度；保护作品完整之人精神权利。[④] 这里值得注意的是尽管《大清著作权律》抄袭或移植《日本著作权法》的大部分内容，但没有将日本著作权法中的兴行权，即表演者权利引入，[⑤] 说明当时没有引入日本之邻接权制度。中华人民共和国成立后，推翻了旧有的政权，建立政权，尽管否定了旧政权之相应的政治制度和法律制度，并且中国经历了像“文化大革命”这样的法律虚无主义的特殊历史阶段，但政权步入正常轨道后，重建了各种法律制度，并且1990年制定的《著作权法》与《大清著作权律》建构的传统保持了一定的继承关系。伯尔曼在论述西方法律与革命关系时认为，“每次革命最终产生一种新的法律体系，它体现了革命的某些主要目的，它改变了西方的法律传统，但最终它仍保持在该传统之内”，“每次革命不得不与过去妥协，但它也成功地产生一种新法

---

① 郑成思．版权法：上［M］．北京：中国人民大学出版社，2009：6-7.

② 王兰萍．近代中国著作权法的成长（1903—1910）［M］．北京：北京大学出版社，2006：8-9.

③ ALFORD W. To steal a book is an elegant offense：intellectual property law in Chinese civilization［M］. California：Stanford University Press，1995：16.

④ 参见1910年《大清著作权律》，王兰萍．近代中国著作权法的成长（1903-1910）［M］．北京：北京大学出版社，2006：223-227.

⑤ 王兰萍．近代中国著作权法的成长（1903—1910）［M］．北京：北京大学出版社，2006：125.

律，这种新法律体现革命家为之奋斗的许多主要目标”。[①] 也就是在中国革命取得最终胜利后，我们在制定法律时必须与传统相妥协，在某种程度上又必须回到传统中来，必须在新法律中恢复旧有的秩序，以此巩固和实现革命的目标。我国1990年《著作权法》与《大清著作权律》相比较，有两大不同之处：一是前者是自动取得模式，后者是注册制著作权取得模式；二是前者有邻接权制度，而后者没有。

（二）作者中心主义分析

应该说中国近现代著作权法的建构不仅仅是移植了《日本著作权法》中的作者权体系，1903年清政府与美国签订的《中美续议通商行船条约》中达成的版权条款，[②] 也对我国近代著作权传统之形成有直接的影响。1903年，中国翻译的大英百科全书的《版权考》，以及美国传教士林乐知1904年发表的《版权之关系》将英美的版权法律制度介绍到了中国，因此，可以说，“清末著作权法因袭日本，远溯欧美”[③]。中国近代著作权在建构之初同时面向了版权体系和作者权体系，但最终采用了作者权体系，也就深深地打上了“作者中心主义”的烙印。中国著作权法之“作者中心主义”体现为：首先，是精神权利之引入，《大清著作权律》第34条就规定，接受他人著作者，不得就原著加以割裂、改窜，及变匿姓名，或更换名目发行。[④] 这就是作者“保护作品完整权”的精神权利，而精神权利是作者中心主义之灵魂、要旨，所以，我国近代以来的著作权法一开始就刻上了作者中心主义的印迹。而1990年《著作权法》更是完善了作者的各种精神权利，在精神权利方面延续了作者中心主义之理念。其次，是邻接权制度的建构，1990年我国《著作权法》将表演者、广播组织、录音录像制作者的权利归结为传播作品的邻接权的范畴，从而采用了著作权—邻接权的著作权权利基本架构。我国《著作权法》将作者置于权利的中心，使之处于权利“金字塔”的顶端，而邻接权人及读者处于权利的边缘和“金字塔”底部，建构了等级化的权利格局。最后，体现在合理使用制度方面，表面上看著作权法之合理使用是限制了作者的权利，而实际上它是对读者公众使用行为的贬低——是一种侵权阻却或责任豁免。

① 伯尔曼．法律与革命：西方法律传统的形成［M］．贺卫方，高鸿钧，张志铭，等译．北京：中国大百科全书出版社，1993：23-26.

② 王兰萍．近代中国著作权法的成长（1903—1910）［M］．北京：北京大学出版社，2006：84-88.

③ 王兰萍．近代中国著作权法的成长（1903—1910）［M］．北京：北京大学出版社，2006：93.

④ 王兰萍．近代中国著作权法的成长（1903—1910）［M］．北京：北京大学出版社，2006：226.

它预设了读者使用作品的行为在本质上是非法的，应当承担责任，只是出于作者的宽容才得以免除“罪责”；读者是带有“原罪”在作者的作品王国逛游，唯有作者权是神圣的、不可随意亵渎的私权利。

二、中国著作权制度下的作者权重构

中国建立的制度层面的著作权制度，是通过移植、抄袭，甚至是复制而来的，根本不是哲学的产物。西方的浪漫主义，康德、黑格尔人格权理论，传统解释学以及主体性哲学范式并不是中国著作权传统的哲学基础，也就是说，中国的作者中心主义著作权制度是以“外生式”而不是以“内生式”方式建构起来的；借用安守廉的说法，中国著作权制度甚至是枪口逼迫之下的法律启蒙的产物。① 就算不完全是被逼迫才制定的法律，就算是中国文化市场有内在的版权要求，但由于中国缺少西方哲学的理论根基，因此，中国的移植法律之立法方式也就缺少对法律制度的合法性论证，合法性论证是我国著作权制度始终没有解决的问题。

然而，当我国著作权法作者中心主义的合法性基础还没有找到依托之时，西方作者权体系的哲学基础已悄然变迁：从主体性哲学之兴起到衰落，从浪漫主义到结构主义，从康德、黑格尔的先验的形而上学到语言哲学，从传统解释学到哲学解释学，已完全颠覆了原有哲学理念，使作者中心主义之著作权制度失去了合法性基础。天才式作者变成结构功能、变成拼接者，而所谓的独创性则由“互文性”、无限远隔之模仿所取代，独创性表达不过是由深层结构生成转换而来，可以说，著作权哲学基础的变迁使我们发现作者中心主义粉饰下的作者竟然是退潮后的“裸泳者”，而作者之神圣外衣不过是“皇帝的新装”。中国当下之著作权制度是真材实料的作者中心主义套路，但作者中心主义的哲学基础之变迁并不为国人所熟悉，因此，当我们鼓吹著作权之神圣性，可以无限扩张时，应该对制度底下的哲学思想、合法性基础予以探究，然后再作出筹划与选择。中国可以结合当前的现实从立法与司法实践两方面来重构中国式著作权后作者中心主义的相应制度与理念。当前中国著作权立法完全是法国式的立法套路，忠实而完整地演绎了作者中心主义的法律文化。例如，中国著作权法视独创性为作品的本质特征，视作者为作品的最初发明者；中国著作权是“二元论”的著作权模式，作者的精神权利在权利体系中占有重要地位；实行著作权—邻接权模式，把表演者的第二次创作

① ALFORD W. To steal a book is an elegant offense：intellectual property law in Chinese civilization[M]. California：Stanford University Press，1995：30.

视为传播作者的作品，将表演者等同于广播组织、录音录像制作者。在司法实践中，法官预设作者为独创性作品的发源地，不追问作品的合法性基础；只对涉案作品进行表层的比对，不追问语境，也不将作品放在整体中探究作品的意义；而且在程序上对读者（使用者）实行举证责任倒置与"有罪推定"，只要作者的作品发表在先，就认定被告有实际接触过作品；也不对涉案作品的独创性予以比较，预设原告作品的独创性总是高于被告作品。

这些都是典型的作者中心主义的体现，因此要从立法上与司法上予以重构。在立法上，不能预设作品中内含独创性，不能将作者视为作品无中生有的创造者，要强调作品的"互文性"、注重作者与他人之间的依赖关系。不能将公共领域视为作者的自留地，而应当作读者的领地；要厘清作者与公有领域的关系，注重对公共资源的保护；不能对作者有价值偏袒、对读者的作用予以歧视，应破除等级化的权利格局。在司法上，要以结构主义思维来看待作者的独创性，不能轻易判定被告作品与原告作品之间存在抄袭关系；不能实行举证责任倒置与有罪推定，不能因为作品发表在先，就认定被告实际接触过作品；法官不能预设被告接触作品是为了抄袭，因为还有可能接触作品是为了避免与原告作品产生雷同，法官应当在司法过程中至少保持价值中立——如果不偏袒被告的话。具体而言，可以从以下几个方面来予以重构。

（一）破除著作权—邻接权的权利结构模式，视著作权与邻接权为相同的权利属性

邻接权制度是浪漫主义作者观的产物，是将作者之独创性刻意拔高而对作品使用者之作用刻意贬低的结果，从而形成等级化的权利格局与层次结构，违背了民法的权利平等原则。而结构主义对独创性的化解，以及哲学解释学、接受美学对读者价值的肯定为打破这种不平等的权利格局带来了理论上的支撑，将著作权与邻接权平等化、权利属性同一化是转向后的哲学思想的逻辑必然。邻接权制度是作者权体系的特有制度，版权体系中并没有将作者权体系中所谓的邻接权客体单列出来，而是与其他作品一并规定。版权体系中原作者及作品的使用者处于同等的地位，并没有认定读者的行为一定是没有创造性的，仅仅是传播作者作品的复制或传播行为，而是被认定为与作者一样具有创造性的行为。不仅仅邻接权制度是对邻接权人的歧视，而且——例如我国《著作权法》——在邻接权的内部还存在着等级之差，同样是传播作品的出版单位却不能与广

播组织、录音录像制作者取得同样的权利，而只能取得十年的独占债权。著作权—邻接权模式是等级化的权利结构模式，是作者中心主义文化建构下的产物，随着作者中心主义的基础崩塌，这个相应的权利模式也应随之予以改变。这是我国著作权改革中应当予以考虑的方向，如果我们的著作权法还需要一点哲学思想，还需要讲究一点合法性基础的话。

（二）用哲学解释学原理重构表演者之表演与临摹作品的法律地位

哲学解释学肯定了理解者（读者）的价值，读者之阅读行为使得作品得以具体化，读者之解释不是复制作者的意图，而根本上是创造性的活动，因此，对表演者之表演活动就不能视为仅是传播作者之作品的行为。表演者不是机器，而是精神主体，没有自身的艺术修养，没有对作品深刻之理解，表演者无法完成表演活动；正是立足于自身的偏见与前理解，表演者才得以完成表演。所以，表演者之权利不应列入邻接权的范畴，而是属于著作权的范畴。临摹作品要具体问题具体分析，如果临摹者用“描红式”接触的方式来临摹作品，说明临摹者并没有在临摹作品中注入自身的理解，没有形成自身的视域，因而与原作品并没有“对话”和视域之融合，显然，这种类型的临摹作品不能受著作权保护；但是如果临摹者本身具有很高的艺术修养，在临摹时是通过“非接触式”的方式来获得临摹作品，在临摹过程中注入了自身的技能和理解，有了自身的选择和判断，这就说明如此生成的临摹作品是临摹者与原作者视域融合的结果，临摹者对这样的临摹作品应当享有著作权。

（三）还原著作权之财产权本性

基于作品与作者的断裂、作品并非作者人格之延伸、作品中并无作者的人格因素，因此，我们著作权法要还原著作权之财产权性质，将著作权精神权利仅解读为一种经济性质的权利。作品是作者人格之反映，是浪漫主义的产物，而结构主义文学则切断了作者与作品之间的人格关联性；新批评文学理论代表艾略特认为诗人不是要在诗歌中张扬个性而是要逃避个性，从诗歌中洞见诗人的创作意图在新批评文学理论看来只能是“意图谬见”；分析语言哲学认为文学语言是一个自给自足的封闭的符号系统，作品并不反映作者的意图，作品的意义是在“语言的游戏”中建构起来的，作者并不能决定作品的意义。既然作品不是作者人格之延伸，作品不是作者人格的天然容器，那么，作者在作品之上主张精神权利并无合法性基础，文学作品与专利发明一样都是与作者人格无关的产品，既然发明人对其专利产品不能主张精神权利，凭何作者对同样没有人格属性的文学作品要主张精神权利呢？显然，作者之精神权利是作者——比他或她应该得到的——获得的过剩的权利。因此，本书支持李琛的主张，还原著作权之财产权的属性，应将作者之精神权利解读为经济权利。

（四）用结构主义视角解读独创性，从宽认定抄袭或剽窃的判定标准

结构主义对独创性持否定态度，将作者之独创性消解在结构功能之中。相似之作品并不一定是相互抄袭之结果，而可能是对人类思维中的深层结构的拷贝或生成转换；普罗普将俄罗斯民间童话归结为31种类型，坎贝尔将世界上“千面英雄”化约为相同的英雄历程，所以，我国司法判案过程中，法官对原告作品的独创性元素要从严把握，而对抄袭的标准要从宽认定，不能轻易判断两个作品之间存在抄袭或剽窃；尤其是在通俗或流行小说的著作权纠纷案件中法官更要从宽认定涉案作品之间是否存在剽窃、抄袭，因为这类小说之独创性更为匮乏，这类作品带有更多的结构共性而缺少个性化表达。在我国司法案例中，有两个案例给出了相反的诠释。在庄羽诉郭敬明著作权侵权一案中，[①]认定郭敬明的《梦里花落知多少》（简称《梦》）剽窃了庄羽的《圈里圈外》（简称《圈》）具有独创性的人物关系的内容及部分情节和语句，造成《梦》与《圈》整体上构成实质相似。法院明显地从作者中心主义视角出发拔高了《圈》的独创性品质。通俗言情小说人物关系能有多少种类型？正常的一对一的男女关系没有故事，一旦有故事就一定是三角男女关系，甚至是四角、五角交叉混乱的男女关系。就算是五角恋爱关系，以数学上的数列排列组合方式来计算的话，其产生的人物关系的类型也不过十几二十种，《圈》也不过是选择了其中的一些类型来演绎故事。作品部分情节之间存在相似性，就一定不是巧合造成的吗？年轻人在生活背景、世界观相同的状况下，他们的恋爱套路也就相差无几。对都市年轻人生活事实予以客观的描写，正如对煤气管道排布的描写一样，表达的方法不是无限的，尤其相对于无穷无尽的作者来说。另外，法院在比对方式上对两部作品采用了肢解式比对方法，使情节脱离了整体与具体语境，这种比对方法失去人文精神而不可能对作品给予恰当的解读。本书认为，法院过分强调了《圈》的独创性，在剽窃标准上过于严格，过分强调了两者之间的巧

① 参见北京市第一中级人民法院（2004）一中民初字第47号民事判决书；北京市高级人民法院（2005）高民终字第539号民事判决书。

合，而没有从更深层次上来追问原告的文学作品的合法性基础。本书认为不仅要追问两个作品之间的关系，还要将它们放在更大的结构背景中、放在人类历史源源不断的创作链的整体之中，追问原告作品的独创性价值何在，应区别对待价值不同的文学作品。通俗小说之独创性明显不足，因此，对本案中这类言情小说之间的剽窃认定更要持谨慎态度。

在李某（笔名龙一）诉石某山著作权侵权一案中，[①]法院就从宽采用了抄袭标准，而没有认定涉案作品之间存在抄袭。原告李某诉称石某山的小说《地下、地上》（简称《地》）抄袭了其小说《潜伏》（简称《潜》），认为被告的《地》在故事背景、人物设置、故事结构、人物性格塑造上均与《潜》实质相似。但法院没有简单地对比人物关系与人物的性格，法院认为，"著作权法上的作品，应以其相应的故事情节及语句，赋予这些'人物'以独特的内涵，则这些人物与故事情节和语句一起构成著作权的保护对象"[②]。法院的比对方法与上一个案例肢解式比对方式要更为合理，法院认为，对日常生活中的场景和矛盾的描述并无独创之处，最终否定了涉案作品之间存在实质性相似。从结构主义视角、从人类共通的思维出发，人的思想创造是有限的，而有限的思想创造不能被个别的作者所垄断，从宽认定剽窃标准、谨慎认定剽窃成立就是对结构主义的最好回应。

对于当前的中国来说，也许更为重要的事情是进行制度建设，而不是对制度进行批判、对制度报以后现代主义的解构与嘲讽。也正是因为建构比解构更为现实、更为符合中国国情，所以，本书所主张的后作者中心主义重构乃是一种渐进式的改良套路。本书主张对著作权立法只能给予力所能及的重构，仅纠正过于偏袒作者、过于极端的作者中心论做法，以此达到兼顾读者（公众）的利益、实现著作权法上的利益平衡之立法目的。在立法上，当作者的创造功能与作品的独创性被消解之后，作者文学财产权的合法性基础也就随之消解；当著作权之财产权本性被还原、作品中作者的人格因素被剔除后，作者精神权利的神圣性也就随之瓦解。对公有领域的重新定位，将作者确认为公有领域的责任主体，将更有利于维护我国文化市场的生态环境，更有利于优秀作品的涌现。在司法上，司法重构的重点是要引导中国文学作品市场升级。要在司法层面上区别对待独创性不同的作品，只有越具有独创性，才能越具有合法性；如果对所有作品的独创性一视同仁，就会造成低俗作品"霸占"文化

① 王振清．知识产权经典判例［M］．北京：知识产权出版社，2010：267-277.

② 王振清．知识产权经典判例［M］．北京：知识产权出版社，2010：272.

市场的情形，而最终影响了优秀作家的创作积极性。对原告作品独创性、合法性的追问可以促使作者不仅仅是充当文本搬运工与拼接者，而是极力提高作品质量，创作出富有个性的独特作品。这将引导作家们走正确的创作之路，可以建构公平竞争、良性互动的外部环境，而最终能促进整个中国文学市场的繁荣。

小　结

随着哲学基础的变迁，著作权作者中心主义失去了赖以存在的哲学思想与文化基础。依照旧式哲学思想建构的著作权制度也将面临合法性拷问，以作者为中心的权利格局已与当前的哲学思想、后现代主义格格不入，需要重新建构一套与当前哲学思潮相一致的著作权价值观念、立法体系、司法理念。在价值观念方面，要对作者祛魅，让作者走下神坛；要建构作者在创作中与他人相互依赖的观念，创作是在模仿中创作，作者与读者并非对立的关系，而是相互依赖的关系，要实现作者与读者利益上的双赢，而不是作者的“唯我独尊”；要破除作者本质主义理念，作者并非作品的意义源头。在立法上，对作者中心主义立法格局要重新构造，还原著作权之财产权本质，对精神权利予以重新定义；要消除等级化的著作权—邻接权模式，对于表演者“第二次创作”在权利等级上重新定位；对作品独创性要重新定义，作者不是独创性的唯一源点。法律应当看到文本“互文性”特征，应当把它置放在深层结构的大背景中，厘清作者与公共领域的关系，作者应当成为公共领域的责任主体，而不是单纯的掠夺者。在司法理念上，要从以立法为中心转移到以司法为中心，在著作权领域司法过程中法官面临文学作品与法律文本的双重空缺，而法官必须扮演“超级读者”的角色才能使著作权法具体化，单纯地依赖法律文本并不能解决根本问题；在司法过程中，法官要从以作者为中心转移到以读者为中心，作品的意义不是取决于作者，而是取决于读者、作者与文本三者之间的视域融合；法官要从深层结构的宏观背景中来考察作者文学财产权的合法性基础，不能在司法中对被告实行举证责任倒置与有罪推定，须从宽把握抄袭标准。

中国著作权立法，自清末以来就属于典型的作者中心主义套路，因此，中国当前的著作权问题与以法国为代表的著作权作者中心主义存在相似之处。但中国的著作权法是通过移植外国法律制度而建构起来的，中国也缺乏西方哲学思想的直接影响，因此，中国的著作权问题又与法国式作者中心主义有不同之处。如果我们不了解著作权法的前世今生，就可能会比国外“执行”作者中心主义要更盲目、更强烈，但如果我们厘清了作者权的本质基础，在没有哲学理论的思想包袱的情况下，也许可以更轻易地重构与时代相对应的著作权理念与制度。具体而言，我国在著作权立法上要努力破除等级化的权利格局，还原精神权利的财产权本性，用结构主义视角来消解作者的独创性以及用哲学解释学视角来重构表演者、临摹者的创作地位；在司法理念上，法官在司法过程中，要追问作者文学财产权的合法性基础，用深层结构来审视作品独创性，从宽把握抄袭、剽窃标准，以实现作者与读者的利益平衡。

结　论

纵观人类著作权历史，没有人否认它与经济发展与技术进步有紧密关联性。在人类发展的低级阶段，由于生产力落后、物资匮乏，相应的精神生活十分缺乏，人类生产的文化产品也十分稀少，人们对文化的需求也相应不足。在供求皆不足，无法形成市场机制的情况下，人类没有必要用制度安排来解决相对稀少的文化供给与文化需求。只有到了物质文明相对发达、人类精神生活相对丰富，存在一定的文化供给与需求时，人类才需要用制度安排的方式来解决文化产品的供求问题。人类的版权制度或著作权制度产生于18世纪不是偶然，因为这恰逢瓦特发明蒸汽机而促成了英国实现工业革命的时代，人类的生产力得到了高速发展，物质产品也得到了极大的丰富。生产力的发展也带动了精神文明的进步，无论是文化产品的供应，还是人们对文化产品的需求再也不能通过非制度安排的方式来满足，零星的市场行为与个性化的运作模式再也不能解决人们强劲的文化供求。因此，版权、著作权制度与生产力的发展、经济繁荣有不可切割的关系。另外，它们与技术进步也存在直接的关联，印刷技术的发明使规模化生产复制品成为可能。围绕着大规模生产出来的文化产品产生了各种利益主体，其中最为关键的主体是作者与出版商，这迫使各国政府采取制度化、产权化的方式来解决他们之间的利益纷争。著作权、版权制度应运而生，它满足了人们对界定财产权的制度需求，达到了定分止争的社会效果。

可是，经济基础决定上层建筑、技术发展决定版权的“结构主义”套路并不能回答更为精细化的问题，为何在生产力水平相当、经济发展程度相差无几的西方国家会“分裂”出版权体系与作者权体系？这是经济决定论所不能回答的问题，一定有更为复杂、更为深入的原因导致这个“分裂”。本书的中心目标就是要阐明这个原因。从历史源头来分析考察作者权体系时，发现了它深刻的哲学背景，发现它与近代哲学具有同根同源的关系，而这个特定的哲学背景正是作者权体系得以构成的内在原因。

作者权体系与版权体系之分野是不同的哲学背景所致，作者权体系的源头国家是法国，而版权体系的源头国家是英国。法国著作权诞生于法国大革命时期，法国当时的哲学背景是：哲学受到了本土笛卡儿的主体性哲学、德国古典哲学、浪漫主义、传统解释学、现代哲学中价值理性的影响。英国版权产生于 18 世纪初期，哲学上受到了英国本土哲学家洛克的经验主义、边沁功利主义、工具理性哲学的影响。由于法国受到主体性哲学之影响，而主体性哲学视人为先验的主体，所以，法国著作权制度建构了以作者为中心的主体性立法模式，法国著作权制度呈现的是作者中心主义文化理念。而英国的经验主义哲学不是一种先入为主的哲学套路，它否认人的先验能力，将人放置在精于算计的经验主义范畴，从而英国的版权制度是一种赋予作者物质利益以刺激生产的功利主义模式。

以法国为代表的作者体系对作者予以重视，把作者放在了权利格局的中心，表现为作者中心主义的法律文化与理念。这个法律文化的源头根植于法国大革命，这一富有戏剧性的时代背景使作者中心主义增添了几分神秘的色彩。法国的作者观念不同于英国的作者观念在于，英国《安妮女王法》所建构的作者等同于一般商品的所有人，而法国在“革命的著作权法”中所建构的作者不同于一般商品之所有人。法国著作权法所建构的作者被认定为作品的创造者，作者与作品之间是“父子”关系。作者对作品享有精神利益，法国著作权法的作者权是涵盖物质与精神两方面的双重权利。法国 1791 年《表演权法令》与 1793 年《作者权法令》之所以被称为“革命的著作权法”，原因不仅在于它们产生在法国大革命中，而且在于它们是以法律的形式承载了作者的革命成果——作者具有文学领域的革命者之意味。作者革命是整个大革命的组成部分，著作权革命只是法国大革命中的一个“分战场”而已。

作者中心主义的首要哲学基础是浪漫主义，浪漫主义最为重要的理念在于作品是作者单性繁殖的产物，作品是作者凭空创造的产品。“灯式”隐喻与“父子”隐喻是浪漫主义作品观最为贴切的描述。康德、黑格尔的人格权理论也为作者中心主义提供哲学基础，康德将作者人格与书籍混同，黑格尔视文学作品为作者的精神外化与最初定在，这也构成了作者中心主义精神权利的直接依据。浪漫主义在解释学领域中的延伸形成传统解释学，它视作者为意义的本源，读者的解释路径应该重构作者的创作意图。传统解释学是典型的“作者中心主义”，作者始终处于中心位置，传统解释学的“作者中心论”成为著作权领域作者中心主义最为直观的支撑。笛卡儿以来所构建的主体性哲学范式也同样在哲学上支撑了作者中心主义，主体性哲学中的主体是先验的、无可置疑的主体，而作者中心主义的作者权也是自然法权利，是一种与生俱来的、无须为经验证实的天赋权利。主体性哲学为作者的自然法权利打下了坚实的基础。

现代性哲学的价值理性乃是一种实质非理性，带有一种自然法的巫术色彩，也为作者中心主义提供了理论支撑。

作者中心主义与上述的哲学流派具有同根同源的关系，具有相同的历史背景。但这些哲学基础本身发生了变迁，结构主义的兴起解构了浪漫主义的作者观，结构主义认为，作者不是作品的“父亲”，而只是一个“助产士”，作者之作用不是创造功能，而是结构功能。语言哲学认为康德、黑格尔的先验哲学只是一种主观主义、心理主义的东西，只是一种意志与情绪的表达，而无实际意义。语言哲学也消解了先验的主体，维特根斯坦认为人只是哲学的界限，而海德格尔认为人只是天地人神中的一方主体，否认了形而上学的主体性地位。主体范式的衰落是伴随语言范式而来的，主体衰落的最终结果是直接宣告了“主体的死亡”。首先是尼采的“上帝之死”，然后是福柯的“人之死”与巴特的“作者之死”，它们是一脉相承的关系。哲学解释学也颠覆了传统解释学作者中心主义论调，哲学解释学对读者的价值予以肯定，读者的偏见是视域得以可能的前提，读者、作者、文本三者的视域融合决定了文本的最终意义。哲学基础的变迁，使得著作权的具体原则制度遭遇拷问，结构主义消解了作者的独创性功能，也使传统的剽窃、抄袭标准受到冲击；语言哲学消解了作者的创造功能，不是人在创作，而是作品通过人来发声；文学作品是自给自足的封闭的符号体系，作者并不是作品意义的本源，动摇了作者的精神权利。主体性衰落证明民间文学与孤儿作品传统的著作权并不相融，它们只是作者中心主义在著作权法中的“变态”表现。作者商标现象也证明了作者创作功能的破产，作者不再是创作性主体，而是功能性主体。哲学解释学的兴起则直接拷问以作者为中心的权利格局，体现权利等级化的著作权—邻接权模式、责任豁免性质的合理使用制度与读者中心主义的套路也存在根本性的冲突，著作权法应当建构与读者价值相匹配的读者使用权。后现代哲学的转向解构了作者的权力话语与元叙事的正当性，直接动摇了作者作为知识主体的合法性基础。

随着哲学基础的变迁，作者中心主义已不合时宜，我们应当重构与当下哲学思潮相吻合的著作权体系。在后作者中心主义时代，应对著作权予以价值重构，祛除作者的神圣性，实现作者与读者共赢的价值理念，废除作者中心主义的作者本质主义套路。在立法上，要对精神权利重新定位，还原著作权之财产权本性；消除权利等级化模式，建构著作权与邻接权平等的制度体系；对独创性标准、功能重新定位，人格化、构成性的独创性应重构为互文性、非构成性的独创性；还要重构公共领域，将公共领域视为读者的权利领地，也要视作者为公共领域的责任主体。在立法上，由于著作权立法的双重空缺，在著作权领域应该建构以司法为中心的司法理念；对文学作品的解读应当从以作者为中心转变为以读者为中心，在抄袭标准之认定方面应持从宽原则。

结合中国的语境，著作权立法自清朝开始以来，所实行的制度是作者中心主义的套路。从清朝的《大清著作权律》到北洋政府 1915 年制定的《著作权法》，从国民政府 1928 年的《著作权法》到中华人民共和国 1990 年的《著作权法》都选择了作者权体系的立法模式。精神权利制度、著作权—邻接权模式等制度的建立充分证明了中国著作权法所走的作者中心主义道路。但是中国著作权法是通过移植西方法律制度的方式来建构的，无论是传统的西方哲学，还是变迁后的哲学思潮，对于中国来说都是外在的。因此，这一特定的情境对中国来说是一把“双刃剑”：一方面，中国作者中心主义没有西方的哲学基础，也就不存在历史的包袱；另一方面，由于缺乏哲学基础，中国之作者中心主义可能带有盲目性。因此，对中国来说最为重要的是要看清作者中心主义与哲学内在的勾连关系，以更为宏观的视野来从事中国的著作权法的建构与改革工作。

总而言之，作者中心主义和作者权体系之间的关系是“灵与肉”的关系，这正如功利主义与版权体系之间的关系一样。经济发展、技术进步是作者权体系的物质基础，而近代哲学思想是作者中心主义的文化基础。我们应当厘清经济发展、著作权法律制度的建构、哲学变迁这三条主线之间的相互关系，以更加全面、更多视角的方式来审视当下的各项著作权制度与原理，只有如此，才能以正确的方式来从事著作权的理论研究与实践工作。

参考文献

一、著作

（一）中文著作

［1］陈凤兰，吕静薇．西方版权沿革与贸易［M］．郑州：河南人民出版社，2004.

［2］陈嘉明．现代性与后现代性十五讲［M］．北京：北京大学出版社，2006.

［3］陈嘉映．语言哲学［M］．北京：北京大学出版社，2003.

［4］陈晓明，杨鹏．结构主义与后结构主义在中国［M］．北京：首都师范大学出版社，2002.

［5］曹雪芹．红楼梦［M］．北京：人民文学出版社，2008.

［6］段德智．主体生成论：对“主体死亡论”之超越［M］．北京：人民出版社，2009.

［7］高新民，付东鹏．意向性与人工智能［M］．北京：中国社会科学出版社，2014.

［8］高中．后现代法学的思潮［M］．北京：法律出版社，2005.

［9］胡玉庭．天仙配：黄梅戏［M］．北京：中国戏剧出版社，1959.

［10］何卫平．解释学之维：问题与研究［M］．北京：人民出版社，2009.

［11］何卫平．通向解释学辩证法之途［M］．上海：上海三联书店，2001.

［12］韩秋艳，庞立生，王艳华．西方哲学的现代转向［M］．长春：吉林人民出版社，2007.

［13］洪汉鼎．理解与解释：诠释学经典文选［M］．北京：东方出版社，2001.

［14］洪汉鼎．诠释学：它的历史和当代发展［M］．北京：人民出版社，2001.

［15］江怡．分析哲学教程［M］．北京：北京大学出版社，2009.

［16］金庸．天龙八部：伍［M］．广州：广州出版社，2002.

［17］李丹．从形式主义文本到意识形态对话：西方后现代元小说的理论与实践［M］．北京：中国社会科学出版社，2017.

［18］李明德，管育鹰，唐广良．《著作权法》专家意见稿说明［M］．北京：法律出版社，2012.

［19］李广仓．结构主义文学批评方法研究［M］．长沙：湖南大学出版社，2006.

［20］李建盛．理解事件与文本意义：文学诠释学［M］．上海：上海译文出版社，2002.

［21］李雨峰．著作权的宪法之维［M］．北京：法律出版社，2012.

［22］李雨峰．枪口下的法律：中国版权史研究［M］．北京：知识产权出版社，2006.

［23］刘洁．邻接权归宿论［M］．北京：知识产权出版社，2011.

［24］刘晓萍，王小军．琳达·哈琴的后现代主义诗学研究［M］．成都：四川大学出版社，2019.

［25］刘永谋．福柯的主体解构之旅［M］．江苏人民出版社，2009.

［26］陆扬．后现代性的文本阐释：福柯与德里达［M］．上海：上海三联书店，2000.

［27］马新国．西方文论史［M］．北京：高等教育出版社，1994.

［28］饶明辉．当代西方知识产权的哲学反思［M］．北京：科学出版社，2008.

［29］施耐庵．水浒传［M］．武汉：长江文艺出版社，2000.

［30］石玉昆．三侠五义［M］．北京：中华书局，1959.

［31］孙周兴．语言存在论：海德格尔后期思想研究［M］．北京：商务印书馆，2011.

［32］孙周兴．后哲学的哲学问题［M］．北京：商务印书馆，2009.

［33］苏国勋．理性化及其限制：韦伯思想引论［M］．北京：商务印书馆，2016.

［34］唐建清．国外后现代文学［M］．南京：江苏美术出版社，2003.

［35］苏喆．民间文化传承中的知识产权［M］．北京：社会科学文献出版社，2012.

［36］王兰萍．近代中国著作权法的成长（1903—1910）［M］．北京：北京大学出版社，2006.

［37］吴汉东，曹新明，王毅，等．西方诸国著作权制度研究［M］．北京：中国政法大学出版社，1998.

[38] 夏光. 后结构主义思潮与后现代社会理论[M]. 北京：社会科学文献出版社，2003.

[39] 谢晖，陈金钊. 法律：诠释与应用：法律诠释学[M]. 上海：上海译文出版社，2002.

[40] 肖尤丹. 历史视野中的著作权模式确立：权利文化与作者主体[M]. 武汉：华中科技大学出版社，2011.

[41] 王程辉. 英美文学戏仿研究[M]. 苏州：苏州大学出版社，2014.

[42] 严平. 走向解释学的真理：伽达默尔哲学评述[M]. 北京：东方出版社，1998.

[43] 杨仁敬，等. 美国后现代派小说论[M]. 青岛：青岛出版社，2004.

[44] 杨延超. 作品精神权利论[M]. 北京：法律出版社，2007.

[45] 叶秀山，王树人. 西方哲学史：第六卷[M]. 北京：人民出版社，2011.

[46] 易健雄. 技术发展与版权扩张[M]. 北京：法律出版社，2009.

[47] 曾艳兵. 西方后现代主义文学研究[M]. 北京：中国社会科学出版社，2006.

[48] 张国清. 中心与边缘[M]. 北京：中国社会科学出版社，1998.

[49] 张世英. 哲学导论[M]. 北京：法律出版社，2002.

[50] 张之沧，林丹. 当代西方哲学[M]. 北京：人民出版社，2007.

[51] 张恨水. 梁山伯与祝英台[M]. 长春：吉林文史出版社，2002.

[52] 张志扬，陈家琪. 形而上学的巴比伦塔：论语言的空间与自我的限度[M]. 上海：同济大学出版社，2004.

[53] 章启群. 意义本体论：哲学诠释学[M]. 上海：上海译文出版社，2002.

[54] 赵毅衡. "新批评"文集[M]. 天津：百花文艺出版社，2001.

[55] 郑成思. 版权法：上[M]. 北京：中国人民大学出版社，2009.

[56] 周宪. 现代性的张力[M]. 北京：首都师范大学出版社，2001.

[57] 周赟. 法理学[M]. 北京：清华大学出版社，2013.

[58] 朱理. 著作权的边界：信息社会著作权的限制与例外研究[M]. 北京：北京大学出版社，2011.

[59] 朱立元. 后现代主义文学理论思潮论稿[M]. 上海：上海人民出版社，2015.

（二）译著

［1］维特根斯坦．哲学研究［M］．李步楼，译．北京：商务印书馆，1996.

［2］维特根斯坦．逻辑哲学论［M］．贺绍甲，译．北京：商务印书馆，2011.

［3］布洛克曼．结构主义：莫斯科—布拉格—巴黎［M］．李幼蒸，译．北京：商务印书馆，1980.

［4］英加登．论文学作品［M］．张振辉，译．开封：河南大学出版社，2008.

［5］英加登．对文学艺术作品的认识［M］．陈燕谷，晓未，译．北京：中国文联出版社，1988.

［6］沙夫．结构主义与马克思主义［M］．袁晖，李绍明，译．济南：山东大学出版社，2009.

［7］胡塞尔．现象学的观念［M］．倪梁康，译．上海：上海译文出版社，1986.

［8］毕尔格．主体的退隐［M］．陈良梅，夏清，译．南京：南京大学出版社，2004.

［9］卡西尔．人论［M］．李化梅，译．北京：西苑出版社，2009.

［10］萨维尼．论立法与法学的当代使命［M］．许章润，译．北京：中国法制出版社，2001.

［11］赖欣巴哈．科学哲学的兴起［M］．伯尼，译．北京：商务印书馆，1983.

［12］卡岑巴赫．施莱尔马赫传［M］．任立，译．北京：商务印书馆，1998.

［13］海德格尔．在通向语言的途中［M］．孙周兴，译．北京：商务印书馆，2009.

［14］海德格尔．存在论：实际性的解释学［M］．何卫平，译．北京：人民出版社，2009.

［15］海德格尔．林中路［M］．孙周兴，译．上海：上海译文出版社，2004.

［16］海德格尔．诗•语言•思［M］．彭富春，译．北京：文化艺术出版社，1991.

［17］伽达默尔．诠释学Ⅰ：真理与方法［M］．洪汉鼎，译．北京：商务印书馆，2010.

[18]伽达默尔.诠释学Ⅱ：真理与方法[M].洪汉鼎，译.北京：商务印书馆，2010.

[19]伽达默尔.哲学解释学[M].夏镇平，宋建平，译.上海：上海译文出版社，2004.

[20]黑格尔.精神现象学[M].段远鸿，译.北京：中国华侨出版社，2012.

[21]黑格尔.小逻辑[M].贺麟，译.北京：商务印书馆，1980.

[22]黑格尔.美学：第一卷[M].朱光潜，译.北京：商务印书馆，1979.

[23]黑格尔.逻辑学[M].杨一之，译.北京：商务印书馆，1966.

[24]黑格尔.法哲学原理[M].范扬，张企泰，译.北京：商务印书馆，1961.

[25]康德.道德形而上学原理[M].苗力田，译.上海：上海人民出版社，2012.

[26]康德.纯粹理性批判[M].李秋零，译.北京：中国人民大学出版社，2011.

[27]康德.实践理性批判[M].邓晓芒，译.北京：人民出版社，2003.

[28]康德.判断力批判[M].邓晓芒，译.北京：人民出版社，2002.

[29]帕尔默.诠释学[M].潘德荣，译.北京：商务印书馆，2012.

[30]雷炳德.著作权法[M].张恩民，译.北京：法律出版社，2005.

[31]格林 J，格林 W.格林童话[M].杨武能，译.北京：作家出版社，2020.

[32]霍克海默，阿道尔诺.启蒙辩证法[M].渠敬东，曹卫东，译.上海：上海人民出版社，2006.

[33]韦伯.经济与社会：第一卷[M].阎克文，译.上海：上海人民出版社，2010.

[34]韦伯.新教伦理与资本主义精神[M].康乐，简惠美，译.桂林：广西师范大学出版社，2010.

[35]尼采.权力意志[M].孙周兴，译.北京：商务印书馆，2007.

[36]尼采.快乐的科学[M].黄明嘉，译.桂林：漓江出版社，2000.

[37]尼采.论道德的系谱•善恶之彼岸[M].谢地坤，宋祖良，刘桂环，译.桂林：漓江出版社，2000.

[38]谢林.先验唯心论体系[M].梁志学，石泉，译.北京：商务印

书馆，1976.

［39］席勒．审美教育书简［M］．张玉能，译．南京：译林出版社，2012.

［40］叔本华．作为意志和表象的世界［M］．石冲白，译．北京：商务印书馆，1982.

［41］哈贝马斯．交往行为理论［M］．曹卫东，译．上海：上海译文出版社，2004.

［42］洪堡特．论人类语言结构的差异及其对人类精神发展的影响［M］．姚小平，译．北京：商务印书馆，1997.

［43］伊瑟尔．阅读活动：审美反应理论［M］．金元浦，周宁，译．北京：中国社会科学出版社，1991.

［44］普罗普．故事形态学［M］．贾放，译．北京：中华书局，2006.

［45］格雷马斯．结构语义学［M］．蒋梓骅，译．天津：百花文艺出版社，2001.

［46］克罗齐．历史学的理论和实际［M］．安斯利，英译．傅任敢，译．天津：百花文艺出版社，2001.

［47］笛卡尔．第一哲学沉思集［M］．庞景仁，译．北京：商务印书馆，1986.

［48］列维 - 斯特劳斯．结构人类学：1［M］．张祖建，译．北京：中国人民大学出版社，2006.

［49］列维 - 斯特劳斯．结构人类学：巫术、宗教、艺术、神话［M］．陆晓禾，黄锡光，译．北京：文化艺术出版社，1989.

［50］卢梭．社会契约论［M］．何兆武，译．北京：商务印书馆，1963.

［51］阿尔都塞．保卫马克思［M］．顾良，译．北京：商务印书馆，2010.

［52］巴特．S/Z［M］．屠友祥，译．上海：上海人民出版社，2012.

［53］巴尔特．写作的零度［M］．李幼蒸，译．北京：中国人民大学出版社，2008.

［54］巴尔特．符号学原理［M］．李幼蒸，译．北京：中国人民大学出版社，2008.

［55］蒙田．蒙田随笔全集：第一卷［M］．马振骋，译．上海：上海书店出版社，2009.

［56］蒙田．蒙田随笔全集：第三卷［M］．马振骋，译．上海：上海书店出版社，2009.

［57］福柯．知识考古学［M］．谢强，马月，译．北京：三联书店，1998.

［58］福柯．词与物：人文科学的考古学［M］．莫伟民，译．上海：上海三联书店，2001.

［59］福柯．性经验史［M］．佘碧平，译．上海：上海世纪出版集团，2005.

［60］福柯．癫狂与文明：理性时代的精神病史［M］．孙淑强，金筑云，译．杭州：浙江人民出版社，1991.

［61］德里达．论文字学［M］．汪堂家，译．上海：上海译文出版社，1999.

［62］德勒兹，加塔利．资本主义与精神分裂（卷2）：千高原［M］．姜宇辉，译．上海：上海书店出版社，2010.

［63］卢梭．论语言的起源兼论旋律与音乐的模仿［M］．吴克峰，胡涛，译．北京：北京出版集团，2010.

［64］卢梭．忏悔录［M］．陈悠卿，译．南京：译林出版社，2011.

［65］卢梭．爱弥儿：上［M］．叶红婷，译．北京：译林出版社，2016.

［66］列维-斯特劳斯．忧郁的热带［M］．王志明，译．北京：中国人民大学出版社，2009.

［67］利奥塔．后现代状态：关于知识的报告［M］．车槿山，译．南京：南京大学出版社，2011.

［68］布吕奈尔，贝朗瑞，库蒂，等.19世纪法国文学史［M］．郑克鲁，黄慧珍，何敬业，等译．上海：上海人民出版社，1997.

［69］利奥塔．后现代状况：关于知识的报告［M］．岛子，译．长沙：湖南美术出版社，1996.

［70］萨特．存在主义是一种人道主义［M］．周煦良，汤永宽，译．上海：上海译文出版社，2005.

［71］奥古斯丁．忏悔录［M］．周士良，译．北京：商务印书馆，1963.

［72］柏拉图．斐德若篇［M］．朱光潜，译．北京：商务印书馆，2018.

［73］柏拉图．理想国［M］．郭斌和，张竹明，译．北京：商务印书馆，1986.

［74］赫西俄德．工作与时日·神谱［M］．张竹明，蒋平，译．北京：商务印书馆，1991.

［75］斯宾诺莎．神学政治论［M］．温锡增，译．北京：商务印书馆，1963.

［76］弗莱．文论三种［M］．徐坤，刘庆荣，宋敏，等译．呼和浩特：内蒙古大学出版社，2003.

［77］格朗丹．哲学解释学导论［M］．何卫平，译．北京：商务印书馆，2009.

［78］哈琴．后现代主义诗学：历史•理论•小说［M］．李杨，李锋，译．南京：南京大学出版社，2009.

［79］姚斯，霍拉勃．接受美学与接受理论［M］．周宁，金元浦，译．沈阳：辽宁人民出版社，1987.

［80］坡．失窃的信［M］．赵苏苏，等译．北京：群众出版社，2008.

［81］安守廉．窃书为雅罪：中华文化中的知识产权法［M］．李琛，译．北京：法律出版社，2010.

［82］伯尔曼．法律与宗教［M］．梁治平，译．北京：中国政法大学出版社，2003.

［83］斯凯尔纳，贝斯特．后现代理论：批判性的质疑［M］．张志斌，译．北京：中央编译出版社，1999.

［84］博登海默．法理学：法律哲学与法律方法［M］．邓正来，译．北京：中国政法大学出版社，2004.

［85］杰姆逊．后现代主义与文化理论［M］．唐小兵，译．西安：陕西师范大学出版总社，1986.

［86］多迈尔．主体性的黄昏［M］．万俊人，译．桂林：广西师范大学出版社，2013.

［87］詹姆逊．语言的牢笼：马克思主义与形式（上）［M］．钱佼汝，译．南昌：百花洲文艺出版社，2010.

［88］马尔库塞．单向度的人：发达工业社会意识形态研究［M］．刘继，译．上海：上海译文出版社，2012.

［89］卡洪．现代性的困境：哲学、文化和反文化［M］．王志宏，译．北京：商务印书馆，2008.

［90］哈桑．后现代转向［M］．刘象愚，译．上海：上海人民出版社，2015.

［91］伯尔曼．法律与革命：西方法律传统的形成［M］．贺卫方，高鸿钧，张志铭，等译．北京：中国大百科全书出版社，1993.

［92］卡勒．论解构［M］．陆扬，译．北京：中国社会科学出版社，1998.

［93］波斯纳．论剽窃［M］．沈明，译．北京：北京大学出版社，2010.

[94]波斯纳．法律与文学[M]．李国庆，译．北京：中国政法大学出版社，2002.

[95]波斯纳．法律的经济分析：上[M]．郭小平，康兴平，译．北京：光明日报出版社，1992.

[96]伯恩斯坦．超越客观主义与相对主义[M]．蒋兆康，译．北京：中国大百科全书出版社，1997.

[97]罗蒂．后哲学文化[M]．黄勇，译．上海：上海译文出版社，2009.

[98]诺奇克．无政府、国家和乌托邦[M]．姚大志，译．北京：中国社会科学出版社，2008.

[99]庞德．法理学：第一卷[M]．邓正来，译．北京：中国政法大学出版社，2004.

[100]庞德．法律史解释[M]．邓正来，译．北京：中国法制出版社，2002.

[101]罗蒂．哲学和自然之镜[M]．李幼蒸，译．北京：商务印书馆，2003.

[102]艾布拉姆斯．镜与灯：浪漫主义文论及批评传统[M]．郦稚牛，张照进，童庆生，译．北京：北京大学出版社，2004.

[103]韦勒克，沃伦．文学理论[M]．刘象愚，邢培明，陈圣生，等译．南京：江苏教育出版社，2005.

[104]乔姆斯基．句法理论的若干问题[M]．黄长著，林书武，沈家煊，译．北京：中国社会科学出版社，2005.

[105]白璧德．卢梭与浪漫主义[M]．孙宜学，译．石家庄：河北教育出版社，2003.

[106]库恩．科学革命的结构[M]．金吾伦，胡新和，译．北京：北京大学出版社，2003.

[107]兰德斯，波斯纳．知识产权法的经济结构[M]．金海军，译．北京：北京大学出版社，2005.

[108]维迪亚那桑．著作权保护了谁[M]．陈宜君，译．台北：商周出版社，2003.

[109]休斯．文学结构主义[M]．刘豫，译．北京：生活·读书·新知三联书店，1988.

[110]塞尔．社会实在的建构[M]．李步楼，译．上海：上海世纪出版集团，2008.

[111]兰色姆．新批评[M]．王腊宝，张哲，译．南京：江苏教育出版社，2006.

[112]坎贝尔．千面英雄[M]．朱侃如，译．北京：金城出版社，2012.

[113]博登海默．法理学：法律哲学与法律方法[M]．邓正来，译．北京：中国政法大学出版社，2004.

[114]米尔斯．社会学的想像力[M]．陈强，张永强，译．北京：三联书店，2001.

[115]卡勒．结构主义诗学[M]．盛宁，译．北京：中国社会科学出版社，1991.

[116]詹明信．晚期资本主义的文化逻辑[M]．陈清侨，等译．北京：三联书店，2013.

[117]林斯．叙事学：叙事的形式与功能[M]．徐强，译．北京：中国人民大学出版社，2013.

[118]怀特．后现代历史叙事学[M]．陈永国，张万娟，译．北京：中国社会科学出版社，2003.

[119]马丁．当代叙事学[M]．伍晓明，译．北京：中国人民大学出版社，2018.

[120]伯格．一个后现代主义者的谋杀[M]．洪吉，译．桂林：广西师范大学出版社，2001.

[121]索绪尔．普通语言学教程[M]．刘丽，译．北京：中国社会科学出版社，2009.

[122]皮亚杰．结构主义[M]．倪连生，王琳，译．北京：商务印书馆，1984.

[123]梅列金斯基．神话的诗学[M]．魏庆征，译．北京：商务印书馆，1990.

[124]利普希克．著作权与邻接权[M]．联合国教科文组织，译．北京：中国对外翻译出版公司，2000.

[125]塞万提斯．堂吉诃德：上[M]．刘京胜，译．北京：商务印书馆，2016.

[126]艾柯．开放的作品[M]．刘儒庭，译．北京：新星出版社，2010.

[127]艾柯，等．诠释与过度诠释[M]．王宇根，译．北京：生活・读书・新知三联书店，1997.

［128］克罗齐．美学原理［M］．朱光潜，译．北京：商务印书馆，2012.

［129］汤因比．历史研究：上卷［M］．郭小凌，等译．上海：上海世纪出版集团，2010.

［130］吉登斯．现代性的后果［M］．田禾，译．南京：译林出版社，2011.

［131］德兰蒂．现代性与后现代性：知识，权力与自我［M］．李瑞华，译．北京：商务印书馆，2012.

［132］扬格．试论独创性作品［M］．袁可嘉，译．北京：人民文学出版社，1963.

［133］王尔德．谎言的衰落［M］．萧易，译．南京：江苏教育出版社，2004.

［134］边沁．政府片论［M］．沈叔平，译．北京：商务印书馆，1995.

［135］哈特．法律的概念［M］．张文显，郑成良，杜景义，等译．北京：中国大百科全书出版社，1996.

［136］洛克．政府论：下［M］．叶启芳，瞿菊农，译．北京：商务印书馆，1964.

［137］洛克．人类理解论：上册［M］．关文运，译．北京：商务印书馆，1959.

［138］罗素．西方哲学史：下卷［M］．马元德，译．北京：商务印书馆，1976.

［139］达米特．分析哲学的起源［M］．王路，译．上海：上海译文出版社，2005.

［140］培根．新工具［M］．许宝骙，译．北京：商务印书馆，1984.

［141］伊格尔顿．二十世纪西方文学理论［M］．伍晓明，译．北京：北京大学出版社，2007.

［142］穆勒．功利主义［M］．徐大建，译．北京：商务印书馆，2014.

［143］伯林．浪漫主义的根源［M］．吕梁，等译．上海：译林出版社，2008.

［144］罗素．西方哲学史：下［M］．马元德，译．北京：商务印书馆，2015.

［145］雷德利．导读德里达《论文字学》［M］．孔锐才，译．重庆：重庆大学出版社，2019.

［146］洛奇．小说的艺术［M］．卢丽安，译．上海：上海译文出版社，

2010.

[147]斯特恩.项狄传[M].蒲隆，译.上海：上海译文出版社，2018.

（三）外文著作

[1]ALFORD W. To steal a book is an elegant offense: intellectual property law in Chinese civilization[M]. California：Stanford University Press，1995.

[2]BROOKS C，WARREN R. Understanding poetry[M]. Beijing：Foreign Language Teaching and Research Press，2004.

[3]COHEN，J，LOREN L，OKEDIJI R，et al. Copyright in a global information economy[M]. New York：Aspen Publishers，2010.

[4]DRAHOS P. A philosophy of intellectual property[M]. Burlington：Ashgate Publishing Company，1996.

[5]AULT H J, ARNOLD B J, COOPER G S. Comparative income taxation：a structural analysis: 3[M]. Hague：Kluwer Law International，2010.

[6]FRYE N. Anatomy of criticism[M]. Shanghai：Shanghai Foreign Language Education Press，2009.

[7]GOLDSTEIN P. Copyright's highway：from Gutenberg to the celestial jukebox[M]. California：Stanford University Press，2003.

[8]FRANK J. Law and the modern mind[M]. New York：Tudor Publishing Company，1930.

[9]BENTLY L，SHERMAN B，GANGJEE D，et al. Intellectual property law[M]. Oxford: Oxford University Press，2018.

[10]HUTCHEON L. A theory of parody：the teachings of twentieth-century art forms[M]. New York and London：Methuen，1985.

[11]LIN Y. Postmodernist fiction art of parody[M]. Xiamen：Xiamen University Press，2008.

[12]NIMMER M B，NIMMER D. Nimmer on copyright: volume 1[M]. San Francisco：Matthew Bender，2007.

[13]WAUGH P. Metafiction：the theory and practice of self-conscious fiction[M]. London and New York：Routledge，1993.

[14]POLTI G. The thirty-six dramatic situations[M]. Franklin：James

Knapp Reeve，1921.

［15］PORSDAM H. Copyright and other fairy tales：Hans Christian Andersen and the commodification of creativity［M］. Cheltenham：Edward Elgar Publishing，2006.

［16］MERGES R P，GINSBURG J C. Foundations of intellectual property［M］. San Francisco：Matthew Bender，2006.

［17］SAUNDERS D. Authorship and copyright［M］. London：Routledge，1992.

［18］SHERMAN B，BENTLY L.The making of modern intellectual property law：the British experience［M］. London：Cambridge University Press，1999.

［19］ELIOT T S. The sacred wood：essays on poetry and criticism［M］. London：Methuen，1972.

［20］UNGER R. Social theory：its situation and its task［M］. New York：The Press Syndicate of the University of Cambridge，1987.

［21］GASS W H. Fiction and the figures of life［M］. Boston：David R. Godine Publisher，1976.

［22］CORNISH W R. Intellectual property［M］. London：Sweet & Maxwell，1996.

［23］BAUMAN Z. Modernity and ambivalence［M］. Cambridge：Polity，1991.

二、论文

（一）中文论文

［1］曹博．著作人格权的兴起与衰落［J］. 西南政法大学学报，2013 (2).

［2］程党根．游牧政治试验：德勒兹后现代政治哲学研究［D］. 杭州：浙江大学，2004.

［3］程艳．版权扩张及版权正当性的反思［J］. 北京化工大学学报，2010 (2).

［4］冯晓青．试论作者在著作权中的法律地位［J］. 知识产权，1995(4).

［5］费安玲．论作者在著作权法中的地位［J］. 政法论坛，1987(4).

［6］黄汇．版权法上的公共领域研究［D］. 重庆：西南政法大学，

2009.

[7]李琛．质疑知识产权之“财产人格一体性”[J]．中国社会科学，2004(2).

[8]李琛．法的第二性原理与知识产权概念[J]．中国人民大学学报，2004(1).

[9]李雨峰．版权扩张：一种合法性的反思[J]．现代法学，2001(5).

[10]刘春茂．论我国著作权的主体[J]．中国法学，1990(5).

[11]刘汉波．著作权司法实践中的文学观念批判：以文学剽窃的认定为中心的考察[D]．上海：华东师范大学，2008.

[12]鲁迅．绛洞花主·小引[M]//鲁迅．鲁迅全集：第八卷．北京：人民出版社，1982.

[13]秦海鹰．互文性理论的缘起与流变[J]．外国文学评论，2004(3).

[14]唐毅．著作权扩张的自然法思考[J]．理论界，2012(11).

[15]吴伟光．论作品的独创性：版权制度的本质与独创性要求的标准[A]//知识产权与创新驱动论坛暨中国知识产权法学研究会2013年年会论文集，2013.

[16]熊文聪．后现代主义视角下的著作权的正当性及其边界：从个体权利到基于商谈的共识[J]．政治与法律，2010，(6).

[17]谢国廉．英国著作权法关于合理使用之规范[M]//黄铭杰．著作权合理的使用规范之现在与未来．台北：元照出版有限公司，2011.

[18]杨利华，冯晓青．著作权扩张及其法律和经济学探讨[J]．法学论坛，2005(3).

[19]杨美琴．近年《金瓶梅》作者研究综述[J]．上海师范大学学报，1990(2).

[20]易继明．人工智能创作物是作品吗？[J]．法律科学，2017(5).

[21]郑成思．临摹、独创性与版权保护[M]//刘春田．中国知识产权评论：第一卷．北京：商务印书馆，2002.

（二）中译论文

[1]波德莱尔．现代生活的画家[M]//波德莱尔美学论文选．郭宏安，译．北京：人民文学出版社，2008.

[2]弗洛伊德．精神分析引论[M]//车文博．弗洛伊德文集：4. 张爱卿，译．长春：长春出版社，2004.

[3]弗洛伊德．自我与本我[M]//车文博．弗洛伊德文集：6. 杨韶刚，

译．长春：长春出版社，2004.

［4］弗雷格．概念文字［M］// 弗雷格哲学论著作选辑．杨韶刚，译．长春：长春出版社，2004.

［5］阿斯特．诠释学［M］．洪汉鼎，译 // 洪汉鼎．理解与解释：诠释学经典文选．北京：东方出版社，2006.

［6］施莱尔马赫．诠释学讲演［M］．洪汉鼎，译 // 洪汉鼎．理解与解释：诠释学经典文选．北京：东方出版社，2006.

［7］歌德．歌德谈话录［M］．朱光潜，译 // 伍蠡甫，胡经之．西方文艺理论名著选编：上卷．北京：北京大学出版社，1985.

［8］海涅．论浪漫派［M］// 张玉书．海涅文选．张玉书，译．北京：人民出版社，2002.

［9］海德格尔．关于人道主义的书信［M］// 海德格尔．路标．孙周兴，译．北京：商务印书馆，2000.

［10］海德格尔．尼采的话“上帝死了”［M］// 林中路．孙周兴，译．上海：上海译文出版社，2004.

［11］伽达默尔．文本与解释［M］．刘乃银，译 // 严平．伽达默尔集．上海：上海远东出版社，1997.

［12］康德．答复这个问题：“什么是启蒙运动？”［M］．何兆武，译// 江怡．理性与启蒙：后现代经典文选．北京：东方出版社，2004.

［13］卡纳普．哲学与逻辑句法［M］．洪谦，译 // 洪谦．现代西方哲学论著选辑：上册．北京：商务印书馆，1993.

［14］里克．意义和证实［M］．洪汉鼎，译 // 陈波，韩林合．逻辑与语言：分析哲学经典文选．北京：东方出版社，2005.

［15］尼采．查拉斯图拉如是说［M］// 尼采文集．楚图南，译．北京：改革出版社，1995.

［16］狄尔泰．对他人及其生命表现的理解［M］．李超杰，译 // 洪汉鼎．理解与解释：诠释学经典文选．北京：东方出版社，2006.

［17］狄尔泰．诠释学的起源［M］．洪汉鼎，译 // 洪汉鼎．理解与解释：诠释学经典文选．北京：东方出版社，2006.

［18］洪堡特．论人类语言结构的差异［M］// 洪堡特语言哲学文集．姚小平，译．北京：商务印书馆，2011.

［19］洪堡特．论与语言发展的不同时期有关的比较语言研究［M］// 洪堡特语言哲学文集．姚小平，译．北京：商务印书馆，2011.

［20］波德莱尔．现代生活的画家［M］．王秀江，译 // 江怡．理性与启

蒙：后现代经典文选．北京：东方出版社，2004.

［21］托多罗夫．叙事语法：《十日谈》［M］// 散文诗学：叙事研究论文选．侯应花，译．天津：百花文艺出版社，2011.

［22］福柯．何为启蒙［M］. 顾嘉琛，译 // 杜小真．福柯集．上海：上海远东出版社，1998.

［23］福柯．人死了吗［M］. 马利红，译 // 杜小真. 福柯集．上海：上海远东出版社，1998.

［24］巴特．作者的死亡［M］// 罗兰·巴特随笔选．怀宇，译．天津：百花文艺出版社，2005.

［25］蒙田．论悔恨［M］// 蒙田随笔全集：第三卷．马振骋，译．上海：上海书店出版社，2009.

［26］福柯．作者是什么？［M］. 逄真，译 // 王逢振，盛宁，李自修．最新西方文论选．桂林：漓江出版社，1991.

［27］柏拉图．伊安篇［M］．朱光潜，译 // 伍蠡甫，胡经之．西方文艺理论名著选编：上卷．北京：北京大学出版社，1985.

［28］亚里士多德．诗学［M］．罗念生，译 // 伍蠡甫，胡经之．西方文艺理论名著选编：上卷．北京：北京大学出版社，1985.

［29］德拉西诺韦尔．认真对待使用者权［M］// 盖斯特．为了公共利益：加拿大版权法的未来．李静，译．北京：知识产权出版社，2008.

［30］罗海姆．神话与民间故事［M］// 维克雷．神话与文学．潘国庆，等译．上海：上海文艺出版社，1996.

［31］塞尔．心灵、大脑与程序［M］// 博登．人工智能哲学．刘西瑞，王汉琦，译．上海：上海译文出版社，2001.

［32］卡尔纳普．通过语言的逻辑分析清除形而上学［M］. 罗达仁，译// 陈波，韩林合．逻辑与语言：分析哲学经典文选．北京：东方出版社，2005.

［33］雅各布逊．隐喻和换喻的两极［M］. 张祖建，译 // 伍蠡甫，胡经之．西方文艺理论名著选编：下卷．北京：北京大学出版社，1987.

［34］博登．逃出中文屋［M］// 人工智能哲学．刘西瑞，王汉琦，译．上海：上海译文出版社，2001.

［35］蒯因．论何物存在［M］// 从逻辑的观点看．江天骥，等译．上海：上海译文出版社，1987.

［36］蒯因．经验论两个教条［M］// 从逻辑的观点看．江天骥，等译．上海：上海译文出版社，1987.

［37］什克洛夫斯基．作为程序的艺术［M］．方珊，译 // 伍蠡甫，胡

经之．西方文艺理论名著选编：下卷．北京：北京大学出版社，1987.

［38］图灵．计算机器与智能［M］// 博登．人工智能哲学．刘西瑞，王汉琦，译．上海：上海译文出版社，2001.

［39］罗素．逻辑是哲学的本质［M］. 陈启伟，译 // 陈波，韩林合．逻辑与语言：分析哲学经典文选．北京：东方出版社，2005.

［40］华兹华斯．序诗［M］// 华兹华斯、柯尔律治诗选．杨德豫，译．北京：人民文学出版社，2001.

［41］艾略特．传统与个人才能［M］. 卞之琳，译 // 赵毅衡．“新批评”文集．天津：百花文艺出版社，2001.

［42］维姆萨特，比尔兹利．感受谬见［M］. 黄宏熙，译 // 赵毅衡．“新批评”文集．天津：百花文艺出版社，2001.

［43］沃克．项狄传序［M］// 斯特恩．项狄传．蒲隆，译．上海：上海译文出版社，2018.

（三）外文论文

［1］NG A. Authors and readers：conceptualizing authorship in copyright Law［J］. Hastings Communications and Entertainment Law Journal，2008，30.

［2］BARTHES R. The death of the author［M］//Image，music，text. HEATH S，trans. New York：Hill and Wang，1977.

［3］BURKITT D. Copyrighting culture：the history and cultural specificity of the western model of copyright［J］. Intellectual Property Quarterly，2001，2.

［4］DAVIES G. The convergence of copyright and author's rights：reality or chimera?［J］. International Review of Intellectual Property and Competition Law，1995，26(6).

［5］FROW J. Public domain and collective rights in cultural rights in culture［J］. Intellectual Property Quarterly，1998，13.

［6］BARBOSA R G. Revisiting international copyright law［J］. Barry Law Review，2007，8.

［7］GINSBURG. J. A tale of two copyrights：literary property in revolutionary France and America［J］. Tulane Law Review，1990，5(64).

［8］JASZI P. Toward a theory of copyright：the metamorphoses of “authorship”［J］. Duke Law Journal，1997，47(2).

［9］LITMAN J. Copyright as myth［J］. University of Pittsburgh Law

Review, 1991, 53.

[10]LITMAN J. The exclusive to read[J]. Cardozo Arts & Entertainment Law Journal, 1998, 13(29).

[11]LITMAN J. The public domain[J]. Emory Law Journal, 1998, 39.

[12]LITMAN J. Creative reading [J]. SPG Law and Contemporary Problems, 2007, 70.

[13]LITMAN J. Lawful personal use[J]. Texas Law Review, 2007, 85.

[14]LITMAN J. Fair use: "incredibly shrinking" or extraordinarily expanding?[J]. Columbia Journal of Law & the Arts, 2008, 31.

[15]LITMAN J. Real copyright reform [J]. Iowa Law Review, 2010, 96.

[16]LITMAN J. Reader's copyright [J]. Journal of the Copyright Society of the U.S.A., 2011, 58.

[17]SIMON N. The development of copyright and moral rights in the European legal systems[J]. European Intellectual Property Review, 2011, 33(11).

[18]NIMMER D. The end of copyright [J]. Vanderbilt Law Review, 1995, 48 (12).

[19]NOCELLA L. Copyright and moral rights versus author's right and droit moral: convergence or divergence?[J]. Entertainment Law Review, 2008, 19(7).

[20]PATTERSON R. Copyright and the exclusive right of authors[J]. Journal of Intellectual Property Law, 1993, 1.

[21]SHERMAN D. Cost and resource allocation under the orphan works act of 2006: would the act reduce transaction costs, allocate orphan works efficiency, and serve the goals of copyright law?[J]. Virginia Journal of Law and Technology, 2007, 12.

[22]SCHLAG P. Understanding postmodern thought and its implications for statutory interpretation[J]. Southern California Law Review, 1992, 65.

[23]PEARLMAN R. Recognizing Artificial Intelligence(AI) as authors and inventors under U.S. intellectual property law[J]. Richmond Journal of Law and Technology, 2018(24).

[24] SCHANCK P. Missing a cognitive approach to law [J]. Texas Law Review，1989，67.

[25] SHERMAN B. What is a copyright work? [J]. Theoretical Inquiries in Law，2011，12.

[26] SIMON T M. Human rights and copyrights：a look at practical jurisprudence with reference to authors' rights [J]. European Intellectual Property Review，2009，31(2).

[27] WAISMAN A. What is there not to waive? on the prohibition against relinquishing the moral right to integrity [J]. Intellectual Property Quarterly，2010，2.